创新思维法学教材
Legal Textbooks of Creative Thinking

武汉大学规划教材建设项目资助出版

中国法制史新编

The Newly Edited Chinese Legal History

第三版

陈晓枫　主编

撰稿人　（以撰写章节排序）

陈晓枫　付春杨　钱宁锋　柳正权
张　烁　黄　凯　钟　盛

WUHAN UNIVERSITY PRESS
武汉大学出版社

图书在版编目(CIP)数据

中国法制史新编／陈晓枫主编． -- 3 版． -- 武汉：武汉大学出版社，
2024.10． -- 创新思维法学教材． -- ISBN 978-7-307-24531-0

Ⅰ．D929

中国国家版本馆 CIP 数据核字第 202408Z4V0 号

责任编辑:胡　荣　　　责任校对:汪欣怡　　　版式设计:马　佳

出版发行:**武汉大学出版社**　　（430072　武昌　珞珈山）
（电子邮箱:cbs22@ whu.edu.cn 网址:www.wdp.com.cn）

印刷:武汉图物印刷有限公司

开本:787×1092　　1/16　　印张:23.25　　字数:476 千字　　插页:1

版次:2007 年 9 月第 1 版　　　2011 年 5 月第 2 版
　　　2024 年 10 月第 3 版　　　2024 年 10 月第 3 版第 1 次印刷

ISBN 978-7-307-24531-0　　　定价:69.00 元

第三版前言

中国法制史，究竟是"历史发展中的法律"还是"法律的发展历史"，不同的叙事方式直接影响了论著编撰的特色，决定了叙事的基本框架。当我们将视野投向既往的历史时，不仅要关注政权的更替和政治集团的利益安排，还应该深入地探索制度、规范、体系在历史接续当中所具有的文化特质。党的二十大报告提出了要对中华优秀传统文化予以赓续承接，并且在当代进行创造性转化和创新性发展，而文化的历史贯穿性虽在一定程度上决定了政权兴替和法制的特点，但更为重要的是，这种贯穿性的投射，也决定了制度的设计、规范的结构和法体系的模式。遵循党的二十大报告的指引，本书在第三版编写中进一步增强了法部门体系与具体规范承接的析论阐释，扩充和完善了在初版和再版时未能予以充分叙述的制度体系内容。

自本书再版以来，历史文献的整理和考古发掘的研究，成果宏富，这些成果集中表达在秦汉木牍简帛研究和根据地法制历史研究这两个方面。我们在第三版修订中充分参考借鉴了这些成果，增添了相应篇幅以补正在学术研究迅猛发展的条件下本书所显现的不足，使法部门体系的内容更为齐妥。

本次修订中，钟盛博士加入了编写团队，为更新本书内容，订正既有的错误，增补必要的史籍资料，做出了卓有成效的工作。本书编写团队也因新入盟者的加入深感欣慰。

本书第三版获得了武汉大学本科生院的经费资助，并获得武汉大学出版社胡荣编辑及其他人员的大力支持，在此表示真诚的谢忱！

编　者

2024 年 4 月 12 日

再 版 前 言

近期以来，由于各种法学理论的大量引入和更新，在研究和表达范式上相对滞后陈旧的法制史作品，即使在法学界内，也很难获得邻近学术同行的阅析与砥砺。为求走出自说自话的困境，本书在初版时，我们倾尽努力，比照法学其他二级学科的框架结构，安排了中国法制史教学必授的知识。这种想法获得了良好的社会回应。本书初版后，获得了武汉大学教学改革成果奖，以及司法部优秀成果奖（教材类）。

本书初版至今已届四年。初版编写时因注重对接部门法原理而产生的一些疏漏，在教学中渐次为我们所检获认识。对此，再版时本书增添了一些文字篇幅，用于补正原来尚未妥善解决的问题。其中，关于初版中对宪法文典所欠缺的概述，我们通过在立法史中增文添补，基本上达到了叙述上的平衡。

一本书编著者的最大欣慰，莫过于作品被传播和认同，而原书再版或可看作这种认同的表征。为此我们感谢武汉大学出版社、本书责编郭园园博士以及其他编辑人员。因为他们，我们收获了这一份快乐。

编　者

2011 年 4 月 11 日

前　言

在法律全球化时代，国内部门法律急速扩增，相应地，法学教学内容也频繁调整，接引着西方的法学知识与原理，源源不断地植入中国法学。与此关涉的相映也相悖的现象是：西方国家在输出强大的法律框架、结构、运行机制、原理规则知识之同时，也在梳理和发掘自己的法律历史。除了《罗马法史》《普通法的历史基础》这些名著外，美国的法学学者还将《美国法》甚至《美国法律史》辟出刊世，宣告了这段法律史的极端重要意义；而在中国国内，各高校争相缩减中国法制史的授课课时，如果不是中国教育部曾于1997年审定的法学教学14门核心课程中存有中国法制史的话，这门课或许早就蜕化为听众寥寥的专题讲座了。虽然中国法制史的教材也还在陆续问世，但是现有的中国法制史的知识体系在整个中国法学体系中边缘化的趋向，则是有目共睹的。

有的学者指出，"从总体上看，中国法制史的研究仍处于开拓阶段"①。我们完全赞同这个判断。这种"开拓阶段"不仅表现在对文献资料的占有方面，法制史学界尚不能与中国史学界的一般学术水准相比；更重要的是，在研究方法和学科建构方面，法制史学科还不能运用既有的部门法理论从事法史学的研究。这种薄弱的理论基础，决定了中国法制史的研究，特别是在此基础上编撰的教材，很难与现世法学的需求相适应，甚至都难以回答学生们的一个简单问题：我们学中国法制史干什么？

从学科的功能来看，中国法制史的研究和教学，不仅要解决法科学生一般法史知识的基础构筑问题，还要对现行法律的主要制度在中国历史上的出现、发展与运行机制作出回应，以帮助学生不是从简单结论上，而是从历史的发展中具体地把握当代部门法的知识。当然，不能否认从法律的假定开始，直到整个体系的构成，中国古代法律和现行法律的体系确实存有巨大差别；然而更不能忽视的是，当代法律中大量的重要制度和规范，以及运行的机制，受到了中国法制历史的深刻影响。这些是亟待发掘也急需传授的。

基于以上的思考，本书在编写中充分重视了部门法史的编写体例和内容。在现有通行

---

① 杨一凡主编：《新编中国法制史》，社会科学文献出版社2005年版，第3页。

教材内容的基础上，本书基本上不增加新的知识点，但在结构方面按现行法律的部门法框架，来编写中国法制史。为此，本书力求解决三个方面的编写问题：其一，部门法理的原则问题。古代法律主要是按职官职守来划分法律部门的，因此，在对应现行法律时，缺乏部门法律有关原则的规定。但是，在一类法律规范中，古代法又体现出立法者所控制着的潜在原则，我们将这些原则辨识出来作为该部门法律的原则。例如在刑法中，我们比照现行刑法三大原则，总括中国古代刑法具有罪刑擅断原则、同罪异罚原则和刑罪扩张原则。其二，部门法律的体系问题。在部门法界分中，中国古代法律与现代法律相对应的难点，在于建构的体系规则和部门法以内的划分规则不同。中国古代不仅在法典的名称上没有区分基本法或民法，并且在一个法律部门内，也没有诸如犯罪形态、罪的个数、物权登记、具体行政行为之类的规范体系。但是中国古代法律有在刑罚裁量上注意犯罪个体与群体区别的制度；有在重要的物、业管理上的登记制度；有以式或例处理官府违法行为的制度。它们在当代法律所构成的那一规范体系内或许不统一，但在秩序功能中却起到了相近或是相同的治理控制作用，甚至在法的精神上也是相当接近的。为此，我们在叙述不同的部门法史时，根据国家权力的分配，编写了国家基本法；根据会要则例和"民间细故"的处理，编写了民事法律史；在法律部门内部，也根据规范和制度的不同作用，编写了诸如国家元首制度、物权转移制度、具体行政行为等，力求说明在近现代法律中能找到对应规范的古代史内容。其三，关于法律渊源的问题。中国古代的相当一部分行为规则，只是在特定的情况下，能够得到国家暴力强制的保障，例如儒家章句、儒学伦理。另外，一些民俗和习惯，虽然在案件的判决中，不能固定地指向一个法条的适用，但是得到了普遍的遵行，因而有一定的约束力。在此意义上，我们对这一类的规则也在指明其适用条件的前提下，作为一种渊源予以叙述。

通过上述的工作，我们期望法制史教材的编写，能够在部门法律和具体制度上，与现行的法律对应，能够为相当部分的现行法律，找到其应有的历史解释；也希望对中国法制史特别是部门法历史有兴趣的研习者，阅后有所裨益。

本书由陈晓枫任主编，各章的撰稿人如下：

陈晓枫：绪言及第一章至第六章；

付春杨：第七章；

钱宁峰：第八章；

柳正权：第九章；

张烁：第十章；

黄凯：第十一章。

本书内容除第七章、第八章为独立撰写的内容外，其他各章均在陈晓枫的授课讲稿基础上改写而成。全书最后由陈晓枫统稿，付春杨和钱宁峰参与了部分资料和文字的技术性处理工作。

限于编者的水平及探新中尚未妥善解决的问题，本书编写中的疏漏或错误是在所难免的，还请专家学者及广大读者指正。

目　录

下编　中国法制史分论

绪　言

一、中国法制史的概念和研究范围

（一）"中国"语义的范围

"中国"系指中华民族居住、生息和繁衍的广阔疆域。但是，"中国"这一概念的使用，在法制史学科中并没有像实证法学、法理学或宪法学那样从国家要素上予以把握。在这一学科中考察各种法律现象发生、沿革、消亡之地理区域，并不完全等同于现在中华人民共和国的疆域，而是一个随着时间延续而扩展的地理范围。南宋罗泌在《路史·后纪》中记载，神农氏时代，"国土相望，鸡犬之声相闻"。《说文解字》说，国字从"囗"从"或"。该字所反映的历史事实是，随着私有制的确立，出现了以武装力量守卫村社领土的现象，这就是"或"即一"戈"一"囗"和一"一"（即土地）。在武装村落以外，又建筑了城墙，即在"或"字外面加上一个"囗"字，即为国。《周礼详解·天官》注："或而围之谓之国。"当时国是非常小的。《广雅·释诂》说："村，国也"，也就是以武装力量保卫起来的原始村落。《尚书·尧典》记载，尧能够协和万国。到夏朝建立前夕，夏禹在涂山与部落首领盟会。对此《左传》记载说："执玉帛者万国。"① 在万国中，所谓中国是指很少一部分进入中原地区的先进部落。夏、商、周三代，"中国"只指黄河中游以及山东、江淮流域的部分地区。至于其他氏族、部族的部落和国家，就在"中国"之外。《说文解字》说："夏，中国之人也。"《尔雅·释地》说："九夷、八狄、七戎、六蛮，谓之四海"，而华夏族住在中间。

法制史学科所考察的中国法制，最初仅指在一个十分有限的地理区域以内，即华夏族内所建立的奴隶制国家法制。成汤灭夏，有3000余国；周武王克商，有1773国；周平王东迁洛邑，春秋有1200国；战国时代，仍有10余国。由于受古代文献资料的限制，这一时期所说的"中国"法制史是特定部族血缘组织内的法律制度，其他的部族则未被视为"中国"，而地缘国家的概念尚未引入本学科之中。

秦始皇"振长策而御宇内"，席卷天下，囊括四海，建立了统一的秦帝国。这对考

---

① 《左传·哀公七年》。

1

察中国法制的历史有两个意义：其一，"中国"概念的地理位置有了比较明确的范围。凡是在这一疆域以内所建立的法律制度，无论何族政权都成为中国法制史的考察对象。其二，多族多国变为多族的统一国家，使中国的范围从过去依部族来划分发展到依地理位置来划分。凡是遵行中央集权国家所制立法令的一切地方，无论是华夏族居住的地方还是其他族居住的地方，都被纳入中国法制史的考察范围。对于入主中原的少数民族所建立的政权，譬如魏晋南北朝时期的后赵（羯族、石勒）、前燕（鲜卑族、慕容氏）、前秦（氐族、苻氏）、后秦（羌族、姚氏）、北朝的后魏和北齐以及后周（鲜卑族），与宋同时期的辽国（契丹族）、金国（女真族）和元朝、清朝，在没有对中原法律传统产生影响之前，我们对其法律制度仅作非常有限的考察和研究；而当它们在建立中央政权后，其法律制度对中国法律传统产生影响时，就纳入本学科的探讨范围。这显然在法制历史的研究中引入了地缘国家的观念。当然，从史实发生来评价，这些进入中原的少数民族政权所制定的法律制度，其思想和制度的渊源直接或间接来源于汉民族，同时，它们的立法和司法实践又进一步充实、丰富和发展了汉族已有的法律制度，因而成为中国法律制度历史的研究内容。

（二）法制：研究对象

"法制"一词，系由日语传入，但无定译，故该词语的运用在涉及法制史学科的内容框架时，存在不同见解，形成了三种说法。

其一，按照法理学的解释，法制是指法律制度在社会生活中的实现和通过法律制度的实现而建立起来的法律秩序，包括立法、司法和守法。按照这一观点，法制史学科不仅要考察各个成文法典的制定，还要研究法律的实现状态。这对于目前的学科状况而言，实在是一个可望而不可即的要求。中国各代的立法，可以说是繁于秋荼，密于凝脂，即使是执法官吏，也难以全面掌握。《汉书·刑法志》说汉代立法之繁是"文书盈于几阁，典者不能遍睹"，因此判决有相当的随意性，"所欲活则傅生议，所欲陷则予死比"，唐代的格、宋代的编敕以及明清时代的例，也有相同的情况，这种情况始终未能有效改善。有些朝代即使在建朝之初约法省禁，科条简要，但也无法避免依法生法，终至科条无限。唐朝在修定《贞观律》时，太宗强调说不可以一罪作数种条，"官人不能尽记，更生奸诈。若欲出罪即引轻条，若欲入罪即引重条"①。但这个朝代中期以后也逐渐出现条文繁多、官吏奸诈的情况。《唐大诏令集》多有皇帝诏令缓刑的记载，说司法机关"肆行惨虐，曾靡人心"②。因此遍查古代典籍，逐一印证法律文本的社会实现状态，并从中获得真实秩序的描述，是一个浩繁的工程。目前中国的法律史学界尚无能力完成这一工作。

---

① 《贞观政要》卷八。
② 《唐大诏令集》卷八二。

其二，法制就是法律和制度。这种说法是将法、律、制、度这四个字分指我们今天所说的法律和政治两个方面的制度。法是指刑法制度，律是指法的制定形式，制是国家机关的政令，度是政令所规定的各种行为准则。《左传·隐公元年》"郑伯克段于鄢"中就载有"今京不度，非制也"，是斥责共叔段建城墙超过了一百雉的限度，不符合先王之制。其中度与制分别指行为的准则与规范。这种对法、律、制、度四个字的解释是比较牵强的，因为四个字在古汉语中经常可互换使用。但这一解释符合中国史学界通常把制度一词理解为政治方面的典章制度的用语习惯，所以法制在此种语义中的解释是指政治和法律两种意义。这种把法律和制度作为中国法制史研究对象的观点曾经十分流行。按照这种观点撰写的中国法制史著作，其内容包含政治制度和法律制度两个部分，有的还包括经济制度、军事制度、教育制度。譬如，早在中华人民共和国成立前著名中国法制史学者陈顾远在所著《中国法制史》中，就考察了政治制度、教育制度、家族制度、土地赋税制度。这种《中国法制史》教材曾经通行了几十年之久。中华人民共和国成立后，法制史教材仍然承袭这种体例，不过在理论解释上采取了从苏联传入的国家与法的理论，认为：第一，国家和法律共同产生，也将同时消亡，负有共同的历史使命。第二，法依靠国家的强制力保障实现，国家与法有着密不可分的关系。第三，中国古代法律的沿革与各朝代政权的更替紧密相关，只有阐明国家制度的变化，才能解释法律制度演进的原因。这种认识虽曾广泛传播，但是随着法学研究的深入，它亟待改进的一面也逐渐被学界认识，即认为这是用政治制度史淹没了法律制度史的独立发展。其改进的主要理由包括：第一，法律虽然要依靠国家机关的强制力保证实施，但这并不等于说法律制度的研究必须作为政治制度的附属。第二，法律制度一旦制立，就有相对的独立性，有自己的运转机制和体系。法律改革是通过法律的途径——譬如说立法和实施来实现的，因此法制史的重点应转移到法律自身的发展演变上来。第三，每一种法律制度的历史，同时又是法律文化的历史。一定的法律文化历史，决定着一类法律制度的体例结构和外部特征，从而成为特色鲜明的法系。法律文化传统的研究要求把它作为一个独立的系统来加以考察，剖析它的起源、继承、沿革和发展，从而获得这一独立系统的性质、特征、内容等知识。这就要求我们把中国法制史与其他学科分离开而进行个别考察。这种观点随着中国法制史研究的不断深入而日益被法制史研习者所接受。

其三，"法制"就是法律方面的制度，是关于刑狱、财产、婚姻、诉讼等方面的法律规范体系。法、制二字连用作为一个概念，最早见于《吕氏春秋·孟秋纪》，"是月也，命有司修法制"。《礼记·月令》也说："命有司修法制，缮囹圄，具桎梏。"之后在《管子》《史记》《汉书》等典籍中，都有法、制二字连用的文例。这里所说的法制是指刻在竹简上的判例汇编。在成文法公布之前的时代，官吏审判案件的法律依据是各种案例的汇编，被称为"刑书"或者"常刑"。在秋天审判案件之前，需要重新整理以往的判例，这被称为"修法制"①。作为学科名称和概念，有确定含义的"法制"为日语所借用，表示法律的制定和法典编纂。以后，这种法制的用法，从东邻重新返回本土，中国学者也将研究古代法律规范体系、法典制度的著作称为法制史，而不再称之为法律史、法律制度史或其他专门史。因此，从法、制二字的起源以及法制史学科的内部逻辑要求出发，中国法制史以法律制度为研究对象的观点，在国内法史界渐成一种通说。按这种方法所确定的研究对象以及对这一对象的法学、史学研究，构成了中国法制史的基本内容。

当然由于现行法律体系与中国古代法律制度的巨大差别，从依存于现行法律体系的学说出发，去辨析剔离古代社会制度体系中"法""制""律""典"各种制度内涵的"法制"含量，仍然有见仁见智的现象。但是以法律制度为研究对象的学科框架，已成为现有法制史著作、教材的主流。

二、中国法制史的性质和学科发展

（一）中国法制史的性质

中国法制史是中国史和法学的交叉学科，是研究中国法律的起源、各种类型法律制度的产生、特点、作用及其发展演变过程与规律的科学。它属于法学范畴，是法学体系中的基础学科，同时也是历史学中的一个分支，是中国史中的一项专门史。

（二）中国法制史与其他法学学科

确定中国法制史的性质，就可以廓清中国法制史与其他法学分科的界限，明确中国法制史的外延范围。

中国法制史与法理学在考察对象上，均以各个法律部门的制度规范作为自己的研究对象，但是法理学以现行法作为研究的重点，同时，法理学通过对法律现象进行抽象，概括出法律与法学的一般原理；而中国法制史是对中国历史上的具体制度进行研究分析，总结出中国传统法律制度发生演进的规律。法理学是指导中国法制史研究的重要方法论之一，而中国法制史的研究则揭示中国法律制度发展的规律，证明、充实法理学的原理和结论。

中国法制史与其他部门法学的关系是：部门法学的基本原理，是分析古代史料的重要工具，是编纂中国法制史体例的路径，而中国法制史研究则考察各部门法在中国的形成发展、历史变化和传统特征。

中国法制史和中国法律思想史的关系是，都以中国古代史材料作为研究的对象。中国法制史也涉及古代法律思想，但是中国法制史涉及的古代法律思想仅限于立法者用于指导立法的思想，其研究以制度本身的产生沿革为主要内容；而中国法律思想史研究历史上各

---

① 蔡枢衡：《中国刑法史》，广西人民出版社1983年版，第124页。

个不同阶级的政治家、思想家关于法学、法律的观点，关于立法、司法制度的思想和主张。法律制度史研究各项制度本身的内容及其实现，而法律思想史则是研究对这些制度的评论和思考。它们之间有一定联系，但又有严格的区别，而且各有其学科体系。

（三）中国法制史学科的历史发展

中国古代法学思想很丰富。夏商时期，就有"天命天罚"的思想，西周时期演进为"明德慎罚"的思想。在春秋战国时期，出现儒、墨、法、道等学派，它们在法的本质、作用、施行原则等许多重要法学基本问题上进行了长期争鸣，其中就包括许多关于中国法律起源和演变的记述。为了给统治者制定法律法令提供借鉴，关于法史的研究也很早就出现了。春秋战国时期的思想家在研究法时，就涉及法律制度的历史。譬如儒家经典记载了所谓皋陶造刑的说法①，说"昏、墨、贼、杀，皋陶之刑也"②。法家则反对法的历史因循，主张"治世不一道，便国不法古"③。东汉以后，曾经兴起过广泛的注释法律的学术活动。魏晋时期则涌现出一批以注释法学为家学祖业的律学家，譬如刘颂、张斐、葛洪、鲍敬言等人。他们总结历代政权的兴亡更替，分析立法执法的优劣得失，对于分析总结法律制度的历史发展和经验教训，对法律的更新起到很大作用。魏晋以后，律学衰落，但历代思想家对法律史的研究仍多有著述。此外，在历史学中，从东汉班固开始，正史就把法律史确立为一个专门的记述门类。班固在写《汉书》时创立了纪、表、志、传的体例，其中"志"中就有刑法志。这种体例为后世各代王朝修史时所沿用。及至清代，在总括历代政权得失的著作中又出现法制史的专门研究。薛允升著《唐明律合编》，专门比较分析唐明两律的得失；又如清末法学家沈家本，其在《沈寄簃先生遗书》中有《历代刑法考》《历代刑罚考》《历代刑官考》《汉律摭遗》《明大诰峻令考》等法制史的学术著作，集古代中国法制史研究之大成。但是，直到沈家本为止，由于中国的法律体系尚未成功移植西方国家的近现代法律，也就还没有出现一本以现代法学分科作为编排体例并按照年代编写的中国法制史著作。20世纪初，日本学者浅井虎夫著《中国法制史》（上）④，把按照部门法学分科编写中国法制历史的方法传入中国。其著作比较肤浅，而且没有涉及司法诉讼制度和民事法规，但是这一新的叙述体例和评价方法在中国产生了一定的影响。在这一时期，中国学者丁元普、程树德、陈顾远、杨鸿烈等先后写出《中华法系与中国法研究》《中国法制史》《中国法制史概要》《中国法律发达史》等著作，完成了中国法制史学科的初创。此后，中国法制史学经历数个不同时期的发展。在我国20世纪80年代初期，开始有较多的学术成果陆续问世。这充实和提升了中国法制史研究水平，也为法制史教学提供

① 《尚书·舜典》载："皋陶，蛮夷猾夏，寇贼奸宄。汝作士，五刑有服，五服三就。"
② 《左传·昭公十四年》。
③ 《商君书·更法》。
④ 转引自杨鸿烈：《中国法律发达史》，商务印书馆1930年版，第12页。

了便利条件。

三、学习中国法制史的意义

1997 年，教育部确定中国法制史为全国法学学科本科教学 14 门必修的核心课程之一，因此，学习中国法制史是我国法学专业学习的必然要求，也是学习法理学和其他部门法学理论的重要基础。

第一，有利于借鉴中国传统法律文化的优秀成果。

中华各民族从很早的时候开始，就表现出在制度安排和社会管理上的高度调控能力。在西至唐古拉山、北至蒙古草原和长白山脉、东至大海、南至梅岭的广袤土地上，在古代科技水平十分低下的情况下，在人力可以达到的地方，中华民族的祖先依靠有限的交通运输和信息交流手段，在多数情况下，很好地管理着辽阔的国土。即使在战乱分离时代，也始终保持着统一的趋向。与此相对应，世界古代史上曾出现过一些庞大的帝国，如罗马帝国、阿拉伯帝国和蒙古帝国，它们由于各种各样的原因，其中重要的一条是因为未找到控制庞大帝国的方法，最终都灭亡了。中华民族按照一个中央集权国家的模式延续了数千年，并且在当代仍能从传统中发掘出协调个人、社会与国家关系的有益因素，这就不能不令人思考和分析其中原因。这种思考和分析不能离开法律框架和制度安排问题；而这些问题的解析，需要由中国法制史来提供基础知识。

第二，理解具体法律制度的发生、发展，为学习其他法学知识构筑历史基础。

中国法制史概括地再现了各种法律制度的历史，介绍以至详解每项制度的起源发展，分析其间沧海桑田的变化，这对掌握部门法知识而言也是十分必要的。譬如，现行刑法在处理惯犯时，其方法是将若干次同性质的行为，集合地看成一个惯常的故意和一个惯常的行为，根据刑法的特别规定如惯窃、惯骗等，确定行为人主观恶性很大，行为次数多，犯罪后果严重，然后处以刑罚。若与中国古代刑法比较，可以发现很早以前先民就在探索惩罚惯常犯罪行为的刑罚方法。最初，惯犯是从累犯中分离出来的一种制度。在《尚书·康诰》中，周公代表成王对康叔说："人有小罪，非眚，乃惟终……时乃不可不杀。乃有大罪，非终，乃惟眚灾……时乃不可杀。"所谓惟终和非终，就是累犯和偶发犯。但是，当时祖先关于"罪"的概念还没有完全确立，片面强调惩罚人的主观恶性。如果是故意和经常的犯罪，即使危害很小也要处死犯罪者，但如果是过失、偶发犯罪，那么即使危害十分严重，也可以赦免犯罪者。至春秋战国之交，追究犯罪者内心动机的方法，逐渐被客观归罪主义代替。秦代法律对惯窃行为，不看主观恶意大小，也不太考虑其他情节，而采取一个简单的方法：赃值相加。把盗窃的东西换算成钱，划分为一钱、十一钱、百一十钱、二百二十钱以至六百六十钱，然后根据行为客观后果严重的程度，决定刑罚裁量。这样就把周代惩罚犯罪的方法予以颠倒，从追究主观动机发展到客观归罪。秦代制度虽然方便，但是它也有不恰当之处，就是累计数额高，与实际危害程度不相符合。因此，唐代统治者创立新的制度：累计倍折，即把多次偷窃的财产加起来，予以对折，然后按照价值来决定处罚。这种制度就已经包含现代惯犯制度的含义，它既考虑行为次数，又考虑实际的危害。比较周、秦、唐三代关于处理惯性犯罪的制度，从主要强调犯罪人主观恶性发展到主要强调犯罪人行为的客观结果，最后是行为与结果的综合分析，其在方法上经历由粗略到比较精确，在制度上由简单到比较复杂的历史过程。这为学习掌握当代刑法学中的惯犯、常习犯等知识提供了制度发展规律的历史参照。经过这样的研习，在学习部门法时，就不是作为一个结果简单地接受了某一个制度，而是作为一个历史过程具体地把握这一制度。扩而大之，对于任何一种制度，我们都不应该把它看成是一个固定的公式，而应该把它看成是人类法律发展中的一个阶段。要获得这样的认识，就需要一定的法史知识，然后才能学有所得。

四、学习和研究中国法制史的方法

学习中国法制史，应该结合本学科的特点，采用法学和史学相结合的方法，从多角度认识学习法制史问题。一般应注意以下几点。

第一，坚持辩证唯物主义和历史唯物主义的观点。

学习和研究中国法制史的方法很多，从鉴别史料开始，到比较、分析、综合、抽象，可以排列出许多治学方法。但是，最根本的方法是辩证唯物主义和历史唯物主义的方法。坚持这种方法，就是要认识到中国法制的历史，是精华和糟粕共存，进步与僵化同在。或者从其特色上说，它们本身就是一体两面。因此，不应该简单地用当代法学的理念苛求古人，当然，也不能削足适履、恪守古训。而必须以历史事实为根据，实事求是地认识和评价中国古代的法律制度。

第二，具体方法。

所谓具体方法，就是在坚持辩证唯物主义和历史唯物主义的前提下，研习学科需运用的方法。其最常见的方法有两种：

首先，综合的方法。综合方法是指从断代历史事实出发，详细地占有材料，分析法律制度内部的结构以及法律制度外部与其他制度的联系。在揭示法律制度内在运动规律的同时，又要分析它与外部政治、经济制度的关系，从而找出一种制度现象形成、巩固的原因。综合方法的长处在于在一个横断面上分析法律制度的内部结构，以及影响法律制度的种种时代与社会因素。在断代法制史分析中，这是比较重要的方法。

其次，比较的方法。比较方法是指把不同朝代的法律制度在具体规定上进行比较。一方面分析各制度之间的承接关系，另一方面研究社会本身进步给法律制度带来的革新。事物发展的阶段性特点在中国法制历史上常常出现，譬如，中国法制史中的刑罚制度从总趋势来看，前一阶段严酷，中间宽缓，然后再次趋于严酷，表现了发展与回复的螺旋关系。对于分析法律制度自身的发展史，了解继承与革新的关系，比较方法是一种主要方法。清末法学家沈家本写作的《汉律摭遗》对汉初创立的许多重要制度，都引用唐、明、清律进行细致的比较。这说明在分析制度历史时，比较方法是有效的。同时，将这种方法应用于法制史的学习，也是十分必要的。

五、中华法系

（一）起源

法系是西方法学著作中经常使用的概念，是根据法律的历史传统和外部特征对不同法律制度进行体系划分。当代著名比较法学家，如达·维德、巴斯·弗尔特、布赖尔利，认为世界五个最重要的法系是英美法系、大陆法系、伊斯兰法系、印度教法系和中华法系。其中印度教法系和中华法系是死法系，它们分指古代印度和古代中国的法律制度。印度在成为英殖民地以后，以及中国在 1840 年进入半殖民地半封建社会以后，原有法律传统就终止了。这两个法系作为历史陈迹，没有再延续下来。

（二）关于中华法系的特点

1. 20 世纪 50 年代以前学者的观点

（1）日本学者浅井虎夫的观点。日本学者浅井虎夫在所著的《中国法典编纂沿革史》中认为中国法典在内容上具有以下三个特点①：

① “私法的规定少而公法的规定多。上下四千载，法典数百种，无虑皆公法典之属，而私法典乃无一焉，其为今日私法典规定之事项亦惟包含于此等公法典之内，绝无有以为特种之法典而编纂之者；且此等公法典中之私法的规定亦云谨矣，故如亲族法之婚姻、离婚、养子、相续，物权法之所有权、质权，以及债权法之买卖、贷借、受寄财物等事，亦惟规定大纲而已……

② “法典所规定者，非必现行法也。盖中国法典率以理想之法典为的，苟认为良法虽非现制，亦必采入法典之中，李东阳《进正德会典表》所谓“令之善者，虽寝亦书”是也；此外记载过去之事例，或以虽非现行法，而留备参考；或以祖宗成宪不可易，而死法亦敬谨保存者，则清律其适例也；又如《唐律疏议》（按系唐六典）关于应科死刑之罪，及其执行方法，皆有详细之规定，而在当时实未尝实行也……

③ “中国法多含道德的分子也。”中国古法受儒教之影响多含道德的分子，以故道德

---

① 　转引自杨鸿烈：《中国法律发达史》，商务印书馆 1930 年版，第 3~4 页。

法律，往往互相混同……"

（2）北京大学王世杰教授的观点。王世杰教授在《北京大学社会科学季刊》（第三卷第一号）概括中国传统法制的特点如下：

第一，中国向来是道德与法律的界限没有十分划清的。中国历朝刑律，诚然包括许多不应列入刑律以内的事体，所以论者（按即指浅井虎夫）尝说中国法律之未能进化，便因为中国人硬将中华民族所有的理想都纳入法典。但中国的法典范围尽管甚广，而凡道德思想之著于经义而未被法典包括，或法典之所定而未能符于经义者，则经义之效力往往等于法律，或且高于法律……

第二，中国法典的范围尽管甚宽，然而法律之存储习惯者仍数甚众。中国历代法典对于近代民法典中所规定之事项，规定极少，盖钱田户婚等事多只涉及私人与私人间之利益关系，专制国家以为与公益无涉，虽具视为细故因之律文亦多疏略，然钱田户婚等事之未经律文规定者，却亦大多有习惯法支配。

第三，"科比"之制是数千年相传而未尝变更的。凡律无正条之事件执法的人一方面故尚得诉诸律文以外之经义，另一方面尚得比律文而科罪；所谓"无律文则无刑罪"的原则，是中国历来所无的观念。所以中国旧律中，就是刑律，也有今人之所谓"条理"在……

第四，律文以外，尚有许多的"例"，而"例"之效力抑且往往高于律文。这是中国旧律的一种特殊现象。

第五，中国法典所载律文，就在当时，也并不都是现行法。这更是中国历代法典的一种奇特现象。①

2. 中华人民共和国成立后国内学者的观点

（1）国内学者的几种不同意见。国内关于中华法系的争议是比较多的。1983 年在陕西省西安市召开了中国法史学首届年会，会上中国法制史专业的学者讨论了中华法系问题，其中争论焦点之一是中华法系的起源。有的人认为，中华法系起源于炎黄帝时期，按照《商君书·画策》所载："黄帝作为君臣上下之义，父子兄弟之礼，夫妇妃匹之合；内行刀锯，外用甲兵。"《管子·任法》篇说："故黄帝之治也，置法而不变，使民安其法者也。"《汉书·胡建传》说他得家人所传之黄帝李法。有的人认为法律应从奴隶制法开始算起，以前不过是原始公社的习惯。还有的人认为，法系的形成有一个过程，应该从秦以后算起。另外有人认为，法学是指以一个国家法律传统为中心，对其他国家也产生影响，从而形成一个体系，因此中华法系应从唐代算起。第二个焦点是中华法系的特点，有的学

---

① 转引自杨鸿烈：《中国法律发达史》，商务印书馆 1930 年版，第 4~5 页。

者认为有三个，也有说五个特点，学者未能取得一致意见。也有人提出譬如皇帝是最高立法者和最大司法官，中国古代诸法合体、民刑不分、司法上行政官吏与司法官吏二位一体等，这些都是欧洲中世纪和古代东方国家存在过的现象，不属于中国古代法独有的特点。

（2）比较通行的说法。

第一，关于中华法系的形成。

中华法系以最早的封建成文法《法经》为标志，经历了漫长而缓慢的发展过程，具有比较稳定的法的连续性。若以法典为代表，中华法系的主干表现为：《法经》—秦律—汉律—魏律—晋律—梁律—陈律（南朝）；北朝直接承接汉律—魏律—晋律—北魏律—东魏律—北齐律—开皇律—唐律—宋刑统—大元通制—明律—大清律。中华法系脉络清晰，体系严谨，具有清楚的沿革关系和内在联系。19世纪中叶以后，随着社会性质转变为半殖民地半封建社会和西方资产阶级法系的输入，中华法系逐渐解体。

第二，关于主要特征。

其一，与中国古代专制主义政体相适应，中华法系表现了一种专制主义的特征。具体地说，在立法上，任何一部法典都是由国君来审定的，而且以国君名义颁布实行。除了比较稳定的律典以外，国君命令是具有最高法律效力的法令，在奴隶制社会，称之为"诰""誓"；在封建社会，称之为敕令，也称之为"例"，即皇帝审批案件的成例。从司法上看，国君是最高审判官，是司法审判的最高级，掌握生杀予夺大权。凡属重要案件，都要报请国君审批。从法律内容上看，法律的首要任务就是维护皇权的极尊地位。例如在古代法律里，对于犯罪一般是要区分故意和过失的。张斐《注律表》明确规定："其知而犯之谓之故，不意误犯谓之过失。"但是对皇权造成危害的犯罪就不同，譬如误往皇宫射箭或故意往皇宫射箭，都处以死刑；误毁坏皇帝宫阙或者故意毁坏皇帝宫阙，都处以死刑。在"十恶"里，许多过失行为触犯皇权，都处以重刑。从司法机关上看，由行政长官兼领司法审判。在唐代以前，各级地方政权长官配属佐吏审理司法案件，行政长官负责适用法律作出判决；唐以后，从宋代起，法律规定各级长官必须亲自掌握审理案件的全部过程。行政与司法在机构上的直接统一是导致专制主义法制的重要因素。

其二，中国法律受儒家伦理道德观念的深刻影响。在奴隶制时代，统治者就提出了"明德慎罚"的思想。孔子进一步说："道之以政，齐之以刑，民免而无耻。道之以德，齐之以礼，有耻且格。"① 荀子则提出"隆礼尚法"的思想。这些思想为后世封建法律礼法糅合的基本思想奠定了理论基础。从汉律开始，汉武帝同意"罢黜百家，独尊儒术"的主张，以儒道治天下。历代封建法典都贯穿着礼（德）主刑辅、明刑弼教的精神，都以严刑峻法维护忠君、孝亲，以及严上下之别、明尊卑之义的纲常名教。违反纲常名教的行

---

① 《论语·为政》。

为，则被处以严刑。所以东汉廷尉陈宠说："礼之所去，刑之所取，失礼则入刑。"① 这阐明了礼、刑相为表里的关系。

其三，在法典编纂特点上，中国古代法律的特点是"民刑不分，诸法合体"，同时，构成中华法系的各法典之间一脉相承，有清晰的沿革关系和内在联系。其调整手段主要是刑罚手段。譬如不按法律规定买卖田产、借钱逾期不还、隐瞒户口等，都将处以刑罚。其调整各种社会关系的法律规范，以法典汇编为主要形式，同时补之以判例，律例并行。

（三）中华法系形成的原因

第一，从经济上说，自给自足的自然经济占主导地位。统治集团长期推行重农抑商政策，商品交换不发达，在流通领域以内运用法律调整的关系比较简单。同时，由于中国的地理位置和统治阶级闭关自守的政策，海商贸易很不发达，没有促成以平等、有偿为主要原则的法律关系的形成。

第二，在古代历史上，家族法占有重要的地位。在封建时代，家庭是承担国家赋税、徭役和兵役的基本单位。孟子指出："天下之本在国，国之本在家。"② 即宣扬所谓"齐家而后治国"。马克思在《中国革命和欧洲革命》一文中指出："就像皇帝通常被尊为全国的君父一样，皇帝的每一个官吏也都在他所管辖的区域内被看作是这种父权的代表。"③ 在唐代以前，法律对于各种家规家法没有明确肯定，但是，刑法有不孝、恶逆等罪名，并和谋反一样属于大罪，迫使人们必须顺从家长的意志。宋代以后，法律又对"家训""宗规""族规"等家族法予以支持，进一步巩固父权和族权。这样，本来应由国家法律调整的许多关系，在家族内部就得到了解决。于是，法律关于这方面的规定就比较疏略。

第三，古代中国和外界的关系比较少，受外来影响比较少，使传统法制独立而又缓慢地向前发展，规范式样始终没有出现革命性变化。

---

① 《后汉书·陈宠传》。
② 《孟子·离娄上》。
③ 《马克思恩格斯全集》（第九卷），人民出版社 1961 年版，第 110 页。

上编　中国法制史总论

第一章　夏商周春秋时期：奴隶制法制

公元前 21 世纪到公元前 17 世纪的夏朝，是奴隶制国家的形成时期。夏朝历有十四世十七王，并有父死子继、兄终弟及两种王位继承制度。夏朝在桀为夏王时被成汤所灭，历四百余年而亡。

公元前 17 世纪到公元前 11 世纪的商朝，是继夏朝而兴起的奴隶制国家，是奴隶制的发展时期。商因为兴起于商丘而被称为"商"。商的十九位王盘庚迁都到殷，所以又称殷商。商共有十七代三十一王。商王纣在位时，为周族所灭。殷商一朝自商汤建国到殷纣之亡，前后历 554 年。

公元前 11 世纪到公元前 771 年的西周是灭商而夺取天下的奴隶制国家，奴隶制至此进入全盛时期。其共经历十一代十二王。后因厉王在世期间，发生过大规模国人暴动，出现过一代"共和"。此后周宣王中兴，但到周幽王时，他烽火戏诸侯，结果导致西方犬戎入侵，不仅周幽王被杀，周王朝的国都丰镐也遭到洗劫。继位的周平王东迁洛邑，史称东周。公元前 770 年至公元前 476 年为春秋时期，是奴隶制衰亡和瓦解的时期，这一时期封建生产关系从奴隶制社会内部孕育成长，逐渐取代奴隶制生产关系而处于社会主导地位。

第一节　中国法律起源与夏商法制

一、中国法律起源

（一）国家的产生

1. 按地域管理居民是建立国家的重要标志

夏启代伯益成为部落联盟首领以后，将其统治区域划分为"九州"。《左传·襄公四年》说："茫茫禹迹，划为九州，经启九道。"九州各设长官，称为"州牧"，管理九州居民。铸九鼎记功，象征启为九州之王，正所谓"铸九鼎，象九州"。九州的说法，虽然不足以作为夏朝地方行政区划的确凿根据，但却反映了夏代新的统治关系的建立，并说明夏启在战胜旧氏族联盟势力以后，已经不再完全按照血缘标准而是按地域标准来划分其治下的居民。

2. 建立公共权力机关是国家区别于氏族的另一个特征

世袭制的确立，是公共权力机关产生的标志。夏以前，部落联盟首脑由各部族轮流推选产生，这就在表面上保持着部落联盟首脑权力来自全体氏族成员的形式。而世袭制则表示了权力与一般氏族成员的分离，从而产生脱离社会而又日益高于社会的公共权力机关。正如恩格斯所说，氏族首领议事会，是氏族公社所能容忍的最高界限。"只要社会一越出这一制度所适用的界限，氏族社会的末日就来到了；它就被炸毁，由国家来代替了。"① 夏启继承大禹帝位，正式宣布了氏族社会末日的来临。

（二）法律的产生

1. 原始社会存在罚"罪"的现象

在父系氏族社会期间，出现了私有财产这种财产使用的习惯，这决定了劳动成果的分配在家庭内部进行。这样，在家庭与家庭之间开始产生了互相不能侵犯的私益。为了保护这些利益，产生了制裁本氏族成员侵害行为的习惯和仪礼，出现了根据这些习惯和仪礼而处罚氏族成员的现象。

（1）从出土文物情况来看，在父系氏族社会时期，其墓葬中出现仰身与俯身两种姿势。俯身葬没有任何陪葬物，但区别于与牲畜尸骨杂葬的葬地。而且，陕西西安的半坡遗址中的俯身葬，有箭簇击断胫骨和头骨的痕迹，说明他们是本氏族被处死的成员。

（2）从史籍资料来看，先秦诸子中，商鞅在《开塞》篇中概述人类社会变迁的历史，说在"民知其母"时代，一切争端由"亲亲"断之；随后，"民生众"时，"亲亲废上贤立矣"；最后，"民众而无制……故圣人立禁"，"上贤废而贵贵立矣"。② 其反映进入父系氏族社会之后出现纷争，总结出禁忌，也就必然有"罚罪"的现象。这可以从两方面来看，其一，规则本身是从个别纠纷处理的积累中逐步抽象出来的。一定是有了大量个别处罚先例，才会有一般的习惯。其二，行为规则的意义在于实施，即处理立禁以后的反社会行为。

2. 原始社会的行为规则是一种习惯

（1）从当时社会所处的历史阶段来看，各种习惯、禁忌、族规等都没有采取文字记载的制度形式，而是按照惯例记忆于人脑之中，被文化人类学者称为"记忆法"。这种"法"被违反后的处理，综合了公共暴力、道德谴责及宗教恐吓等多种强制性力量，被普遍认为是天经地义的。

（2）从后世传下来的一部分上古时期习惯来看，习惯所调整的范围很大，习惯本身已

---

① 参见［德］恩格斯：《家庭、私有制和国家的起源》，人民出版社 1972 年版，第 143 页。
② 《商君书·开塞》。

经对行为作了初步的抽象。《左传·昭公十四年》说："昏、墨、贼、杀，皋陶之刑也。"皋陶是原始社会末期担任"士师"的官员，其"刑"从调整范围来看，涉及庸官、贪官、杀人等诸多方面，从保障习惯遵行的手段来看，裁量结果都是适用死刑。

（3）氏族贵族在演变为奴隶主贵族的过程中，对原有习惯不断进行调整。它包括两个方面，一方面是将新出现的判例充实到习惯中，将个别调整上升为一般调整；另一方面是对原有的习惯进行修订。《尚书·吕刑》说："伯夷降典，折民惟刑。"《急就篇》说："皋陶造律，法律存也。"《春秋》说："尧得皋陶，聘为大理，舜时为士师。"此外，还有类似的记载，这反映出父系氏族社会后期氏族贵族充实整理原有行为规范的历史事实。

（4）原始社会的习惯，代表全体氏族成员的意志，是氏族为了保证其生存而必须维护的内部秩序，因而它所维护的对象是氏族全体成员的共同利益，但它还不是法律。

3. 原始社会行为规范的特征

（1）原始社会的行为规范是宗教戒律、道德训规以及"法律"上的禁令三种传统因素的综合，即"法律诞生以前的公共规范"。根据《礼记》记载，这些习惯包括"事上帝鬼神"的祭祀活动，"男有分，女有归"的婚姻形式，"讲信修睦"的道德信条等①。

（2）这种传统习惯的构成，以各代流传下来的判例以及对判例进行的初步抽象形成的规则为内容。新的氏族贵族往往对已有的习惯进行充实和修订，将新判例上升到习惯中，以用于对一般行为的调整。

（3）传统习惯主要依靠人们对神灵的敬畏，对氏族首领的信仰和历代相传的心理传统而被自觉地遵行。在必要的时候，也通过暴力保证其实施。

（三）刑起于兵

1. 犯罪和刑罚的起源

从理论上来说，犯罪和刑罚产生于阶级社会。但是，我们仅从形式上来看，犯罪是独立的个人对抗社会统治关系的行为，刑罚则是惩戒和制裁这种反抗的手段，在我国大致出现于传说中的舜帝时期。

《尚书·尧典》中，尧在位时期还没有关于"罪"和"刑"的记载，而只有"奸"和"论"。"奸"是指氏族内部的坏人，而"论"则是言之于公，由大家评议。到舜时期，约公元前22世纪末和前21世纪初，在古代典籍中，开始出现"罪"和"刑"。

象形字中的"罪"，《说文》说是罪（辠）人蹙鼻苦辛之忧。而"刑"的古体字是"㓝"，又写作"荆"，《说文》说是从井、从刀。从井，是指执行地，在人口群居的地方；从刀，则是指刑的执行手段。可见，从"罪"和"刑"这两个词的产生来看，就已经有刑法中罪、刑的基本含义。罪是一种可罚性行为，刑是一种暴力强制方法。舜时期所产生

① 《礼记·礼运》。

的罪、刑，虽然还只是原始形态，但是"罪"和"刑"与尧时代的"奸"和"论"有很大区别。这主要表现在：其一，"罪"的成立，有一定的规范性评价依据。根据《舜典》记载，当时的罪名有所谓"飘信废忠""掩义隐贼""好行凶德""以乱天下"等。鲧就是被"以乱天下"的罪名处死的。鲧治水九年，用堵塞方法预防水患，但洪水冲毁堤坝，舜就用"以乱天下"的罪名处死了他。其二，"刑"的适用本身有了比较固定的形式，即刑罚方法是所谓"五刑"。这与居民大会议定处罚方法相比亦有飞跃的发展。其三，确定"罪"和执行"刑"，主要由原始公社的管理机关完成。这就出现公共管理机关施行暴力强制的原始形态。

产生于原始社会末期的"罪"和"刑"体制，是奴隶制刑法在法律文化方面的直接来源。例如奴隶制刑罚中的放刑，就来自氏族社会晚期。《尚书·太甲》《史记·殷本记》都记载伊尹流放太甲的事，即太甲继位以后暴虐，不守汤之法，辅政大臣伊尹"放之桐宫"。这种"放"就是沿用舜时期出现"放欢兜"的刑罚方法。

2. 刑起于兵

古代刑书在规则体系上的另一个来源，就是"刑起于兵"。兵在刑书历史上的主要作用是：其一，最早的刑书中禁止性规范来自军令；其二，整齐有则的刑罚方法来自军法。

（1）中国古代学者认为法律起源阶段中，兵刑不分，法伐不分，征讨和法律惩罚同属于天罚的内容。《国语·鲁语》说："五刑三次，是无隐也。"三次，即三个场所，即上刑陈于野，中刑诣之朝，下刑致之市。陈于野是指战争，而其他是刑罚。《汉书·刑法志》说："大刑用甲兵，其次用斧钺；中刑用刀锯，其次用钻凿；薄刑用鞭扑。"这说明古人在编纂史书时，也是兵刑不分。魏晋之前，《汉书》等正史都把战争和法律的历史编在一个志里，称为《刑法志》。魏晋以后，才把兵志从刑法志中分出来，另立一志。这也表明古人在观念上是把战争与刑罚当作同一件事情来看待的。

（2）关于刑起于兵的历史意义。首先，刑起于兵反映了氏族奴隶制的历史事实。在这种制度下，反抗奴隶主集团统治的行为，可能是个人行为，也可能是一部分氏族成员行为，甚至有可能是一整个氏族行为。与此相对应，掌握政权的奴隶主集团所实施的镇压，对个人是施以刑罚，对一部分人是进行大规模的杀戮，对一整个氏族则是使用战争手段。对于掌握政权的氏族来说，惩罚一个人、一部分人以至整个氏族，很容易被看成是同一序列当中的不同程度、不同规模的事件，因此，战争讨伐也就是扩大的刑罚。夏、商、周三代，都有整个氏族被罚为奴隶或斩尽杀绝、无世在下的史实。夏启讨有扈氏，有扈氏全族被罚为奴，这次战争被夏启说成是执行天罚。这说明讨伐战争是把整个氏族作为刑罚对象而实施的惩罚。

其次，刑起于兵说明了兵和刑的交互使用。刑始于兵是说用刑是军事讨伐的继续，军事讨伐胜利是施行刑罚的前提。国家的创立，要以兵定天下，立法治国家。讨伐的胜利，是施行刑罚的先决条件。周公讨伐武庚、管、蔡，是刑兵结合的一个典型例证。首先确定三者有反叛王室之罪，然后进行军事镇压，战争胜利之后，施用刑罚杀武庚和管叔，流放蔡叔。这说明兵和刑的交互使用。

最后，刑起于兵表明了最早的刑书来源于军律。从父系氏族社会中后期以后，中国发生了一系列较大规模的战争，例如共工与蚩尤，黄帝与蚩尤，黄帝与炎帝，禹启与三苗、有扈氏等。在战争中必须以暴力来强制保证军纪遵行，从中产生了军令形式的刑法。由此发展，刑律逐渐成为调整其他社会关系的行为规范。因此，最早的刑书来自战争。

二、夏商法制

（一）夏商代立法思想

夏朝立法思想是"王权天命"的神权法思想。《尚书·召诰》说："有夏服天命"，《礼记·表记》亦云："夏道尊命，事鬼敬神而远之。"又据《论语·泰伯》，夏禹"菲饮食而致孝乎鬼神，恶衣服而致美乎黻冕"，可见夏人对鬼神的敬重。《尚书·甘誓》记载夏启"赏于祖""戮于社"，说明其在实施惩罚时借用上天及鬼神的权威，以示替天行道。

此后，商朝统治者为了证明自己政权取代夏朝的合法性，扩充了王权天命的观念，提出了"天命天罚"思想。"有殷受天命"①，商代统治者将自己的统治神化为秉承天意，将国家统治神圣化、合法化，赋予商王统治浓厚的宗教色彩。殷商时期，奴隶主阶级在政治斗争中，普遍采用天命天罚的思想，为自己的政治和暴力统治的合理性寻找不容争辩的根据。天命天罚的思想内容主要有三点：其一，受刑罚之人，其行为获罪于天，他们由于不遵天命，违反天理，触怒上天，使天降罪于他们。商汤灭夏，也说夏虐待万方百姓，万方百姓告诉上下神祇，于是天"降灾于夏，以彰厥罪"②。其二，执行刑罚的人，是代天行罚。他们受命于天，惩罚犯罪，其行为具有不容置疑的权威性。商汤伐桀，说是"予畏上帝，不敢不正"③，试图证明自己权力的来源是天命。其三，把对神的崇拜与对王室先祖的崇拜联结起来，把最高统治者"王"解释为"帝"的嫡系子孙，从而把神权与王权合二为一。

天命天罚的思想源于原始社会，它反映了原始人类对无法抵御的自然灾害所感受到的恐惧和由此产生的禁忌。人们认为惩罚是由看不见的神力所施行的，因而形成了"天罚"的观念。进入阶级社会以后，奴隶主阶级改造了这种天罚观念，把惩罚解释为由奉命于神

---

① 《尚书·召诰》。
② 《尚书·汤诰》。
③ 《尚书·汤诰》。

的人来行使，以此证明奴隶主贵族的行为符合天意，于是在天罚观念的基础上，有了"天命"的意识出现，并且两者联结成为完整的天命天罚思想，也成为我国阶级社会中最早占统治地位的法律思想。

（二）夏代立法活动与法律渊源

1. 夏礼

从《史记》的记载和春秋诸子的言论来看，夏代有夏礼。夏朝是在部落联盟的基础上发展起来的，其将原始社会的礼改造成为法律，成为维系秩序的有效工具。以习惯法为基本表现形式的夏代礼制，虽来源于氏族习惯，但与后者有着本质上的区别。

2. 刑书

《左传·昭公六年》载："夏有乱政，而作禹刑。"禹刑被认为是以刑统罪的刑事判例汇编。据说夏代刑书有三千条之多①。夏代为有效镇压反抗奴隶主国家统治与扰乱社会秩序的犯罪，承袭并发展舜禹时代的习惯处罚方式，从而初步确立奴隶制五刑制度，即劓、刵、椓、黥和大辟。

3. 誓

誓是君主或主要属臣在战争期间发布的军事命令。"誓"中包括：宣布讨伐对象的罪恶；证明战争的正义属性，天降大命的权力来源；公布作战的法纪、纪律，以约束全体人员。夏启在发动对有扈氏的战争时说："予誓告汝，有扈氏威侮五行，怠弃三正，天用剿绝其命，今予惟恭行天之罚。……用命，赏于祖；弗用命，戮于社，予则孥戮汝。"②

4. 政典

相传夏代有政典。据《尚书政义》注《胤征》云："'政典'，夏后为政之典籍，若《周官》六卿之治典。"这部政典可能是单行法规，并且合编了职官职守与禁忌。《尚书·胤征》曾援引《政典》"先时者杀无赦，不逮时杀无赦"，即对违背天时懈怠政令的官吏实行"杀无赦"的惩罚。

（三）商代立法活动与法律渊源

1. 商礼

商代的礼在夏礼基础上进一步完善。孔子说，周因于商礼，有损益，所谓"殷礼，吾能言之，宋不足征也"③。

2. 刑书

商代刑书被称为汤刑，仍为以刑统罪的判例汇编，且汤刑确定了奴隶制五刑的刑名体

---

① 《尚书大传》：夏刑三十条。

② 《尚书·甘誓》。

③ 《论语·八佾》。

系。另外包括财产处罚内容的官刑也是商代重要的刑书。

汤刑是商代法律的泛称。《左传·昭公六年》记载："商有乱政，而作《汤刑》。"祖甲在位时，曾对汤刑作修订。《竹书纪年》记载："祖甲二十四年，重作汤刑。"说明汤刑在内容上对后世殷商始终保持影响。《尚书·康诰》多次提及"殷罚有伦""罚蔽殷彝，用其义刑义杀"，后世学者也说"刑名从商"。汤刑是以汤命名的刑罚及适用原则的汇集。

3. 誓及命令

商代以王之命令的形式所颁行的法律包括誓及命令。

誓是君主在战争期间发布的军事命令。商汤讨伐夏桀，作"汤誓"，在主要内容构成上，略同于"甘誓"。

商代君主发布的命令，也是重要的法律规定，具有至高的法律效力，例如"汤诰"及中兴王盘庚的迁都命令《盘庚》。该命令的内容与结构，依命令的强制对象和受约束人员而定。

4. 官刑

官刑是商代惩治国家官吏失职、违纪与犯罪行为的专门法律，带有行政法规的性质，但仍称其为刑。《尚书·伊训》说，"商汤制《官刑》，儆于有位"，其"官刑"所惩治的行为，被称为"三风十愆"，即恒舞酣歌的"巫风"；贪货色、好游畋的"淫风"；侮圣方、逆忠直、远耆德、比顽童的"乱风"。刑罚方式据载为财产刑。《墨子·非乐上》载："先王之书，汤之《官刑》有之。曰：'其恒舞于宫，是谓巫风；其刑：君子出丝二卫，小人否，似二伯《黄径》。'"

5. 明居之法

商汤时制定"明居之法"，即丈量土地、划分居住区域及安置百姓的法规。

6. 车服之令

商汤为了区别尊卑贵贱的等级，还曾制定车服之令，即在任命官吏与罢黜官吏的车马服饰上作了识别性符号的规定。

第二节　周代法制

一、西周立法思想

西周统治者主张"明德慎罚"，这是鉴于夏、商奴隶主失国的教训，提出如何永保天命的治国保民的思想理论。它的主要内容包括：

（一）思想理论基础："天命靡常"，"惟德是辅"

周朝统治者用"德"的观念改进了传统天命观，提出夏商奴隶主得天命而建立国家，但是不敬德，结果早坠厥命。"小邦周"敬天修德，惟民是保，故而能战胜"大邑商"，取得统治权。天命是不固定的，如何保住已获的天命，世世代代受天保佑呢？周朝统治者提出"德"的观念："敬德"就可以获天保佑，暴德、弃德就要受天惩罚，即"惟德是辅"。通过"德"这个观念，周的统治者把神秘的天命具象化为统治集团的行为准则，成功地解释了周朝获得国家政权的合法性来源，并提出可以通过人事行为来判断国运是否长久。《尚书·多士》说："惟天不畀不明厥德。凡四方小大邦丧，罔非有辞于罚。"

（二）德与刑的关系

明德慎刑中"德"的内容十分丰富，分有"三德""九德"之说，包括统治者自身道德修养、清明的政治和审慎地施行刑罚等。其中慎刑是"明德"最重要的内容。《尚书·吕刑》说"惟敬五刑，以成三德"，三德是指正直、刚克、柔克。《尚书·康诰》中周公说"告汝德之说于罚之行"，这就直接把明德等同于慎罚了，说明了慎罚在明德内容中所处的突出位置。在法律方面，慎罚思想主要体现在以下几点：

第一，刑罚世轻世重。在适用法律时，要根据不同邦国的实际情况和时代特点，执行宽严不同的刑罚制度，即"刑新邦用轻典""刑平邦用中典""刑乱邦用重典"①。周公在《尚书·酒诰》中告诫康叔说，周人喝酒，把他们送到我处，由我杀他们；若殷人喝酒，则"勿庸杀之，姑惟教之"。而他让康叔治理卫国，要求"用其义刑义杀"，即适用殷人的法典来杀他们。这说明周朝统治者认为适用的法律要与社会客观形势相符合。

第二，"用中罚"。"中"就是恰当：罪状与刑书相符，罪与刑相当。"用中罚"是"明德慎罚"思想在刑事法律制度中最基本的指导原则，贯穿在整个刑法思想之中。它包括：确定证据要恰当，公正地判断原被告双方的供词，"罔不中听狱之两辞，无或私家于狱之两辞"②；适用刑罚条文要恰当，认定的行为与刑书规定相符合，"明启刑书胥占，咸庶中正"③；实行的刑罚要适当，刑罚恰如其罪，达到明德敬德的目的，"士制百姓于刑之中，以教祗德"④。周公曾经回忆说，周武王的司寇苏公执法很慎重，用中罚，增强了王国的国运⑤，此事例表明"用中罚"原则的重要性。

第三，"惟良折狱"。"惟良折狱"是指要选用正直公允、道德淳朴的人来担任司法长官，保证"用中罚"指导原则的实现。《尚书·吕刑》说"非佞折狱，惟良折狱"：执行刑法最重要的是有道德高尚的人、有法必依的原则和公正的司法审判，即"何择非人，何敬非刑，何度非及"，这说明选择司法官是第一顺位的重要意义。为保证司法官吏公正执

---

① 《汉书·刑法志》。
② 《尚书·吕刑》。
③ 《尚书·吕刑》。
④ 《尚书·吕刑》。
⑤ 《尚书·康诰》。

法，周人的法律思想认为若有刑狱官出入人罪，则以重于所出入的罪惩罚他。《吕刑》所载的"报以庶尤，永畏惟罚，非天不中，惟在人命"，就是指对于出入人罪的狱官的惩罚，要重于其不公正判决的偏倚程度。

二、周代立法活动与法律渊源

（一）以最高统治者的命令形式而颁布的法律

在奴隶主王权之下，君主的命令、指示，具有最高法律效力。其主要形式有：

1. 诰

诰，以言告之，是以国王本人名义颁布的训命，它有广泛的约束力，即诰"用之于会同"①，适用于一切与规定相符合的行为。周时期的"大诰"是周公辅佐成王时，管叔、蔡叔等人"为乱"，周公讨伐平定骚乱以后，以"大义告天下"的文告，称为"大诰"。此外还有"康诰""酒诰""洛诰"等。

2. 誓

誓，是军队出征的誓师之辞，同时也是军法规范。《周礼》云："用之于军旅。"② 誓一般分为三个部分，第一部分是列举讨伐对象的罪恶，第二部分说明自己受天命而进行讨伐，第三部分是对军队成员的纪律约束，警告他们必须努力作战，同时禁止侵扰劫掠战争区域内的人民财产，因此具有军事刑法的性质。例如周武王伐殷时在孟津作"泰誓"等。

3. 命、令

命、令是国王、诸侯国的国君或者国王的重要属臣针对特定事件发布的专门命令。从效力范围来看，国王和重要属臣的命令，适用于整个奴隶制国家；而诸侯发布的命令，在本诸侯国有约束力。从适用的对象来看，命令适用于专门一类事件或一件事，是一种特殊法令。周成王在平定商殷族反叛之后，命"微子启"作为殷人的首领，作了《微子之命》。周穆王时，任命伯炯为太仆正，作了《囧命》。金文当中有"三事令""四方令"等，也是周王发布的命令。

（二）以国家刑典的形式制定的法律——刑书

《左传·昭公六年》记载："周有乱政，而作九刑。"九刑是周朝刑律的统称。《左传·文公十八年》记述周公《誓命》时说："在九刑不忘。"孔颖达的疏文说："谓之九刑，必其诸法有九"，"九刑之书今亡，不知九者何谓。"

关于《吕刑》的制定，《竹书纪年》记载："穆王五十一年作吕刑。"《尚书·吕刑》

---

① 《周礼·秋官》。
② 《周礼·秋官》。

说吕侯建议周王"训夏赎刑，作吕刑"。"吕"指"吕侯"，又称"甫侯"。《史记·周本纪》也说"甫侯言于王，作修刑辟，命曰甫刑"。《吕刑》以刑统罪，五刑之属有三千条。《尚书》中专门记载有一篇"吕刑"，虽然这不是法典本身，但反映了甫侯对穆王立法建议的主要原则及内容。

"刑"字有两个意义：第一，它是指刑罚；第二，它是指刑书，即法律规定。周朝人在惩罚犯罪时，常说"常刑"，"汝则有常刑""常刑所不赦"，这说明已经有形式稳定、在全国范围具有约束力的法典，《逸周书》称之为"刑书九篇"。《左传·文公十八年》载："先君周公制周礼曰：'则以观德，德以处事，事以度功，功以食民。'作誓命曰：'毁则为贼，掩贼为藏，窃贿为盗，盗器为奸。主藏之名，赖奸之用，为大凶德，有常无赦，在九刑不忘'。"刑书的法律效力低于国王的命令，高于各诸侯国的法律，凡是适用中央政权法律的邦国，都把刑书作为基本的审判依据。现在所能知道的相关文书，是周穆王时代吕侯所起草的《吕刑》，它是一部刑法原则及诉讼和司法制度的立法建议。以《吕刑》分析刑书结构特点，它应包括刑法及关系法和一部分王的告诫。这种告诫主要是历史教训的总结和立法指导思想的解释。其中没有出现法律部门的划分，其内容综合了实体法、诉讼法和司法制度的规定。

此外，以国家基本法典形式制定的法律规范，还有各种称谓："典"，如"轻典、中典、重典"；"宪"，如"先王成宪"；"彝"，如"殷彝""文王彝训"；还有"伦""要"等。但其具体内容未传于世。

（三）礼

"礼"是奴隶制国家重要的法律渊源，制礼是周朝对夏商以来一直沿用并加以发展的奴隶制习惯法予以系统化的工作。原始社会后期的习惯法，在经过夏商两代的发展后，至西周建国之初，曾对这些习惯法进行了系统化的整理。相传这是由武王的弟弟周公旦主持的，"先君周公制周礼"①，被称为"周公制礼"。与此相联系的传世经典是《周礼》《仪礼》《礼记》，通称"三礼"。

礼的本意，是祭祀神灵，它起源于原始宗教的祭祀仪式。《说文解字·示部》解说为："礼，履也，所以事神致福也。从示，从丰。"丰，"象二玉在器之形"②，韦表示把两块玉叠在一起，放在一个器皿里，供奉给祖先，举行这种礼节仪式的，就叫做礼。郭沫若认为："礼是后来的字，在金文中我们偶尔看见有用豊字的。从字的结构上来说，是在一个器皿里面盛两串玉具以奉事于神。"③ 先民认为只有遵守礼节仪式，才能得到祖宗和神灵

---

①　《左传·文公十八年》。

②　《说文解字·示部》。

③　郭沫若：《十批判书》，载《郭沫若文集》第15卷，人民文学出版社1961年版，第100页。

的保佑。由此可见，礼一开始就是和神权、族权相联系的，而且具有行为规范的意义。在举行礼仪和祭祀祖先时要根据血缘关系来划分不同身份人的地位，以确定礼仪和祭祀者的位置，因此从礼中产生了宗庙制度。同时，祭祀和战争是国家的头等大事，宗庙制度中所确定的不同身份，援引到国家制度中来，决定各种人政治权位的高下。因此，从礼中产生了国家组织制度以及等级特权制度。这种礼制经过夏商两代的发展，到周朝而集大成。周公等统治者以周族宗法制为基础吸收夏商两代礼仪制度中的有关部分，编定一套旨在维护宗法等级制的规章制度、行为规范以及相应的礼节仪式，这就是一般所说的周礼。

1. 《周礼》的结构形式

礼所规定的礼节仪式分为五种：吉、凶、宾、军、嘉。吉礼，讲祭祀，是敬奉邦国鬼神的礼仪；凶礼，讲悲哀，是丧葬事的礼仪；宾礼，讲交往，是朝聘、交往中的礼仪；军礼，讲战争讨伐，是军事行动中的礼仪；嘉礼，讲宴饮，是饮（乡饮）、婚、冠、吉庆活动中的礼仪。礼所规定的国家机关和职责权限，分为六种，按天、地、春、夏、秋、冬，设六类官，执六种政典：（1）天官执治典，是国家统治的总纲要，即后世的丞相或内阁首辅的职掌；（2）地官执教典，是教化和行政的纲要，执掌教育和民政；（3）春官执礼典，规定礼节仪式的纲要，执掌祭祀、礼宾及宗教事务；（4）夏官执政典，规定军事和警务方面的纲要，执掌警务和国防事务；（5）秋官执刑典，规定刑法和审判制度的纲要，执掌司法审判和司法行政；（6）冬官执事典，规定土木建筑和营造事项的纲要，执掌建设工程、田宅规划营造。后世学者评述："《周礼》则百官具备，德刑兼施；两者互为补充，互相为用。"[1]

《周礼》在规范结构上的特点，是以职领事，以事归职。在上述的"六典"中，首先分类出职官，各官之下列出职掌，职掌之内，则规定管理对象及对象的义务，由此产生义务相对人的权利。例如在买卖关系中，《周礼》规定了市场管理官员司市、质人等人的职掌。经过这些职掌的实现，财产所有权得到确认，交易得以保障。因此其规范特点是，权利来自相对人义务，义务源于管理者权力，管理来自职官责任，责任来自王者委任。归其要，是权利来自王者权力。

2. 礼的内容

礼的内容十分庞杂，有政治、军事、经济、宗教、婚姻家庭和伦理道德等各个方面的行为准则和规章制度，各种不同的礼节仪式，规定了国家机关的职权、奴隶主阶级享有的特权和上下等级相互关系。大到国家的根本法，小到待物接人等生活细节，礼全面地调整各种社会关系，例如职官制度、宗庙制度、朝聘制度和婚姻制度及主宾会见的礼仪制度。

---

① 杨向奎：《宗周社会与礼乐文明》，人民出版社1997年版，第290~291页。

3. 礼的作用

礼的作用是设定和巩固等级身份制度，它通过仿设宗族组织的制度，建立国家政治制度，并依血缘身份等级关系限制人们的欲念，促进品质修养，使人们保持和睦相安的关系，达到维护宗族内的安定秩序以及巩固国家政权的目的。《礼记·曲礼上》说："道德仁义，非礼不成；教训正俗，非礼不备；分争辩讼，非礼不决；君臣上下，父子兄弟，非礼不定；宦学事师，非礼不亲；班朝治军，莅官行法，非礼威严不行；祷祠祭祀，供给鬼神，非礼不诚不庄。"因此，用礼制确定等级身份制之后，法律的作用缩减为保障礼的实现，而礼是治国安邦的规范总汇。由于礼的重要作用，礼所规定的行为准则被认为是天经地义的，任何人都不能违反。

4. 礼的社会实现

礼的社会实现以两种强制力作为后盾：一是道德强制，包括内心自省、传统习惯和舆论谴责；二是暴力强制，即依靠国家暴力保证其实行。首先，礼的内容有很多属于习俗和道德规范。例如"仆人之礼"，这是一种关于御车时所遵守的传统惯例。遵守这种惯例主要依靠内心自省、舆论谴责等力量，一般不会付诸刑事法律制裁。其次，对于一种礼制的违背，其行为所造成的危害程度，也可以划分道德调整与法律调整两个层次。《礼记·月令·仲冬之月》就有这样的记载，若弃耕田地，让田地荒芜、浪费，要予以教育；但如果互相侵夺，则"罪之不赦"。

除了习惯和道德规范以外，礼还含有大量法律规范，是以国家的暴力强制保证实行的。例如"作淫声、异服、奇技、奇器以疑众，杀"，[1] 是指服饰和用具与身份不合。"变礼易乐者为不从，不从者君流。"[2] 礼和乐都是指礼制。礼制所包含的国家组织制度、刑法制度、财产制度、婚姻制度、诉讼制度，都是以国家暴力作为后盾，以国家强制力保证实施的。礼和法在调整范围的关系上，表现为奴隶制时代的礼、刑关系，而刑是保障礼实现的暴力强制工具。

（四）法

在周或春秋时期，出现了新的法律形式："法"。"法"字的最早出现，是"廌"，有"大"与"废"两义[3]。灋字则有三个含义，一是平之如水，即公平；二是判断是非；三是去掉不直者。在商周时期，"法"字在法律规范的意义上，与"刑"的意思相同。刑有型书、刑罚的字意，法与刑在法律规范或法律文件的字意上是一致的。《尔雅》说："刑，法也。"《说文》说："法，刑也。"《吕刑》说苗民"惟作五虐之刑曰法"。《吕刑》是周

---

① 《礼记·王制》。

② 《礼记·王制》。

③ 张永和：《"灋"义探源》，载《法学研究》2005 年第 3 期。

人所作，"惟作"一词反映在周朝时"法"的观念表示多种刑罚实施方法的概括，但是当时经常适用的法律规范是礼和刑书。到春秋时代，礼制崩溃，各种刑事文书丰富发展，就出现了在礼、刑的法律形式以外的法。晋国有"被庐之法"，是晋文公与楚国争霸的城濮之战以前，在被庐地方宣布的法令。从后来执行法令情况来看，晋文公杀颠颉和祁萌都是以违反军令为由，因此法最初可能源于军法。楚国有"茅门之法"，并流传下来一个实例，述称太子过茅门不下车，因此受到追究，表明法也与警卫军备有关，从执掌来看也属军法。因此，在春秋时期，"法"是就专门的事件而制定的特殊行为规范，它以暴力为后盾，对与规定相关的人有约束力。

（五）审判故事

故事，是指以前发生的审判案件。在没有规范律文的情况下，可比照之前判决的相同相近案例，作为判决依据。审判故事有两种情况，一是对被征服的氏族，适用以前其所固有的判例。《尚书·康诰》说"殷罚有伦"，是指比、类的意思；二是指本朝先王所作的判例，《周礼·秋官·士师》说"掌邦之'八成'"。"八成"，是狱讼已成的事，也就是已判决的案例。东汉人郑玄注"八成"，说系八种案例的汇编。因此，审判故事也是奴隶制法的法律渊源之一。

三、奴隶制时期宗法制度

宗法就是宗族之法，是氏族区分血缘关系的法则。中国奴隶制社会，仍然保持着父系氏族社会的组织形式，而宗法制度是奴隶制政治、经济制度的基础，与法律制度有着密不可分的关系。理解宗法制度是理解奴隶制法的前提。夏商时代宗法制度尚未有详考，其中商代的宗法，现已有一些学者研获重要成果，但其检验还需等待一段时日。故此叙述的宗法制度，主要是西周时期的制度。

（一）起源

中国在父系氏族社会没有解体之前就进入了奴隶制社会，奴隶制社会的政治统治，保留了父系氏族社会的外壳，在一定的行政区域以内，固定居住着一支或者几支保留着完整的血缘组织形式的氏族，地方长官同时也是氏族首领，国家按地域管理居民与氏族按血缘关系管理居民，在形式上保持一致。

（二）宗法制度的主要内容

其一，嫡长子继承权位，庶子则由继承王位的嫡长子给予分封。

其二，划分大小宗。嫡长子是氏族内的大宗，而庶子是氏族内的小宗，小宗如果自己繁衍成为一个支系，则在这个支系以内的嫡长子是这一系的大宗，而其他庶子为小宗，以此类推。氏族的族权由大宗行使，小宗有义务服从大宗。

其三，五世而迁。庶出的小宗，祭祀同宗的祖先，止于五代，五代之后，则把本支氏族祖宗迁出大宗氏族宗庙，自立一宗，在自立一宗之后，庶出的小宗也要在第五代以后迁出祖庙，以此类推。所谓"君子之泽，五世而斩"，"继宗为祖，别祖为宗"。

别祖世系一览表：

（三）宗法制度与奴隶制政治经济制度的关系

奴隶制的政治、经济制度，实行亲贵合一的原则，按照宗法制度所区分的血缘亲疏关系，与天子亲近的宗族显贵，疏远的宗族则卑贱。

1. 王位权位封土的继承规则

王位权位封土的继承，按照宗法制度的原则进行，实行嫡长子继承制，所谓"立子以长不以贤"。夏商两代，曾实行父死子继和兄终弟及两套制度，夏代十四代十七王，商十八代三十一王，造成了秩序的混乱，削弱了统治的力量。周朝严格实行嫡长子继承制，除了周厉王出奔，贵族实行共和行政之外，均由嫡长子继承王位。除了王以外，诸侯的封国、大夫的采邑也由嫡长子继承，官职和封号固定在一个氏族，形成"世卿世禄"的制度。

2. 国家组织也按照宗法制度来设立

天子自称上帝的长子，是天下大宗。同姓的氏族首领是小宗，被分封成诸侯。诸侯在自己封国以内是大宗，同族的分支为小宗，分封为卿大夫。卿大夫在采邑以内是大宗，同姓兄弟为小宗，分封为士，有禄田。这样，形成"天子建国，诸侯立家，卿置侧室，大夫有贰宗，士有隶子弟"①的组织，国家则是这个组织的权力内容。根据宗法制度的原则区别血缘亲疏，从而决定尊卑贵贱，制定出上下有别的政治等级制。

在经济制度方面，诸侯封国，大夫封采邑，士得禄田，除纳贡之外各自享用土地上的收成，这也是按照宗法制度来设立土地的所有制关系。

3. 根据宗法制度确立权利义务关系

宗法制度的原则是小宗臣服于大宗。根据这一原则，奴隶主之间有大小宗亲属关系的，在政治上也有上下级、管理与服从的关系，相应地行使或承担不同的权利和义务。

王对诸侯的权力包括：（1）人事权。诸侯国的官吏任免要经过王的同意。"大国三卿皆命于天子"，次国三卿有二卿要经过国王任命，小国两卿，国君自己任命②。（2）王有权监督诸侯的行为。诸侯超越了王赋予的权力，王有权加以惩戒，严重的则进行军事讨伐。例如孔子看到鲁国大夫唱雍歌来祭祀祖先，认为违礼，就要求周王室出兵讨伐。③（3）王有权调动各国的军队。王对诸侯的义务，是保护他们在封地内的统治和享有的特权不受别人的侵犯。

诸侯对王应尽的义务包括：（1）定期朝觐，由诸侯或者他的代表，向王叙述为政的情况，分为一年一小觐，三年一大觐，五年一朝。（2）纳贡的义务，即按照习惯或规定的比例，把一部分财物贡奉给天子。（3）勤王的义务，在王需要调遣的时候，诸侯有义务出兵保卫王的利益。

（四）宗法制度与奴隶制法的关系

1. 宗法制度对奴隶制法制的指导思想有深刻的影响

奴隶制时代出现的天命天罚和明德慎罚的思想与尊祖敬宗的观念联系在一起。统治者虚构一个天帝，并宣布帝就是他们的祖先，法律的权威来源于天也就是来源于祖宗。夏启征讨有扈氏，说是"威侮五行""怠弃三正"④。五行是指天理，威侮五行就是蔑视天理；"三正"指"长上"，"怠弃三正"就是违反三种记载正朔的历法，因此天命夏启去剿灭他。盘庚在迁都时，威胁同族的贵族说，"听予一人之作猷"，"惟予一人有佚罚"⑤。根据天命和祖宗之命制定的法律，具有最高权威和最普遍的适用性，其重要原因来自人们对天命的信仰和祖先崇拜。

2. 祖宗成命不可更改

盘庚曾经说："先王有服，恪谨天命。"孔子反对晋国铸刑鼎的时候也说过，晋之法

①《左传·桓公二年》。

②《礼记·王制》。

③《论语·八佾》。

④《尚书·汤誓》。

⑤《尚书·盘庚》。

度，唐叔之法也，废此之法，国将不国。说明在孔子之前，祖宗之法曾世世代代被严格遵行。

3. 奴隶制刑法，通过全面维护礼制秩序来维护宗法制度

据《左传》记载，春秋时期保障礼制秩序而刑杀贵族的案件有一百六十多例。其中"专伐伯有""昆弟争兵"① "为下大夫而常陈卿之车服"② 之类的罪名设定，均为维护宗法等级制度。为全面维护宗法制度，首先，法律把忠君与尊祖敬宗结合起来。任何危害王权的行为，都被认为大逆不道，因为它不仅造成了政治危害，而且严重违背宗法制的原则，要处以斩杀以至灭族的刑罚。盘庚曾经说"乃有不吉之迪……我乃劓殄灭之，无遗育，无俾易种于兹新邑"③。其次，刑书规定了不孝不悌等罪名，以重刑惩治违反宗法原则的行为。周代刑法明确规定有"不孝""不友"的罪名，将违反"孝"和"友"道德规范的行为定为最严重的犯罪。《尚书·康诰》说："元恶大憝，不孝不友……文王作罚，刑兹无赦。"元恶，即罪恶魁首，大憝，大罪。最后，按照宗法制度而制定的等级特权制，也是刑法保护的对象。每一级奴隶主，只能根据自己的身份享受规定的特权，衣食住行都必须遵守等级特权制的规定，否则就罪死无赦。"僭越"也是一种重罪。

4. 司法诉讼制度必须遵循宗法制的原则

诉讼首先考虑的是案件是否违反父子之亲、君臣之义。若案情符合宗法制度，再考虑罪行大小、损害轻重，决定刑罚裁量。《礼记·王制》说："凡听五刑之讼，必原父子之亲，立君臣之义以权之。"《㝬匜》铭文记载了一个下级奴隶主控告上级奴隶主的案件，下级奴隶主（牧牛）因为"敢与乃师讼"而被判鞭刑八百。这说明在这个案件并没有人对控告内容进行调查核实，仅因为提起诉讼行为本身触犯等级制度就判牧牛败诉。

总之，奴隶制法律保证宗法制度的实行，是通过维护家庭关系中父权为中心的血缘等级制度，进而达到在国家制度中巩固君主权力的目的。《礼记大传》十分准确地揭示了这种家庭制度与国家制度的关系，即"亲亲故尊祖，尊祖故敬宗，敬宗故收族，收族故宗庙严，宗庙严故重社稷，重社稷故爱百姓，爱百姓故刑罚中，刑罚中故庶民安"。

（五）宗法制度的瓦解及其历史影响

宗法制度是中国奴隶制社会构建的核心制度，随着生产力的进一步发展和社会的进步，宗法制度终成为社会发展的桎梏，在新的生产关系形成和长期的兼并的战争中，最终瓦解了。

---

① 《左传·隐公九年》。
② 《左传·哀公五年》。
③ 《尚书·盘庚》。

1. 宗法制度的瓦解

宗法制度的瓦解表现在：

（1）所有权制度的改变。周平王东迁以后，王室势力衰弱，无力强迫诸侯纳贡，原来分封给诸侯使用的土地，实际上归诸侯所有。

（2）政治制度的变化。在诸侯与诸侯、大夫与大夫互相兼并战争中，强大的氏族夺取了土地，不再分封给自己的子弟，而是设立行政长官对获取的土地进行管理，行政长官与上级没有亲属关系，官职也不世袭，而且官吏的生活来源也不再是管理区域以内的人民的赋税，而是由国家发给俸禄。这种做法有两个意义：一方面，不分封子弟，阻止了新氏族首领产生；另一方面，官僚制度取代了"世卿世禄"的制度，成为构成国家政治制度的基本制度。

（3）亲贵合一的等级制度被破坏。诸侯和大夫可以僭行天子之礼乐，而且诸侯的霸主可以挟天子以令诸侯。诸侯与大夫之间的等级名分制也被随意践踏，大夫和诸侯之间的诉讼时有发生。在奴隶制等级制被破坏以后、封建等级制建立起来之前，权位者始终以经济实力尤其是军事实力来决定地位尊卑贵贱。

2. 宗法制度的历史影响

奴隶制宗法制度虽然在春秋战国时期瓦解，但是对中国历史有十分深远的影响。

（1）在立法指导思想方面，由"亲亲"而"尊尊"的道德伦理观念，成为儒家思想的重要原则。汉代以后，成为历代统治者立法指导思想的重要内容，宗法制度与法律之间关系的基本原则。例如君权与族权结合，家长和族长的亲权、教令权，嫡长子继承权等完全被继承下来，在法律上获得了发展与完善。

（2）在官僚制度方面，世卿世禄现象也有深远的影响。"封妻荫子"荫袭权位是通行现象，贵族官僚子孙有承袭一定的官职，享受世代荣华富贵的特权。

（3）在宗族关系和法律制度方面，首先，法律确认家长对财产的支配权，维护以家族为单位的共同共有的财产占有形式。其次，封建统治者继承"宗子率宗"的原则，赋予了族长以统治家族成员的种种特权，可以私自惩罚以至处死家庭或家族的成员。最后，确认侵犯亲权加重处刑的原则。封建法律直接袭用奴隶制法当中不孝等罪名，并列为"十恶"大罪，对侵犯亲权的行为作出十分苛刻的规定，以重刑维护父权、族权。

四、礼与刑的关系

礼与刑的关系，是法史学界热衷讨论的话题。很多人都对礼与刑的关系从不同层面进行过探讨和推测，可谓众说纷纭，久讼难决。现于概述多数人观点的基础上，进一步析论如下：

（一）礼和刑是两种独立的规范

礼和刑的共同点在于它们的意志内容和法律目的。它们都体现统治阶级的意志，代表统治阶级的利益，目的都是维护统治秩序。但是作为行为规范体系，它们有着各自的发展历史和规范特征。

1. 从行为主体来看，刑所规定的行为主体是抽象的人，而礼规定的行为主体是具体的人

《尚书大传》引《尚书》："夏刑三千……决关梁、逾城郭而略盗者，其刑膑。男女不以义交者，其刑宫。触易君命，革舆服制度，奸宄寇攘伤人者，其刑劓。非事而事之，出入不以道义，而诵不详之辞者，其刑墨。降畔寇贼，劫略夺攘挢虔者，其刑死。"① 分析这一段记载，可以察知两个现象：一是每一种行为的处罚，并没有明确假定谁是主体，因此，可以加上"凡是"，即主体是指除了国君以外的任何人。这是规范在假定时已作主体抽象。二是可以知道刑书的时代，刑书的编排体例不是以罪名来分类的，而是按刑罚来分类，即以刑统罪。反观礼的特征，王有王的礼，诸侯有诸侯的礼，大夫有大夫的礼，士有士的礼等。同时，它又根据礼仪适用的不同场合，规定了不同的礼节仪式。据此可进一步说明：一是礼规定的行为主体比较具体，分为国君、诸侯、大夫等若干个级别；二是礼的编纂形式以行为主体的职责和不同场合的礼节作为体例安排的线索。法律的发展需对具体现象不断地进行概括，就此而论，刑是优于礼的。

2. 从行为规范特征来看，礼是义务性规范，刑是禁止性规范

礼的行为规则是倡导人们应该行为或必须行为的义务性规定，指示人们在一定场合如何行为。譬如大夫乘车之礼，要从左边上车，且手放于车轼等，因此它所规定的是义务性规范，该规范还反映出相对人的权利。而刑所规定的是禁止的行为，它没有直接倡导人应该怎么行为，而是通过处罚犯罪使以后的人不敢再犯，从而指示人的行为方向。譬如杀人行为，刑书规定"杀人者死"，使以后的人有所规避，从而指出人们如何行为，因此它是禁止性规范。

3. 礼和刑是两个独立的规范体系

通常说法为：凡是礼所不容的，就是刑所禁止的，凡是合于礼的，也必然是刑所不禁止的。所谓"礼之所去，刑之所取，出礼则入刑"②。这种说法表明礼和刑似乎是一个系统的规范，礼规定行为义务，刑则规定行为禁忌，违背礼制的行为就进入刑书的处罚范围。这就产生两个矛盾：其一，行为主体方面的矛盾，礼是依主体划分的，刑则对主体进

---

① 《尚书大传》卷三。
② 《后汉书·陈宠传》。

行抽象；如果一个遵行礼的人违反礼就一律按刑书处理，这还需要寻找适用条件。其二，这一说法与奴隶制法另一传统相互矛盾。奴隶制时代有"刑不可知，威不可测"的传统，犯罪后，临时议定处罚，因其有任意性而加重威慑力。但是，从礼到刑都有明确规定，似"威不可测"不成立。因此，礼和刑的关系，还需要作进一步探讨。从规范的结构以及刑的适用条件来衡量，一方面，在适用礼的范围以内，违反礼，由司法长官临时议定刑罚，礼本身由刑保证实行，是一个独立的规范体系；另一方面，在礼调整的范围以外，违反刑书按刑书规定处罚，刑书也自成一个独立的规范体系。礼和刑的区分主要是在适用于不同的行为主体方面，划分彼此的范围。此外，在礼制之内的刑罚适用缺乏规定或前例，而行为人之行为又存在明显的社会危害性时，司法官通过议罪的程序，可以援用刑书的规定。例如"昏、墨、贼、杀，皋陶之刑"① 即是。

（二）礼不下庶人，刑不上大夫

《礼记》中"礼不下庶人，刑不上大夫"这句话存有多种解释。如果把礼、刑区别为两种规范，就可以看出它是区别规范适用范围的规则。礼和刑是奴隶主贵族的两种统治手段，适用的对象各有侧重点。

1. 礼不下庶人

礼对庶人有普遍的约束力，庶人不得违反礼制，也不能享受礼所规定的特权。刑书是调整庶人行为的主要行为规范。奴隶主贵族违反礼制要处以刑罚，但其处罚的方式是临时议定，不规定在刑书范围内。

2. 刑不上大夫

"刑不上大夫"是指贵族犯罪可以享受特殊的待遇。首先，贵族违法不用出庭受审，不受司法官吏之辱，所谓"命夫命妇，不躬坐狱讼"②。其次，贵族犯罪适用议罪，即临事议制，不预设刑。最后，执行刑罚可以采取变通的方法，使贵族不受刑罚之辱。他们可以适用赎刑，"入财而免其罪"③；较重的罪，则适用"放逐"，使之远离乡土，不再享有贵族特权，如春秋时郑国公孙楚杀公孙黑，"余不女忍杀，宥女以远"④，子产处以放逐刑；必须执行死刑的贵族，不适用弃市，"大夫尸诸朝"，"凡王之同族有罪不即市"⑤。此外，对贵族还不适用宫刑，"公族其有死罪，则磬于甸人……公族无宫刑"⑥。

---

① 《左传·昭公十四年》。

② 《周礼·秋官·小司寇》。

③ 《朱子大全·舜典象刑说》。

④ 《左传·昭公元年》。

⑤ 《周礼·秋官·大司寇》。

⑥ 《礼记·文王世子》。

第三节　春秋时期法制

一、"礼崩乐坏"的出现

随着铁器和牛耕的广泛应用，井田制遭到破坏，社会生产力的发展带来了社会财富的增加。这样，诸侯国的政治经济实力不断增加，而王室逐渐衰微。同时，周王室在东迁以后，拥有的土地和人口不断减少，对宗法制度的控制力越来越弱，这种局面导致原有的礼制遭到破坏。当其时，"臣弑其君者有之；子弑其父者有之"①。这表明原有的社会控制方式已经不适应新的社会发展，新的社会控制方式有待于形成和发展。同时，"礼崩乐坏"促使我国进入一个思想文化活跃时期。围绕秩序与社会控制模式问题，不同流派提出各种主张，对后世法律思想产生了较大影响。

二、春秋时期成文法的公布

（一）奴隶主贵族的法律特权

原始社会的部落成员会议习惯传入奴隶制社会，在法律上成为"临事议制，不预设法"的审判制度。贵族违反礼与刑，由司法官和执政的贵族一起，议定刑罚处罚。这种临事议刑，有两重意义：（1）临事议刑并不是没有成文法规，而是指在适用法律规定时，需要议而后定。如孔子参加夹谷之会时，对滑稽的表演主张适用的法律是"匹夫而营惑诸侯者，罪当诛"②，后议而定为斩去手脚。这说明当时法律规定是确定的，但是适用法律的过程是不确定的，议罪程序有比较大的随意性。（2）成文法规并不公布于众，主要由司法长官掌握，保持着所谓"刑不可知"的特权。英国的比较法学家、法史学家梅因，在分析许多古代部族的法律形式后提出，古代法律在形式上的发展，要经过三个阶段：一是没有成文法的阶段，主要依习惯而作出判决；二是有了成文法而藏在祭祀神灵的地方，由司法长官掌握；三是向全社会公布成文法的阶段③。在春秋以前的我国奴隶制社会，法律的形式正是处在梅因所说的第二个阶段。这可以从"周有常刑""汝则有常刑"的记载中，得知存在着经常适用、基本稳定的法律规范；另外，也可以从大量的实际案例中得知确实有"不预设法"的审判制度。因此属于有成文法规却秘而不宣。

（二）成文法公布

公布成文法的状况在春秋中后期发生根本改变。由于生产力发展，以及铁制农具和牛

---

① 《孟子·滕文公下》。

② 《史记·孔子世家》。

③ ［英］梅因：《古代法》，沈景一译，商务印书馆1959年版，第5页。

耕的出现，私有土地不断发展，井田制被破坏，导致礼崩乐坏，原有秩序已难维持。各国诸侯为富国强兵，陆续颁布成文法，以建构新的秩序。

1. 过程

公布成文法最突出的事件发生在郑国和晋国。郑国的执政子产于公元前 536 年公布一部成文法，把刑书铸在鼎上，公布于众。西晋学者杜预注《左传》说："铸刑书于鼎，以为国之常法。"① 这件事遭到奴隶主贵族的激烈反对。晋国的贵族叔向写信责骂子产破坏先王的制度，说："先王议事以制，不为刑辟，惧民之有争心也。"② 对于叔向的责备，子产只回答一句话，"吾以救世也"。郑国除子产铸刑鼎以外，另有邓析撰写一部刑书，刻在竹简上，称为"竹刑"，公元前 501 年郑国执政驷歂杀邓析而用其竹刑。③

晋国在时隔子产铸刑鼎 23 年后，即公元前 513 年也铸了一个刑鼎。晋国在赵宣子执政时曾制定过"常法"，其基本特点："正法罪，辟刑狱，董逋逃，由质要，治旧洿，本秩礼，续常典，出滞淹。"④ 此后范宣子执政时期曾制定过"刑书"，但"自使朝廷承用，未尝宣示下民"⑤。公元前 513 年，晋国铸一铁鼎，"著范宣子所为刑书焉"⑥，这是晋国首次正式公布成文法。这次铸刑鼎引起孔夫子的震怒，他说了很多责难的话，归结起来有两个方面：一是不守唐叔之法度，贵贱无序，这是指所公布的内容。二是"民在鼎矣，何以尊贵"，这是指公布成文法这一形式。从孔子反对铸刑鼎来看，也可以知道两点：其一，该刑书规定适用于从贵族到庶民这样众多的社会阶层，而不是仅侧重于贵族，或者侧重于庶民的狭小范围。孔夫子所说"贵贱无序"，也就是破坏宗法等级制，打破了"礼不下庶人、刑不上大夫"的界限，这当然是他所不能容忍的。其二，它是向全体社会成员公布的，因此，"民在鼎矣，何以尊贵？贵何业之守，贵贱无序，何以为国？"⑦

虽然每一次公布成文法，都毫无例外地遭到旧贵族的反对，但是它代表社会发展方向，因而它最终取代"不预制刑"的法制传统，成为法律制定施行的一个必备因素。

2. 公布成文法的历史意义

成文法的公布是春秋时期深刻社会变革的反映，是新兴地主阶级为建立封建制度而进行斗争所取得的一项重要成果，它使中国古代立法制度趋于完备，对中国法制历史产生了深远的影响。

---

① 《左传·昭公六年》，杜预注。
② 《左传·昭公六年》。
③ 《左传·定公九年》。
④ 《左传·文公六年》。
⑤ 《左传·昭公二十九年》，孔疏。
⑥ 《左传·昭公二十九年》，孔疏。
⑦ 《左传·昭公二十九年》。

（1）成文法的公布是正在形成的封建生产关系的要求。春秋中叶以后，随着土地私有制的确立，所有权关系进一步发展，与此相联系，侵犯所有权的行为和诉讼也相应地增多。为了保护私有财产权不受侵犯，代表地主阶级利益的新兴政治势力极力要求制定成文法，并把法规公布于众，使私有财产的占有者，可以依据法规保护自身利益，不受奴隶主贵族特权的侵害。

（2）公布成文法是新旧势力争夺统治权的复杂斗争下的产物。在宗法制度下，"临事制刑、不预设法"是贯穿中国奴隶制社会的法律现象。代表地主阶级的新兴势力登上政治舞台以后，迫切需要打破奴隶主贵族垄断法律的特权，将本阶级意志上升为法律，以维护其政治经济利益。他们通过制定和公布成文法，迫使奴隶主阶级的司法特权受到限制，改变"刑不可知，威不可测"的传统，初步摆脱宗法制度对司法的束缚，具有历史的进步意义。

（3）成文法的出现推动了封建法制的形成。公布成文法自郑、晋两国开端以后，其他各国群起仿效。楚国制定《宪令》《仆区之法》《茆（茅）门之法》①，燕国制定《奉法》，韩国制定《刑符》。法律的公布作为制定法的必经阶段，标志着法制的进步，为封建法制的形成发展奠定了基础。同时，地主阶级通过制定成文法，初步总结运用法制的经验，更加注重以法律的形式调整统治阶级的内部关系，促进封建生产关系的发展。

---

① 《左传·昭公七年》及杜注。

第二章 战国秦汉时期：初创的封建法制

从公元前 475 年开始，中国历史进入战国时期。根据中国史学界春秋战国分期说，我国历史从此进入封建时代。从公元前 475 年到公元 220 年，经历了战国、秦和两汉三个历史发展阶段，封建制经过激烈的社会革命，得到普遍的确认。随着经济基础的变化，法律制度也在急剧变革中，奴隶制法更新为封建法制，法律在封建政治经济制度的发展中逐渐更新和完备，为维护封建经济基础和保护封建政权起到积极的作用。

秦国原来是比较落后的奴隶制国家，公元前 408 年才实行"初租禾"，封建化的时间比较晚。商鞅入秦进行改革以后，国力大增。公元前 247 年，秦王嬴政即位，在外交上远交近攻，在军事上各个击破，先后灭掉韩、赵、魏、楚、燕、齐六国，于公元前 221 年，建立中国历史上第一个专制主义中央集权国家——秦朝。秦始皇晚年用法严苛，大兴劳役，修筑长城和阿房宫，在政治上连连失策。公元前 209 年，陈胜吴广揭竿起义，天下响应者风起云涌，在公元前 207 年推翻秦王朝。

秦末农民大起义推翻秦帝国，打击了地主阶级的残酷统治。在此基础上，刘邦建立西汉王朝。西汉王朝延续 210 年共十二帝，西汉末年王莽篡取皇位，建立新朝。之后经过短暂的军阀割据战争，汉光武帝统一天下，公元 25 年建立东汉王朝，延续 195 年共十四帝，最后献帝刘协为魏文帝曹丕所取代。

第一节 战国时期法制

一、战国时期法家思想

1. 基础理论：性恶论

商鞅认为，人的本性是趋利避恶，好逸恶劳，必须劫之以法①。韩非子也说人的关系都是互市，"甚至于父母之于子，君上之于臣民，主人之于庸客"无不如此②。性非善恶，

---

① 《商君书·赏刑》。
② 《韩非子·难一》。

人为趋利。在这种思想基础上，不能相信教化的作用，只能运用法制来强制人们，并且通过法律来确定权利义务关系。

2. 法律适用论：壹刑

反对明德慎罚的法律观，主张一断于法，法令应成为人们言行的唯一准则。一断于法，不赦不宥。商鞅提出："言不中法者，不听也；行不中法者，不高也；事不中法者，不为也。"① 韩非认为，"法莫如一而固"②。

3. 法律效力论：不赦不宥

反对刑、礼有等差，主张刑无等级，一断于法，不赦不宥，"自卿相、将军以至大夫、庶人有不从王令、犯国禁、乱上制者，罪死不赦"③。从前的功劳与善德不影响法律的执行，"有功于前，有败于后，不为损刑。有善于前，有过于后，不为亏法"④。

4. 犯罪预防论：重刑

行刑重轻，以刑去刑。法家反对奴隶主阶级所谓"用中罚"的法律适用原则，采用刑罚所致之害须超过违法所获之利的重刑主张，接近一般预防的思想理念。商鞅认为"行刑，重其轻者，轻者不生，则重者无从至矣"⑤。韩非子则认为"重一奸之罪，而止境内之邪"⑥。

法家的思想理论，对奴隶制时代的主流法律思想，有极鲜明的针对性和批判性，反映了新兴地主阶级建立统一秩序的功利心理，对封建统一秩序的形成发挥了积极的作用。同时法家思想以抽象的性恶论为依据，把法律特别是刑的作用夸大到决定一切的高度，错误地认为只要加重刑罚，就可以刑去刑，这是一种不切社会实际的幻想。司马谈在《论六家要旨》中把法家思想概括为"严而少恩，不别亲疏，不殊贵贱，一断于法"。

二、战国时期立法活动与法律渊源

(一) 李悝《法经》

《法经》早已失传，据唐代所修《晋书·刑法志》载其文起自魏文侯师李悝。"悝撰次诸国法，著《法经》，以为王者之政莫急于盗贼，故其律始于《盗》《贼》。盗贼须劾捕，故著《网》《捕》二篇。其轻狡、越城、博戏、借假不廉、淫侈、逾制以为《杂律》一篇，又以《具律》具其加减。是故所著六篇而已，然皆罪名之制也。商君受之以相

---

① 《商君书·君臣》。
② 《韩非子·五蠹》。
③ 《商君书·赏刑》。
④ 《商君书·赏刑》。
⑤ 《商君书·说民》。
⑥ 《韩非子·六反》。

秦。"据董说《七国考》引述《新论》的记载，李悝《法经》共分为六篇三个组成部分，即盗、贼、网、捕、杂、具。前四篇为正律，杂律即《杂》一篇，最后一篇为具律。

李悝所述《法经》的篇章结构，首起于"王者之政，莫急于盗贼"，就是说：保护财产和人身安全是维护统治秩序的首要任务。

正律的主要内容是治"盗""贼"。《盗》法是保护封建私有财产的法规；《贼》法是防止叛逆、杀伤，保护人身安全和维护封建社会秩序的法规。"正律略曰：杀人者诛，籍其家及其妻氏；杀二人，及其母氏。大盗，戍为守卒，重则诛。窥宫者膑，拾遗者刖，曰为盗心焉。"

"其杂律略曰：夫有一妻二妾，其刑聝；夫有二妻则诛；妻有外夫则宫，曰淫禁。盗符者诛，籍其家；盗玺者诛，议国法令者诛，籍其家及其妻氏，曰狡禁。越城，一人则诛，自十人以上，夷其乡及族，曰城禁。博戏罚金三市；太子博戏则答；不止，则特答；不止，则更立，曰嬉禁。群相居一日以上则问，三日、四日、五日则诛，曰徒禁。丞相受金，左右伏诛；犀首（按即将军）以下受金，则诛；金自镒以下，罚不诛也，曰金禁。大夫之家有侯物，自一以上者族。"

第六篇为具律，又称《减》法。这一篇从"具其加减"看，应该包括不同情节刑罚予以加或减的两个方面，但可能是以减为主。《新论》说："其《减》律略云：罪人年十五以下，罪高三减，罪卑一减；年六十以上，小罪情减，大罪理减。"

《法经》首创保护私有财产的法律规范，与"乱政"和"制刑"相比，有鲜明的时代特色。如对"大盗"，轻则送往边地服苦役，重则处死，甚至起"盗心"都要领受严厉的肉刑，是保护私有权法律的一大发展。《法经》是维护封建等级特权的暴力工具，它明确规定，大夫之家如保有诸侯享有的器物，便以逾制的罪名，判处最严厉的族刑。《法经》宣扬封建"法治"原则，但这一原则并不可能废除等级制度。《法经》体现出了"重刑轻罪"的精神，对于人们哪怕是最轻微的反抗或违反封建秩序的行为，都要予以严刑镇压，如窥视宫殿者要受膑刑，路上拾遗的要断足。

《法经》在编纂结构上，革弃传统刑书以刑统罪的编纂方法，而按发生犯罪后，国家机关介入、追缉、审判的权力运作过程安排篇章顺序，并在发生犯罪的性质确定上，以财产犯罪和侵害人身权利犯罪为序安排篇名。由刑事审判程序展开"网""捕"两篇，关于诉讼制度的规定，也综合编入实体法规中。《法经》将不易并入"正律"的罪名，另成一篇，自集为"杂律"；《法经》还首创将刑罚适用一般原则，以及规定于刑、罪各篇之外另著"具律"等的立法技术，使古代的综合法典产生适用于全法各律的一般调整原则。所有这些立法技术特征均对后世法律产生了极为深刻又非常久远的影响。

（二）商鞅变法与秦国法制

商鞅原来在魏国师从李悝学习《法经》，后携《法经》入秦，在秦孝公支持下主持变法。他的变法一共进行了两次，其主要内容有：

（1）奖励军功。制定战争方面的立法，论军功授爵授禄。"有军功者，各以率（律）受上爵"，"宗室非有军功论，不得为属籍"。①

（2）奖励农耕。"国之所兴，农战二事"，凡是尽力本业，"耕织致粟帛多者复其身，事末利及怠而贫者，举以为收孥"②。

（3）实行连坐，重奖告奸。"告奸与斩敌首同赏，匿奸与降敌同罚"，告奸者无论何人，都可以承袭被告发者的财产、职位。受惩者株连范围广泛。

（4）取消分封制，实行郡县制，建立起中央集权制度。

（5）废井田，开阡陌，确立封建土地私有制，"为田开阡陌封疆，而赋税平"③。

商鞅变法，使秦国从一个积弱的西部落后部族国家一跃成为最强大的封建大国。公元前338年，秦孝公死，商鞅逃往边界，结果被政敌仇家抓捕，以叛国罪车裂。商鞅虽死，其法未败，使秦国大治，最终统一天下。

（三）吴起在楚国的改革

吴起是战国时期早期著名法家，同时也是军事家。他原任鲁国大将，战功卓著，后赴魏。经魏文侯的选拔，任河西郡太守。吴起在担任太守期间，连续战败秦人，使二十多年间秦人不敢东望。但魏武侯继位以后他又被排挤，逃到楚国。当时楚悼王因为楚国积弱而起用他实行改革。

吴起改革的内容有三点：（1）废除世卿世禄的制度，贵族三代以后没有新战功的，夺取爵位和俸禄，用来抚养战斗之士。（2）根据楚国地广人稀的情况，使"贵人往实广虚之地""皆甚苦之"。（3）为了保证变法实行，他又提出明法审令，"不别亲疏，不殊贵贱，一断于法"。但是吴起变法由于楚悼王的死亡而夭折。④

第二节 秦代法制

一、秦代立法思想

秦国自商鞅变法以来，法家思想理论一直占据着统治地位。秦始皇掌握政权以后，仍然执行法家思想路线，并在统一六国后将在法家思想指导下制定的各项政治法律制度推向全国。具体来说：第一，推行法治主张。秦统一后，不断完善法律制度，基本实现"治道

---

① 《史记·商君列传》。
② 《商君书·垦令》。
③ 《史记·商君列传》。
④ 参见《史记·孙子吴起列传》。

运行，诸产得宜，皆有法式"①。第二，实行重刑主义。秦朝在法家以刑去刑的思想指导下，主张重刑主义。班固说："秦始皇吞并六国，遂毁先王之法，灭礼谊之官，专任刑罚。"②

二、秦代立法活动与法律渊源

（一）秦代立法活动

秦代立法活动可以从出土的秦墓竹简中窥察大略。这主要包括有云梦睡虎地秦简、龙岗秦简、湖南里耶秦简、甘肃天水放马滩秦简、湖南益阳兔子山秦简等，还包括湖南大学岳麓书院藏秦简、北京大学藏秦简等。③

1975 年在湖北云梦出土的秦简可分为三个部分：第一部分是秦律，包括 18 种秦律和 11 种秦律杂抄。这种区分是据秦简出土情况而作出的。这 29 种秦律是经济法规和行政法规，内容涉及手工业、农业、商业、徭役、军爵赏赐、官吏任免等社会生活的多个方面，主要是按行政管理部门职责而制定的法规。第二部分是"法律答问"，是就刑事法律条文和一部分诉讼法的条文所作的解答。第三部分是封诊式，是治狱程式，包括两项原则和二十多个标准案例，是各种案件审判的原则性要求和程序的记载，也是司法文书的标准格式。

那么，秦简和秦律是什么关系呢？秦墓主人喜生活在秦孝文王到秦始皇的时代，经历从秦国到秦朝统一天下的历史时期。由于他的官职大多与法律有关，根据秦国对官吏的要求，他每年到御史处校正法律，因此抄录和积累了一部分由秦国到秦朝初期的法律条文，部分地反映出秦律的面貌。但是，墓主死在秦始皇三十年，而根据《史记》记载，秦始皇三十四年在丞相李斯主持下，秦国"一法令"和"定刑名"。因此，秦简还不是秦始皇之法。不过，秦始皇制定新法时，仍以原有旧法为基础。《史记·秦始皇本纪》记载，秦始皇统一全国以后，采取书同文、车同轨、法令一等统一措施。书同文，同于秦文，车同轨，同于秦轨，法令也是一样，以秦国原来的法律为主，经过修订，颁布全国。《会稽刻石》中说"秦圣临国，始定刑名，显陈旧章"④，说明推行全国的法律主要是秦国法律。因此，秦简在内容上大致反映了秦律的主要内容。

（二）秦代法律渊源

秦代主要法律渊源有：

---

① 《史记·秦始皇本纪》。
② 《汉书·刑法志》。
③ 参见王沛主编：《甲骨、金文、简牍法制史料提要》，上海古籍出版社 2022 年版，第 154～180 页。
④ 《史记·秦始皇本纪》。

1. 以皇帝命令形式颁布的法律为制诏

秦始皇统一天下以后，对帝王及行为称谓作过明确的规定，"行曰驾，住曰幸，命曰制，令曰诏"。命和令都指皇帝命令，但适用范围不同：训示群臣曰制，是适用于官吏的法律规定；布告天下曰诏，是普遍适用于百姓的法律规定。制诏具有最高的法律效力，在成文法与制诏产生矛盾时，以制诏为准。皇帝的诏令有时也直接被称为令，这是以诏告形式公布的法令，如《焚书令》《挟书令》，其法律效力高于律。这些制诏令不仅反映皇权至上，而且都是针对具体形势而制定的，调整方式比较灵活，也适宜于实现社会控制。

2. 国家公布的成文法规

这些成文法规被称为律、程、课、式。律是内容基本稳定、具有普遍约束力的单行法规。律在传说中是商鞅变法时"改法为律"所创新的一种法律形式。最早提出这一说法的是《唐律疏议》，但考古文献发现"律"字现世并不晚于"刑""法"。只是商鞅变法后，秦汉的基本法律及后世的综合法典都被称为"律"。从字上看，其义是"均布"及"范天下之不一而归于一"①，强调法制的统一和部门法律的独立。在秦代，律是最为常见的法律形式，它包括礼制中关于等级名分制的规定和刑书中关于刑法的规定，是根据不同行政机关管理范围而制定的单行法规。秦简反映出秦代的律至少有三十余种，如《田律》《仓律》《军爵律》《置吏律》等。

程，即标准，原来指衡器上刻度，后引申为考课标准。秦律中只有"工人程"一篇，是关于官营手工作坊中人员劳动定额的规定。

课，即考核，《释名》说"课其不如法者，罪责之也"。现有秦律中的课，有"牛羊课"，是畜牧生产中进行考核的法定标准，"牛大牝十，其六毋（无）子，赀啬夫、佐各一盾。羊牝十，其四毋（无）子，赀啬夫、佐各一盾"②。

式，是格式，即公文书的程序和式样标准。秦律中的式，有封诊式，封指辖地四至以内，诊指审判，式即文书式样，它是各种规范文书的汇编；同时，它也规定了司法审判中的原则要求。

3. 法律解释

秦国规定，朝廷和地方政权均有主管法律的官吏，他们有权解释法令，在解答后，将解释的内容写在简上，左片给予询问者，右片以存档，解答作为审判案件的根据，与法律条文具有同等效力。这种解释很多已经超出律文本身，是秦代律令条文的重要补充。例如，有窃羊一案，羊有系羊颈绳，价值过一钱。问是否计入赃值，答："不为过羊论。"

---

① 《说文解字》及段注。
② 《秦律杂抄·牛羊课》。

4. 廷行事

秦代还有一种"廷行事",是案例,即在审判需要时也可以援引案例作为判决时援引的法律依据。廷,指廷尉,即当时最高司法长官;行事,据王念孙《读书杂志》四之十二《行事》注:"行事者,言已行之事,旧例成法也。"①

5. 地方官吏发布的法规性文告

"法律文告"是秦代各级官吏在其职权范围内发布的具有法律效力的文告。湖北睡虎地秦简所载之《语书》即属此种法律形式,它是秦王政(始皇)二十年(公元前227年)四月初二日南郡郡守腾颁发给本郡各县、道的一篇法律文告。

三、法制的简况与特点

秦律作为地主阶级意志的反映,在立法内容上制定了大量维护中央集权统治的法律规范,包括保护地主阶级私有财产制度和保护封建国家口赋租税收入的法律制度,同时也制定了大量维护封建等级特权的行为准则。这些法律规定充分反映出秦律具备维护封建生产关系和实行地主阶级统治的基本政治制度,巩固地主阶级统治的经济制度,强化等级特权的暴力工具特征。同时,秦律作为封建初期地主阶级法律的代表,它在内容上的特点包括:

(一)奴隶法律地位的改变

秦律作为封建法律,限制残余的奴隶制,支持奴隶从战争中得到解放,并使仍有奴隶身份的人从法律关系中纯粹的客体变为不完全的主体,享有一定的生命权和财产权。秦律规定的"非公室告"是"父母擅刑、髡子及奴妾,不为公室告",仅在程序上限制了起诉人的身份,但在实体上仍将此视作违法行为。秦代的奴隶分为两类,称国家奴隶为隶臣妾,称私奴隶为人奴妾或人臣妾。秦代法律所赋予奴隶的地位,与商周时期相比,发生了重大变化。《封诊式》竹简记载有士伍甲告奴"骄悍,不田作"的案件,表明对奴隶的处罚要经过官府。

(二)经济法规占有突出地位

秦在商鞅变法以后采取在国有土地的基础上对个体农民实行授田的制度,而且保留较大数量的国家直接经营的农业和畜牧业生产单位。由于战争需要,国家直接掌握着采矿、冶金和制造兵器等官营手工业。封建土地国有制和官营手工业是秦朝经济法规产生的政治前提和经济基础。在这个基础上,统治者大量制定种类繁多的经济法规,用以管理国家的经济活动,并对私人经济进行行政干预,现知有《田律》《厩苑律》《仓律》《工律》等12篇。

---

① 转引自睡虎地秦墓竹简整理小组:《睡虎地秦墓竹简》,文物出版社1978年版,第167页。

（三）注重吏治

秦律简中，有专门一篇《为吏之道》，用"五善""五失"规定对官吏称职守法的一般要求。同时，在其他简文中规定大量吏治内容，明确各种官吏的职责要求和奖惩办法，反映统治集团内部治吏重于治民的法律政策。

（四）秦律受儒家思想影响较小

秦代立法思想是法家思想，它在维护封建伦理道德方面，受到儒家思想影响较小。法家人物在君臣、父子、夫妻等服顺问题上，其思想也反映封建家族主义的要求，提出所谓"三顺"："臣事君、子事父、妻事夫、三者顺则天下平、三者逆则天下乱。"① 这是封建等级思想。但是，法家人物和秦律没有把父子关系和夫妻关系视为一种安邦治国的政治关系来看待，法律对父权、夫权的保护，远不如后代法律那么严厉。如商鞅变法时规定："民有二男以上不分异者，倍其赋。"② 与后世法律禁止子孙"别籍异财"相比，表现出重国家赋税收入、轻家人共财利益的立法倾向。

第三节 汉 代 法 制

一、汉代立法思想

（一）汉初至文景时期："无为而治"

汉初，由于秦朝残暴统治和楚汉连年战争，人口大量死亡，社会经济遭到严重破坏。汉初统治者借鉴秦朝覆亡的教训，认为严刑峻法是导致秦二世而亡的重要原因，因而提出"无为而治"的统治策略，推崇黄老学派思想。这是在德刑思想体系遭遇现实挫败后，统治集团对原有的立法指导思想采取简单抛弃态度，转而奉行的一种过渡性的立法主张。

黄老学派是战国末期形成的一个学派，托称黄帝和老子，主要思想是"无为而治"。它在政治上主张"守而勿失"，经济上"轻徭薄赋"，在法律方面则是"约法省禁"。黄老政治在当时历史条件下是稳定封建秩序的有效方法。在这一法律思想作用下，汉初经济获得迅速发展，形成"文景之治"。

（二）汉武帝以后："独尊儒术"

汉初统治者崇尚黄老刑名之术，儒家思想对最高统治者思想没有太大影响。贾谊在策论中提出以仁义治天下，就未受到重视。此后，随着社会经济的发展，政权稳定，儒家思想上升到统治地位的政治条件开始成熟。首先，社会安定，以父权为中心的个体家族逐渐

---

① 《韩非子·忠孝》。

② 《史记·商君列传》。

巩固，构成个体家族的血缘关系是最为广泛的社会基础。其次，最高统治集团内部，天子与诸王侯的关系是以家族关系为基础的，以"亲亲"达于"尊尊"的思想最适合协调统治阶级内部的关系。最后，儒家思想经过发展进一步完善。过去儒家被认为是"不合时宜，是古非今"，但汉儒代表董仲舒在原始儒学中糅进阴阳五行的思想，把原来许多对立的思想内容，如德与刑、阴与阳、刑与赦、亲与义等，都以阴阳五行思想方法为载体协调和统一起来，而且其最终目的是要达到"大一统"，即天下统一于君王。这种思想有利于西汉统治者打击地方割据势力，实现中央集权的社会控制。汉武帝采纳董仲舒的建议，罢黜百家，形成独尊儒术的局面。这一思想在法律上的内容是"德主刑辅"，思想内容安排是"德为阳，刑为阴"，"厚其德而简其刑"①，"大德而小刑"②。在国家政策方针上，主张"德化"，同时在社会控制手段上不放弃刑惩，并用阴阳关系解释德、刑关系。

（三）东汉时期：汉光武帝实行的柔道政策

汉光武帝刘秀即位以后，废除王莽繁法，"行汉轻法"，标榜以"柔道治天下"。所谓柔道，包括一部分无为而治的思想和一部分儒家"德治"的思想。光武之后，国策还是倾向恢复至"霸王道杂之"的老路上。

二、汉代立法活动与法律渊源

（一）汉代立法活动

汉初立法起自刘邦"约法三章"。公元前206年，刘邦进入关中，攻破咸阳，与秦民约法三章，即"杀人者死，伤人及盗抵罪，余悉除去秦法"③。这是一种权宜性措施，也是一个政治谋略。刘邦夺取政权以后，感到三章汉法，法网太疏，"漏吞舟之鱼"，于是命令萧何参照秦律，制定汉律。萧何所制定的法律被称为"九章律"，是在《法经》六篇基础上，增加了"户、兴、厩"三篇，构成汉律的核心。又由叔孙通定汉之仪法。叔孙通制定礼仪是就"九章律所不及"而制定的，称为《傍章律》，共18篇。《汉书·叔孙通传》说"大皆袭秦故"，"少所变改"。

此后，吕后专政时又制定了《二年律令》④。吕后《二年律令》现所见的28种律令名为：《贼律》《盗律》《具律》《告律》《捕律》《亡律》《收律》《杂律》《钱律》《置吏律》《均输律》《传食律》《田律》《市律》《行书律》《复律》《赐律》《户律》《效律》《傅律》《置后律》《爵律》《兴律》《徭律》《金布律》《秩律》《史律》《津关令》，其中

---

① 《春秋繁露·基义》。
② 《春秋繁露·阳尊阴卑》。
③ 《史记·高祖本纪》。
④ 《二年律令》于1983年在湖北张家山M247号墓中发现。学界推断其是吕后时行用的法令。从律令名称和条文来看，基本可证实"汉承秦制"的法制发展过程。

有相当一部分律名与秦律相同或相似。九章律和傍章律，直到汉武帝时期，基本上沿用未改。近些年新出土的汉简中所见律的形式更为复杂。如胡家草场汉简中发现带有卷题目录的律简牍三卷，分别记为"凡十四律""凡十八律""凡十三律"，也有《旁律甲》《旁律乙》，新见律名有外乐律、蛮夷诸律等。而湖南益阳兔子山汉代官署遗址中再次发现律目木牍，记有狱律十七章，旁律廿七章。这些地下证据的新发现，不断地更新着学界对秦汉律令体系原貌的深入认识。

武帝即位以后，"外事四夷之功，内盛耳目之好"①，征发烦数，社会矛盾日益尖锐。为了强化统治，汉武帝大规模地修改法律：由张汤制定关于宫廷警卫的法律，即《越宫律》27 章；赵禹制定有关朝贺制度的法律，即《朝律》6 篇。九章律、傍章律、越宫律和朝律一共 60 篇，统称为汉律，是汉律的基本内容。汉武帝对汉律内容所作的其他补充，其篇名基本没有传下来，仅知道其充实修改的结果是，"律令三百五十九章，大辟四百零九条，一千八百八十二事，死罪决事比一万三千四百七十二事"②。此后，到西汉末，汉律没有大的修改，但历朝皇帝的"令"以及司法审判成例不断增加，到成帝时有大辟之刑千余条、律令百余万言，自明习者不知所由。

东汉时期，仍然袭用西汉法律，曾在汉章帝和东汉末世献帝时期，对法律进行过较大幅度修订，但是汉律基本结构和内容没有发生大的变化。《魏书·刑罚志》说"后汉二百年间，律章无大增减"，基本上反映了东汉时期立法情况。

（二）汉代法律渊源

1. 律与令

汉律是封建国家颁布的、内容稳定的刑事法律，并综合有诉讼审判制度相关罪名的规定。令是皇帝的诏令，一般为针对一类具体事项所发布的单行法规。对于律、令的效力区别，《史记·杜周传》说："前主所是著为律，后主所是疏为令。"《汉书·宣帝纪》说："天子诏所增损，不在律上者为令。"一般来说，律是以国家机关名义颁布，有独立的结构，规定有罪名体系、刑罚体系及刑罚适用的一般原则，形式比较稳定。令直接以皇帝名义公布，形式较灵活，有具体、单一和规范程度低的特点。汉令数量繁多，编为《令甲》《令乙》《令丙》，如胡家山草场汉简中有卷题为"令散甲"的令典两卷。也有按照机构或职务内容编纂的汉令，如《兰台令》《御史令》《秩禄令》《市事令》等。

汉代律除了九章律、越宫律、傍章律等外，还有考核官吏的上计律，关于田租口赋的田律、金布律等。1983 年湖北荆州张家山出土的张家山汉简显示，汉律还大量袭用秦代的律。

---

① 《汉书·刑法志》。
② 《汉书·刑法志》。

2. 科

科，即课，本意是考核，延伸为对考核结果的法律处理，是通过适用法律，总结司法经验而形成的一种规则，是对律文适用条件和规则的补充。汉科在《晋书·刑法志》中，有"考事报献""使者验赇""投书弃市"等规范。西汉时逐渐形成"一律两科"的现象。东汉章帝时，又有所谓"科条无限"，以至皇帝的部分诏令选择科作为内容。传世文献记有《宁告之科》《首匿之利》《亡逃之科》，而居延汉简中见有《捕匈奴虏购科赏》《捕反羌科赏》。

3. 比

比，又叫"决事比"，是以典型案例作为案件审决的法律依据。《汉书·刑法志》载宣帝时下诏，廷尉不能决定的案件，附上相近的律文奏报皇帝。颜师古注："以例相比况。"经皇帝决定后这种判例就被作为一种法律依据适用于同类案件的审判。这种案例有三类，即决事比、死罪决事比和辞讼决事比，其数量多得不可胜数。西汉武帝时，死罪决事比有13 472事，辞讼决事比在西汉末有17卷，到东汉中期已有906卷。这使得执法者不能全面掌握，可以任意选择，"所欲活则傅生议，所欲陷则予死比"。①

三、法制的简况与特点

(一) 汉初"无为而治"的主要影响

1. 废除苛刑

刘邦进入咸阳之初，曾经宣布"约法三章"，"余悉除去秦法"。但是在西汉王朝建立以后，仍然大量袭用秦代法律。这样汉初统治者在完善汉律的过程中，一方面创立新法规，另一方面逐渐地废除秦代旧法，实行"约法省禁"。高祖以后，惠帝四年曾除"挟书律"，实仍将习儒家经典视为犯罪。吕后元年，除"三族罪"与"妖言令"，初步地明确私学传授儒学的合法地位，同时刑罚的严酷程度也比秦代有所减轻。汉文帝继位后，曾废除收孥诸相坐律令。他认为刑和罪应该恰当。如果罪犯已经受到惩罚，同时又使无罪的妻子父母受株连，"朕甚不取"②。他认为"法正则民悫，罪当则民从"③。第二年，文帝又进一步废除妖言罪。他说法令有诽谤妖言罪，"是使众臣不敢尽情，而上无由闻过失也"④。因此，以后凡告犯此罪者，"勿听治"。应该指出，汉初"约法省禁"是不彻底的。文帝时已经废除"夷三族"的刑罚，但是景帝诛晁错就是使用三族刑，汉武帝诛李陵一家，也是诛灭三族。因此，统治者在司法实践中仍然使用夷三族作为一种最严厉的手

---

① 《汉书·刑法志》。
② 《史记·孝文本纪》。
③ 《史记·孝文本纪》。
④ 《汉书·食货志》。

段。"妖言罪"虽然被废除了，但是关于言论和思想犯罪又触犯新创的罪名，如所谓"左道妖言"，"腹非罪"。大司农颜异对汉武帝的盐铁政策不满，当别人否定汉武帝的盐铁专卖制时，他没有明确地予以反驳，被认为是"腹非"，处以斩刑①。因此，统治者在实践中并没有放弃对思想领域的控制。

2. 刑罚改革

奴隶制时代所广泛使用的肉刑，在封建初期，仍然作为最主要的刑种。战国至秦以来，在肉刑体系之外，封建统治者开始大量适用劳役刑。秦代的刑罚体制，就反映了从奴隶制向封建制过渡的形态。它既有肉刑，又有作刑，还有耻辱刑、财产刑。汉初统治者在"约法省禁"思想指导下，开始对刑罚制度进行重大改革。文帝十三年，齐太仓令淳于意有罪当刑，其幼女缇萦上书愿没为官奴婢以赎父罪。就此，文帝发布废除肉刑诏书，认为没有施行教化而使百姓陷于犯罪，本身已经是统治者的"不德"，肉刑又"断肢体，凿刻肌肤"，"何其楚毒而不德也"。因此，"其除肉刑，有以易之"②。丞相张苍、御史大夫冯敬提出改革方案：凡当完者，完为城旦舂；当黥者，髡钳为城旦舂；当劓者，笞三百；当斩左趾者，笞五百；当斩右趾者，弃市。③ 此次改刑制，使我国奴隶社会以来的肉刑体系开始发生变化，以劳役刑为中心的刑罚体制开始形成。

此后景帝即位元年（公元前156年）至中元六年（公元前144年）曾两次下诏减少笞数，将笞刑笞数减为二百和一百，而且还规定了刑具规格、受刑部位以及施刑人员固定的制度。改革之后，除死刑以外，肉刑改为笞刑和作刑，而宫刑未改。到东汉初，明帝诏中又提到斩右趾，说明又以此刑代替弃市，把汉文帝时刑制由轻入重的一项又改回来。至此，两汉肉刑有宫和斩右趾。汉代刑制改革，是奴隶制法律的刑罚体系更新为封建法律的刑罚体系的重要历史转折点。

（二）利用立法打击地方割据势力

西汉初期，统治者"激秦孤立亡藩辅，故大封同姓以镇天下"④，实行郡县与分封制结合的政策，先后封九人为诸侯王。但是随着诸侯王国势力日益强大，逐渐威胁到中央朝廷。汉景帝采纳晁错"削藩"之策，抑制诸侯王势力坐大，吴楚"七国之乱"因之发生。汉武帝前后，为巩固中央集权，统治者颁布了一系列打击诸侯王势力的单行法规。其中《左官律》是为防范和严惩官吏与诸侯王勾结共谋不轨而制定的单行法规。汉代以"右"为尊，以"左"为卑，背离皇帝而到诸侯国去做官，即左官，要受到惩罚。《阿党附益之法》则是为打击官吏与诸侯王私相勾结的行为与"阿党附益"罪，"阿党"指"诸侯有

① 《史记·食货志》。
② 《史记·孝文本纪》。
③ 《汉书·刑法志》。
④ 《汉书·高五王传赞》。

罪，傅相不举奏，为阿党"①。"附益"指中央朝臣外附诸侯。官吏与诸侯王交好，图谋不轨者，给予严厉的刑事处分。《酎金律》是惩罚诸侯在酎祭时贡金不合标准的法律。酎，是一种醇酒；金，是祭宗庙时诸侯所献的贡金。此律的施行起到了削弱封国的作用，"少不如斤两，色恶，王削县，侯免国"②。《事国人过律》规定诸侯王每年役使吏民不得超过一定限额，超过限度者免为庶人。汉文帝时，嗣祝阿侯高成"坐事国人过律，免"③。《尚方律》禁止诸侯王僭越器用、服饰、乘舆规格。尚方，是专制皇室器物品的作坊。《史记·淮南王列传》载，淮南王刘长"居处无度，为黄屋盖乘舆，出入拟于天子"，因此被免为庶人。此外《出界律》禁止诸侯王擅出国界，目的是防止其互相串通，危害朝廷，违反者除被免为庶人外还可能遭受刑罚，如汉景帝时，终陵嗣侯华禄"坐出界，耐为司寇"④。

一方面，汉朝统治者颁布各种法规对诸侯王施加了种种限制；另一方面，统治者又以表面的恩惠措施达到实质上削弱封国的目的。原本诸侯王只能把封地和爵位传给嫡长子，汉武帝采纳主父偃的建议颁布"推恩令"，允许诸侯王把封地分为几部分传给几个儿子，形成直属于中央政权的侯国。推恩令实行后，诸侯王的支庶多得以受封为列侯，不少王国也先后分为若干侯国。按照汉制，侯国隶属于郡，地位与县相当。因此，王国析为侯国，实际上意味着王国的缩小和朝廷直辖土地的扩大。这样，汉朝廷"使诸侯王得分户邑以封子弟，不行黜陟而藩国自析"⑤。

(三) 重刑惩治危害统治秩序的行为

两汉之际，反抗封建统治的事件此起彼伏。为平息这种反抗，统治集团将其称为"群盗"，运用"大逆不道"罪名予以严厉刑惩。表现在刑事法律上，汉律有"大逆不道"罪，规定"大逆不道，父母妻子同产皆弃市"⑥。为防止与"大逆不道"罪的串谋，汉律规定有"首匿罪"，其首匿者，皆处以重刑⑦。对于"群盗"的暗中资助行为，汉律规定有"通行饮食"罪，即为"群盗"通消息、供饮食者，"罪至大辟"⑧。为防止地方官吏捕盗贼不能恪尽职守，汉律规定有《沈命法》和"监临部主见知故纵之法"，凡"群盗起不发觉，发觉而弗捕满品者，二千石以下至小吏主者皆死"⑨，并规定，主管官吏不尽职

① 《汉书·高五王传赞》。
② 《汉书·功臣表》。
③ 《汉书·功臣表》。
④ 《汉书·功臣表》。
⑤ 《汉书·诸侯王表序》。
⑥ 《汉书·景帝纪》，如淳注。
⑦ 《汉书·宣帝纪》。
⑧ 《后汉书·陈忠传》。
⑨ 《汉书·酷吏传》。

守，同罪。

（四）"春秋决狱"

改革刑罚制度之时，战国至秦以来，封建刑法原则与社会基础脱离的问题，开始受到统治者的重视。协调封建伦理与封建法律的关系，改革封建刑法的刑罚适用制度成为社会制度改革中的一项重要任务。而这个变革是通过独尊儒术和春秋决狱来完成的。独尊儒术给封建法制带来的最大影响就是形成了春秋决狱。春秋决狱是以儒家思想为断狱指导思想，要求司法官吏在审理案件过程中，运用儒家经典作为分析案情、认定犯罪的依据，并按照经义解释和适用法律。它的一般方式是在引用律文以后，用儒家经典解释律文宗旨，然后指向律条，最后作出判决。汉代这类案例很多。在特殊情况下，也有违背律文，完全按经义审判的案件。

春秋决狱的主要原则：

（1）"论心定罪"，"志善而违于法者免，志恶而合于法者诛"①。

（2）"君亲无将，将而必诛。"这是摘自《春秋》的一句话。第一句中的"将"，是逆叛，第二句中的"将"，指将要。这是要求臣对君、子对父，必须绝对服从。

（3）"亲亲得相首匿"，指一定范围内的亲属互相隐瞒犯罪事实，不受法律制裁。"亲亲得相首匿"是为了维护封建父权制度，以巩固地主阶级政权，因而它不适用于直接危害地主阶级政权的重大犯罪。汉宣帝时规定，"亲亲得相首匿"，不适用于谋反、不道大罪②。在遇有重罪情况下，则适用另一个儒学原则，即"大义灭亲"。

（4）"以功覆过"，来自《春秋左传·僖公十七年》记载"夏，灭项"。不说齐，是因为齐桓公为维护王室秩序立有大功，因而为之避讳，避讳就是覆过。根据以功覆过原则，功臣贵族都可以因为于国有功而免受刑罚制裁享有法外特权。

春秋决狱是封建统治者协调封建法律与封建伦理道德的一种具体形式，是对战国以来法律与伦理关系不协调现象的一种否定，是将封建等级和伦理观念逐步融合到法律制度中的途径，它为以后封建法律适应封建伦理关系需要创造了前提条件。同时，春秋决狱强调原心论罪，与既有的法制存在矛盾，为司法专横提供方便，在一定程度上造成法制秩序的混乱。近人刘师培激烈地批评说："名曰引经决狱，实则便于酷吏之舞文"，"缘饰儒术，外宽内深，便于舞文"。③ 虽近代以来许多学人对春秋决狱多有指责，但从董仲舒著《春秋繁露》二百三十二事中传至今天的四个判例来看，经义与律文相比，都是由重减轻，或据经义免除刑罚。

---

① 《盐铁论·刑德》。

② 《汉书·刑法志》。

③ 刘师培：《儒学法学分歧论》，载张晋藩：《中国法制史》，中国人民大学出版社1981年版，第136页。

（五）东汉法制的特点

东汉法律制度在"柔道"的指导下，其内容上的主要变化为：

1. "释奴"

首先是释放官奴婢，东汉光武帝通过诏书免罪徒为庶民；其次是释放私人奴婢，凡愿归故乡的，主人不得强留，否则以掠卖人口治罪。对于仍然在各级豪强控制下的奴隶，也通过立法提高其法律地位。公元 35 年，光武帝三次下诏书说，奴隶主人杀奴婢不得减罪，擅刑奴婢按法治罪，受刑奴婢免为庶人①。同时废除奴婢射伤人加重处死的法律，使奴婢的生命权得到了进一步的保障。

2. 弛刑

弛刑，就是减免刑罚。光武帝弛刑，首先是天下罪徒免罪，因为很多人是根据王莽所颁布的法律拘捕的，实行汉之轻法，就应免除罪责。免罪以后，东汉还有减等处罪的"弛刑"措施：死罪，减一等徙边，重罪徒刑，减一等徙边等。这种弛刑措施为后汉历朝皇帝沿用。徒刑中另有一种弛刑措施，即采用替代刑，女徒判三年鬼薪刑，可以出钱请人代为服劳役，称为女徒顾山。②

---

① 《后汉书·光武纪》。
② 《后汉书·刑法志》。

第三章 三国两晋南北朝时期：
发展的封建法制

东汉末年，镇压黄巾军农民起义的军事行动使得一部分豪强势力急骤膨胀，形成三大势力集团，即魏、蜀、吴。公元208年，曹魏政权南侵的势力在嘉鱼被吴蜀联军击败，从此形成三国鼎立之势，此后将近四百年间，中国历史进入大分裂和大动乱的时期。公元280年，西晋王朝统一了中国，但是由于士族统治的极端腐朽，公元304年匈奴族刘渊起兵反晋，北方进入五朝十六国时期。自公元318年开始南方历经了东晋、宋、齐、梁、陈五个朝代。与东晋相对，北方是十六国，然后是北魏、东西魏、北齐、北周、隋。至公元589年，隋文帝灭陈，重新统一中国。

三国两晋南北朝时期，各种政治势力的倾轧和社会秩序的多次摧毁和重建，使中国法制历史中的"德治"、"法治"、宗法礼制与酷刑峻法各种因素，在法制层面上充分振荡和整合。

第一节 立法概况

一、立法思想

（一）三国时期立法思想

东汉末年，法制废弛，社会秩序混乱，因此，为了巩固政权，曹魏、蜀、吴各国都很重视法制的作用。例如，曹操除了军事讨伐那些"不从王命者"外，更加重视刑的威慑力，其思想基础为："夫治定之化，以礼为首；拨乱之政，以刑为先。"[1] 蜀汉政权主要由诸葛亮辅政，他十分重视国家的法制建设，厉行法治，贯彻以法治国方针。"威武加则刑罚施，刑罚施则众奸塞。不加威武，则刑罚不中；刑罚不中，则众奸不理，其国亡。"[2] 又说："上无刑罚，下无礼义，虽贵有天下，富有四海，而不能自免者，桀、纣之

---

① 《三国志·魏书·高柔传》。
② 《诸葛亮集·喜怒》。

类也。"① 东吴政权统治者孙权的立法思想也是重刑治世，到孙皓当政，在推行重刑方面比孙权更加严厉。

（二）晋代立法思想

西晋政权是个短命王朝，但是，这一时期的统治者却也十分重视法制的创制和运行，提出约法省禁思想，并在立法上予以贯彻。晋武帝司马炎颁布诏书："汉氏以来，法令严峻。故自元成之世，及建安、嘉平年间，咸欲辩章旧典，删革刑书……今法律既成，始班天下，刑宽禁简，足以克当先旨。"② 东晋政权建立后，统治者基于当时的形势又采取重法思想，以重法御下，打击豪强势力。

（三）南北朝时期立法思想

宋齐梁陈时期，南朝统治者轻视法学，在法律发展上沿袭晋律，少有发展。相反，北朝统治者十分重视法制，使法律法典化的进程加快，北朝每朝在法制建设上都有推进；并且，总的来说，北朝统治者的法律思想多受儒家思想影响，其法制建设的推进沿着"礼法结合"的方向发展。

二、立法活动与法律渊源

（一）立法活动

三国时期，蜀国与吴国主要援用汉律。蜀国标榜自己汉室正宗的地位，坚持适用汉律，但同时结合蜀的实际情况，对律文的具体适用增加了许多新规则，形成"蜀科"。据《三国志》记载，它重法严刑，实施中执法很严明。

曹魏则是一个比较有作为的政权。曹操在位期间，因为挟天子依靠汉室力量号召士族，因此没有对汉律作大的调整。但是，在具体适用法律时，却"又嫌汉律太重，故令依律论者听得科半，使从半减也"③。魏明帝曹叡继位以后，命令陈群等人，根据魏旧科，参照汉律，制定魏《新律》十八篇。《新律》在安排十八篇内容结构时，认为汉《九章律》"因秦法经，就增三篇，而具律不移，因在第六。罪条例既不在始，又不在终，非篇章之义。故集罪例以为刑名，冠于律首"。这是封建法典结构合理化的调整，是三国时期最为重要的立法变迁，从此改变了中国古代法律分立，以行政机关职权范围设定篇名的结构，形成了统一的诸法合体的法典。

司马氏集团取代曹魏，建立晋王朝。司马昭为晋王时，命贾充等名儒重臣删改魏律，认为"前代律令，本注烦杂"，要求"除其苛秽"和"存其清约"，于晋王朝建立之后泰

---

① 《诸葛亮集·威令》。
② 《晋书·贾充传》。
③ 《晋书·刑法志》。

始三年（267 年）完成修律，四年颁行全国。这就是"泰始"律。《晋律》内容今已亡佚，其篇名《晋书·刑法志》说："就汉九章增十一篇"，"改旧律为《刑名》《法例》；辨《囚律》为《告劾》《系讯》《断狱》；分《盗律》为《请赇》《诈伪》《水火》《毁亡》；因事类为《卫宫》《违制》；撰《周官》为诸侯律"。① 对《晋律》的篇章结构，还有其他不同记载。《晋律》在立法上的特点有两个：一个是"以礼入律"，所谓"以刑辅教"，"礼律结合"，把封建礼教全面贯彻于封建法制的法典。《晋律》的另一个特点是在律文以外，又有《杂律解》《律解》。制律者张斐在完成修律，上书进《晋律》时，曾作《注律表》说明"律解"的著作要点。《注律表》中说"律解"是"明发众篇之多义，补其章条之不足"。这个注解和律文一起，由晋武帝诏文批准，颁行天下。这是一种立法解释，是封建立法日趋成熟的一个标志。除《晋律》外，晋王朝还颁行了《晋令》四十篇和《晋故事》三十卷。

西晋以后，东晋和宋齐梁陈一般袭用《晋律》，虽然南朝齐修《晋律》订《永明律》，南梁修有《梁律》，但大多因循《晋律》，没有大的改动。与南朝相对的北朝则立法频繁，多有创新，其各政权有五次立法活动，立法内容与技术都有提升与创新。北魏制定了《北魏律》二十篇，它仿照汉律和魏律，又有新改进，对法典的内部结构作了调整。但是北魏律由于过多依照汉律，又有向古代回复的趋势，其刑罚种类多且残酷，法定刑有夷三族，在断狱方法上，又恢复春秋决狱。但是它在篇章结构的调整上比《魏新律》更为明确和科学一些，因而在法制史上也有一定的地位。北魏分裂以后，东魏制定《麟趾格》，主要是将律文科条综合，改科为格。由于它是在麟趾殿制定的，因此定名"麟趾格"。西魏则制定了《大统式》，是西魏大统十年（544 年）根据此前制定的二十四条及十二条新制，"方为中兴永式"，由苏绰损益为五卷而颁行，"式"作为一种法律形式，在晋复出后，至西魏成为一种法典形式。

北朝北魏以后，最重要的法典是《北齐律》。公元 550 年，东魏高洋执政，改东魏为齐，是为北齐。北齐初建，沿用东魏的《麟趾格》。此后，由于政刑不一，定罪罕依律文，遂开始制定新律，终于在武成帝河清三年（564 年），在《北魏律》的基础上，制成《北齐律》12 篇。《北齐律》在篇名结构、重要制度和条文数量上都是隋唐律的蓝本。程树德作《九朝律考》，说南北朝诸律，北优于南，而北朝以齐律为最。

北周在夺取西魏权力以后也制定了本朝法律，它模仿《大诰》形式，制定《大律》。《隋书·刑法志》说大律"大略滋章，条流苛密，比于齐法，烦而不要"。它也是法制史上一个复古的插曲，对后代法律几无影响。

---

① 《晋书·刑法志》。

（二）法律渊源

三国两晋南北朝时期的法律形式由原来的律、令、科、比、程、式发展成为律、令、格、式、比，各种形式有较明确的区分，形式独立，互相补充。

律已经形成以刑法为主、诸法合体的统一法典。其根据调整不同关系的要求，陆续改定篇名，分为名例与罪刑各篇，形成结构较稳定、长期适用的典章。在律典之中，以一定的律条为基干，形成相对独立的规范体系，至南北朝后期基本模式已经稳定。

令是关于国家组织制度、行政管理的法律规定。晋代开始区分律令，"律以正罪名，令以存事制"①。令是一种单行法令，不再单指皇帝诏令。

科作为律文的重要补充，逐渐演变成为格，从律文的适用规则，变为律文的补充，称为"别条权格"，与律文并行，是一种刑事法规。东魏制之谓"麟趾格"，是把格上升为独立法典，与后代把格作为行政法规不同，这是法制史发展过程中"格"的早期渊源形式。

式在汉代为品式章程，指行政机关活动的程序和公文的标准程式。西魏将当朝新制36条式汇编为五卷，为"中兴永式"② 颁行天下。西魏《大统式》是我国历史上最早的一本公文程式汇编。

此外还有比，即已决案例，审判中依然适用。

这样，"律以正罪名，令以存事制"，格作为律文适用条件的补充，式作为国家机关的行为准则，比是标准案例，封建法律的渊源获得了丰富的发展，各种法律形式分工明确，形成比较协调的法律体系。

第二节　法制的简况与特点

一、体例结构的调整

（一）魏《新律》

魏《新律》与汉律相比，立法技术有很大进步：（1）增加了篇条，基本上解决了《汉律》正典篇少文荒的缺陷，形成了统一的法典；（2）具律置于篇首；（3）吸收律外的科令，归纳各章内容，加强门类调整，使篇章安排更为合理。

（二）晋律

从篇名上说，《晋律》比魏《新律》只增加了两篇，即18篇到20篇，但篇章内容变

---

① 《太平御览》引杜预《律序》。
② 《周书·文帝纪》。

动很大，布局结构更趋合理。在篇首刑名之后又外加一篇法例，规定刑罚适用的基本制度。《晋律》在法律体系上对中国古代立法的贡献有：（1）严格区别律令的界限，提高了正律的地位。魏《新律》对汉律进行删定，扩充了正律律文，省略了许多科令，但是对律和令的界限，没有明确区分。晋律则明确规定，"律以正罪名，令以存事制"。正罪名，是使罪名符合法律规定。事制有两层含义，一个是临时性制度，另一个是它有违令有罪的意思，但其罪须依律的规定，令本身不涉及罪名与刑罚。这就把律与令区别得非常清楚。（2）简要得体。汉代的律令和解论有 773 万多字。魏《新律》精简工作成效不大。《晋律》在制律时认为法律就是断案的准则，没有必要详细解释，因此，其原则是文例直截了当，律条简单明白。这样，律文就精简到了 27657 字。关于一般原则的规定，归纳到刑名、法例，节省了大量篇幅。

（三）北齐律的历史地位

《北齐律》综合了南北朝的立法经验，充分体现了立法技术的进步，在中国法律史中有继往开来的历史地位。

1. 从法律形式来看，北齐采取了律令权式并行的形式

《北齐律》和《晋律》一样区分了律、令的界限，同时把科发展成新的形式，称为权令，因为在魏晋时期，格称为权格，是临时之制的意思。这三种形式的区分，泾渭分明，互为补充，以后稍加发展，形成了唐代由律、令、格、式四种形式构成的完备的法律体系。

2. 从篇章和律条来看，世称"科条简要"、结构合理

魏晋以来，正律二十篇，北齐压缩成十二篇，合并了《晋律》《北魏律》的一些篇章，如将《刑名》《法例》《盗律》《贼律》，合并为《名例》《贼盗》，在结构上更为合理。《北齐律》的律条一共是 949 条，比起《晋律》620 条有所增多。但是晋律令数量比较大，有令 40 卷，故事 30 卷，合为 70 卷，而北齐令、权令仅 53 卷。因此从总量上来说，依然是"科条简要"。北齐律所创立的结构和科条简要的传统也对唐律产生了重大影响。

3. 从刑罚的主要制度来看，刑罚制度从繁杂归于简化，并形成了五等刑制

北齐的刑制有鞭、杖、徒、流、死，虽然刑种与唐律有出入，但刑分五等的制度却被保留下来，"八议"和官当制度也被确定下来，同时该律创立了"重罪十条"，补充了刑罚适用制度的重要内容，其基本原则的历史影响极为久远。因此，《北齐律》既是对秦汉以来法制传统的总结，又开启了唐律制度的先河，有重要的历史地位。

二、法律内容规整齐备

经过魏晋南北朝时期的充分整合，中国封建法律体系在内容上逐渐完备，德与刑的关

系，结合为在法典规定内维护封建伦理和等级秩序的原则和制度。法律渊源在结构上层次分明、体系完整；在重要制度上，"八议"入律，"十恶"定制，"官当"出现，罪名体系更为恰当；在财产法方面，"加功""散估"制度创制，突出了中国封建财产法的特征；在司法制度上，刑部、大理寺、御史台三大司法组织渐趋整齐。中国封建法律体系，经此时期后，基本内容和主要制度特征，大体确定。

第三节　律学的发展

一、魏晋律学

两汉开始，以律学为世业者颇多，例如杜周、杜延年、郭弘、郭躬等，出现"汉来治律有家，子孙并世其业"[①] 的现象。这一传统至晋代张斐、杜预时，则达到系统注律的律学高峰，他们在《律解》《律表》诸文中对各种法律用语的解释十分精到，如"故""失""过失"等，为后世沿用不辍。这一时期的律学成果后为历代立法所吸收，《北魏律》中的"累犯加重""共犯以造意为首"就是突出例证。

二、法律概念的规范化

中国古代法律解释起源于秦代。秦代有法律答问，是一种重要的法律形式。汉代起有所谓儒家章句：春秋断狱实行之后，儒家经学大师纷纷用经义注释法律，形成对律文的注解，经皇帝批准，作为审判的法律依据，是为儒家章句。章句注家有十多家，一共26000多条，773万字。数目繁多的章句给司法实践带来了很多不便。魏晋时期，兴起专门的"律说"，通过注律使法律解释趋于规范化。

1. 字义解释

字义解释规范有利于准确表达立法精神，以求前后连贯、整齐划一。"上注律表"对律文中经常适用的二十种字义，规定了基本含义。这二十种字义，相当一部分是关于犯罪论的分析，如"知而犯之谓之故""意以为然谓之失""两和相害谓之戏""不和谓之强"；也有对犯罪形态的分析，如"二人对议谓之谋""三人谓之群""唱首先言谓之造意"等。此外还有一部分关于罪名的解释。字义解释对贯彻和理解立法意图有重大意义。

2. 罪名解释

对罪名的解释，目的主要在于揭示某些犯罪的特征，划分罪与罪之间的区别，限定罪与非罪之间的界限。如戏斗与故斗，"律表"提出"斗之加兵刃水火中，不得为戏。戏之

---

① 《南齐书·崔祖思传》。

重也"。戏斗中动用凶器，更容易伤及生命，因而此种戏斗，造成杀伤的，以斗论。同时，对于过失的特殊形态，也有限制。向人室街道射箭不得为过，因为其损害应在意料之中。都市中奔马杀人，不得为过，而且定为贼杀，因为与故意杀人没有区别。《晋律》认为这些犯罪的过错形式可以根据制度来确认罪与非罪及此罪与彼罪的区别。在罪名上盗伤缚守似强盗，呵人取财似受赇，都是以威势得财，而且罪名相似，这需要司法官加以细致地辨析。罪与非罪的界限也有一例专释，是"诸勿听理似故纵"。这些对罪名的解释，从法律规范意义上解释每个罪的具体适用范围，对于澄清法典内部模糊的现象，保证封建法典正确适用有积极意义。

3. 对刑名的解释

律说者用天人感应的理论，解释刑罚与天象的照应，"刑杀者是冬震曜之象，髡罪者似秋雕落之变，赎失者是春阳悔吝之疵也"[1]。其次是解释了刑罚的等级和刑等加减的方法，死刑三等，生罪十四等，包括徒刑四等、赎金五等、杂抵罪五等。同时，限定刑等加减的最高限额，数罪并罚，徒刑不过六年，累犯科刑，不过十一年，并且加重处刑不能超越刑种类别，犯有死罪不再加刑。这种对刑名的解释是对司法经验的总结，起到区分各种刑罚的作用，制定等级分明而又互相衔接的体系，比起名轻实重、体系混乱的刑罚来说，也有很明显的历史进步。

---

① 《晋书·刑法志》。

第四章　隋唐时期：全盛的封建法制

经过三国两晋南北朝近四百年的割据战争，公元 581 年，北周的国丈杨坚篡位，废掉北周静帝，自立为帝，国号隋。公元 589 年，隋文帝出兵灭掉南方陈王朝，从而结束了分裂割据的局面，重新建立统一的多民族的封建国家。隋文帝在总结魏晋以来政治得失的基础上，创立隋朝的官制、科举制、礼制、刑制、兵制。其主要的原则以至制度内容都被唐、宋、明、清等封建王朝所袭用。

关陇贵族集团代表李渊、李世民父子，摘取隋末农民战争的果实，建立了唐王朝。唐王朝是我国封建历史中高度发达、繁荣昌盛的一个王朝，贞观之治被历代统治者奉为封建政治的楷模。

第一节　隋 代 法 制

一、隋代立法思想

（一）因时立法

隋文帝在颁布《开皇律》时说，"帝王作法，沿革不同，取适于时，故有损益"。① 其在临死时还说，"自古哲王，因人作法，前帝后帝，沿革随时。律令格式，或有不便于事者，宜依前敕修改，务当政要"②。

（二）以轻代重

隋文帝杨坚前期的重要法律思想是以轻刑取代重刑。杨坚在北周时就主张"法令精简"。在隋朝建立后继续贯彻这一方针，所谓"除苛惨之法，务在宽平"③。但是他这一思想到晚年在实践中被放弃了，施刑"渐亦滋虐"④。

---

① 《隋书·刑法志》。
② 《隋书·高祖纪》。
③ 《旧唐书·刑法志》。
④ 《旧唐书·刑法志》。

二、隋代立法活动与法律渊源

（一）《开皇律》

隋代封建立法的主要成就集中表现于《开皇律》。《开皇律》不仅是魏晋南北朝以来封建刑律的直接继承者，而且总结了自魏晋南北朝以来封建统治阶级实行司法制裁的经验，在基本内容与篇章体例方面都有新的发展。其突出之点是科条简要，刑罚宽缓。科条简要，是指它只有十二篇，篇目的构成归纳得比较合理；同时律文简化为 500 条，数量明显减少，而且《开皇律》的内容，兼顾了封建法律调整对象的各个方面，做到"疏而不失"。刑罚宽缓是指《开皇律》确定封建五等刑制，即笞、杖、徒、流、死，对刑罚制度进一步改革。其中死刑的执行方式，晋律中确立了枭、斩、绞三等，北朝法律中又有辕身、车裂，而隋文帝则制定死刑两等，"夫绞以至毙，斩则殊刑，除恶之体，于斯已极"。故此，枭首、辕身没有任何加重惩罚的意义，"徒表安忍之怀"[1]。再如流、徒两刑，隋文帝缩短了劳役的年限，最高年限从五岁减为三岁。此外，笞杖刑则是取代了原来北齐的鞭刑。"鞭之为用，残剥肤体，彻骨侵肌，酷均脔切。"故此取消了鞭刑，代之以笞刑。在司法制度中，隋文帝也创立了两条重要制度：一是"诸州死罪不得便决"，要送中央最高司法机关复核，最后由皇帝裁决；二是"三奏而后决"，在执行死罪时，要三次奏报皇帝，皇帝批准才能执行，反映了执行死罪的慎重态度。这样，死刑判决和执行制度比以前完备，慎于死刑，同时权力完全集中到皇帝手中[2]。

《开皇律》虽然科条简要，刑罚宽缓，但是隋文帝本人却以诛杀为威，特别是到了晚年，他喜怒无常，不依法律断罪，刑罚十分严苛。如开皇十六年（597 年），他下诏说"盗一钱以上弃市"。开皇十七年（598 年），又变成三人共窃一瓜"即时行决"，不仅科刑加重，连审判过程也不要了。这样，《开皇律》就成为一纸具文。

（二）《大业律》的颁行

隋炀帝继位以后，认为《开皇律》仍然太重，又修订《大业律》，较《开皇律》更为宽缓。但是隋炀帝制立《大业律》后并没有准备付诸实施。在司法实践当中，他"立严刑"，敕天下窃盗以上，罪无轻重，不待闻奏，皆斩。以后又诏"盗者籍其家"，甚至"罪及九族"[3]。在死刑执行方面，重新恢复"辕裂、枭首之刑"。整个《大业律》律文则弃之不用。

---

① 《隋书·刑法志》。
② 《隋书·刑法志》。
③ 《隋书·刑法志》。

三、法制的简况与特点

虽然自建国到亡国，隋代存续时间较短，但是隋代法律在总结魏晋南北朝以来的法律经验基础上，又进一步发展，在中国法制史上起着承前启后的重要作用。其创制的法典体例、法律制度基本上被唐代继承，并对唐以后各封建王朝有很大的影响。

同时，隋代在法制建设和司法实践上的经验教训也是十分深刻的。一方面，隋初的法制比较完备，也得到很好的实施，有利于社会的发展；另一方面，到隋代后期，法制严峻，法条成为具文，进一步加速了隋王朝的灭亡。

第二节　唐代法制

一、唐代立法思想

（一）德礼为本，德主刑辅

汉代以后，德主刑辅成为封建社会的正统法律思想，也是主要的立法指导思想。李世民即位之初，有人劝他以威刑肃天下，其重要谋臣魏征认为不可，说王政本于仁恩，这十分符合李世民的"为君之道，必先存百姓"的思想。在立法中，李世民强调刑与德之间的互补关系，"为臣贵于尽忠，亏之者有罪，为子在于行孝，违之者必诛"①。

所谓"先存百姓"，主要是指以宽仁为方针实施政治统治，注重德礼教化，摒弃专任刑法。但是以宽仁为治并不意味着放弃刑罚手段。李世民认为，德与刑，礼与法，就像晨与昏，春与秋一样不可分割，因此，"失礼之禁，著在刑书"。刑是实行德礼的必要保障。所谓"刑罚不可弛于国，笞捶不得废于家"②。对于不听教化或者违反礼制的行为，就要予以坚决惩治。

唐代关于德礼与刑罚的思想，融合了汉代以来运用德刑二柄的统治经验，协调了礼与刑之间的统一关系。汉初以来流行700年的"春秋经义决狱"由于唐律完美体现了礼与刑的结合而终于废止。

（二）约法省刑

唐初统治集团成员大多参加过隋末农民大起义。隋末统治者肆法滥刑的弊政，留给了他们很深的印象。高祖李渊继位之时，就以"务在宽简，取便于时"作为立法指导思想，他对负责制定《武德律》的人说，设法令的本意，是让人人知道规避，而以往法律往往繁

---

① 《旧唐书·刑法志》。
② 《唐律疏议·名例》。

杂难解，司法官吏枉法舞弊，因此必须重新修订，使其宽缓简明易懂①。李世民继位以后，进一步明确了"不可一罪作数种条"的原则。他说，"国家法令，必须简明，不可一罪作数种条"。规定多，官吏不能尽记，便生奸诈，因此"毋使互文"是立法的重要标准②。统治集团关于立法务求宽简的思想对唐律的制定有指导作用。所谓宽，是针对前朝法令严苛而言，力求做到轻刑省罚。所谓简，是针对前朝法令繁多而言，力求做到约法简文。这种思想也确实贯彻到唐律的制定工作中。在修定《贞观律》的时候，长孙无忌和房玄龄认为旧律刑重，议原来绞罪五条，改为免死罪而断右趾。而太宗又考虑到受肉刑之苦，进一步宽减为加役流，只是增加流刑的劳役时间。又如旧律中反逆一罪，兄弟连坐，均处死刑。其已分家的兄弟也不能幸免。对此唐太宗提出，反有两种，兴师动众其一，恶言犯法其二，两者危害后果，相去很远。于是原来反逆行为改为两等，反逆者祖孙与兄弟流三千里，恶言犯法，兄弟服流徒③。这样，"比古死刑，殆除其半"，"凡削繁去蠹，变重为轻者，不可胜纪"④。刑制明显宽简。

（三）保持法律的连续性与稳定性

法律的宽简，是指定立时期而言。相对于较长历史时期来说，如果经常变更法律，那么宽简的法律经过一段时间也会变得繁苛。唐初统治者都经历过隋代立法与司法实践之间严重背离的历史时期，因而十分重视保持法律的稳定。唐太宗说，立法如出汗，一出而不可能再收回来。并说汉代萧何，出身不过是一个小吏，而制法后，还能保持统一。一定要吸取这个有益的经验。对于法律多变的危害性，他认为数变则烦，前后又往往矛盾，狱吏就会因此生出奸诈⑤。在这种思想指导下，法律制定是"详慎而行之"，同时一旦立法之后则坚决执行，不轻易地废除和改变法律。这一思想，首先是直接贯彻到立法规定中。唐律规定，律令格式不便于执行者，必须申报尚书省议定，奏闻皇帝，如果不申报，擅自改变了法律的规定，徒二年⑥。其次，保持法律稳定的思想也一直指导着法律修订。《新唐书·刑法志》说，太宗时期订了律令格式以后，终太宗之世，没有什么变化。不仅太宗时期如此，太宗以后每代皇帝修订法令，也十分谨慎。据徐道邻先生的《开元律考》说，律文自《贞观律》之后，各代相沿用，很少更动。而令的格式则每代皇帝多有修订，其有变更，则在律疏中加以说明。如《贞观律》的"大不敬"罪当中，有一条是"指斥乘舆，言理切害"，而《永徽律》中，则把"言理切害"改为"情理切害"。《唐律疏议》对一

---

①　《旧唐书·刘文静传》。
②　《贞观政要》卷八。
③　《旧唐书·刑法志》。
④　《旧唐书·刑法志》。
⑤　《新唐书·刑法志》。
⑥　《唐律疏议·断狱》。

字之更动，专门作有说明：缘情定罪是一原则，言理切害，范围过广，为了慎罚，改为情理切害，说明只处罚态度特别恶劣的人。这个注疏说明唐朝后代君主非常注意遵守祖宗之法，轻易不变前代君主制立的法律。

（四）法贵责上，一断于律

这是执法的指导思想，但它和立法思想也紧密相联。一断于律，首先要求有行之有效、比较稳定的法律。同时，也正是由于唐初统治者把建立和维护封建法制的权威作为实现封建国家长治久安的一项重要措施，所以它不仅制定了比较完备的法律，而且执法情况也相对严明。唐太宗分析有法而毁法的原因，认为"法之不行，自上犯之"①。因此他很强调官吏奉公守法，而且自己率先垂范，遵行法制。贞观初年所选的官，有多人伪造资历，李世民诏令让其自首，否则处以死刑。令下不久，温州一个参军柳雄伪造资历被发觉，大理寺少卿戴胄依律断罪为流刑，李世民说，我的诏令刚下，不自首者死，而你断为流，是示天下以不信。戴胄说，"法者，国家所以布大信于天下；言者，当时喜怒之所发耳。陛下发一朝之忿而许杀之，既知不可而置之以法，此乃忍小忿而存大信"，唐太宗折服②。

唐初以李世民为首的统治集团内部，郑重和认真地执行法律，带头守法，用以制止法外特权的恣意横行，这是从总结隋代历史教训之中提炼出来的，有其深刻的社会根源。由于慎重的立法和执法，在一定程度上约束了皇帝、贵族和官吏的恣意横行，或多或少地缓和了社会矛盾，为经济文化发展创立了必要的条件，出现了"天下大治""人人自安"的局面。

二、唐代立法活动与法律渊源

（一）立法活动

1. 唐律

隋末农民起义沉重地打击了封建统治，使统治者感到"惕然震惧"。因此，废除隋末的"淫刑"是唐初统治者的首要任务。唐高祖李渊在夺取全国政权之前曾打着"除隋苛法"的旗号，颁布了"宽大"令与民约法12条，杀人、劫盗、背军、逆叛等行为要被处死刑，其余一律被废去隋律③。建国以后，武德元年（618年），召刘文静等人，参照隋《开皇律》，制定了53条新格，是为唐朝立法的开端。随后，又由裴寂等人以《开皇律》为标准，制立唐律，于武德七年（624年）编成《武德律》12篇，500条。《武德律》加

---

① 《贞观政要》卷五。
② 《贞观政要》卷五。
③ 《旧唐书·刑法志》。

进了 53 条新格的内容，其余基本照抄《开皇律》。在编定《武德律》时，还汇编了武德令格式①。

唐太宗李世民继位以后，命长孙无忌、房玄龄多次讨论。贞观十一年（637 年）完成《贞观律》，仍为 12 篇，500 条。唐代律文的确立是在贞观时期。除《贞观律》以外，定令 1546 条，为《贞观令》；汇集武德以来敕七百余条为《贞观格》，取各机关文书来往为《贞观式》。唐高宗时期，社会经济经过 30 多年的恢复发展，进入高度繁荣时期，同时立法与司法也都获得了比较丰富的实践，在此基础上修订的《永徽律疏》进一步完善。《永徽律》是高宗继位第一年开始修订，第二年（651 年）制成，有 12 篇，502 条。律文颁行以后，高宗又感到律文没有"定疏"，缺乏必要的立法解释，于是广召解律人"条议疏奏闻"，以阐明永徽律的立法原则和精神实质。长孙无忌、于志宁等人在《进律疏表》中谈到"刑废定法，律无正条，徽墨妄施，手足安措"，于是按照"网罗训诰，研覆丘坟"②的精神，逐条逐句对律文进行解释，称为"律疏"。疏是对律文进行注释，而"议"是探讨法律条文的精神实质。疏议于永徽四年（653 年）颁行，附于律文之下，与律文具有同等效力，疏律合称，是《永徽律疏》，后人称为"唐律疏议"。以后断狱者，皆导律疏分析之。永徽以后玄宗开元年间（713—742 年），也曾大规模地修订过法律，但现在完整保存下来的是《永徽律疏》③。

2.《唐六典》的编纂

《唐六典》是唐代开元时期制定的行政法典，是继《永徽律疏》之后唐代立法的又一重大成就。开元年间（713—742 年），唐玄宗下诏集贤院撰写六典，徐坚受诏，但对六典一事"历年措思，未知所从"。后来以"令式分入六司"制成六典，模仿周官之制，到开元二十六年（738 年）才奏呈皇帝。因此，六典是以当时的行政法规范为内容，按各个机关的职责重新分类编纂制成的法典。其编纂的分类标准和规范的安排方式，大体上模仿周官的天地春夏秋冬，分为治职，即高级行政职官；教职，学官和负责教化的长官；礼职，即礼仪职官；政职，即行政、军事职官；刑职，即司法长官；事职，即营造事务长官。因为唐朝官制与周官大不相同，许多内容勉强以类似相从，但体例却难妥善。在内容上，六典规定各机关的职责、官吏配备和品秩。

《唐六典》之前，历代王朝虽有行政性质的立法，但是没有进行法典编纂。《唐六典》的制立是古代立法史上的一个创举，开后世历代会典的先河。从此行政法从刑律中分立出来，自成一个法律部门，标志着古代两大成文法典编制体例的确立，也反映了封建立法制

---

① 《旧唐书·刑法志》。
② 《唐律疏议·进律疏表》。
③ 《旧唐书·刑法志》。

度的成熟和完备。

（二）法律渊源

唐朝的法律形式有律、令、格、式。据《唐六典》的解释：律，即《唐律疏议》，以正刑定罪，主要是刑事制裁的法律条文，同时也包括民法、婚姻法和诉讼法的规范，具有稳定性和确定性。唐律虽有调整不同社会关系的规范，但均以刑罚制裁的方式调整，其特点还是有罪即有刑。令，以设范立制，"范"原指铸铁时用的模型，定制则是制度。《刑法志》说："尊卑贵贱之等数，国家之制度也。"它的内容一方面是各国家机关的层次设置，按《唐六典》所载《永徽令》，分为地方和中央各机关，共 30 卷，1546 条；另一方面是国家机关规定的单行官吏条例，并确定了各国家机关的统辖关系，作为律文的基础。例如《田令》规定："户内永业田，每亩课植桑五十根以上，榆、枣各十根以上。"不如令者治罪。与此相适应，《唐律疏议·户婚律》中规定，诸里正，依令："授人田，课农桑。"若应受而不授，应还而不收，应课而不课，如此事类违法者，失一事，笞四十。由此可见，令是具体的管理规定。对于违令者来说，"令"又是违者的罪状叙述。其各项具体制度是对正律中罪状的细述。格，《唐六典》说是禁违止邪，《新唐书·刑法志》谓"百官有司之所常行之事也"。格的来源是皇帝的敕令，因此它是皇帝临时颁布的国家机关必须遵行的各种单行敕令的汇编。汇编时按尚书省各司为篇名，汇成后留在各司执行的为"留司格"，对州县所颁行的为"散颁格"。格的涉及范围广泛，而且比较具体，法律效力最高，是系统律令的重要补充。例如《仓部格》《屯田格》是关于盐田的经营和管理方面的单行法规。根据戴炎辉先生的研究，"格"实际上也是唐代判例汇编的法律形式，即在"格"的汇集事例中，有皇帝对具体案件讼争的批示。式，以轨物程事。《新唐书·刑法志》说是"其所常守之法也"，是国家机关活动的细则和公文程式，具有行政法规的性质。例如《职方式》规定边境的警卫机关、放置烽燧的数目。警卫部队执行的任务不得违式，按《唐律·卫禁律》规定，"应放多烽而放少烽者，各徒三年"。

关于律、令、格、式四者之间的关系，《新唐书·刑法志》说，"凡邦国之政，必从事于此三者。其有所违及人之为恶而入于罪戾者，一断以律"。因此，令、格、式是从义务的规范意义规定国家机关的制度法令，以及办事的章程；律则从禁止的方面，规定对违反令、格、式的人处之以刑罚。律、令、格、式的综合运用，就是唐朝全部法律的实施。统治者通过设立四种法律形式来安排制度，标志封建法律体系逐渐系统规范，周密完备。

唐代在律令格式四种形式之外，曾经有过以"例"断案。唐高宗仪凤年间（676—679年），大理寺详刑少卿赵仁本对这些经常适用的案例作过整理，写下《法例》三卷，高宗认为律令格式，天下通规，以例断案会造成混乱，严令禁止，以例定罪才废弃不用①。

①《旧唐书·刑法志》。

三、法制的简况与特点

（一）唐律制定的历史背景

封建经济由于劳动经验的积累和生产工具的改善而提高到一个新的水平。在此基础上，均田制较好地解决了土地兼并给封建经济带来的破坏作用，使封建经济从恢复逐步走向高度繁荣。

统治阶级总结了历代政治统治的经验，特别是隋王朝的教训，创立多种制度，广泛吸收中、小庶族地主参与政治，调整了统治阶级内部的协调关系，创造了比较清明的政治局面。

法律文化经过魏晋南北朝几百年的发展，大量司法实践经验上升到法律中，法律形式得到不断改进，逐渐完善，法与其他社会关系之间更为协调，在这样的基础之上，唐初统治者制定了比较完备、系统的封建法典——唐律，成为封建法典的楷模。

（二）唐律的主要内容简释

1. 名例律，57条

最早源于李悝《法经》的《具律》，作用为"具其加减"。汉律在《法经》6篇后加户、兴、厩3篇为《九章律》，《具律》在第六，所谓散而未统。曹魏创"刑名篇"也规定了刑罚的种类和适用刑罚的典型罪例。晋律将魏律扩展到20篇，《刑名》一篇分为《刑名》《法例》；北齐把晋、北魏的20篇归纳为12篇，合刑名与法例为《名例》，隋唐相承不改。名例律的主要内容包括：

（1）五刑：笞、杖、徒、流、死。从奴隶制的墨劓剕宫辟，到封建制的笞杖徒流死，法定刑的明显变化，反映了社会的发展和文明的进步。唐代的法定刑比较宽缓，但是，统治者执行刑罚，则往往超出法律的限定。中唐以后，随着各种矛盾激化，统治者法外用刑的现象举目皆是，腰斩、枭首、夷三族的刑罚经常出现。安禄山割据政权就创立腰斩（定伪官罪如韦慎腰斩）、枭首刑、夷三族的刑罚，后来发展到所谓"无论亲疏皆死，孩稚无遗"，说明唐初所推行的约法省刑，是在特殊形势之下所采取的改良办法，在巩固政权的需要之下，他们会很快抛弃轻刑的约束，滥用重刑肆意残害。

（2）十恶，是对十种危害封建统治的严重犯罪加重处罚的规定。按《唐律疏议》说，是"亏损名教，毁裂冠冕"。冠冕，其义近于领袖，这里转义为国家政权。十恶罪一律加重处刑，不加赦免，也不属于请议的范围。当十恶罪的规定与其他的刑罚原则相矛盾时，依十恶罪的规定定罪。譬如区分主从的原则，在十恶的谋反中，无论主从皆斩。"恶恶止其身"是儒家倡导的重要原则，但在十恶中，父及十六岁以上子，死罪，其他三代亲，没入官、流配、等等。因为十恶是封建法律要集中打击的对象。

（3）八议，是关于贵族官员违法犯罪时减免刑罚的规定。除了议的人之外，还有请减赎当免之法，适用于一般的官吏。八议在法律上的优待，不仅适用于本人，而且扩大到他们的亲属。地主阶级内部不同的社会阶层，各自享有不同的等级特权，只要血统显贵，有官有势，就可以无法无天，而凡人犯罪，只能以身当刑。八议制度所反映的是封建社会中用等级划分而固定下来的阶级划分，表现地主阶级在国家中所占的特殊法律地位。

（4）其他刑法制度。名例律所制立的各项制度，在唐律中统率全律而又贯彻始终，在整个律文中居于十分重要的地位。

2. 卫禁律，33 条

卫禁律是关于警卫宫殿和保卫关津要塞的法律规定。汉有此篇的篇名。晋律开始，创《宫卫律》，同时有《关市律》。北齐时加上关禁，名为《禁卫律》，开皇改为《卫禁律》。《唐律疏议》说："敬上防非，于事尤重"，因此《卫禁律》居于名例之下，诸篇之首，内容包括两个方面：（1）宫廷警卫，体现了保护皇帝尊严和生命安全的原则，如擅入宫门徒二年，擅入殿门徒二年半，带武器进入皇帝住处，斩。（2）保卫关津和要塞。如私渡关塞，徒一年，偷越国境徒二年，主管官吏发凭证使其越城者，同罪。唐律还规定不许以金银珠宝、兵器、铁甲私渡，处刑自徒到死。武则天时，这方面规定主要是控制人口的流动，使农民依附于土地，同时也有保卫国防的意义。

3. 职制律，59 条

篇名起于晋律的《违制律》，北魏沿袭不改，北齐改为职制，开皇和唐律沿袭。职制即官职和制度，是关于官吏职务和驿站管理方面的法律。职制律有三方面的内容。

（1）规定官吏的编制和一般职责。唐初为了减轻人民的负担，比较注意精简机构，太宗时期中央机关曾经只有 600 多人。这种简化行政机构的精神也贯彻到法律中，《职制律》规定官有定额，如果置员过限，一人杖一百，三人加一等，十人徒二年。这种规定对限制官僚机构的膨胀，减缓腐败过程，有一定的作用。编制以外，还有关于官吏一般职责的规定。

（2）官吏贪赃枉法的处罚规定。分为贪赃枉法和贪赃不枉法两种，枉法的一尺杖一百，十五匹绞；不枉法的一尺杖九十，三十匹加役流。官吏贪求财物、私自役使公差等，都以贪赃论。律文中有"准赃"一条，规定官吏受部下或臣民的猪羊肉以贪赃论，《唐律疏议》上仅举猪羊，实际上其他禽类、牲类、果瓜、酒肉，都以赃罪论。

（3）驿传。唐代为加强中央对地方的控制，及时传递消息，每隔 30 里设一个驿站，负责过往官吏住宿和传送文书，诸多事情都涉及官职和责任，因此设职制律，主要是规定公文传递和驿站管理的法律责任。

4. 户婚律，46 条

户婚篇起源于汉律《户律》，萧何就《法经》所加，北齐以婚事附之，是为婚律，开皇律改为《户婚律》，以后沿袭到唐。《唐律疏议》说，职事结束，则及户、口、婚姻，所以设于职制之下。户婚律有三方面内容。

（1）维护封建土地所有制。盗耕、盗买卖公私土地，处笞杖徒刑罚。为了保护均田制，法律限定不同身份的人占有土地的最高定额，超过定额者处以刑罚，均田制的其他内容也规定到户婚律中。

（2）户籍管理。地方官按户、口分派劳役，收取地租，因此户籍是封建国家剥削压榨农民的工具。为了保障赋税收入，唐律《户婚律》着重规定了关于惩罚"脱户""漏户"的罪责，如脱户家长徒三年。增减无课役人的，"四口"计为一口。官吏失职要依脱漏户口数来科刑。

（3）婚姻家庭制度。直接把封建礼制的内容赋予法律的形式，以法律维护父权制和夫权制。它所体现的主要原则就是封建家长制、男尊女卑、贵贱等级制。一家之内，必有尊长。在家庭内部，必须服从家长的权威，如卑幼无财产权；如为官的，职务不能有文讳；在夫妻关系之间，男尊女卑，丈夫可以娶妾，女不能嫁二夫，到五十岁妻还未生子就可以休妻；丈夫殴打妻妾，减凡人二等，反之加三等。在社会阶层之间，区分尊卑贵贱，奴婢、杂户、官户，贱娶良为妻，杖一百至徒刑。奴婢冒充良人为人夫妻，徒二年。严格禁止不同社会阶层之间身份混淆，维护严格的等级制。

5. 厩库律，28 条

厩库一篇，起于汉代的《厩律》，曹魏时除掉《厩》这一篇，晋律将厩与牧相合，制《厩牧律》，一直到隋开皇律，以库事附于厩之后，成《厩库律》。厩是牛马之所聚，库是财物之所藏，户事以后，财物即为重要，因此设在户婚之后，它主要有两方面内容。

（1）厩事，关于官私牲畜饲养和保护的规定，例如不准杀死官私马牛。

（2）库事，关于仓库管理方面的规定，例如出仓库要搜身；不搜身，则处笞刑；放纵者，与盗同罪。

6. 擅兴律，24 条

汉代萧何首创《兴律》，曹魏以擅事附之，为擅兴，晋律曾经去掉擅事，恢复汉代兴律，此后一直到北齐，又把擅兴合并，为《兴擅律》，开皇律改之为擅兴。擅兴律是关于军队调动和工程兴造方面的法律规定。

（1）军队调动方面。历代发兵的权力都掌握在皇帝手中，擅自发兵就是侵犯皇权。对这种罪的构成要件，规定严苛：只要文书发行就构成犯罪，不必真正得兵。擅发兵千人以上，绞。在军队的调动方面，还有一个罪名，是"乏军兴"，它是从另一方面保证皇帝指挥军队的绝对权力，在军队征调时，必须按期备齐兵马、军械和其他物质，有所缺就是贻误军机，不分故意、过失皆斩。在军队的指挥方面，还有一些追究战争中过失责任的规定，如临阵脱逃，不设守备等，处刑都较重。

（2）兴造方面的规定。筑城、筑堤等工程管理，与兴造相联系；还有铸兵器，唐律严格禁止人民私藏、私造兵器，其中尤以弩、甲定刑为重，罪有死刑。

7. 贼盗律，54 条

贼盗律最早源于李悝《法经》中的盗法和贼法，秦汉以后，都称之为盗律、贼律，到北齐合为贼盗，此后开皇律、唐律沿用不改。《唐律疏议》说禁止擅发兵马，此律须防止贼盗，故而处于擅兴之下。贼盗律是保护封建政权以及人民生命财产不受侵犯的法律，它对危害封建统治、侵犯私有财产和人身安全的行为予以打击，处刑极为严厉。

（1）贼，"狡竖凶徒，谋危社稷"。主要内容是政治犯罪和杀人罪，贼当中处刑最为严重的是谋反、谋大逆、谋叛，对犯这三种罪的人，不仅本人被处死，而且妻子儿女连坐，祖孙、堂兄弟都流三千里。谋反罪中，"即虽谋反词理不能动众，威力不足率人者，亦皆斩，父、子、母女妻妾，并流三千里"。但是在三谋当中，唐律区分了兴师动众与恶言犯法两个不同层次，"口陈欲反之言，心无真实之计，而无状可寻者，流二千里"。

对谋反等罪适用的原则，是"将而必诛"，不分未遂和既遂、行为与后果，一律按"实同真反"，不遗余力打击这一类行为。

（2）在一般谋杀中，根据等级制度和区分尊卑贵贱的宗法原则，实行同罪不同罚。一般谋杀，徒三年，已伤，绞，已死，斩。但是，如果卑幼或下级谋杀尊长或上级，流二千里，已伤、已死都是死刑。奴婢谋杀主人，一律处斩，反之，尊长杀卑幼减二等，主人杀奴婢，最高是徒刑。这里明显地体现了维护封建统治的等级秩序。

（3）盗，分为两种。一是政治性盗窃。盗皇帝御宝，绞刑。盗祭祀物品、宫门符、发兵符等，一般都是流以上。政治性盗窃，不计赃论罪。二是一般盗财，分强盗与窃盗两种。强盗是"以威、力"两种手段取财，即威胁和暴力，处刑比窃盗为重。不得财徒二年，一尺徒三年，十匹绞。窃盗即偷盗，不得财，答五十，一尺杖六十，五十匹加役流。盗罪一般以赃论罪，同时也考虑其他情节。

（4）关于"略人略卖人"，即诱骗良人出卖为奴，或诱骗别人的奴婢出卖。诱骗良人行为处刑比较重，有绞刑。它有两重意义，一是保护国家所役使的对象不致减少，因为奴婢不算正丁，国家不征收租税和劳役，卖良人为奴就直接侵害了国家利益。二是卖良人为奴，也破坏了尊卑等级制度，如果掠卖别人的奴婢，则是一种侵犯别人财产的行为，奴婢"律同畜产"，为个人所有，因此它与一般窃盗罪同罪。掠夺的，按强盗，拐骗的，按窃盗；同时由于掠卖良人和奴婢，都是以获取一定利益为目的，所以规定在盗律中。

8. 斗讼，60 条

从秦汉到晋都没有斗讼律的篇名。曹魏时，有系讼；北魏时从系讼中分出斗律，北齐把斗律与讼事合为一篇为《斗讼》。《唐律疏议》说"贼盗之后，须防斗讼"，所以这一篇在贼盗之下。《斗讼》一律，涉及刑法与刑事诉讼两个部门，唐律为什么把它们规定在一起呢？其一是因为历史沿革，北齐以来一直如此。另一方面，是因为斗与讼在实际生活中往往联在一起。两人相斗，互有伤害，因此导致诉讼，这种诉讼不同于官府的追究，是自诉案件。为方便起见，就把斗讼篇两个内容规定到同一篇律文中。《斗讼律》是关于处罚斗殴和惩罚超越诉讼权的行为方面的法律。

（1）关于斗殴，"相争为斗，相击为殴"。首先规定的是斗殴的定义和量刑标准。一般手足伤人笞四十，以他物殴而不伤，杖六十，刀刃伤人徒刑，造成肢体器官残缺流三千里等。其次，它在斗殴方面也贯彻尊卑贵贱与同罪不同罚的原则，奴婢殴主加凡人二等，主殴奴婢无罪，奴婢过失杀主，绞刑，主人故意杀奴婢徒一年；子殴祖父母、父母，"十恶"，非绞即斩，而父母、祖父母杀不听教令的子孙，徒一年半等。

（2）关于告诉，是对诉权的限制以及超越诉权行为的处罚。它虽然讲的是诉权，但是，实际上是在诉讼的领域内，处罚诉讼中的犯罪行为。关于诉权的限制，主要在三方面：一是因亲属关系对诉权进行的限制。除了谋反、谋大逆、谋叛以外，其他的告诉，都受身份限制，严禁卑幼告尊亲。子孙告父母、祖父母，绞刑。奴婢也不允许告主人，告者绞。太宗贞观二十一年（647年）有一道诏文，"今奴婢告主者斩之"。但亲属之间有嫡、继的区别，如果继母杀亲父，养父母杀亲父母，子可以告，以示嫡亲于继。二是因能力的限制，80岁以上，10岁以下，因疾病造成残废的人，禁止告别人。三是因诉讼程序的限制，越级上诉、笞刑、拦御驾自诉不实，杖八十；但没有禁止告，处罚也比诬告一般加重，实际上是限制。除了这三条以外，还有一条原则是诬告反坐，如果诬告别人谋反、谋大逆，主犯斩，从犯绞。

9. 诈伪律，27 条

秦汉没有《诈伪律》，曹魏时从贼律中分出诈伪，以后各代沿用不改，《唐律疏议》说，"斗讼之后，须防诈伪"，所以设在斗讼之下。

诈伪是惩罚欺诈和伪造行为的法律，分为政治性诈伪和一般性诈伪。（1）政治性诈伪最为严重的是对皇权的侵犯，如伪造兵符、伪造皇帝的制书都是死刑，甚至口传皇帝诏书字有增减的，绞刑。政治性诈伪中还有伪造官府文书，诈为长官等，一般为流刑。（2）一般性诈伪，以财产为目的，按窃盗论罪；涉及人身的，如妄认良人为奴婢，妄认他人为子孙，减略人一等问罪。

10. 杂律，62 条

杂律最早起源于李悝《法经》的杂法，以后各朝沿用不改。《唐律疏议》说这一篇"拾遗补阙，错综成文，班杂不同，故次《诈伪》之下"。由于拾遗补阙，所以内容十分广泛。

（1）关于买卖和借贷方面的规定。譬如它规定土地买卖、房屋买卖必须订立契约，而且要在成交的三日内订立，以后不许无故反悔，违者处杖刑。

（2）关于度量衡和商品规格、价格的规定。例如布匹的买卖，有行（不牢）、滥（质差）、短（一匹绢不足四十尺，一匹布不足五十尺）、狭（不够一尺八寸宽），计利准盗论。物价管理也实行刑罚强制，垄断价格，哄抬物价，杖八十，获利准盗论。

（3）犯奸，分为和、强两种。和是两相情愿，不和谓之强，和奸双方徒刑，强奸流刑。在不同身份之间，严禁犯奸行为，特别是以卑亲奸尊亲妻妾是"内乱"，构成十恶重罪之一。

（4）其他的关于危害政治统治秩序、管理秩序和公共安全的犯罪，有无忌作乐，私铸货币等。最后还有一条是"诸不应得为而为之者，笞四十……事理重者，杖八十"，这就给了司法官吏极为广泛的权力，可以随意出入人罪。

11. 捕亡律，18 条

《捕亡律》起源于《法经》六篇中的《捕法》。秦汉时代一直沿用，北魏时期改为《捕亡律》，北齐改为《捕断律》，是捕和断狱合篇，隋律又分为捕亡。《唐律疏议》说，"此篇以上，质定刑名，若有逃亡，恐其滋蔓故须捕系"。捕亡的亡，指三类人，第一类是在缉的罪犯，第二类是逃亡的士兵，第三类是逃亡的刑徒（已决犯）。捕亡是各种人关于追捕逃犯的法定责任的规定。首先是官吏责任，受命追捕必须立即出发，不许逗留；遇到罪犯和应追捕的囚徒，在人杖相等的情况下，必须努力捉拿罪犯，不斗而退减逃犯一等处刑，斗而退减二等，但是唐律允许人杖不及的情况下，不斗而退减三等。其次也有一般人的责任规定，一般人有义务协助捉拿罪犯，如官吏相求而不予帮助杖八十，但"势不得助者不论"。再次是对逃亡者处刑或加刑的规定。有逃兵，役丁，罪徒，处刑轻重按逃亡期计算：出征士兵逃回一日徒一年，十五日绞。工匠逃亡一日笞三十，十日加一等，罪止徒三年等。

12. 断狱律，34 条

《断狱律》篇名起于曹魏，从李悝《法经》的囚法中划分而来。北齐时曾经与捕律相合为捕断，北周分出为断狱，以后隋唐沿用。《唐律疏议》说，"错综一部条流，以为决断之法"，所以置于全篇之尾。

《断狱律》虽然有一部分关于审判程序的规定，但主要是关于司法官吏和监狱管理官吏责任方面的法律规定。内容可以分为三个部分：（1）诉讼中必须遵行的原则（不是具体程序）。例如所在拷讯，必先问讯，反复参验犹未能决才能拷讯。而且拷囚不过三次，总数不过二百，拷囚数满，被告不招，反拷原告，以纠诬告反坐之责。原告不改讼辞，一并取保释放。（2）司法官的责任。如拷囚过二百致死，徒一年。司法官不得在告诉的内容之外别求他罪，"不贵多端，以见聪明"，否则以故入人罪论。（3）监狱管理。

（三）唐律的主要特点

1. 以刑为主，诸法合体

在法律内容上，唐律不仅规定了实体法内容，也规定了程序法内容，其调整范围涵盖了刑事、民事、行政、诉讼等各种法律关系，但是调整手段以刑事制裁方式来进行，因此，唐律呈现出以刑为主、诸法合体的特点。

2. 科条简要，刑罚宽平

秦汉时期的刑律，向以繁杂著称。"秦法繁于秋荼，而网密于凝脂"①，说明秦律是相当严密的。汉高祖除秦苛法，萧何定律九章，法律条文大为缩减。可是其后经过历朝皇帝的增订，到东汉末年汉朝的律令已扩大为死刑 610 条，耐罪 1698 条，赎罪以下 2681 条，可谓律令繁杂，科条无限。西晋修律时"蠲其苛秽，存其清约"，将 773 万余字的汉律令，精简到 27657 字，这是封建法史上的一个重要变革。此后经过南北朝的发展，到北齐订律时又确立为 12 篇，949 条。隋开皇时定律，继承了北齐律"法令明审，科条简要"的传统，确定为 12 篇，500 条。唐初定律时，唐太宗李世民一再强调："国家法令，惟须简约。"由他所主持制定的《贞观律》，"凡削烦去蠹，变重为轻者，不可胜纪"②。由此可知，唐律科条具备简要、繁简适中的特点，既是立法经验的结晶，也是封建立法史上的一大进步。

3. 一准乎礼，"严礼以为出入"

这主要表现在：（1）儒家的思想是制定唐律的基本指导思想，也是疏议的主要思想依据。（2）封建礼制部分内容直接被赋予法律形式，礼和法紧密地结合在一起。如"对使拒捍，不依人臣之礼"③ 是重罪。十恶重罪中大不敬、不孝、不义等罪名，直接把道德观念援引到法律中，以暴力强制推行礼的规范，使家族主义与专制主义统治高度结合，法律更适合政权、族权、夫权统治的需要。（3）十分明确、具体地贯彻封建等级压迫制度。不同等级的社会阶层，享有截然不同的权利义务，等级森严不容逾越。所谓"各安其位，各守其份"。首先，主奴之间，地位悬殊。奴隶犯主人，即使没有危害后果，也可以处以极刑。主人私罚奴隶，可以减轻或完全免除法律处罚。其次，亲属之间，尊卑有别。以卑犯尊，往往构成不孝、恶逆等严重犯罪，处以重刑。而尊长杀伤子孙，则减免刑罚。最后，男女之间，区分尊卑。夫伤妻减等论罪，妻伤夫加重处罚。

① 《汉书·刑法志》。

② 《旧唐书·刑法志》。

③ 《唐律疏议·职制律》。

4. 唐律是一部比较完备的封建法典

（1）全面地确认皇权至高无上，严厉打击一切侵害皇权、皇帝尊严和危及皇帝生命安全的行为，维护封建专制主义中央集权制度。

（2）全面地规定了维护封建经济基础，调整各方面社会关系的法律规范，更加符合地主阶级利益的需要。

（3）总结了秦汉以来封建立法、司法的实际经验，进一步明确了一些行之已久的刑法原则，并且予以规范化和制度化。

（4）唐律的完备性只是相对的，是指它在封建法制中的发展地位而言。同时，这是以封建秩序得到恰当维护作为法律价值的评价标准，与当代法律的人本主义标准分属不同的评价体系。

（四）唐律的历史地位

唐律是我国封建社会一部具有代表性的完备的封建法典，因此它不仅是唐朝统治者的立法经典，也为唐以后的历代王朝的封建立法提供了楷模。正如元人柳贯所撰《故〈唐律疏议〉序》说：“然则律虽定于唐，而所以通极乎人情法理之变者，其可画唐而遽止哉？……非常无古，非变无今。然而必择乎唐者，以唐之揆道得其中，乘之则过，除之则不及，过与不及，其失均矣。”事实也说明，唐律对我国封建法律制度的发展，有着集前大成、垂范后世的深远影响。例如宋朝的“法制因唐律、令、格、式，而随时损益”[①]；元朝的《至元新格》20篇，其他八议、十恶、官当之制，都沿用唐律；明初制定大明律时，丞相李善长等言：“历代法律，皆以汉九章为宗，至唐始集其成。今制宜遵唐旧，太祖从其言。”[②] 唐律对清朝的《大清律例》也有明显的影响，有篇目完全沿用者、有唐律合而今分者、有名稍异而实同者、有分析而类附者[③]。总之，唐律是我国封建法典的楷模，在中国法制史上居于重要的历史地位。

唐律是我国封建社会经济文化高度发展的产物，是中华法系的典型代表，其影响所及不仅限于中国境内，其对亚洲许多国家封建法律制度的发展也有重要的示范作用。例如，日本文武天皇大宝元年（公元701年）所制定的《大宝律令》，“其所本者为武德、贞观、永徽令，恐以永徽为多”。《大宝律令》有律6卷，共分为12篇，其篇名与次序一如唐律。在朝鲜，“高丽一代之制，大抵皆仿乎唐，至于刑法，亦采唐律，参酌时宜而用之”[④]。《高丽律》不仅在篇目体系上与唐律相同，在内容方面，如刑名种类和对特权阶层的优待条款等，也都与唐律极为相似。在越南，李太尊明道元年（公元1042年）颁布的刑法，

---

① 《宋史·刑法志》。

② 《明史·刑法志》。

③ 《四库全书总目提要》。

④ 《高丽史·刑法志》。

陈太尊建中六年（公元 1230 年）颁布的《国朝刑律》，基本上都"遵用唐宋旧制，但其宽严之间，时加斟酌"①。

因此，可以从两方面看出：（1）唐律集封建法律之大成，所谓"姬周以下，文物仪章，莫备于唐"，缘此唐律是以后各代封建王朝立法的蓝本；（2）从横向影响来看，唐律是具有代表性的封建法典，是中华法系的典型代表，它的影响远达亚洲许多国家，主要有日本、朝鲜、越南。

---

① 《历朝宪章类志·刑律志》。

第五章　宋元明清时期：衰亡的封建法制

唐代太宗到玄宗时期，地方藩镇的军队逐渐强悍，形成了中央趋弱地方趋强的局面，唐王朝最终亡于藩镇，从此，中国历史进入五代十国的大分裂时期。在这一时期内，以黄河流域为中心，中原地区先后经历了五个朝代，即梁唐晋汉周。其中国祚长者近 20 年，如后周 19 年，短的仅几年，如后汉 4 年。在中原地区的周围，各个割据的军阀，先后建立了十个小国，有周吴南唐、前蜀、后蜀、吴越楚、南汉、北汉等。五代十国时期，是法制极为黑暗的历史时期。各政权在军阀政治下，毫无政治策略、经济政策可言。五代后期，后周朝的周世宗柴荣富有才略，为统一打下了基础。赵匡胤通过发动陈桥兵变，建立宋朝。宋朝分为北、南两个时期，北宋从公元 960 年至 1127 年，共有九帝，由于金朝的入侵，北宋灭亡，高宗赵构在南方临安（杭州）建立南宋。南宋从 1127 年至 1279 年，有九帝，为蒙古族元朝所灭。

与宋朝对峙的北方少数民族政权，有契丹族的辽国、女真族的金国。辽国契丹族原来是居于辽西和内蒙古东部的游牧民族。公元 916 年，辽国建立。公元 979 年、986 年辽国两次击败北宋北伐的战争，国势更为强盛。11 世纪，开始衰落，并被从身后强大起来的金国所灭。女真族原来在东北地区，12 世纪灭辽以后，仿照汉族制度建立起金国。公元 1234 年，被蒙古族和南宋夹击，最后灭亡。

消灭金国的蒙古族，兴起于兴安岭与阿尔泰山之间。蒙古人的领袖铁木真统一了各部族，就位"成吉思汗"，即强有力的众汗之汗。其把所属人口按十户、百户、千户、万户编制起来，既是军事组织，又是行政组织和社会生产组织。成吉思汗死后，儿子窝阔台继位，灭金。窝阔台死后蒙哥继位，开始伐宋，战死。其弟忽必烈继续伐宋，并且自定为大汗，建立了元朝，为元世祖，此后元朝有十帝，进行了 89 年的统治，为明太祖朱元璋所灭。

明太祖于 1368 年在建康（南京）建立明王朝。1387 年平定辽东，基本完成了明王朝的统一，建立统一多民族的封建专制王朝。明王朝是一个比较强盛的王朝，延续了 276 年，有十六帝。明朝统治前期，社会生产曾有很大的发展，同时，地方豪强对明王朝采取不合作的态度，促使朱元璋采取了强化中央集权的措施。中央专制主义制度不断强化，并逐渐趋向腐朽。农民起义不断发生，其不仅规模大，还有明确纲领，是历代王朝所不能比拟的。1644 年李自成领导的农民起义军推翻了明王朝，建立了大顺政权。

在明王朝的东北部，女真人的部族趁明王朝内部腐朽而强盛起来。女真族的首领爱新觉罗家族的猛哥帖木儿，曾是明朝的地方官。他的后代努尔哈赤统一女真族的各个部落，建立八旗制度。八旗也是军政合一的建制，平时行政官管理百姓，战时则为军事长官。女真人在努尔哈赤时代，建立了后金政权。以后，后金政权在皇太极时代，改女真族为满族，即崇"满堂子"教，又改金的谐音为清。清打着为明王朝恢复江山的旗号入关，随后建立了清政权，在经历了顺治、康熙、雍正、乾隆、嘉庆、道光六帝后，由于帝国主义列强的入侵，中国沦为半殖民地半封建国家。

第一节　宋　代　法　制

一、宋代立法思想

（一）"立法严、用法恕"

宋初即以重典治理为立法导向，以法律来强化中央集权。太祖、太宗都重视法律的控制作用，一再主张"赏罚之典，断在必行"①，但是在司法实践中多有变通②。宋太祖、宋太宗以后，统治者往往强调以宽猛得中为原则，认为法律过于严酷，不利于实施，所以采取中庸原则。

（二）"政丰""理财""通商惠工"

宋代民商、经济法律的迅速发展，与统治者倡导"政丰之术"③ 有直接关系，神宗下诏称："政事之先，理财为急。"④ 以王安石为代表的变法集团希望以法律改革财政体制，以适应封建商品经济的发展。统治集团重视民事方面的立法，制定了一系列开放市场和提高商人地位的法律，尤其是工商流通领域的法律创制较多，把"部曲"上升为编户齐民，也促成农业耕作中的租佃契约关系发展。北宋时期还制定了市易法和市舶条法等，专门规范商业活动。

二、宋代立法活动与法律渊源

宋代法律形式主要有律、敕、令、格、式、例等。其中敕例在宋代法律上占有重要地

---

① 《宋大诏令集·政事》卷一六〇。
② 《宋史·刑法志》。
③ 《续资治通鉴长编》卷四十一。
④ 《宋史·食货志》。

位。《宋会要辑稿·刑法》中说："国初用唐律、令、格、式外，又有《元和删定格后敕》"，"皆用焉"。

（一）《宋刑统》

宋代的"律"指"刑统"，这种法典编纂形式最早源于唐代的《大中刑事统类》，后由后周传至北宋。宋太祖建立宋朝以后不久，建隆三年（962 年）诏示编定《宋刑统》。建隆四年（963 年），制定了宋朝第一部刑法典《宋建隆详定刑统》，简称《宋刑统》。它是我国历史上第一部刊印发行的封建法典。《宋刑统》是宋朝的基本法典，自颁行以后，虽然作过几次修改，但是究其始终没有较大变动，所以说它"终宋之世，用之不改"①。

《宋刑统》从其内容上来说，是《唐律》的翻版，连疏议也一并照抄。清代藏书家吴骞有一部宋律文，因为没有注明律名称，他曾以为是唐律，说明宋律与唐律高度一致。但是《宋刑统》在体例上与唐律不同，首先是在每篇篇名之下，分为若干门，一共 12 篇，合计 213 门。其次，在每一门之内，以律文为主，同时，将其他的具有刑事法律性质的敕、令、格、式分别附在律文之后，并且注释内容变化或中央机关核准审批的情况，使适用法律者一目了然，从而进一步确定了五代以来创立的律令合编的法律形式。此外，《宋刑统》中增加"起请条"，是对原来唐代律文审核并提出修改的建议，"起请条"共有 32 条。

法律形式从律发展为刑统，其意义在于：一方面，在律之前加上刑字，突出了刑事法规的性质，强调了法律镇压的作用；另一方面，打破了律令格式分立的传统，汇集各类法规，进一步重视了中央对于各类法规的统一解释，与加强中央集权的需要保持一致。律发展为刑统，混合综括了不同位阶的法条法规及立法解释，对防止互文歧义，避免法内漏洞有一定的积极作用。

（二）编敕

敕本来是封建君主在律之外发布命令的一种形式，通常是在特定的时间，对特定的对象或事件产生效力。敕是对律令格式所作的补充修正，效力高于律令格式。宋神宗后，敕作为定罪量刑的法律规范与律具有同等意义。

《宋史·刑法志》说："宋法制因唐律、令、格、式，而随时损益则有编敕。"编敕是将没有归纳到刑统中的敕令进行汇编，使皇帝对一件事情、一个具体问题的命令和指示，上升为具有普遍意义的法律规范。编敕是对法律内容进行调整、修订的主要方法。依宋代成法，皇帝的临时性命令，必须经中书省"制论"和门下省"封驳"，才能成为效力通行全国的敕。

1. 编敕活动

宋代编敕活动极为频繁，每当皇帝继位或者改元，都要进行一次或几次编敕工作，例

---

① 《宋史·刑法志》。

如宋孝宗时期有《隆兴编敕》，以后又有《淳熙编敕》。编敕规模在太祖时期比较小，有 4 卷。太宗时期编敕有了突飞猛进的发展，《太平兴国编敕》有 15 卷，《淳化编敕》有 30 多卷。由于敕文太多，内容按年代安排，因此十分杂乱。太宗之后，真宗对律文进行调整，按律文 12 篇分为 12 门，与刑统的体例对应。此后的编敕在汇编中都以调整的范围进行分类，其规模则越来越大。神宗时起用王安石进行变法，在立法机构上设立了"编修敕令所"。这个机构在变法失败之后，仍然存在，专门主持编敕工作。一直到南宋灭亡，整个宋代的编敕有 180 多部。

2. 编敕种类

编敕按照其效力范围来分，可以分为中央编敕和地方编敕。中央编敕在全国范围内适用。除此以外，一路一州一县又别有编敕，是地方编敕，是把皇帝对某一地区的指示汇编成文，在本地区范围内适用。其次按编纂方法分类，又分为编敕和"条法事类"。"条法事类"是按法令所规范的问题分门别类对敕令进行汇编，称为"分门编类为一书"，是不同的机关根据职责范围汇编的敕令。

3. 编敕与刑统的关系

编敕的地位，在宋代不断提高，它与刑统的关系在发展上分为三个阶段：第一阶段，是北宋初期编敕依附律文，"凡断狱本于律，律所不该，以敕、令、格、式定之"①，编敕只是作为律文的补充，"该"指具备、包括。第二阶段，是宋太祖以后到北宋中期，是"律敕并行"的阶段，编敕已经作为审判案件经常适用的法律依据。宋仁宗曾批评编敕过滥的情况，说现在编敕都在法律之外，又多次更改，官吏都不能通晓，百姓就更不得而知。这说明编敕已经在律文之外，对律的内容作了重大修订，但是律仍然具有独立的地位②。第三阶段是所谓"以敕代律"③，在王安石变法期间，为了改宋初以来的惯例，进一步提高敕的地位，所谓"凡律所不载者一断以敕"④，也就是，律和敕冲突时，以敕为准。不过，由于宋代法史资料佚失，关于"以敕代律"的效力之争，在学界存在不同看法，有学者认为，终宋之世，律的地位十分稳定，编敕始终未取代律⑤。

（三）编例

唐代曾经明确禁止用判例作为审判案件的依据，但唐代有"格"，实际上也是例的汇编。北宋期间，判例的地位也在提高。作为法律形式的一种，到南宋，例的地位越来越高，经常出现"以例破法"的现象，甚至没有例的时候，就"法当然而无例，则事皆泥

① 《续资治通鉴长编》卷一百四十。
② 《宋史·刑法志》。
③ 《宋史·刑法志》。
④ 《宋史·刑法志》。
⑤ 参见薛梅卿：《宋刑统研究》，法律出版社 1997 年版，第 135~137 页。

而不行"①。即没例就难以适用法。宋代的例分为两种，一种是"断例"，是司法机关审判案件的成例；另一种是"指挥"，是上级机关对下级机关指示的汇编。从北宋中期开始出现例的汇编，此后编例也就成为常见的立法活动。

编敕和断例地位的上升，是封建中央集权在立法中加强的体现。编敕和断例的发展，造成宋代法令繁多、法网严密，有所谓"内外上下，一事之小，一罪之微，皆先有法以待之"②。

（四）南宋的"条法事类"

南宋孝宗时开始编订《淳熙条法事类》，是因为按年代记载的敕令格式只以法律性质分类，而未按"事类"汇编，使"官不暇遍阅，吏因得以容奸"，故孝宗时诏令以"事类"即职官的职守类别为依据，汇编敕令格式：在法典编纂上，条列法规，以事为类，又编入不同形式的敕格式，形成条法事类这种新的法典编纂体例。宁宗赵扩时有《庆元条法事类》437卷，理宗赵昀时有《淳祐条法事类》。现存有《庆元条法事类》残本。

三、法制的简况与特点

宋王朝法律制度的内容和变化，主要受两种因素的影响：一方面是中央集权的加强，皇帝在政治、军事方面不断地集中权力，法律制度需要适应这种变化；另一方面是农民起义的社会背景对宋代法律的影响。整个宋朝农民起义此起彼伏，绵延不断，因此对所谓强盗或集团性的贼盗行为，处罚也不断加重。这两种因素是理解宋代法制发展的进路。宋代法制内容的变化，主要有：

（一）加强惩治"贼盗"的立法

宋代各时期大大小小的农民起义，成为统治阶级的"心腹之患"，因此宋朝的统治者，"严捕贼之令，重捕贼之赏"。它在沿用和修改唐律方面，"改而从轻者至多，惟是强盗之法，特加重"。所谓从轻，是指一般的刑事犯罪，而加重的是集团犯罪或是武装暴动。这种加重可分为三方面：（1）刑罚显著加重。以诈伪行为为例，唐律诈伪官府文书流刑，宋代加一条，"如有再犯，罪不至死，从绞"；窃盗罪，唐代罪止流刑，宋代太祖时期，五贯绞刑，而且，计赃的方法也非常严苛，剥树皮充饥，计四十二尺为一功，三功从死。在镇压农民起义时，刑法更为严酷，常常杀死全家，斩草除根。李顺王小波起义中，对王小波一家，多方搜捕，不许一人漏网；方腊也是一样，所有亲族被杀。因此，宋代每年所判死刑人数，"视唐几至百倍"③。（2）强加告奸之责，加重告奸之赏。民众有所谓"密告谋

---

① 《宋史·刑法志》。

② 顾炎武：《日知录》卷十一。

③ 《宋史·刑法志》。

反"的义务，而且要"随近告之"，如果匿奸不告，减罪一等，至死罪，不告者判流二千里，其中尤以私藏武器知而不告为重。李顺王小波起义以后，私藏兵器处以死刑，而且知而不告者也处死刑。这些规定，加重了老百姓告奸的责任；在强制告奸的同时，法律也鼓励告奸捕盗。神宗时规定，凡是劫盗罪处死刑者，以所有家产以赏告人，而且官吏在捕盗中身亡，其子弟可以录用为官吏，进一步明确奖惩。在镇压方腊起义的时候，曾宣布任何人可以持盗贼首级来领赏，结果不仅起义的农民，而且过路人和居民也惨遭杀害，"杀戮溺死者不可胜计"①。这些规定强化了居民互相监督的义务，也加强了地方政权的镇压职能。（3）重法地的划分。重法地法是一种适用法律方面划分不同区域的规定，仁宗嘉祐年，以开封即京城附近为重法地，凡是在重法地犯法，加重处罚，例如窝藏罪犯，一般减等论罪，但是在重法地窝藏死罪人犯，其家主斩刑，其余流刑。而且在大赦天下的时候，"不移不赦"。重法地的范围，原来限于京师附近，是保护京师地区治安的措施，以后又发展为容易发生农民起义的地区，河北、京东、福建、湖广各路等，都有重法地。重法地的进一步发展，就是不限于地区，而是对严重犯罪的行为或者发生犯罪的特殊地点，都以重法论罪，如连杀三人，或者烧百间房屋，或者群行州县，都依重法。在江海船舶中犯法，也是如此，所谓"非重地，亦以重论"②。这种规定反映了农民起义的范围扩大和阶级斗争的激化。

（二）刑罚手段日趋残酷

宋太祖建朝之后，企图改革五代苛刑，故沿用唐代的五刑，并且增加了折杖法，把徒流罪折成杖刑，免受远迁和劳役的痛苦。但是这种方法，在执行当中，对罪行特别重的，折杖就变成了徒流的附加刑，这样，宋代的徒流刑就重于唐代，有附加杖刑。其次，出现刺配，犯有流罪以上，死罪之下，首先刺面，然后施行杖刑，最后流放，即刺配刑，是一人之身一事之犯兼受三刑。如林冲刺配沧州。刺配在开始时是减死之刑，即替代死刑，以后变成次死之刑，就是一个常刑。这样，它的第一个意义是增加了刑等，在五等刑制以外，又增添了一种新的严刑；其次它变相恢复了肉刑，增加了刑罚的残酷程度。在死刑执行方式上，宋代出现凌迟刑，凌迟即碎刀割死，是用于处罚极重罪的一种手段，由于是先执行肉刑，然后执行死刑，所以也有恢复肉刑的含义③。

（三）维护租佃关系

唐朝以前由于庄园经济存在，实行部曲制，实际上是一种农奴制度。这样，唐律之中关于维护等级名分原则的法律规范，随处可见。五代时期的战争，破坏了庄园经济，农民

---

① 《宋朝事实》卷十七。
② 《宋史·刑法志》。
③ 《诸臣奏议·恤刑》《庆元条法事类·刑狱门》。

从原来的人身依附关系当中解放出来，新的租佃制，在宋代受到法律的确认。宋太祖时期明确规定，地主和农民之间就田租依契约分成，并且宣布农民有换佃的自由，地主不得强留，这就使农民在一定程度上可以摆脱人身依附关系，拒绝无偿的义务劳役。同时地主与佃户之间的等级关系，较唐律不平等的程度为轻，常限于一等之差。佃客犯主加一等，主犯佃客减凡人一等。例如主杀佃客，发配，这与良人杀部曲减二等比较有所改观。它反映了封建经济对法律最终的制约作用。

（四）司法审判制度方面，进一步集中君权

皇帝权力的集中，同样也反映在机构的设置和审判的控制方面。如审判机构，宋代采取多元制的方法，在原有的机构以外，设立了新的机构——审刑院，直接对皇帝负责，同时不少的行政机关，也被赋予司法权。这样各机构互相牵制，必须由皇帝最后裁决。在审判制度当中，恢复了五代以后曾经废止的复奏制度，确保皇帝对死刑的控制权。同时皇帝经常亲自审判案件，规定凡是御笔断罪，司法机关不许陈诉，否则以违御笔论，使皇帝的旨意能确切贯彻到案件审判过程中。

总之，宋朝的编敕是最经常和最重要的立法活动，这是封建专制主义中央集权制进一步发展在立法中的反映；宋律沿袭唐律，加重了对危害封建国家统治行为的处罚，刑罚手段也较唐律严酷，司法审判权进一步集中，这是阶级斗争激化的表现，也是强化皇权的需要，反映出封建国家由强化逐渐腐败的发展趋向。

第二节　元代法制

一、元代立法思想

（一）"祖述变通""附会汉法"

祖述即"稽列圣之洪规"，指要考稽成吉思汗以来蒙古汗国的制度；变通即"讲前代之定制"，即参用原汉族政权辖区的法律，这一精神基本上为元代立法所遵循。因此，元代法律是以汉法为制度基础构架，同时沿用部分原蒙古汗国的制度而制定的。

（二）"因俗而治"，蒙汉异制

元代在婚姻家庭方面的法律明确规定蒙古人不适用汉地法律。在司法上由大宗正府掌理蒙古、色目人犯罪案件，既有民族歧视也含有"因俗而治"的用意。但蒙汉异制的主要出发点是保证蒙古人的特权，实行民族压迫。

二、元代立法活动与法律渊源

成吉思汗在统一各部落时，创造蒙文，开始出现成文法。忽必烈建立元朝前后，曾经沿用金律。至元二十八年（1291 年），根据对旧法适用的情况和原来行之有效的金律部分条文，制立《至元新格》，这是元朝的第一部法典。元仁宗以新格的格条和《条画五章》的部分内容，汇集成法律文件，称"风宪宏纲"，这是关于朝纲的法规。元代最重要的立法活动，集中在英宗一朝。英宗至治二年（1322 年），地方官吏抄集法律汇编制成《大元圣政国朝典章》，简称《元典章》，有 60 卷。其包括 10 个部分，即"诏令、圣教、朝纲、台纲、吏部、户部、礼部、兵部、刑部、工部"，主要是条画、诏令、判例的汇编，而且内容涉及军事、政治、经济、法律各方面①。其中《刑部》有 19 卷，既有行政法规汇编，又有刑法的条文，如刑名，仍分为笞杖徒流死五种。《元典章》是官吏用法自编的典册，不是国家颁布的法典编纂。至治三年（1323 年），元朝颁布了另一部重要法典《大元通制》，分《诏制》《条格》《断例》《别类》四部分，共 2539 条，其中《条格》与《诏制》的区别在于，《条格》是已经成为一般法律规范的诏令，而《诏制》则是皇帝针对一事一罪发的指示。元世祖时"往往以意出入增减，不尽用格例也"②，这说明格例是经常反复适用的。同时，订立《大元通制》时，"择开国以来法制事例，汇集折衷"，是指删修归纳，说明皇帝诏令编入法典时，要经过条梳编选。《大元通制》的《断例》有 20 篇：有名例、卫禁、职制、常规、祭令、食货、大恶、奸非、盗贼、诈伪、诉讼、斗殴、杀伤、禁令、杂犯、捕亡、恤刑、平反等，略仿唐宋律 12 篇排序，内容也多为唐宋旧律令。因此，《大元通制》中格条为基本律文，断例是判例，诏制是皇帝对某些案件的具体指示，别类是政令。

　　《元典章》和《大元通制》的基本区别是：《元典章》依行政机关的活动来设立篇目，而《大元通制》依调整对象的分类设立编目；《大元通制》是基本法典，《元典章》是官员自选的诏令的汇集；《大元通制》侧重于刑事法规，《元典章》侧重于行政法规。《元典章》并不是国家制定颁布的法典，但它在形式上注意了法条渊源与尚书省六部职责的关系，并以六部职守为篇章安排顺序，汇集各种渊源的法条法规，适应了官吏履行职务需要，对明清律有很大影响。

　　元代法律渊源主要是律、条格和断例。条格是皇帝亲自裁定或直接由中书省等中央机关颁发给下属部门的政令，它是元代在民事、行政、财政等方面的重要法规。断例则是皇帝或司法官员处断案件的成例，属于刑事方面的法规。元代立法行政、断狱量刑基本上是依临时而陆续颁发的有关政令、文书与司法实践中的判例为依据。正如前人说元朝立法形式："大致取一时所行事例，编为条格而已。"③

---

① 《元史·英宗纪》。

② 《元史·世祖纪》。

③ 《新元史·刑法志》。

三、法制的简况与特点

（一）实行民族压迫

元朝统治者以欧亚大陆征服者自居，怀有强烈的民族优越感和狭隘的民族偏见，以公开形式宣布各民族在法律上的不平等。当时中国境内居民分为四等：（1）蒙古人；（2）色目人，包括西域人、回族人、维吾尔人；（3）汉人，即黄河以北的辽、金、北方汉人；（4）南人。不同等级享有不同的权利义务。例如多桑《蒙古史》记载，成吉思汗法令，杀一回教徒赔偿金四十巴里失，杀汉人的赔偿责任相当一头驴，而且处刑也相当，都是杖一百零七。这种不平等的制度，还表现为四个方面：（1）彼此相侵害的行为处罚不平等，蒙古人殴打汉人，汉人不得还手，马上到官府指控，如果还手，严刑断罪；蒙古人醉酒打死汉人，罚出征和赔烧埋银；但汉人打死蒙古人是死罪，还照赔烧埋银①。（2）蒙古人犯法享有减罪特权，犯盗窃罪不刺字，而其他人要刺字左臂、右臂；蒙古人不受拷掠，不犯死罪不得监禁。（3）婚姻制度方面，《大元通制·条格》禁止蒙汉通婚，蒙古人侮辱汉族妇女，也可以免受刑罚。（4）司法方面，蒙古人犯法，"择蒙古官断之"。地方上蒙古人的重大案件，一律解送中央专门机关处罚，地方机关虽有汉人，但一般不审理蒙古人案件。

（二）严密限制人民群众的活动

首先，元律禁止民间私藏兵器。私人有兵器十件，处死刑。担负"捕盗贼"职务的汉军、弓手，也一律不许私自握有兵器，只有在出征时发给兵器，事情完结收归兵器库。其次是严禁汉人武装集结。元初是禁止汉人20人以上聚众围猎，之后无论多少人都不许。而且集众祭祀，赛神社，集市买卖，一律严刑禁止，防止汉人乘机发动起义。再次实行宵禁，对江南反元斗争比较激烈的地方，长时期宵禁，家不得闭门，屋内不许点灯，防止聚众密谋②。

（三）确认蓄奴和农奴制

元代扩大蒙汉贵族官僚地主对奴隶的占有，加强佃户对地主的人身依附关系，使广大奴隶和佃户受到更严重的剥削和压迫。

元朝建立以后，广大中原和江南地区虽然继续保存了原有的封建生产关系，但同时又添加了由蒙古贵族所带来的更为落后的劳动力占有形式和剥削压迫的形式，这些形式还获得了元朝法律制度的维护。元朝奴隶在法律上统称为奴、奴婢，或称驱口，它是由家奴、军奴、寺奴、勃兰奚等各色奴隶所构成的一个广大的最受压迫的社会阶层。奴隶的来源，

---

① 《新元史·刑法志》。
② 《元史·刑法志》。

主要是战争中的俘虏，但是元朝法律制度确认奴隶的子女永为奴隶，并以籍没妻子儿女为奴的手段以惩罚犯罪，更进一步扩大了奴隶的来源。元朝的奴隶在奴隶占有者的眼里，不过"与钱物同"，可以随意处置，因此根本谈不上什么法律地位，主奴间也绝无平等可言。元初"法制未定，奴有罪者，主得专杀"①，虽然之后司法权统归于官府，但是元代规定家长杀死奴隶只判处轻微的杖刑，而且可以用另释放奴隶的办法免罪，实际上就是奴隶占有者获得对奴隶施行私刑的权力。反之，如果奴隶杀死主人，则要"具五刑"或凌迟处死。奴隶对主人不逊，要"杖一百七，居役二年"，仅减死刑一等论罪，役满自归其主；而主人因奴隶殴骂而将其殴伤致死者，却可以免罪。奴隶强奸主人妻女，一概处死，而"诸主奸奴妻者不坐"②，并不视为犯罪。在元朝，虽有良民身份而实际社会地位几近奴隶的，还有广大的佃户，特别是其中的私田佃户。自中唐以后到宋朝本已渐渐确立了租佃制度，宋朝的法律更明文规定佃农有退佃和迁徙的自由，佃农对地主的人身依附关系有所削弱。但到了元朝，由于蒙古社会落后的生产方式对中国农村经济的影响，佃户又越来越具有农奴的性质。"窭人无田，艺富民之田而中分其粟。"③ 佃户不仅要交付沉重的地租，而且要受地主残酷的人身奴役。根据元朝法律，杀人者死，但是殴死佃客只杖一百七。不仅佃户本身，而且佃户的子女也要受到地主的任意驱使和处置。佃户之间的婚姻，地主有权干涉，如佃户不能按礼数交纳足够的"钞布帛"，不能成亲。元朝法律制度的这种变化，无疑是一种历史的倒退。

（四）保护僧侣在法律上的特权地位

蒙古族在进入中原以前就信奉佛教，特别是藏传佛教。元朝奉西藏宗教首领八思巴为国师。国师制度一直沿用到元末，国师指令也是法律的一个重要来源。僧侣的社会等级较高，一官二吏三僧四道五医六工七匠八娼九儒十丐，一般僧侣仅次于官吏，而中央大僧侣实际上就是大贵族。与国家崇尚宗教的政策相适应，僧侣享有高于一般百姓的特权。僧侣的特权一方面表现在与一般人的不平等关系上，所谓"殴西番僧者截其手，詈之者断其舌"④。一般人如此，贵族官吏也如此。至大二年（1309 年），曾经发生过十八僧人打王妃的事⑤。僧与王妃争道，发生争吵，僧人就把王妃拉下车来殴打，后来居然没获罪。另一方面，僧侣犯罪不受普通法律的管辖。僧与俗人之争，由地方官会同寺院住持审理，僧人侵害俗人的一般刑事案件，由寺院处理僧侣，发生重大刑案，由地方上报中央行政机关，国师有权干预。因此僧人特权在司法方面也受到保护。

---

① 《新元史·刑法志》。
② 《新元史·刑法志》。
③ 宋濂：《王澄墓志铭》，《宋文宪公全集》卷三十一。
④ 《元史·武宗纪》。
⑤ 《元史·释老传》。

第三节　明　清　法　制

一、明清立法思想

（一）明代立法思想

1. "明刑弼教""重典治国"

公元 1368 年，朱明王朝建立后，以开国皇帝朱元璋（1328—1398 年）为代表的统治集团，认为"胡元以宽而失"①，借用了"刑乱国用重典"的传统观念，提出"出五刑酷法以治之""使人知惧而莫测其端"② 的主张，实行重典治国。在这一思想指导下，"垂世中典"的《大明律》基本弃置未用，而重典治民的《大诰》和断例，成为广泛适用的判决依据③。

在重典治国的基本方略中，朱元璋强调"重典治吏"。立法中将"六赃"罪升为重罪与"十恶"并列；在实践中则采取"剥皮实草"等酷刑，实行重刑恫吓。

2. "明礼导民"，礼法结合

朱元璋在建国之初，明确地说："礼法，国之纪纲。礼法立，则人志定，上下安。建国之初，此为先务。"④ 治国重礼、礼法结合是朱元璋又一重要的立法指导思想，在修订《大明律》时，"五服图"被编入律首，既是法律实施的一个重要基础，又是等级制的基本原则，贯彻了"准五服以定罪"的立法思想。

（二）清代立法思想

清入关前的法律制度正处在习惯法向成文法的过渡中，总的来说还比较简陋。在皇太极时期，"参汉酌金"已成为后金统治集团的基本立法指导思想。统治者希望实现的目标是"渐就中国之制"⑤。

1644 年清人入关之初，面对着前所未有的广阔疆域及众多的人口，面对着汉族地区远比关外原有治区更为发达的文化和复杂的社会生活，其原有法律制度远不适应新的统治需要。因此，1644 年 6 月，摄政王多尔衮即下令"问刑衙门准依明律治罪"。这种以《大明律》作为入关之初过渡性法律的状况，也反映了统治者的基本立法思想，就中国之制以适应需要。

---

① 刘基：《诚意伯文集》卷一。
② 《皇明文衡》卷六。
③ 参见谈迁：《北游录》。
④ 《明太祖实录》卷十四。
⑤ 《清史稿·刑法志》。

1645 年，顺治帝下令"修律官参稽满汉条例，分轻重等差"，统一纂修大清律。顺治三年（1646 年）五月，律成，名《大清律集解附例》。

依照参稽满汉以应时需的思想，清朝建国近百年，至乾隆朝初期律典基本定型，此后不再修改，随时宜增修"附例"。修有《刑部现行则例》《钦定吏部则例》《钦定户部则例》《钦定礼部则例》《钦定工部则例》《理藩院则例》《钦定台规》《钦定八旗则例》《兵部督捕则例》《钦定户部漕运全书》《钦定学政全书》《赋役全书》《吏部处分则例》《六部处分则例》《兵部处分则例》《吏部铨选则例》，以及吏部稽功司的则例。

二、明清立法活动与法律渊源

（一）明代立法活动与法律渊源

1. 《大明律》

《大明律》在太祖朱元璋时期制定，后续修订法律的过程可以分为三个阶段：吴元年律，洪武七年律和洪武三十年律。吴元年律是朱元璋称帝以前作吴王时所制立的。明朝建国以后，朱元璋命令儒臣和刑官讲解唐律，"日进二十条"，到洪武七年（1374 年），依照唐律制定大明律。这时的明律，篇目一准于唐，分为 12 篇，660 条。但是洪武七年律，明太祖仍认为有不妥当的地方，于是又不断修订，一直到洪武三十年（1397 年）最终完成了《大明律》的修订工作。[①] 洪武三十年律经过多年的增选修编，虽然脱胎于唐律，但是在体例和内容上，发生了很大的变化。《大明律》有 30 卷，460 条，篇目将唐律的 12 篇合为 7 篇。第一篇名例律，是整部律文的总纲，其下按照中央机关的六部来设立篇目。第一，吏律，包括职制与公式；第二，户律，包括户役、田宅、婚姻、仓库、课程、钱债、市廛；第三，礼律，即祭祀和仪制；第四，兵律，包括宫卫、军政、关津、厩牧、邮驿；第五，刑律，包括盗贼、人命、斗殴、骂詈、诉讼、受赃、诉伪、犯奸、杂犯、捕亡、断狱；第六，工律，有营造河防。《大明律》一直到明亡时都没有改动，朱元璋说："群臣有稍议更改，即坐以变乱祖制之罪。"明代法典以"重典"著称，宋濂在《进大明律表》中就说，本朝自洪武"临御已来"，"乃不得已，假峻法以绳之"[②]。之所以要用重法，是朱元璋总结历史教训，认为一个王朝的灭亡，是因为"朝廷暗弱，威福下移"，因此"立国之初，先正纲纪"。他用重典惩治官吏和百姓，以至出现"无几时不变之法，无一日无过之人"。吴元年律和洪武七年律，朱元璋认为是"有乖中典"的法典，其中有"畸重者七十三条"[③]，到洪武三十年，明太祖改去这 73 条，并颁布《大明律》，这是一部朱元璋

---

① 《明史·刑法志》。
② 《皇明政要》卷十四《正法令第二十七》。
③ 《明史·恭闵帝纪》。

自己认为"存中道"的法典，朱元璋希其"以垂后世"。就是这部洪武时期用刑最轻的法律，仍然较唐宋元律为重。另外，这部律典文字浅显，通俗易懂，在律首附有《服制图》《五刑图》《六赃图》等图表，实用性较强。

2.《明大诰》

《明大诰》共分四编：《御制大诰》《御制大诰续编》《御制大诰三编》《大诰武臣》。大诰是仿效周公以言告之的意思，将皇帝的训令告诉给臣民。大诰的编纂形式是案例汇编，它是朱元璋亲自决断的案件，汇编成文。

《大诰》是一部典型的律外重刑的重典。它与《大明律》相比，处刑完全超于律条规定之外，滥施刑罚，主要表现在：（1）它设置了许多明律所没有的重刑法令，例如《大诰》中规定，凡成年男丁，出入必须邻里互知，如果出现游民，商人哪怕有路条，携钱不满万文的，充军到塞外。（2）同犯一罪，明律处罚为轻，《大诰》处罚大大加重。滥设官吏，《大明律》规定罪止杖一百，《大诰》中则规定为族诛和凌迟。贪污罪数额低的，《大明律》有的只是杖刑，但在《大诰》中处以凌迟，有的过失行为没有造成危害结果，也被处以凌迟。（3）刑罚手段不在法定刑之内，有劓、宫、刖①，经常使用。（4）在司法审判中，不拘于法定权限。《大明律》规定，府县有权决定徒刑以下的案件，中央司法机关决定流以下的案件，死刑奏报皇帝批准。但《大诰》各案就置法律规定于不顾，朱元璋常常直接审理大量的基层案件，然后完全按个人判断作裁决②。

《大诰》虽然是一部法外之刑的法律文件，但朱元璋自己十分重视。《明大诰》是明代初期的重要法律渊源，具最高法律效力。朱元璋曾多次发布诏令，要求法司"依律与大诰议罪"③。他把《大诰》列同四书五经等儒家经典，知识分子要学《大诰》，考试要考《大诰》，而且家家必须备《大诰》，做到家喻户晓，人人熟知。犯罪者只要身上有一部《大诰》，减罪一等④。朱元璋死后，《大诰》就被放弃。

3. 编例

明代仍然有唐以来以例断案的传统，有案例的汇编。这些例是《大明律》以外的另一个重刑典。例如私贩盐，《大明律》是徒三年，而洪武二十二年（1389年）例定为充军。再如，民违反"乡饮酒礼"，《大明律》规定笞五十，而例则规定充军。例本来的作用是防止"法外遗奸"，补律之不足，但是后来逐渐发展，数量剧增。从洪武末年（1398年）起，案例变成了抽象法条形式的条例。明朝中晚期，律例开始合编，此后例的发展，数量

---

① 参见杨一凡：《明大诰研究》，江苏人民出版社1988年版，第84~87页。

② 《明史·刑法志》。

③ 明洪武三十年《大明律序》。

④ 《明史·刑法志》。

越来越多，而且"因律起例，因例生例"①，律文逐渐被视为具文。

明代的法律本来已经残酷无比，但是朱元璋还担心法外遗奸，因此他在极力推行重刑的同时，又大搞法外用刑。这就使明代实际实行的刑罚比法律规定本身还要严苛。其残酷程度，历代王朝都无法与之相比。

4. 行政法典的编纂

明代模仿《唐六典》制定了行政法典《大明会典》。会即汇，是行政机关活动的细则和事例的汇编。其编纂体例以职官分卷，所谓"官各领其属而事皆归于职"。每官之下，记载与该机关有关的律令和事例，是该机关行政行为的准则。《大明会典》从英宗正统年间（1436—1449 年）就开始编纂，至武宗正德四年（1509 年）颁行天下，称《正德会典》和《万历重修会典》。

（二）清代立法活动与法律渊源

清在入关之前，法律比较简朴，刑法所谓"鞭扑斩决而已"②，在家庭婚姻法中还可以实行不同辈分的同族嫁娶，儿子可以娶继母，侄儿可以娶伯母等，司法审判上还有所谓"众人听断"，保持着原始民主制的残余③。清代的法律渊源分为刑事法律和行政法律两大类，都采取律例合编的方式。

1.《大清律》

满族政权在统一东北地区之后，曾对原有的法律进行过编纂。但是入关之后，面临极为复杂的社会矛盾和民族矛盾，原有的法律已经明显不能满足统治全国的需要，统治者很快就着手进行法律的创制工作。顺治时期，取明律和清律，以"订其同异，删其冗繁"为原则，制定《大清律集解附例》，这是清代第一部完整的成文法典，其体例和内容照抄明律，是明律的翻版。这部法律由于并不适应清初政治统治需要，因此没有被遵行。顺治八年（1651 年）刑科给事中赵进美在奏疏中说"今律例久颁，未见遵行"④。谈迁在《北游录》中说，"大清律即大明律改名也……盖明初颁大诰……今清朝未尝作大诰辄引之，何也"，律是不可能获得遵行的⑤。因此顺治以后，康熙、雍正、乾隆都对法律进行修改，有的修行而未颁布，有的则颁布了修订的法典。到乾隆时期，对原有的律例逐条考证，制立《大清律例》，"刊布中外，永远遵行"⑥。这样从清初的照抄明律，到乾隆五年（1740年），经过近百年的时间，清朝终于编成了一部比较完整的封建法典。《大清律》是中国

① 《明史·刑法志》。
② 《皇朝文献通考·刑考》。
③ 《皇朝文献通考·刑考》。
④ 《清史稿·刑法志》。
⑤ 谈迁：《北游录·记闻》。
⑥ 《清史稿·刑法志》。

历史上最后一部封建法典。它集封建法律之大成，"隐合古义，矫正前失"①，总结了历史上特别是宋元以来的立法经验，同时也具有时代的特点。大清律共分 7 卷，即名例、吏律、户律、礼律、兵律、刑律、工律。共有 226 门，每门之中，有律文，附入条例，条例之后又附注解，顺治以前，律文未解者附小注，顺治以后，汇集成总注。《大清律例》律文 436 条，附例 1409 条。

2. 编例

例，既有皇帝的诏令，又有皇帝批准的有关法令和成例，还包括一些适合清统治需要的明朝遗例。清代的例承宋元明以来的传统，起着对律文修正和补充的作用。由于律文在乾隆时期已经"定制"，因此乾隆以后修正法律的工作主要是编例。修编的基本原则是"律一成而不易，例五年一小修，又五年一大修"。由于统治者以编例为主要立法活动，因此例的数量不断增加，乾隆时期有 1400 多条，经嘉庆、道光、咸丰、同治四代皇帝，增到 1800 多条。相对于律而言，例较为灵活，可以顺应时代和社会的发展，又不受律文的约束，因而广泛实行以例断狱。例的效力大于律文，甚至可以取代律文，所谓"有例则置其律"②。乾隆四十四年（1779 年）明确规定："既有定例，则用例不用律。"③ 这样律成为空文，而例也繁杂琐碎，前后抵触，造成了法制混乱，"其间前后抵触，或律外加重，或因例破律"④。

3. 行政法典的编纂

清代也进行了行政法典的修编。康熙时期，修订《清会典》，这以后雍正、乾隆、嘉庆、光绪都进行过修编，一般通称五朝会典。会典按"以官统事，以事类官"的原则编定，部院、监寺各机构设为条目，下设机构定制、官品职数与权限。编纂体例上，分为两个阶段，一个是康熙、雍正两朝，按官职分卷，每卷之下有律文和事例，律文和事例合编。雍正以后，乾隆开始了第二个阶段，仍然以官职分卷，但是律文成一书，事例另外辑成一书，称为《大清会典则例》，卷目门类与会典相同，是会典的补充。

乾隆朝开始制定的"会典则例"是清代会典中最具特色的部分。至乾隆二十九年（1764 年），则例编修完成。其基本原则是会典一卷，附则例一卷。会典所载为国家定制，不容变动，而则例因事宜变迁而作增损。则例所规定的内容，通常为行政各院部的组织制度及行为规则。如《刑部现行则例》《钦定户部则例》等，共分为 44 项。且到清代会典编纂时，中国古代立法的两大部门刑法与行政法，完成了同结构的编纂方法。两者均以律

① 《清史稿·刑法志》。
② 《清会典·刑部》。
③ 《大清律例》卷四十。
④ 《清史稿·刑法志》。

89

条为主，均将例或则例变为律的配置补充，均确立了律条一成不易，例则随时宜修编的原则。这是中国古代立法在体例结构上的最后篇章。

三、法制的简况与特点

（一）加重对危害封建政权行为的处罚

清末法学者薛允升曾著有《唐明律合编》一书，对唐明律进行逐条考证，所得结论是，明律与唐律比较，"轻其轻刑，重其重刑"。其中，典礼风俗教化之事，明律较唐律为轻，"贼盗及有关帑项钱粮等事"，明律较唐律为重。实际上在贼盗等行为方面，明律不仅较唐律为重，而且比宋元律为重，而清律也基本上沿用了明代律文。明清律加重处罚危害封建国家的行为可体现在以下方面：

1. 处罚加重（见表5-1）

表5-1   唐、明、清有关危害国家政权行为的规定

	唐律	明律	清律
谋反大逆	本人斩，父子年16岁以上死，其他不死，废疾不死，旁系不死	三代以内16岁以上死，直旁系连坐	三代以内11岁以上死，11岁以下，宫刑为"官奴"
言词不能动众			
口陈欲反之言			
妄造妖言	绞，私藏徒三年	造、传、斩，私藏杖一百，徒三年	以大逆论罪
投匿名书	流二千里	绞	以大逆论罪
窃盗	五十匹加役流	罪止杖一百，流三千里	绞
强盗	不得财徒二年，得财十匹以上绞	不得财，杖一百，流三千里，得财不分首从斩	以大逆论罪

以明律与元律比较仍然为重，例如窝藏，元律减强盗从犯一等而明律是同罪，强盗得财，元律尚区分主从和持杖与否，而明律不分主从一律斩，清律沿用。这些法律规定的比较，确实反映出明清的统治者对于危害封建政权的行为，一律采取重罪加重处罚的原则。

2. 扩大重罪重刑适用范围

（1）原来一部分普通刑事犯罪上升为重罪。十恶罪之中，"不义"一条，唐有明确的身份限制，卒吏杀本管官、五品以上军事长官，民杀官县令以上，因以卑贱犯尊贵，列入十恶范围，而明律中把非血缘关系的以贱犯贵的犯罪范围，扩大到士卒杀百户以上军事长

官，百姓杀县吏，均以"不义"治罪。清律中进一步增强了对人民群众反抗的镇压，群众集会结社、烧香聚众，都被列入重罪条款，尤其是宗教活动，被称为"倡立邪教，传徒惑众滋事"，"法不宽容"。抗租、罢市、喧闹公堂，也被称为"其恶已极，其罪至大"，列入十恶罪"谋反""谋大逆"的范围。主犯斩绞，从犯充军。（2）扩大株连的范围。在重罪之中，族诛的刑罚也为开明的统治者所不取。唐律之中连坐致死亲属，止于父子二代，而明律16岁以上成丁死，清律11岁宫刑为官奴，连坐范围扩大到三代以内的血亲。而在大诰、例等法外重典的规定中，则往往株连三族、九族、十族，所谓一案株连乡里为墟。在亲属关系之外，官吏之间，也有各种连坐，如师生、保举、上下级之间也有一定的连带责任。明代一案牵引发，株连朋党，形成大狱，其各种连坐的责任，广见于例、诰之中，而清代专门制定"知府保举连坐法"，被举者一旦构成重罪，保举者也在连坐范围内，连坐责任进一步制度化。乾隆时期云南巡抚孙士毅，因总督贪赃而被夺职，遣戍伊犁。（3）扩大重刑范围。凌迟自五代创制，宋列为正刑，明代列入律，适用凌迟13条，而清全部承袭，并加9条13罪。连威逼人致死、殴伤业师都适用凌迟。而且，在执行凌迟时，要枭首，增为凌迟刑执行的一个步骤。清代枭首刑独立出来，用以惩治重罪。这种重刑适用范围不断扩大，到同治九年（1870年），在202条斩立决的条例中，有48条斩后枭首，说明恐怖镇压的手段不断加强。

（二）加强思想文化领域内的专制统治

因思想言论触讳而处之以刑罚，是专制主义制度发展的重要特征。它主要表现为大兴文字狱，用触犯皇帝尊严和权力的罪名，严刑惩治文字犯忌讳的行为。明律在惩罚触犯皇帝权力的行为方面，有许多明确规定，如"奸邪进谗言，左使杀人者，斩"，"大臣专擅选用者，斩"。洪武十二年（1379年），进一步颁布常规禁条，"军民一切利病，并不许生员建言"。在侵犯皇帝尊严的行为方面，规定更严苛，凡在奏章、文字中略有嫌疑，便断然处决。据《静居寺诗话》的记载，明太祖"每因文字少不当意，辄罪其臣"。明成祖时期，出铁榜，规定词、曲、杂剧有亵渎帝王圣贤字句，限五日都要清理干净，敢有收藏，杀全家。清朝文字狱规模更大，凡奏事不当犯讳，因文字触犯忌讳，一律按谋反、谋大逆处罚，因而在司法审判上往往望文生义，无中生有，构成冤狱。雍正时，有人出试题为"维民所止"，雍正认为这是要杀自己的头，把出试题的人枭首，处死其儿子，流放其家属。康熙、雍正、乾隆三朝，文字狱一百多起，凡奏事不当犯律，文字触忌，按谋反罪处罚，迫使当时的知识分子"惧一身之祸"，专门钻故纸堆，遂使各种考据学派兴起。

（三）严禁臣下结党，维护专制集权

朱元璋总结威胁皇权的六个最重要的因素，"女宠、寺人、外戚、权臣、藩镇、四裔之祸"。为了消除这些势力对皇权的威胁，明清两律创立了一些重刑惩治臣下结党制度，确保天子"至尊之位"。（1）在女宠外戚方面，洪武三年（1370年），明令皇后只能治宫中事，"宫门之外，不得予焉"，外戚不得参与政事大事。禁止外戚参与政事的结果，达到了限制外戚权势的目的。《明史》说"外戚循理谨度，无敢恃宠以病民，汉、唐以来所不及"。在清朝前期这一制度仍然沿用，晚期出现太后摄政，也受到顾命大臣的激烈反对。（2）在限制宦官方面，明令不许寺人干预朝政；同时，太祖时立铁榜，宦官干预政事，斩。严禁内外官交结。《大明律·吏部·职制》规定，凡诸衙门官吏，若与内官及近侍人员互相交结，皆斩，妻子流二千里。清朝入关后顺治时期，立铁牌说宦官扫除庭院，传达使令而已；非差遣出皇城或交结外官，一律处死。太监奏外事，凌迟论死。明朝严限宦官权势，但没有收到预期效果。明成祖朱棣当皇帝得到宦官支持，此后宦官权势日重，实际上明宗以后，皇帝腐化，军政大权委之宦官。明末宦官还设立衙门，朝官无人用印，朝政完全由宦官把持。清朝限制宦官权力则收到较好的效果。（3）严禁官吏结党营私。《明律·吏部·职制》制立了许多严防奸党的法律条文，"若在朝官员交结朋党、紊乱朝政者，皆斩，妻子为奴，财产入官"，刑部官吏听从主司指使，出入人罪也是奸党。如果已经犯罪，旁人巧言谏免，是"暗邀人心"，也斩。地方官员奏折称大臣美政才德，也是奸党，处斩。清朝法律进一步发展了严禁奸党的立法，密切防范官僚互相勾结危害皇权，诸王除朝见以外，不许私人相见，各镇旗旗主收纳地方税租，不允许和地方官吏见面，文武官吏出征赴任，不许饯行接风，世谊乡情限制交往。总之，官吏一切可以联络私谊的方式，都被明令禁止，若有违犯，轻者革职，重者定为奸党，一律处斩。所谓惩处奸党的立法，是封建统治者希望通过法律手段解决内部权力之争，保证以皇帝为核心的国家机器的运转，其根本目的在于巩固封建专制的集权统治。明朝禁止奸党的立法，被奸党们任意践踏。清朝则较好地清除了对皇权的干扰，保证了专制主义中央集权的高度发展。

（四）重刑治吏，严惩贪官

朱元璋来自布衣阶层，对封建官吏贪赃枉法而激起民众的反抗很有体会。他说他曾在民间时，见地方官不察民情，贪财好色，饮酒误事，心中极为仇恨。因此，朱元璋提出，"官吏犯赃者，罪勿贷"。从这一基本指导思想出发，明律采用重刑来整顿吏治，监督百官忠于职守，其中尤其以惩治贪官为重点。（1）官吏犯贪赃从一般刑事犯罪上升为重罪，在十恶之外，设"贪墨之赃"之条，将官吏犯赃罪上升到仅次于十恶的重罪位置，加重处罚，不得赦免。（2）严刑处罚。《明律·户律》规定是"计赃科断"，其中一贯以下杖七十，八十贯绞，监守盗四十贯斩，这在历代惩治贪官立法中，是比较重的。（3）采取恫吓主义的刑罚方法，从杖刑直到凌迟。官赃罪，适用各种重刑，而且有"皮场庙"，对前任贪污的官吏实行"剥皮实草"，以惩戒后者。（4）在司法方面，特准地方百姓监督官吏。地方官吏贪酷的，准许百姓越诉，直接告到中央司法机关，甚至告御状。对于证据确凿的贪官，百姓可以直接捆绑赴京师，直接送皇帝处罚。应该指出的是，明初惩罚贪官污吏立法与镇压农民、严刑奸党一样，曾经得到比较彻底的执行。但是这种酷刑并没有杜绝官吏贪赃枉法，以至于"弃市之尸未移，新犯大辟者即至"①，故而朱元璋感叹"我欲除贪赃官吏，奈何朝杀而暮犯"。朱元璋以后，明代贪官允许赎罪，而且也不处死。清律继续沿用了明律中惩罚贪官的规范，并加重刑罚。凡贪赃者，无论枉法不枉法，一律死刑。中央各部要员，如果所保举的人贪赃枉法，降级调动，加重了连坐责任，但是官吏贪污案件仍然层出不穷，罚不胜罚。

（五）加强对经济关系的法律调整

经过元朝 90 年的野蛮统治，中国的社会经济遭到极大的摧残和破坏，土地荒芜，人口大减，恢复残破的社会经济，是封建政权存亡相关的重大问题，明初统治者为此颁布了许多经济政策，并运用法律手段来调整经济关系，其中主要内容包括：

1. 招诱流亡，移民垦荒

"能有开垦者，即为己业，永不起科"，鼓励农民占有田产，同时官府征赋役必须按户口田粮制定数额，如有违背，允许百姓上告，主管官吏杖刑，不受理也是杖刑，查出官吏受赃，以重法论。这是限制苛捐杂税，鼓励农民返家立户。②

2. 兴修水利，疏浚河道

严令地方整理坝堰，不修河防或修而失时者，处笞刑到杖刑，因此而毁人家、漂失财物，加重处罚。这方面的立法，是国家强制责令地方行政机构直接参与和组织经济生产，以促进农业生产的恢复发展。

3. 实行屯田

有军屯、民屯、商屯、戍罪屯等，为了保护屯田，《大明律·户部》规定，屯田 50 亩以上不交地租，官吏强征，予以治罪。这是由国家直接组织和领导的农业生产组织。在洪武期间（1368—1398 年），确实收到了"实边"的功效。洪武二十一年（1388 年），仅军屯收粮 500 万石，可以满足当时军队的俸禄粮。

4. 制定调整经济关系的立法

在明初经济得到迅速恢复的基础上，随着商品生产交换的发展，明朝统治者又制定了许多调整经济关系的立法，加强国家对经济关系的干预和调整。（1）钱法，惩罚制造假钞；（2）税法，惩罚匿税逃税；（3）盐法，实行盐业官营，严禁私自制卖、买盐；（4）茶法，茶税是国家重要赋税收入，也是明代对西北贸易的重要支付手段，法律严禁贩卖私茶。朱元璋在制定盐法之前，就制定了茶法，规定国家三十而抽一。凡犯私茶者，同私盐

---

① 《大诰自序》。
② 《农政全书》卷三。

法论罪。"凡客商贩卖茶货，必依例中买茶引，照引货卖方为官茶。"① 此外还有一些条例亦有相关规定，这说明封建国家对社会经济生活的干预逐步加强。这些规定保护了封建专制制度的经济基础，因而在客观上就限制了资本主义经济因素的发展。

（六）维护满族特权，实行民族压迫

在经济上实行"皆给庄田，以代廪禄"，用政权强制圈地作为旗产，并禁止买卖②。清军入关以后，允许圈地，同时，清朝统治者也将大量土地赐予贵族作为庄田。同时，为了防止旗人的旗地流失，朝廷多次下令禁止买卖旗地，并对私自买卖旗地的行为进行严惩。例如嘉庆十九年（1814 年）定例："旗地旗房概不准民人典买"③，违者治罪。

司法管辖方面特权，满人犯罪由步兵统领衙门和内务府慎刑司审理，贵族由宗人府审理，可以减刑、换刑，斩立决可以减为斩监候；八旗军人犯罪，免于监禁，止于鞭责④，这反映了清朝法制中的民族歧视色彩。

---

① 《大明律集解附例》卷八。
② 《户部则例·田赋》。
③ 《大清律例·户律》。
④ 《清朝文献通考·刑考》。

第六章 近现代时期（1840—1949）：
法制的抉择与更新

清末是"今古之续绝交"的时代，中国古代封建历史由于帝国主义的侵入而中断了，社会经济结构因此发生了明显的变化，阶级结构也发生了新的变动，中国民族资本主义的发展产生了资产阶级和无产阶级。清政权逐渐演变为半殖民地半封建政权，封建法律在形式和性质上，都发生了根本的变化。

1912年1月1日，孙中山在南京就职临时大总统，宣布中华民国成立，组成了中华民国临时政府，称为南京临时政府。1912年4月1日，孙中山辞卸临时大总统职务。南京临时政府仅仅存在3个月。

1912年3月，袁世凯任临时大总统之后，北京政权先后为北洋军阀不同派系所控制。截至1928年蒋、张战争，张作霖退回奉天，北京政权最先由袁世凯控制，袁世凯称帝梦破灭之后，皖系军阀段祺瑞利用张勋复辟，赶走异己势力，把持北京政权，在1917年5月以后执政。1922年皖直战争爆发，直系军阀曹锟、吴佩孚在美英帝国主义支持下，击败皖系，掌控北京政权。1924年直奉战争中，直系军阀冯玉祥发动"政变"，结束直系统治。不久冯玉祥所联络的奉系，又把冯的军队排挤出北京，政权为奉系军阀把持。1928年，蒋、张大战，奉系军阀战败，退回东北，华北地区为蒋介石国民政府所控制，北洋军阀统治结束。

同时，这一时期末，国共展开合作。1924年1月20日孙中山接受中国共产党和第三国际的帮助，改组国民党，召开国民党第一次全国代表大会。1925年6月决定在广州军政府基础上改组国民政府。1925年7月1日成立中华民国国民政府。1926年，国民革命军出师北伐，攻克武汉，同年12月中旬，广州国民政府迁都武汉。武汉国民政府存续到1927年国民党右派蒋介石背叛革命，建立南京国民政府为止。

1927年蒋介石在上海发动"四一二"反革命政变，后建民国政府，在此期间，国民党长期实行训政，故中华民国国民政府也称国民党政权。当时的中国封建买办经济已发展为官僚垄断资本经济。从外部来看，世界资本主义进入垄断时期，德、意、日等帝国主义相继走上法西斯化道路。在这样的内部和外部因素的作用下，南京国民政府实行国民党一党专政制度，并建立了与此相适应的法律体系。

第一节　清末法制

一、清末立法思想

（一）变法思想

清末由于内忧外患，旧有的法律制度的弊端日益显现，"祖宗之法不可改"的固有观念不得不发生改变。同时不平等条约及其规定的领事裁判权，也对清政府施加着变法的压力。列强承诺清政府改良法律，则放弃领事裁判权。为救亡图存，收回治外法权，晚清出现了"朝野上下，争言变法"①的局面。1901 年 1 月 29 日，遭遇"庚子之变"、流亡西安的慈禧太后下诏变法，称"世有万古不易之常经，无一成不变之治法……大抵法积则弊，法弊则更……法令不更，锢习不破，欲求振作，尚议更张"②。清王朝开始实行变法。

（二）参考古今，中外通行

清末变法的目的在于救亡图存，变法是自强的手段，虽然清政府面临列强的压力，但是在"中体西用"的思想指导下，变法并不是全盘西化。在变法的同时，清王朝仍固守着维护皇权统治及礼教伦常的基本原则。所谓"参考古今，博稽中外"③的目的就在于有所变有所不变。在根本原则不变的前提之下，清政府谋求将一切现行律例按照对外事务要求，参酌各国法律，悉心考订新法，"务期中外通行，有裨治理"④。

二、清末立法活动与法律渊源

（一）清末预备立宪

1. 预备立宪，仿行宪政的发生和实质

20 世纪初外国列强为了实现"以华治华"的政策，希望清政府建立殖民地的民主体制。在民族矛盾不断加剧，而且资产阶级民主革命与反清活动日益融合的情况下，为了抵制民主革命和维持封建政权，1905 年清王朝宣布要"仿行宪政"。1905 年以载泽为首的贵族，出国考察宪政，回国后，奏报实行宪政有三大好处：皇位永固、外患渐

①　《清史稿·刑法志》。
②　沈桐生辑：《光绪政要》卷二十六，第 1552～1553 页。
③　沈家本：《寄簃文存》，商务印书馆 2015 年版，第 180 页。
④　《大清新法令（1901—1911）点校本》（第一卷），商务印书馆 2010 年版，第 16 页。

轻、内乱可弭①。并指出，"欲防革命，舍立宪无它道"，说明实行"宪政"的目的，在于进一步取得帝国主义的支持，拉拢资产阶级立宪派，维护封建专制的统治，压制人民革命运动。因此，1906 年 9 月 1 日颁发预备立宪的谕旨，宣称要"仿行宪政"，"立国家万年有道之基"，但由于"规制未备，民智未开"，因此只能预备立宪。1906 年宣称的预备立宪，原来只是一个政治谎言，要待若干年后，看情形再实行宪政。但是由于革命形势发展很快，清政府不得不先后颁布了两个纲领性文件，并且设立了政治咨询机构，使预备立宪的谎言成为立宪的政治骗局。

2. 两个纲领

（1）《钦定宪法大纲》。清政府宣布预备立宪以后，资产阶级革命派和广大民众并没有上当，以孙中山为首的民主派与立宪派展开大论战。同时立宪派也多次请愿，对清政府迟迟不履行立宪诺言表示不满。1908 年，立宪派首领张謇发动大请愿，清政府迫于形势的压力，同时也为了拉拢立宪派，1908 年 8 月颁布了《钦定宪法大钢》。大纲分为正文和附录两个部分，正文是对"君上大权"的充分肯定，共 14 条；附录是"臣民的权利义务"共 9 条。对此，宪政编查馆和资政院对《大纲》的奏折作了明确说明："首列大权事项，以明君为臣纲之义。次列臣民权利义务事项，以示民为邦本之义，虽君臣上下同处于法律范围之内，而大权仍统于朝廷。"

《钦定宪法大纲》的这种结构，充分说明它不是什么宪法，而是继续维护封建专制主义的工具。从内容上来看，它规定大清皇帝统治大清帝国，"万世一系，永永尊戴"，"君上神圣尊严不可侵犯"。对人民群众的自由，设下各种严格限制，并且皇帝随时可以诏令"限制臣民之自由"。因此，这个大纲突出表现了皇帝专权，人民无权，它是以资产阶级宪法的形式再次确认清朝君主专制制度。

（2）《宪法重大信条十九条》。1911 年 10 月 10 日，武昌起义爆发，各省的军政首领立即宣布脱离清政府独立，清政府面临土崩瓦解的局面。这时，清政府一方面派出军队进行镇压，在长江两岸展开战斗；另一方面，清政府三天内拼凑出《宪法重大信条十九条》，11 月 3 日由摄政王载沣公布。《宪法重大信条十九条》被迫在形式上缩小了皇帝的权力，扩大了国会的权力，如"皇帝之权以宪法所规定者为限"，"宪法改正提案权属于国会"，"皇室经费之制定及增减，由国会议决"，"国会议决事项，由皇帝颁布之"等，但是《宪法重大信条十九条》的基本精神仍然是企图以君主立宪的形式，继续维护封建专制统治。这表现在：第一，皇权不可侵犯、万世不移的规定，列在《宪法重大信条十九条》首位，表明立宪宗旨；第二，皇帝可以宣布紧急状态，有权任命总理大臣，统率海陆军，军政大

---

① 载泽：《奏请宣布立宪密折》，载《辛亥革命》第四册，上海人民出版社 1957 年版，第 28 ~ 29 页。

权仍在皇帝手中；第三，《宪法重大信条十九条》完全没有涉及人民民主权利。

《宪法重大信条十九条》是清末阶级斗争极端激化的产物，也是清政府立宪骗局最后破灭的记录。

3. 清末立宪骗局中设定的政治咨询机构

在《钦定宪法大纲》颁布之前，1909 年，清政府颁布了《咨议局章程》和《资政院院章》。资政院和咨议局，是所谓"上下议院之基础，广采舆论之地"，是预备立宪的政治咨询性机构。

（1）《咨议局章程》制定于 1908 年 7 月，有 12 章 62 条。其一，职权。确定咨议局是地方的咨询机构，兼有地方议会性质。所谓"各省采舆论之地"。它有权对本省的预决算、税法、公债、应兴宜革之事作出议决。其二，限制。它并不是权力机关，因为咨议局的决议要经地方督抚长官同意才能生效。有争议由中央资政院仲裁，督抚有权参告总理大臣，咨议局议员的选举，资格限制十分严格，有性别、职业、学历、身份、财产状况等诸多限制。一省之中，合乎议员资格的人，最高是山西省也不过 0.5%，最低是江苏省仅0.18%。通过这种严格的限制，地方议员只能由官僚地主充任，人民群众完全被剥夺了权利。

（2）《资政院章程》于 1909 年 8 月颁布，以"取决公论，上下议院实为行政之本"为宗旨。第一，设总裁，由皇帝钦定。第二，组成。有钦选议员和民选议员各 100 人。民选议员由督抚圈定，完全由皇亲贵族和大地主、买办资产阶级代表组成。第三，权限，资政院实际上也是一个政治性咨询机构，它虽然有权议决典章制度、公债、税率、预算、决算，但是其决议受皇权节制，中央的行政大臣有权反对资政院决议，如果意见不能统一，由皇帝裁决，而且资政院不得干预军事、人事和皇室的经费。1910 年资政院曾经开会弹劾军机大臣，但皇帝认为"此事非资政院所得擅予"。这充分说明资政院不过是皇权民主政治的点缀和御用机构。资政院的总裁，由皇帝指派，议员中一半由皇帝钦定，另一半虽为民选，但是由地方军政长官批准。因此资政院完全由皇亲贵族官僚地主所组成。

4. "皇族内阁"

咨议局和资政院的成立，使原来许多立宪派人物获得"议员"的资格，他们急于扩大权力，发动请愿要求召开国会，成立责任内阁。清政府决定缩短预备立宪的期限，先行成立内阁。在 1911 年 5 月，颁布"新内阁官制"，新内阁取代原来的旧内阁和军机处，设总理一人，协理二人，下设外务、民政、度支十部，各部官员称大臣、副大臣，代替历史上所沿用的尚书、侍郎官名。立宪派本想借立宪名义发展自己势力，结果这个内阁包括总理协理及各部大臣 13 人中，满族贵族占 9 名，其中皇族又占 6 名，因此这个内阁被称为"皇族内阁"。一时朝野大哗，立宪党人怒极奋起，联合发动请愿，要求改组内阁。清政府回复此为君上大权，议员不得妄加干涉。代表全部被赶出北京，立宪的幻想化成了泡影。由于这个争变，清政府才在《宪法重大信条十九条》中，妥协作出皇族不得担任内阁大臣的规定。"皇族内阁"在1911年辛亥革命爆发后被撤销。

（二）清末修律

从1840年到20世纪初，清政府一直沿用《大清律例》，只是在"预备立宪"之后为了配合新政的需要，才开始修订新律。1902年任命沈家本、伍廷芳为修律大臣。1903年成立修订法律馆，负责起草奉旨交议的各项法律。该馆自1904年正式办公，并于1907年制定了"办事章程"，规定该馆的职掌：一是拟定奉旨交议的各项法律，二是拟定法典草案，三是删订旧有律例及章程。修订法律馆在开馆期间，先后翻译了一批外国刑法、刑事诉讼法和法院编制法，也制定了一些部门法典草案和单行法规。这些法律虽然大多没有颁布，有的颁布后也没有实行，但是它是中国半殖民地半封建法律制度确立的一个标志，而且清末立法精神和律条大多被北洋军阀和蒋介石政府所袭用，对后世影响很大。中国仿袭大陆法系的法律的传统，就是由此开始的。

1. 刑法

"修订法律馆"由沈家本、俞廉三负责，1908年完成《大清现行刑律》，1910年颁布实行。现行刑律分30编门，389条；此外又有1327条的集解附例，内容基本上沿袭大清律，其不同之处在于：（1）刑名作了调整。死刑只用绞斩，笞、杖、徒、流、死为罚金、徒、流、遣、死所代替。（2）增加了新的罪名，如毁坏铁路、妨害通信、妨害政务罪。（3）对民刑规范作了区分。纯属民事关系的条款，从刑律中分离出来。1905年又起草《大清新刑律》，1910年12月颁布，由日本法学家冈田朝太郎起草。总则有17章，分则36章，共计411条，这是"新法"中的第一篇，也是最重要的法律文件。"折中各国大同之良规，兼乎近世最新之学说。"① 其创制有：（1）刑制，在刑名方面，它规定主刑、从刑两种，主刑为死刑、无期徒刑、有期徒刑、拘留、罚金，从刑为褫夺公权和没收财产。（2）刑罚适用制度，取消了因身份而加减刑罚的规定。根据社会关系的发展设立了选举、外交、通信、卫生等新的罪名，还标榜罪刑法定主义的原则。引入了罪过确认制度、正当防卫制度，并规定了追诉时效和执行时效。《大清新刑律》草案交督抚签注时，引起了张之洞等旧派官僚的激烈抵制。所谓"最不合吾国礼俗者，不胜枚举"。为此，爆发了"礼教派"与"法理派"的"礼法之争"，争论的焦点集中在"无夫奸"和"子孙违反教令"是否有罪等问题上。争论的结果是，新刑律向封建传统妥协，因此加了五条"附则"，其中规定以身份加减刑罚。《大清新刑律》是中国第一部近代化的法典，它采取了西方国家的近代法律原则，也吸收了中国法律传统，是中国法律近代化过程中的代表性立法成果。

① 《大清光绪新法令》第二十册。

2. 民法草案

1907 年开始民政部奏请编订民律，清政府委任日本人志田钾太郎、松冈义正负责民法起草工作，于 1911 年完成，即《大清民律草案》，共有 5 编，即总则 8 章，二编债 8 章，三编物权 7 章，四编亲属 7 章，五编继承 6 章，总计 36 章，1569 条，其主要内容是，前 3 编仿照德、日民法典，后 2 编主要保留中国历代封建法典的民事规范。这部法律没有颁行。《大清民律草案》借鉴日本民商法的变法经验，直接引用《德国民法典》，物权部分仿袭了"潘德克顿"体系，采取了财产私有权不可侵犯、契约自由和过错致损应予赔偿的原则，并兼顾了中国社会的实际情况，在当时条件下是较为先进的立法文本。该部法律虽未颁行，但在北洋政府期间，被大理院参照用作判案根据，同样产生了较大的历史影响。

3. 商法

1903 年载振、伍廷芳等人开始编订商法。由于商法内容广泛，一时难以完成，因此首先订立《公司律》，于 1903 年 12 月公布。所谓"公司"概念来自《公司律》，"凑集资本，共营贸易者，名为公司"。《公司律》颁行时，前面加了 9 条"商人通例"。1906 年颁布了《破产律》。1908 年，修订法律馆聘请日本人志田钾太郎编订商律，1909 年完成，定名为《大清商律草案》，分为总则、商行为、公司律、海船律、票据法五编，但没有颁行。

4. 诉讼法

中国古代法典是实体法与程序法混合编纂而成。1906 年，沈家本主持编订了《刑事民事诉讼法草案》，共分五章。第一章总纲，有刑民诉讼的原则、诉讼时限等内容；第二章刑事规则；第三章民事规则；第四章是通用规则，包括律师制度、陪审制度、证据制度等；第五章是涉外案件。《刑事民事诉讼法草案》是中国第一次在法律文本上独立制定的诉讼法，规定有时限、逮捕、拘传、取保、查封、破产、和解等大量的近代西方法律制度，是一部有尝试意义的法规。草案出台以后，各省的总督电奏请求"暂缓施行"，因此没有颁布。1910 年，修订法律馆重新编订《刑事诉讼律草案》和《民事诉讼律草案》，但也都没有颁行。

5. 法院组织法

从 1906 年开始，清政府先后颁布了《大理院审判编制法》《各级审判厅试办章程》，1909 年又抄袭日本法律，编订了《法院编制法》，共 16 章，有 164 条。它在形式上采取了资产阶级"司法独立"的原则，行政主管官和检察官"不得干涉推事之审判"。地方法院编制也从地方行政机关中分离出来，成为独立的机构。但是这些资产阶级的司法原则，在实际上并没有实行。

总之，清政府编订和颁布了一系列法律，使封建法律体系在制度构成上发生了根本的变化。这些法律大量抄袭了资本主义国家法律的内容，同时又保留了中国封建法律世代沿袭的原则,赋予中国固有的封建法制传统以资产阶级民主的形式,法律体系的式样由此发生了变化,法律的范围不再局限于刑事部分。同时,开始采用一种新的法律分类形式,产生了部门法律体系,如1906年编成《大清刑事民事诉讼法》,1906年公布《大理院审判编制法》。至此,中国历史上前所未有的新的法律形式和模式创生了。

三、法制的简况与特点

(一) 清末立法的主要特点

1. 封建统治者阐发修律的宗旨,乃称"礼教纲常,数千年相传之国粹,立国之大本"

凡是修律与传统礼仪冲突者,则势必遭到保守势力的顽固反对。法律修订者,只能一方面随乎时运变迁,另一方面力求古今融会贯通,不与礼教相悖。例如在新刑律中,"十恶重罪"原则制度被取消了,但是在分则中专门设立了"侵犯皇室罪",修订法律馆关于新刑律分则的解释中,说明关于皇室之罪,相当于旧律中"谋大逆,大不敬",虽名词有变动,"至于大旨,固无增损也"。内乱罪,又继续肯定了谋反、谋叛等罪名的设立。民律中规定,封建家庭内,以一家最为尊长者为之,家政统于家长,卑幼处于从属地位,没有分居、处理家里财物和自由婚姻的权利。这样关于不孝、大不敬、谋反、谋大逆、恶逆等十恶罪的主要内容,就基本上被保留下来了。

2. 维护帝国主义在中国的特权

在这一体系中还新增了一种特权,即帝国主义列强在中国的特权。在刑律中专门有妨害国交罪的罪名,侵害外国人,加一等处刑。民律中肯定外国社团法人的合法地位,"在中国的分支机构,准用本草案的规定",使外国法人获取中国的国民地位。

3. 引入资产阶级法律为修律蓝本,抄袭西方国家的法律制度

19世纪末的戊戌变法,帝国主义列强曾表示过支持新政,并以法制断然不合为由,拒绝返还治外法权。在敷衍列强势力、企图收回治外法权的思想指导下,晚清政权专以模范列强为宗旨,修订新律,变法自强。修订法律馆先后翻译了法、德、日、俄、美、英等各国共30多种书籍,聘请法、德、日法学家直接参加法律修订。通过这样的途径,西方近代法律输入中国,导致固有法系逐渐解体,开始形成模仿大陆法系的半殖民地半封建法律体系。

(二) 清末司法

1. 领事裁判和会审公廨

承认领事裁判权和设立会审公廨,是清末司法制度最突出的变化,也是中国丧失司法主权的最重要的标志。

领事裁判权是外国侵略者强迫清政府缔结不平等条约中所规定的一系列非法特权。其

内容是：凡在中国享有领事裁判权的国家，在中国的侨胞如成为民刑诉讼的被告时，中国法庭无权审理，只能由各国的领事按其本国的法律裁判，完全不受中国司法机关与中国法律的管辖。

早在 1843 年订立的中英《五口通商章程》中便规定：中英两国人民"倘是有交涉词讼，其英人如何科罪，由英国议定章程、法律发给管事官（即领事）照办"。1844 年中美《望厦条约》扩大了领事裁判权的范围，规定："合众国人民在中国各港口，自因财产涉讼，由本国领事等官讯明办理，若合众国人民在中国与别国贸易之人因事争论者，应听两造查照各本所立条约办理，中国官员均不得过问。"此后，法国、俄国、德国、日本也援英、美先例，相继取得了各项特权。1854 年小刀会起义群众占领上海，英、美、法等国驻上海的领事又乘机攫取了对租界内纯属中国人诉讼案件的审判权。1858 年中英《天津条约》规定，中国人与英国人发生争讼，调解不成时"即由中国地方官与领事官会同审办"。1864 年清政府与英、美、法三国驻上海领事协议在租界内设立法院，从此，会审公廨在上海正式设立，以后又扩大到汉口、厦门等地。根据会审章程的规定：纯属外国人案件，由外国领事审理；原告为中国人，被告为外国人的案件，由外国领事"主审"，中国会审官只能"观审"；其余案件，名义上由外国领事和中国会审官"会审"，但实权仍操纵在外国领事手中。会审时适用的法律，任凭外国领事从各帝国主义国家法律中选择。这样，就在中国出现了"外人不受中国之刑章，而华人反就外国之裁判"的怪现象。

2. 司法制度的改革

自鸦片战争以后，中国虽沦为半封建半殖民地社会，但是职官制度并没有发生重大变化，仍然是六部尚书、内阁大臣，中央司法机关仍为刑部、大理寺、都察院。1906 年，清政府曾进行官制改革，模仿资产阶级国家机关设置体系来设立国家机关。这时，负责修编新律的沈家本力主司法独立，"司法独立，为宪政之始基"。由他主持于 1907 年编订的《各级审判厅试办章程》和《法院编制法》规定，司法机关和行政机关在机构设置上分离。1909 年 8 月，北京及各地的审判机构陆续建立；经宪政编译馆审核，法部对章程又作了修改，经准奏之后，在全国施行。该章程共分五章，120 条，大略为：（1）中央：刑部改法部，不再兼理审判，大理寺改大理院，为最高审判机关，同时负责解释法律，并监督各级审判。（2）地方分县、府、省三级，设初级、地方、高级审判厅，同时开始实行审检分立的制度。在各级地方政权，设立检察厅，负责侦查、支持公诉和在损害公益案件中充当公益代理人。（3）案件的管辖，实行刑民案件分立，审定有罪无罪为刑事案件，审理理曲理直为民事案件，分由不同的审判厅审理。（4）审级制度采取四级三审制。（5）制定了回避、辩护、陪审、公开审理等诉讼制度。《各级审判厅试办章程》是第一部颁行的中国程序法和司法组织编制法，虽然较简略，但仍具有重要地位。

第二节 南京临时政府法制

一、南京临时政府立法思想

南京临时政府时期的立法思想是重新制定法律。孙中山指出：窃维临时政府成立，所有一切法律命令，在须颁行编订①。这项任务主要包括清理清朝法制，革除旧制度，创立新制度，提倡人权。

二、南京临时政府立法活动与法律渊源

1912 年元旦，临时政府成立，到 4 月 1 日孙中山宣布辞职，在短短 3 个月内，南京临时政府颁布了 30 多件法律、法令。除了规定具有国家根本法的《修正中华民国临时政府组织大纲》《中华民国临时约法》《参议院法》《中华民国临时政府中央行政各部及其权限》等法规外，还制定了有关吏治、军纪、司法、人权、实业、教育、革除社会陋俗、保护人民财产、划一公文程式等各个方面的法律令，内容极其广泛。根据临时约法规定，中华民国之立法权，以参议院行之。因此，这就产生了新的法律渊源。将法律作为唯一的法律渊源，体现了资产阶级的法治原则。

（一）临时政府组织大纲

1. 制定

19 世纪末到 20 世纪初，中国资本主义经济有了初步发展，中国资产阶级逐步形成一个新兴的革命阶级和政治力量，开始登上历史舞台。1911 年以川汉、汉粤线保路风潮为导火线，爆发武昌起义。起义第二天，在湖北咨议局召开革命党人、立宪党人和商人绅士会议，成立军政府，宣布中国为五族共和，同时通过了《中华民国临时政府组织大纲》。该组织大纲共分四章，21 条。

2. 内容

主要内容是确定了总统共和制，总统是国家元首，也是政府首脑，参议院为立法机关。参议员由各省派人组成。总统、参议院和行政各部组成中央临时政府。

3. 意义

这个组织大纲具有临时宪法的性质，它是第一次以法律的形式确认资产阶级共和政体的诞生，宣告了封建专制制度的灭亡。根据这个大纲，12 月 29 日从国外归来的孙中山，当选为临时大总统。中国历史上唯一的资产阶级共和国性质的政府成立，开创了资产阶级

---

① 中国科学院近代史研究所编：《辛亥革命资料》，中华书局 1961 年版，第 24 页。

民主法制的新纪元。

4. 缺点

组织大纲的制定和内容，不是由人民代表制定，也暴露了革命党人致命的弱点。第一，没有涉及人民民主权利。第二，在制定大纲时，革命党人和立宪派发生争执，以宋教仁为代表的革命党人希望确定责任内阁制，而立宪派力主总统制，因为当时已有一个默契，即袁世凯如果反正，为当然大总统，因而最后确定了总统制。第三，南京临时政府组成以后，立宪党人认为没有他们的总代表，动议修改大纲，增设副总统，结果是修改了大纲，黎元洪当选副总统。第四，原五个部改为九个部，许多立宪党人成为政府要员。内务总长程德全、司法总长伍廷芳，都是旧官僚；实业总长张謇、交通总长汤寿潜是江浙立宪派首领，这也使辛亥革命的成果最后丧失在旧派官僚手中。

（二）《中华民国临时约法》

1. "南北议和"

辛亥革命爆发以后，南北 17 省成立临时政府，北方解散了"皇族内阁"，由袁世凯出任总理大臣，组成新的内阁。南北政权于 1911 年年底和 1912 年年初在上海会谈，孙中山同意让出临时大总统的位置，并提出四个条件，（1）清帝退位；（2）临时政府设在南京；（3）各国承认这一政府；（4）国内和平。但是袁世凯不断施加军事压力，同时帝国主义国家支持袁系政府，他们截留所有关税，从经济上施加压力，这是外部压力。南京政府内部，立宪派和旧官僚随时准备出卖革命，换取个人职位，他们是革命的投机者。在外来压力增强的形势下，临时政府内部意见不一，这样孙中山放弃了四个条件中的后三条，只要求清帝退位，袁世凯逼清帝退位以后，南北两方达成协议。

革命党人在交出政权的同时，企望约束袁世凯的手脚，以法律形式巩固革命的成果，防止个人独裁，因此制定了具有责任内阁制特点的《中华民国临时约法》，袁世凯则急于夺取政权，根本没有信守约法的诚心，假意宣誓同意遵守约法之后，于 3 月 10 日在北京就职。3 月 11 日，孙中山在南京公布"约法"。

2. 《中华民国临时约法》的内容

《中华民国临时约法》包括总纲、人民、参议院、临时大总统、副总统、国务员、法院以及附则，共 56 条。在宪法未施行以前，约法效力与宪法相同。宪法与约法的关系，以孙中山的建国三时期思想为基础，三个时期是军政时期、训政时期和宪政时期。训政时期又称约法时期，宪政时期也是宪法时期。孙中山认为要在训政时期训导人民，学会使用民主权利，才有可能实行宪政。在制定临时约法的时候，明显不能实行军政，宪法性的文献也就被称为"约法"。

3. 《中华民国临时约法》的特点

（1）以孙中山的民权民族主义学说为指导思想，确定了资产阶级民主共和国的国家性质，明确宣布中国是一个领土完整、主权独立和统一的多民族国家，它规定"中华民国由中华人民组织之"，"中华民国之主权，属于全体国民"，一律平等，不分种族、阶级之区别。它以根本法的形式，肯定了封建专制制度的灭亡，确认了主权在民的原则。孙中山先生评论约法时说："在南京所订民国约法，内中只有'中华民国主权属于国民全体'一条是兄弟所主张的，其余都不是兄弟的意思。"（2）约法根据西方国家权力分立区别，确立资产阶级的政治制度，确定在政府的组织形式上，实行资产阶级三权分立原则。国家由参议院、大总统、副总统、国务员和法院组成。（3）约法根据资产阶级宪法中的民主原则具体地规定了人民的自由和权利，例如人身、财产、居住、迁徙、言论、出版、考试、诉讼等，反映了辛亥革命的积极成果。（4）约法确认了保护私有财产的原则，清楚地表现了维护有产阶级利益的本质。

约法在权力关系的规定方面，实行责任内阁制，大总统、内阁向议会负责，对于在国家体制中限制大总统的权力，作了最大的努力，反映革命党人希望利用约法来防止袁世凯独裁。

（三）南京临时政府的司法制度

根据《中华民国临时约法》的规定，由临时大总统及司法总长任命法官组成中央审判所，行使最高审判权，依法审理民、刑事案件。在中央政权以外，府县各级政权，仍在原朝廷官吏手中。由于辛亥革命政权建设的时间不长，因此没有自上而下普遍建立各级司法机关。各级司法机关的原建制没有改变，只是希望能够选任革命党人，担任地方司法长官，为此曾颁布《文官试验章程草案》，希望通过考试网罗天下英才去担任地方官员，但没有施行。

在诉讼制度方面，有鉴于清政府司法机关刑讯逼供，"三木之下，何求不得"的弊端，下令各级官府，废除刑讯体罚，毁去不法刑具，无论何种案件，一律不得刑讯。刑审重视证据，不偏重口供。上级机关，有责任巡视下级机关司法审判情况，有违背者，剥夺官职，并交司法机关处置。

三、法制的简况与特点

在南京临时政府存在的 3 个月内，进行了紧张的立法活动，制定了一系列法律、法令。其基本特点包括：（1）主张宪政共和。通过制定共和宪法，推翻帝制，使共和理念深入人心。（2）主张维护公民权利，改革封建风俗。例如，保护人民财产和经营，废除肉刑，等等。

第三节　北洋政府法制

一、北洋政府立法思想

（一）援用旧法，增删调适

袁世凯在北京就任临时大总统后即下令："现在民国法律未经议定颁布，所有从前施行之法律及新刑律，除与民国国体抵触各条，应失效力外，余均暂行援用，以资遵守。"[1]北洋时期的北京政府，立法实践多以清末新律为蓝本，增删调适后实施使用，因此，其立法的基本思想，就是援用清末所制定的法律，而使之适用于当代。

（二）采用西方国家的立法原则

轮番控制北京政府的北洋军阀们，为了适应社会变化及谋求生存与发展，不得不采取辛亥革命以来社会所确认的资产阶级民主共和制形式。袁世凯曾表示要"发扬共和之精神，荡涤专制之瑕秽"[2]。段祺瑞、曹锟也标榜"再造共和""恢复法统"。这种标榜共和的体制，限制了北洋军阀们直接返回到传统律典，而是以宪法或宪法文本为基本法，采用新法体系，故不得不植入西方国家的现代法律原则与重要制度。

二、北洋政府时期的宪法

经过了南北议和，孙中山辞去临时政府大总统一职，后由袁世凯在北京就任中华民国总统。从 1912 年 4 月至 1928 年 6 月，中国政局处于北洋军阀的控制之下。在北京先后成立的政府颁布了一系列宪法和宪法性文件，其中包括：1912 年的《国会组织法》、1913 年的《中华民国宪法草案》、1914 年的《中华民国约法》、1919 年的《中华民国宪法草案》、1923 年的《中华民国宪法》、1925 年的《中华民国宪法草案》等。这里主要介绍正式颁布的两部宪法，它们的制宪历史折射出中国特有的权力文化，对中国近现代宪法的创制有比较大的影响。

（一）《中华民国约法》（"袁记约法"）

1912 年 4 月 29 日，临时参议院迁往北京，很快便出台一系列旨在贯彻《中华民国临时约法》精神的宪法性文件。国民党希望用国会、内阁的组织架构限制袁世凯的权力。在国会成立后，又于 1912 年 10 月 31 日通过了《中华民国宪法草案》（史称"天坛宪草"，共十一章，113 条），再次强化了两院国会、内阁政府的宪制，架空总统权力的政治目的

---

[1]　《临时公报》，中华民国北京政府印行，1912 年 3 月 11 日。

[2]　徐有朋编：《袁大总统书牍汇编》，广益书局 1914 年版，第 1 页。

比较明显。袁世凯隐忍不发，先是强迫国会改变原定程序，在《大总统选举法》中将先定宪法后选总统变更为先选总统后制宪；待成为正式大总统后，于 1914 年 1 月解散国会，"天坛宪草"胎死腹中。

大总统袁世凯对《中华民国临时约法》早有不满，认为约法中关于大总统的职权之规定"适用于正式大总统则困难将益甚"。解散国会后，他下令成立由其一手操纵的约法会议，并向该会议提出增修《中华民国临时约法》大纲七项，内容全部是强化大总统职权。对此，约法会议审查后"一致赞成"，4 月 29 日三读通过了约法增修案。5 月 1 日袁世凯以大总统名义公布了《中华民国约法》，时称"袁记约法"。

《中华民国约法》共分国家、人民、大总统、立法、行政、司法、参政院、会计、制定宪法程序、附则十章，共 68 条。因其是为强化军阀独裁专制而制定的，故带有明显与宪法精神相违背的内容特征。

（1）对国体的规定上仍沿用《中华民国临时约法》的内容，但在政体的规定上，废除责任内阁，实行总统制，扩大和强化大总统的权力，取消立法、行政以及司法机关对总统权力制衡的内容。具体表现如下：第一，删除《中华民国临时约法》中的"中华民国以参议院、临时大总统、国务员、法院行使其统治权"的原则规定，代之以"大总统为国之元首，总揽统治权""大总统对国民之全体负责"的条文，从而使大总统居于立法、行政和司法机关之上，拥有独揽行政、财政、军事等一切大权。第二，删除《中华民国临时约法》中有关立法机关、司法机关对大总统权力的制约性内容，三权分立制衡原则受到破坏。如约法废除国会，取而代之的立法院实际沦为一咨询机构，其对大总统行使的各项权力无否决权。相反，大总统有权召集、关闭甚至解散立法院，对立法院议决的法律案可以进行否决。又如约法规定："司法，以大总统任命之法官组织法院行之"，却没有司法机关对总统行使权力的制约性规定。第三，删除责任内阁制，行政也无法对总统进行制衡。

（2）在人民权利义务的相关规定上，否认《中华民国临时约法》的天赋人权精神，对人民各项权利，诸如平等权、自由权、请愿权、诉讼权、考试权、选举权等，均设有"于法律范围内""以法律所定"的限定，为军阀政府限制和剥夺人民权利提供了约法上的依据。

"袁记约法"是在"宪法施行以前"与宪法效力相当的准宪法，但其贯注的却是与宪政民主、分权制衡相背离的集权精神。虽具有近代宪法外观上的文本形式，但实际上已成为军阀专制控制的工具。约法颁布不久，袁世凯又修改了大总统选举法，规定大总统可以无限制连任，为自己复辟帝制铺平道路。1915 年 12 月至 1916 年 3 月，袁世凯复辟帝制，自称洪宪皇帝，成为中国近代制宪史中一出倒行逆施的丑剧。

（二）《中华民国宪法》（"贿选宪法"）

袁世凯死后，北洋军阀分裂，各派系为争夺北京政府的控制权连年混战。1922 年通过第一次直奉战争，直系军阀控制了中央政府。1923年10月5日，直系军阀首领曹锟以行贿收买国会议员等方式，当选为中华民国总统。同时，国会对宪法草案进行了审议，8日三读通过，10日由曹锟公布。这次国会被称为"猪仔国会"，议员被称"猪仔议员"，而这部《中华民国宪法》，则被戏称为"贿选宪法"。

作为中国近现代历史上第一部正式颁行的宪法，《中华民国宪法》比较全面系统地规定了民主共和制度。该部宪法分为国体、主权、国土、国民、国权、国会、大总统、国务员、法院、法律、会计、地方制度、宪法之修正解释及效力等十三章，141条。其主要内容有：

（1）国体。宪法前两章分别规定："中华民国永远为统一民主国"，"中华民国主权，属于国民全体"，并在第十三章特别规定了"国体不得为修正之议题"。这样的刚性规定，无疑与民初袁世凯、张勋复辟帝制的历史教训有关，对确认和维护民主共和的国家制度具有重要意义。另外，宪法还规定："国体发生变动，或宪法上根本组织被破坏时，省应联合维持宪法上规定之组织，至原状回复为止。"地方各省被赋予维护国体的权利和责任，以防止再次出现民国初期军阀以武力变更国体的情况。

（2）政体。大体采用三权分立体制，并增设"国权"和"地方制度"两章，规定国家与地方的权力划分以及地方自治制度。第一，国会行使立法权，大总统以国务员的赞襄行使行政权，法院行使司法权。其中国会由参、众两院构成，对大总统行使某些重要权力有同意权，对大总统有弹劾权和审判权；大总统行使行政权除受国会制约外，还受内阁的牵制，如国务员"赞襄大总统对于众议院负责任"，"大总统所发命令及其他关系国务之文书，非经国务员之副署，不生效力"。这些条款明显是受《中华民国临时约法》的影响，确定了具有一定合理性的责任内阁制。第二，国家结构形式上采用单一制，对中央权力和地方权力，以列举的方式作了较为明晰的划分。第三，规定了司法独立原则，以及保证这一原则实现的法官终身制、高薪制、法官独立审判、公开审判原则等规定。该宪法还规定了司法审查权，以解决中央与地方的权力纠纷，以及不同位阶法源的效力冲突问题。

（3）人民的权利义务。在"国民"一章作出了系统规定，其中权利方面有14条，包括平等权、各项自由权、诉讼权、请愿权、陈诉权、从事公职权、选举权与被选举权等；义务方面有3条：纳税、服兵役和接受初等教育的义务。

（4）宪法的解释与修改程序。该宪法专门规定了享有宪法解释权的机关和解释程序；对于宪法的修改，则采用刚性的程序性规定。这样，从宪法的制定、解释，再到宪法的修改变更，都被纳入法治的轨道。

《中华民国宪法》在中国宪政史上占有重要的地位。它吸收了西方近代宪法理论，同时也总结了民国十年宪政实践的经验教训，因此其内容规定得比较系统详尽，确立了主权在民、民主共和以及分权制衡等宪法原则和相应的制度，表达了社会各阶层对民主共和理想的追求与探索，确实不失为一部较为成熟的宪法文本；但由于当时的中国还缺乏建设宪政所需的社会经济文化基础，再加上立宪者制颁宪法的主要目的在于为贿选政权提供合法性依据，并无真意去实施宪法，故该宪法最终成为一部仅具装饰意义的名义宪法。

三、北洋政府立法活动与法律渊源

（一）立法活动

北洋政权建立后，大量地援用清末颁布和草拟的法律，并根据新的原则修改原有法律。同时，北洋政府还成立专门编纂机构，开展了频繁的立法活动，主要包括刑事立法、民商事条例和法令。总的来说，北洋政府的立法主要是制定单行法规，不是草拟法典。北洋政府的主要立法活动集中在袁世凯时期。北洋政府是窃取辛亥革命的成果而建立的半殖民地半封建性质的政权。它没有继承南京临时政府的法律，而直接继承清政府的法律。1912 年 3 月袁世凯以临时大总统的名义发布命令："所有从前施行之法律及新刑律，除与民国国体抵触各条，应失效力外，余均暂行援用"，公开承认旧法继续有效。所谓与国体抵触，是指新刑律中"侵犯皇帝罪"一章，删除不用，其余在名词上作了修改，如帝国改为民国，臣民改为人民，恩赦改为赦免等。袁世凯的这个命令从立法的基本方针上，反映出北洋政府的法律与清末法律一脉相承的继承关系。

（二）法律渊源

北洋政府法律体系的特点是：（1）在制定法律时，制定大量的特别法，特别法有突出的地位。北洋政府虽然也几次编纂刑事法典和民法典草案，但基本上没有颁行，审判实践主要以单行法规为依据。例如在刑事及治安方面，颁行了《戒严法》《惩治盗匪法》《治安警察条例》《陆军刑事条例》《海军刑事条例》等。1918 年大理院第 35 号判例特别指出，特别法优于普通法，必须"特别法无规定，方可适用普通法"。这虽然是法制的一般原则，但也不难看出北洋政府对特别法的重视。（2）法律体系由成文法与判例构成，判例解释例广泛适用。从 1912 年到 1927 年，北洋政府汇编的判例3900多件，公布的解释例2000多件，这些例都具有普遍的约束力，在司法实践中，是审判案件的重要依据。因此，从法律的外部特征来看，北洋政府时期法的特点，有大陆法系国家以成文法作为主要法律渊源的特征，同时，在成文法部分，法律大量采用了西方成文法国家的法律原则；但在成文法文本体系之外，又充分保留了中国律例并行的传统。具体来说，北洋政府法律渊源主要有：

1. 行政法规

北洋政府一方面主要是参考外国行政法的内容，另一方面又采用部分中国古代的行政法规，制定了一些官吏管理、财政税收管理、治安管理的行政法规。此外，北洋政府还颁布有关礼制服章、宗教、文物保护、文教卫生、交通管理以及外交等方面的行政法规。

2. 刑事立法

在刑事立法方面，制定了《暂行新刑律》。它来自《大清新刑律》，1912 年公布以后，又补充了《施行规则》《补充条例》。1914 年，袁世凯公布了《易笞条例》，凡犯奸非罪、和诱罪、窃盗罪、诈欺取财罪及常业罪，应处 3 个月以下有期徒刑、拘役或 100 元以下罚金者，不执行本刑，以笞刑代替。同年还公布了《徒刑改遣条例》，将应处五年以上有期徒刑者，改遣东北西南边疆服役。另外，特别法有《惩治盗匪法》《治安警察法》《陆军刑事条例》《海军刑事条例》等。1915 年以后，曾经拟定了两个新刑法典草案，但是没有颁行。

3. 民商事立法

在民商事立法方面，法典编纂进展缓慢，1915 年曾经编成《民法新草案》，到 1925 年底，民法典草案最后完成，有总则、债、物权、亲属、继承五编，这一法典没有公布，但允许各级司法机关把法律条文作为条例援用。北洋政府对单行法规的制定则比较重视，先后颁布了《矿业条例》《不动产登记条例》《商人通例》《证券交易法》等。

4. 诉讼立法

在诉讼法方面，没有制定法典，宣布沿用清末的《刑事民事诉讼法草案》，同时，又颁布了大量的修正条例，如民诉管辖有修正草案；地方司法机关行政长官兼理司法，也有新条例。1919 年制定了比较系统的《民事诉讼条例》和《刑事诉讼条例》，并于 1922 年在全国施行。

四、法制的简况与特点

（一）严厉地镇压人民的革命活动

例如袁世凯颁布的《戒严法》，规定遇有非常事变，可在某一地区或全国实行戒严；凡在戒严地区，一切民事、刑事案件在军政执法处审判，军事长官可以在任何时候，对任何人、房屋、船舶进行检查，刑罚的执行由司令长官决定，然后报告上级机关核准，由此而造成的任何损失不得上告、控诉或请求赔偿。它为剥夺人民民主权利，实行军事独裁统治大开方便之门。

（二）保护帝国主义侵略势力

各系军阀，都是帝国主义豢养的，在保护帝国主义侵华势力方面是一致的。在刑法方面，增加了两个罪，一是妨害商务罪，实际上是用刑罚手段，打击抵制外货的行为；二是海盗罪，当时控制中国海运和内河航运的，是日本和英国轮船公司，海盗罪实际上是惩罚侵害这些轮船公司的行为。在民法草案中，关于"外国法人"的规定，确保外国法人可以享受不平等条约所规定的特权，使他们在民商事法律关系中，可以获得比中国法人更优越的地位。

（三）部分恢复封建刑法内容

一是加重了对危害封建伦常关系的处罚，二是恢复了一些封建刑罚。在政治上，如《暂行新刑律》专列"妨害国交罪"一章，严禁中国人民反帝爱国活动。对帝国主义"有不敬之行为者"或"损坏、除去、污秽其国旗"等，要处一等至三等有期徒刑。这充分反映了北洋政府法律的极端反动性。在司法上，扩大领事裁判权，法律给予无领事裁判权国犯人一些新特权。无领事裁判权国人犯罪，应行"管收"和"执行监禁"，要"分别收入新监"，若无新监，"得以适宜之房屋代之"，重大案犯，应处死刑的，犯人所属国刑法有死刑，依律科断，所属国已废死刑，可酌改为无期徒刑，以示"变通"而免"扦格"。这些规定标志着北洋政府法律的进一步殖民地化。

（四）司法制度的突出特点是军事审判权扩大

按北洋政府法律规定，只有在战争或戒严时期才对非军人适用军法实行军事审判，但实际上由于常年处于战争状况，因此军事审判代替了普通司法审判。军事法庭只要认为他人行为危害了军队，就可以实行军事审判，在审判中不许旁听，不许辩护，但可以实行棍刑刑讯，司法活动完全被军阀所操纵。

第四节　广州、武汉国民政府法制

一、广州、武汉国民政府立法思想

新三民主义是广州、武汉国民政府的施政纲领。1924年1月，中国国民党第一次全国代表大会通过的《中国国民党第一次全国代表大会宣言》，实际上是国民政府的施政纲领和立法思想。在宣言中，孙中山将其倡导的三民主义，重新解释为具有反帝反封建内容的，实行联俄、联共、扶助农工三大政策的新三民主义，并提出了国民党的具体施政纲领。关于民族主义，主张对外反对帝国主义，"中国民族自求解放"，同时主张对内反对民族压迫，"中国境内各民族一律平等"；关于民权主义，批判资产阶级的民权制度，提出要实现平民大众的民权；关于民生主义，提出两项原则，一是"平均地权"，二是"节制资本"。这表明了这一时期国民政府的立法思想与理论基础。

二、广州、武汉国民政府立法活动与法律渊源

广州、武汉国民政府成立期间，为了巩固根据地，推动国民革命运动的发展，制定和

颁布了一些法律、法令和条例，并且改革了司法制度，从而初步形成了广州、武汉国民政府的法律制度。具体表现为：

（一）颁布政府组织法

1925 年 7 月 1 日，广州国民政府公布了《中华民国国民政府组织法》，确立国民政府的法律依据。其规定三项内容：第一，规定国民政府受中国国民党指导与监督，并负责全国政务。第二，实行委员会制，改变孙中山时期的总理制，确立集体领导原则。第三，实行议行合一制度，国民政府各部部长由国民政府委员兼任，这既不同于三权分立制度，也不同于后来的五权宪法体制。

（二）颁布法律法规

为了巩固政权，广州、武汉国民政府制定了大量的法律法规。例如在刑事法规方面，起初援用北洋政府的《暂行新刑律》，后来政府自己也制定了《陆军刑律》《国民政府反革命罪条例》《党员背誓罪条例》《处分逆产条例》，以打击反革命势力。此外，广州、武汉国民政府在军事、财政、土地和劳动方面也颁布了大量的法律法规。

（三）改革司法制度

广州、武汉国民政府在建立初期，沿袭北洋政府的司法制度，但是又作了一些改革，如要求司法机关必须接受中国国民党的指导和监督。特别是在武汉国民政府期间，国民政府还公布了《新司法制度》。其具体内容为：第一，更换审判机关名称，实行三级三审制。第二，废止法院内部行政长官制，组织行政委员会处理法院行政事务。第三，废除司法不党原则，实行司法党化原则，规定具有 3 年以上法律经验的国民党员方可任司法官。这些改革措施对南京国民政府司法制度影响很大。

此外，广州、武汉国民政府时期的法律渊源与临时政府和北洋政府不同，其最突出的一点是国民党决议是重要的法律渊源，并且国民党决议成为高于法律命令的法律形式，具有法律效力。

三、法制的简况与特点

广州、武汉国民政府时期的法制特点表现为：国民党对国民政府有绝对领导权，法制建设是在国民党领导下进行的。具体来说，中国国民党代行国家最高权力机关的职权。国民党全国代表大会讨论通过的政治纲领和各项决议具有最高的法律效力，成为国民政府施政和立法的依据。国民党中央执行委员会是国民党全国代表大会闭会期间的最高权力机关，可以讨论和议决国民政府的法律法规。国民党中央政治委员会不仅讨论和决定国民政府施政方针，而且也议决法律案。这些反映了广州、武汉国民政府"以党治国"的理念。由于广州、武汉国民政府与南京国民政府不同，具有一定革命性，因此，其法制具有一定的民主色彩。

第五节 南京国民政府法制

一、南京国民政府的立法思想

国民党政府在 1928 年 8 月以前实行军政，立法权、行政权不是由国家行使，而是由国民党中央党部行使。1928 年 8 月，国民党举行二届五中全会，声称"北伐"成功，由军政时期进入训政时期，但是训政是"以党训政"，《训政纲领》规定在国民大会召开前"由中国国民党全国代表大会代表国民大会，领导国民行使政权"，"中国国民党全国代表大会闭会时，以政权付托中国国民党中央执行委员会执行之"。"指导监督国民政府重大国务之施行，由中国国民党中央执行委员会政治会议行之。"实际上"政权""治权"均集中于国民党及其中央机关。党治的最终结果是蒋介石的个人独裁。1936 年国民党政府开始宣传"还政与民"，但实行党治直到 1948 年 3—5 月，召开"行宪国大"。在整个国民政府政权存续期间，统治集团标榜以"三民主义"为立法指导思想，在制宪和设置国家机关时，又提出以孙中山的"建国三时期学说"为指导，在部门法的制定中，以社会连带主义、国家本位主义为指导立法的原则。

二、南京国民政府的宪法

1927 年 4 月，国民政府在南京成立。在国民党的"建国三阶段"以及"五权宪法"等理论的指导下，十余年内先后颁布了《中华民国训政纲领》、《中华民国训政时期约法》、《中华民国宪法草案》（"五五宪草"）以及《中华民国宪法》，完成制宪。

（一）《中华民国训政时期约法》

它是 1931 年 6 月由南京国民政府制定的训政时期的临时宪法。1928 年，北伐战争取得基本胜利，国内局势稳定。按照孙中山建国大纲之规定，军政已经结束，国家将进入训政时期。1928 年 10 月，国民党公布了《中国国民党训政纲领》，确立了以党治国的原则。同时，还以五院制为架构，公布施行《国民政府组织法》。在上述立法的基础上，同时也为了迎合中间政治力量对宪法的主张，消弭国民党内部日趋分裂的局面，蒋介石于 1930 年 10 月电请国民党中央执行委员会提前召开中国国民党第四次全国代表大会重新商讨约法问题。1931 年 3 月，第四次全国代表大会决定成立国民会议，制定约法。王宠惠、于右任等 11 人经过两个月的时间拟定了约法草案的文本，4 月 21 日经国民党中央讨论后，送国民政府提交国民会议审定。5 月 5 日国民会议召开，当天即三读通过，6 月 1 日由国民政府公布《中华民国训政时期约法》。

约法全文共 89 条，分为总纲、人民之权利义务、训政纲领、国民生计、国民教育、中央与地方之权限、政府之组织、附则八章。其主要内容有：

（1）国体仍采用民主共和制，确定了主权归属全体国民。但同时也规定训政时期最高统治权由国民党全国代表大会和中央执行委员会行使，以约法的形式确立了党国模式。

（2）政体规定方面，贯彻了孙中山"权能分治"与"五权宪法"的政体学说，颇具特色。国家权力分为政权和治权。政权是属于人民的权利，包括选举、罢免、创制、复决四权，由国民政府训导人民行使；治权是属于政府的权力，包括行政、立法、司法、考试、监察五种权力，分属国民政府下的五院行使。国家结构采用均权制。

（3）对于人民的权利义务，约法进行了系统规定。除宗教信仰以外，采用间接保护主义，即权利保障依赖于法律，而政府也可依法律限制人民的自由权利。其中财产权条款体现出财产所有权社会化的倾向："人民财产因公共利益之必要，得依法律征用或征收之。"

另外，约法专设国民生计与国民教育两章，直接体现孙中山三民主义学说的民生主义。

（二）1936 年的"五五宪草"

《中华民国临时约法》颁行后，确定了国民政府的法统。但不久以后，日本就加紧对中国的侵略。为动员全国力量抗击日敌，各民主党派和国民党内部分成员要求结束训政，实行宪政。1932 年 12 月，国民党召开四届三中全会，决定召开国民大会，制定宪法。经各党政机构多次审议修改，于 1936 年 5 月 5 日公布《中华民国宪法草案》（史称"五五宪草"），全文共 8 章 148 条，但因抗日战争的全面爆发，其制宪程序被迫中断。

这部宪法草案的主要特点有：（1）宪草第 1 条规定："中华民国为三民主义共和国。"把三民主义写入宪法，以根本法的形式确认了国民党党义是国家建构的指导方针。（2）对民权的保障采用间接保护的方式。（3）贯彻权能分治思想，人民拥有政权，政府拥有治权。（4）中央设总统和五院。（5）中央和地方关系采用均权制。（6）规定了"节制资本""实行耕者有其田"等经济政策。可见，此部宪草是对《中华民国训政时期约法》之规定的确认与进一步完善。

（三）1947 年《中华民国宪法》

《中华民国宪法》是中华民国最后一部宪法。抗战胜利后，宪政问题被重新提到议程上来。1946 年的政治协商会议确定了修改宪法草案的十二项基本原则。但 1946 年 6 月内战爆发后，国民政府即撕毁会议决议，宣布由国民政府单独召开国民大会，制定宪法。蒋介石指令王宠惠、吴经熊、雷震等人对"五五宪草"加以修改完善，后经立法院三读通过。1946 年 11 月 25 日，国民政府在南京召开国民大会，大会于当日通过了《中华民国宪法》。1947年元旦国民政府颁布《中华民国宪法》，同年12月25日正式实施。

《中华民国宪法》分十四章，由总纲，人民之权利与义务，国民大会，总统，行政，立法，司法，考试，监察，中央与地方之权限，地方制度，选举、罢免、创制、复决，基本国策，宪法之施行及修改组成，共175条。其主要内容包括：

（1）国体方面。除规定"中华民国之主权属于国民全体"外，还专门强调"中华民国基于三民主义，为民有、民治、民享之民主共和国"。

（2）一改之前宪法及宪法性文件把人民的权利义务置于文本后部的编纂体例，自第二章开始就全面系统地规定了人民的权利义务。关于人民权利的规定有两点明显变化：一是从社会连带责任理论出发，强调在"巩固国权"前提下"保障民权"，在"奠定社会安定"前提下"增进人民福利"，因而专门规定了对基本人权限制的条款，即各项自由权利"除为防止妨碍他人自由，避免紧急危难，维持社会秩序，或增进公共利益所必要者外，不得以法律限制之"；二是采取直接保障主义原则，专门规定基本人权保障条款，即"凡人民之其他自由及权利，不妨碍社会秩序公共利益者，均受宪法之保障"。这明显吸纳了当时比较流行的宪法学说，使相应的宪法条款规范更加合理，更具操作性。

（3）政体方面。由训政进入宪政，故设立国民大会"代表全国国民行使政权"，并规定了国大代表的选举、任期以及职权行使等制度内容；设立总统作为国家元首。总统的权限由宪法规定，特别授予其行使的紧急命令权、权限争议处理权以及提请复议权，强化了总统的权力；国民政府内部设立五院，确立了分工制衡的组织架构；根据均权原则规定了中央与地方的关系。

（4）专门规定了基本国策，内容包括国防、外交、国民经济、社会安全、教育文化、边疆地区六个方面。

（5）关于宪法的修改程序，仍采用刚性的宪法规定。

这部宪法是在中国抗日战争和世界反法西斯战争胜利、民主进步力量获得巨大发展的历史背景下制定的，因此具有明显的进步。但由于此宪法是在中国共产党和各民主党派没有参加的情况下制定的，故其代表的广泛性和合法性仍存有较大问题。

三、南京国民政府的立法活动与法律渊源

南京国民政府的立法，大体经历了三个阶段。

第一个阶段，1927—1936年，国民党确立训政体制，建立五院制的政府体制，并展开了行政、刑事、民事、商事、诉讼和法院组织等方面的立法，初步形成了国民党政权的法律体系。

第二个阶段，1937—1945年，中国进入抗日战争时期，随着国共合作的展开，战时体

制的建立，国民党政府颁布了保证战争需要的法律法规。同时，国民党利用抗日战争时期立法时机，颁布了一系列旨在破坏国共合作、加强蒋介石独裁统治的法律法规，例如1939年秘密颁布的《处置异党实施办法》《共产党问题处置办法》。

第三个阶段，1946—1949年，国民党不顾全国人民反对，发动内战，一方面为了标榜自己的合法性，展开了所谓制宪活动，召开所谓的"国民大会"，通过并颁布实施《中华民国宪法》，修正、公布国民政府及其五院的组织法、各种选举法；另一方面，为了维护其统治，配合内战需要，制定了一系列严格限制人民民主自由的法律法规，例如1947年的《戡乱总动员令》、修正后的《妨害兵役治罪条例》、《戡乱时期危害国家紧急治罪条例》，1948年的《特种刑事法庭组织条例》《特种刑事法庭审判条例》《戒严法》等。

国民党时期法律体系由两部分组成，一部分是制定法（成文法），另一部分是判例、解释例。制定法部分有法典和各种单行法规，法规的权力来源有着法西斯专政的特色，一部分来自立法机关，一部分来自行政机关，还有的来自国民党的党部，甚至是蒋介石的个人手令，蒋介石的个人手令具有极高的法律效力。判例、解释例是司法部和最高法院对案例作的解释，判例、解释例的广泛适用，是国民党政府对中国封建法制律例并行传统的继承。

国民党政府各部门制定法的汇编，被称为"六法全书"。"六法全书"这一法典编纂形式来自日本，是资产阶级大陆法系国家汇编成文法典的一种形式，六法通常是指宪法、刑法、民法、商法、民事诉讼法和刑事诉讼法。之后，六法又变为宪法、行政法、民商法、刑法、民事诉讼法、刑事诉讼法，其他相关单行法规按六法的分类汇编入"六法"之内。南京国民政府的"六法全书"于1935年开始汇编，此后又有不断的调整补充。

四、法制的简况与特点

（一）立法指导原则

由于孙中山在国民党中具有特殊的地位，孙中山的学说也被认为是指导国民党政府活动的重要依据。因此，在立法上，无论是1928年颁布的《训政纲领》、1931年颁布的《中华民国训政时期约法》及1947年颁布的《中华民国宪法》，都把遵循孙中山先生"建国三时期""权能分治""五权分立"学说作为制定法律法规的合法依据，以维护国民党的一党专政。

（二）特别法多于普通法

南京国民政府的法律体系的重要特点还体现为特别法多于普通法。这些特别法的制定程序简单，内容以刑事法律为主，在法律效力上又高于普通法律。例如，在刑事特别法规方面，国民党政府制定了1927年的《惩治盗匪暂行条例》、1928年的《暂行反革命治罪法》，1931 年的《危害民国紧急治罪法》，1935 年的《共产党人自首法》，1936 年的《维持治安紧急办法》、1947 年的《戡乱总动员令》、修正后的《妨害兵役治罪条例》、《戡乱时期危害国家紧急治罪条例》，1948 年的《特种刑事法庭组织条例》《特种刑事法庭审判条例》《戒严法》等。其往往突破刑法典的规定，形成了法外之法。这反映了南京国民政府法律制度实行独裁专制的本质。

第六节　革命根据地政权法制

第一次国内革命战争失败后，中国共产党召开"八七"会议，确定了举行武装起义和实行土地革命的战略方针。1927 年 10 月，在井冈山建立第一个农村革命根据地。1931 年11 月在中央根据地瑞金，召开了第一次全国苏维埃代表大会，成立中华苏维埃共和国，组成中央工农民主政府。同时，在党的领导下创立了大小十几个根据地，建立了乡区县各级工农民主政府，并逐渐成立了边区（省）一级的革命政权。

1937 年至 1945 年是抗日战争时期。中国共产党在全国建立了陕甘宁、晋察冀、晋冀鲁豫、山东、晋绥等 19 个抗日根据地。在这些根据地里，都建立了抗日民主政权。

1945 年 8 月至 1949 年 9 月是解放战争时期，中国共产党领导人民粉碎国民党反动派的军事进攻，从根本上摧毁了国民党反动统治，为中华人民共和国的建立奠定了基础。在解放战争时期，建立了一系列解放区人民民主政权。

一、革命根据地政权立法思想

革命根据地时期的法制是中国共产党领导人民在建立革命根据地政权过程中制定的法律制度。这种法律制度的立法指导思想主要包括：

第一，坚持中国共产党的领导。中国共产党以马克思列宁主义为指导，创造性地发展马克思主义，形成毛泽东思想。在这一思想指导下，革命根据地的法律制度是在中国共产党领导下完成的。

第二，实现反帝反封建反官僚资本的革命任务。革命根据地时期的任务是，在中国共产党领导下，以工农联盟为基础，团结人民大众，反对帝国主义、封建主义和官僚资本主义。因此，革命根据地政权的法律法规在制定过程中，总结实践经验，将反帝反封建的革命纲领和方针政策，加以具体化、条文化、制度化。

第三，实行人民民主原则。革命根据地时期，为了实现革命任务，就要发挥群众的作用，因此，革命根据地时期的法律在发扬民主方面制定了一系列法律法规，特别是在实践中逐渐发展出人民代表大会制度，成立人民代表大会制度下的司法机关，实行便利人民的诉讼制度。

二、革命根据地的宪法文件

（一）《中华苏维埃共和国宪法大纲》

1927 年，新民主主义革命进入武装割据、建立革命根据地的新时期。到 1930 年，根据共产国际的指示，根据地民主政权开始着手制宪。1931 年 9 月，全国苏维埃大会中央准备委员会全体会议通过了《中华苏维埃共和国根本法（宪法）大纲草案》，确定制定宪法大纲的七大原则。同年 11 月，在江西瑞金召开了第一次全国苏维埃代表大会，成立了中华苏维埃共和国，并依据"七大原则"制定通过了《中华苏维埃共和国宪法大纲》。这是我国历史上第一部人民自己的根本法，它体现了无产阶级和其他劳动人民的利益和意志，是反映劳动人民当家作主、参加国家管理的新型法律。

《中华苏维埃共和国宪法大纲》除序言外，共 17 条，其主要内容有：（1）规定了宪法的基本任务"在于保证苏维埃区域工农民主专政的政权和达到它在全中国的胜利"，并以此进一步规定了苏维埃政权的目的。（2）关于国体，大纲第 2 条规定："中国苏维埃政权所建设的是工人和农民的民主专政的国家。苏维埃全政权是属于工人、农民、红军兵士及一切劳苦民众的。在苏维埃政权下，所有工人、农民、红军兵士及一切劳苦民众都有权选派代表掌握政权的管理。只有军阀、官僚、地主、豪绅、资本家、富农、僧侣及一切剥削人的人和反革命分子是没有选派代表参加政权和政治上自由的权利的。"（3）关于政体，第 3 条规定："中华苏维埃共和国之最高政权为全国工农兵会议（苏维埃）的大会。在大会闭会的期间，全国苏维埃临时中央执行委员会为最高政权机关，中央执行委员会下组织人民委员会处理日常政务，发布一切法令和决议案。"（4）该宪法大纲规定了工农劳动群众享有广泛的政治经济文化等权利，而且苏维埃国家为工农劳动群众权利的实现提供政治经济和法律等保障。如关于言论出版集会结社自由权，规定苏维埃国家"用群众政权的力量，取得印刷机关（报馆、印刷所等）开会场所及一切必要的设备，给予工农劳苦群众，以保障他们取得这些自由的物质基础"。（5）该宪法大纲规定了经济、民族和外交政策。

作为中国历史上第一部新民主主义性质的宪法性纲领文件，《中华苏维埃共和国宪法大纲》是新民主主义宪政活动的首次重要尝试，对当时的工农民主革命活动有一定的现实指导意义和规范意义，也积累了宝贵的制宪经验和教训。但简单地照搬苏联模式，以及受极"左"思想的错误影响，也使得这部宪法大纲具有不可避免的历史局限性。

（二）抗日民主政权的宪法性文件

1941 年 11 月陕甘宁边区第二届参议会通过的《陕甘宁边区施政纲领》，是抗日战争时期具有代表性的宪法性文献。其基本内容包括：

1. 坚持团结进步抗日救国的总方针

第1条规定："团结边区各社会阶级、各抗日党派，发挥一切人力、物力、财力、智力，为保卫边区、保卫西北、保卫中国、驱逐日本帝国主义而战。"

2. 规定抗日民主专政的政权性质

第5条规定："本党愿与各党各派及一切群众团体进行选举联盟。"毛泽东在《抗日根据地的政权问题》一文中指出："在抗日时期，我们所建立的政权的性质，是民族统一战线的。这种政权，是一切赞成抗日又赞成民主的人们的政权，是几个革命阶级联合起来对于汉奸和反动派的民主专政。它是和地主资产阶级的反革命专政区别的，也和土地革命时期的工农民主专政有区别。"[1]

3. 在政权机关的人员分配上实行"三三制"政策

第5条规定："在候选名单中确定共产党只占三分之一，以便各党各派及无党派人士均能参加边区民意机关之活动与边区行政之管理。"即共产党员占三分之一，党外进步分子占三分之一，中间派占三分之一。这对于争取中等资产阶级和开明绅士、孤立顽固派具有重要意义。

4. 规定抗日民主政权的各项方针政策和立法原则

这包括抗日人民的各项自由权利，以及土地政策、劳动政策、婚姻政策、财政经济政策、文教卫生政策、民族和侨务政策、外事政策，以及锄奸、处俘和司法政策。

（三）解放区民主政权的宪法性文件

解放战争初期具有代表性的宪法文件是1946年4月边区第三届参议会通过的《陕甘宁边区宪法原则》，该文件分五个部分共26条。其中，第一部分为"政权组织"，第二部分为"人民权利"，第三部分为"司法"，第四部分为"经济"，第五部分为"文化"。这一宪法原则，既是抗战胜利后边区政府的施政纲领，也为起草边区宪法确定了指导方针。由谢觉哉等组成的宪法起草组于1946年10月拟制了《中华民国陕甘宁边区自治宪法草案》，经中央西北局讨论修正为9章74条。后因内战全面爆发，制宪工作即告中止。

1948年8月，华北临时人民代表大会通过的《华北人民政府施政方针》是解放战争后期具有代表性的宪法文件。该方针规定华北人民政府的基本任务是：继续进攻敌人，为解放全华北而奋斗，继续以人力、物力、财力支援前线，以争取人民革命在全国的胜利。它分别规定了军事方面、经济方面、政治方面、文化教育方面，以及新解放区与新解放城市方面的方针政策。

1949年2月《中共中央关于废除国民党的六法全书与确定解放区的司法原则的指示》

---

[1] 《毛泽东选集》（第2卷），人民出版社1991年版，第741页。

是对全国全党发布的特别政治纲领。

三、革命根据地政权立法活动与法律渊源

革命根据地法制的制定主要经历了四个阶段。

第一，1921年至1927年，为新民主主义革命法制萌芽时期。1921年7月中国共产党成立。1922年7月，中国共产党召开第二次全国代表大会，其在宣言中，明确提出反帝反封建革命纲领，即"推翻国际帝国主义的压迫，达到中华民族完全独立"，"消除内乱，打倒军阀"，统一中国为"真正民主共和国"。为了实现这一目标，中国共产党在全国工人运动和农民运动过程中，成立相应组织，并通过了一些具有法律效力的决议和纲领。这一时期的法制呈现出形式不统一的特点。

第二，1927年至1937年，为新民主主义革命法制的初创和奠基阶段。1927年中国大革命失败后，中国共产党继续领导人民开展武装斗争，开辟农村革命根据地，逐步建立起乡、区、县、边区各级红色政权，即工农民主政权。1931年11月，在江西瑞金召开了第一次全国工农兵（苏维埃）代表大会，宣告中华苏维埃共和国的成立，大会通过《中华苏维埃共和国宪法大纲》以及各种法律决议，由此，新民主主义法制建设进入粗具规模的奠基阶段。但是，由于"左"倾路线的干扰，这一时期的法制还处于摸索阶段。

第三，1937年至1945年，为新民主主义革命法制的完善阶段。1937年"七七事变"爆发，全国进入抗日战争时期。中国共产党根据抗日民族统一战线的总方针，同国民党实现了第二次国共合作。中国共产党将中华苏维埃共和国中央临时政府西北办事处改组为陕甘宁边区政府，并先后开辟18个敌后抗日根据地，建立起乡、县、边区各级抗日民主政权。这一时期主要围绕着建设抗日民主政权的人民民主法制展开工作，从而形成了独具特色的法律制度。

第四，1945年至1949年，为新民主主义革命法制的拓展阶段。随着解放战争的顺利展开，解放区范围不断扩大，形成了一些较大的解放区。为了迎接全国的解放，各解放区政权先后加强了政权建设，例如在大城市实行军事管制制度，召开各界人民代表会议，成立内蒙古自治政府。同时在土地立法、劳动立法、刑事立法和司法制度方面也制定了一系列规定。这些法制建设为中华人民共和国成立后的政权和法制建设提供了有益经验。

同时，受当时战争环境影响，这一时期的法律渊源较为简单。虽然也颁布了一系列法律法规，但是党的政策占有十分重要的地位，具有特殊的法律效力。这是当时的历史条件所决定的。

四、法制的简况与特点

新民主主义法制具有以下的基本特点。

（一）建立了新民主主义法律体系

在新民主主义革命时期，通过总结经验教训，逐渐建立了新民主主义法律体系，其范围涉及宪法大纲和施政纲领、政权组织法、选举法、行政法、刑法、法院组织、诉讼制度、监狱制度、土地法、婚姻法、经济法和军事法规等。这些法律法规的指导原则和制度无论在形式还是内容上都充实了新中国初期的法律制度，并且形成了一种新的法律传统。

（二）实行党的政策和法律相结合

从1921年中国共产党成立到1949年中华人民共和国成立的29年中，战争几乎是连续不断的。为了适应这种需要，党和人民政府往往采取政策与法律相结合的方法。这是由于革命斗争时期尚未制定法律或革命法律尚不完备时，往往用政策来暂时代替或弥补法律；而且即使制定出来的法律，也往往是党的政策的具体化。同时在司法实践中规定：有法律规定的，从规定；没有法律规定的，从新民主主义政策。

（三）实行人民民主原则

新民主主义革命时期，主张贯彻群众路线，依靠群众，调动一切积极因素，因此，在政权建设上，保证人民当家作主。在司法实践上贯彻实行群众路线的审判方式，主张将司法工作置于人民的监督下，创造了如人民调解和马锡五审判方式等制度。这是革命法制发展的条件。

下编　中国法制史分论

第七章　中国国家基本法史

第一节　概　　述

一、国家基本法概念与性质

(一) 概念

国家基本法是决定国家权力归属、权力的结构及组织形式、最基本的社会制度及人民地位的法律体系。理解这一概念，需明确国家基本法与宪法的异同。"宪法是国家的根本法，是公民权利的保障书，是民主事实法律化的基本形式。"① 如果按照"规定公民权利和国家权力的根本大法"来定义宪法，那么在资产阶级革命以前，并不存在建立在人民主权基础上的宪法。近现代宪法本质是对民主制度的确认，因此从严格意义而论，宪法是伴随着民主制度的产生而产生的。立宪政体的诞生第一次将国家权力置于人民的控制之下，同时使国家存在的目的由维护少数人的统治转变为保护人民的权利。不论是在人民的地位上，还是国家权力的来源与行使的方式上，宪法的产生都是行为规范体系的一次根本性的革命。而在古代社会，中国国家权力不论是属于单个人抑或是一些人或是一类人，国家权力从未属于全体人民，国家从未在制度上被确认为人民合意的产物，人民权利相对于国家权力的本源性只有在近现代宪法中才得到确认，并且由相应的制度予以表达。

虽然古代社会没有近现代意义上的宪法，但是基于人的社会性，人们必须结成政治共同体，因此势必同样需要用规范来决定政治共同体的组成、公共权力的产生及其运行，以及人们在政治共同体中的地位。尽管传统国家和现代国家有着本质上的不同，但是正如《牛津法律大词典》所解释的那样："宪法指某一特定政治社会政府的基本政治和法律结构，解决诸如国家首脑、立法、行政和司法机构，它们的构成、权力及关系之类的事项。

---

① 周叶中主编：《宪法》，高等教育出版社、北京大学出版社 2000 年版，第 34~37 页。

每个国家都有宪法，因为每个国家都是依据某些原则和规则进行运转的。"① 亚里士多德说，"政体（宪法）为城邦一切政治组织的依据"②。《雅典政制》中所说的"宪法"即有关城邦组织和权限的法律，主要包括有关公民资格、公民权利与义务的法律，城邦议事机构、行政机构和法庭的组织、权限、责任的法律。《雅典政制》中尽管存在立法、行政、司法机关之间的分权制衡却并未赋予所有人平等的权利，并且政体（宪法）也不是人民合意的结果。因此此种"宪法"与近现代宪法不可同日而语，只能称之为国家基本法。

不过古代宪法和近现代宪法在规范调整的对象上有一定的共同性，它们在内容上都是对国家最根本问题的规定，是政治共同体能够正常运转的基本根据和保障。因此可以说，在同属国家基本法这一点上，古代宪法和近现代宪法有着同一性、继承性与连续性。

（二）中国国家基本法的渊源

首先，从法源上讲，国家基本法不限于成文法，它包括大量不成文法。古代的国家基本法主要是政治制度性质的规范而不是法律性质的规范，还未产生由一系列规范构成的一个法律文件或法律部门，也没有一部成文的国家基本法法典，无法划分出一个规定国家基本问题的法律部门。国家基本法实际上只是一种制度汇集及其要表达的原则，它是规定国家组织及国家机关权限职能等涉及国家权力构成及运行的根本问题的一系列制度。这些制度散见于各种行为规范之中，其中有习惯法、礼、诏令、刑典、政典、行政法典或单行法等。当然，随着时代的发展，也开始出现了成文文本的具有宪法性质的根本法。但是总而言之，中国古代的国家基本法主要是指各类制度汇集形态，是不成文法。之所以把这一系列制度称为国家基本法，是因为它们就体系而言解决的是国家权力组织的最根本问题，同时它们虽然不是体系完备的规范，但是却在实际上具有法律效力的规范，或者是获得了法律保障的规范。

其次，就内容而言，国家基本法是规定国家根本制度的法，它所涉及的是国家权力、社会制度和人民地位问题，是有关政治共同体的构成及组织方式的根本性问题，而不是与根本问题相关的具体化的制度，国家基本法所涵盖的是根本的、宏观的、具有一定概括性的制度安排，它是其他具体制度的权力来源。国家基本法在内容上的根本性正是它与其他法律部门相区别的本质特征。

再次，在国家基本法和其他法律的关系上，由于国家基本法规定的是国家的根本制度，因此国家基本法的有关制度不可避免地会影响其他法律的基本原则，譬如夏、商、周三代的宗法制度在行政法方面决定了奴隶制国家的贡赋制；封建君主制则决定了封建刑法

---

① ［英］戴维·M. 沃克：《牛津法律大词典》，《牛津法律大词典》翻译委员会译，光明日报出版社 1989 年版，第 200 页。

② ［古希腊］亚里士多德：《政治学》，吴寿彭译，商务印书馆 1982 年版，第 129 页。

重点打击的是危害皇权的犯罪行为，以及诉讼法中皇帝是最高司法官的原则；民国时期在宪法性根本法中确立的保护国民权利的原则推动了维护财产权的民事立法。同时，国家基本法的很多制度和原则也需要借助其他法律来具体实现。

最后，就产生途径而言，中国国家基本法不是统治者和被统治者的契约，而是统治者订立的统治秩序，它的产生不需要征得被统治者的同意。传统社会的国家基本法是统治者单方面的规定，而没有社会各方的合意，因此表现为国家基本法上在很长时间对于最高统治者的权力几乎没有正面的直接文本表述，最高统治者的权力行使只能从制裁反向行为中推知，即从他行使权力的行为推断权力的范围，认证他所拥有的最高权力又是其他权力的源泉。

二、中国国家基本法特征

自夏王朝建立第一个奴隶制国家，到 1949 年中华人民共和国成立，在中华民族几千年的文明史中，国家形态经历了漫长的演变过程，从夏、商、周三代的奴隶宗法制，到秦汉以至清末的封建官僚制，以及军阀政治中确立的国民党党治国家，在历史进程中，尽管最高权力、国家结构、国家机关以至人民地位等各方面都不断地发生变化，但是各历史阶段的共同特征是显见而不容忽视的。

（一）一元化的最高权力

所谓一元化的最高权力是指无论最高权力的拥有者是一个人还是一个集团，他或他们拥有的都是无上的、完整的、唯一的、不受外力制约、不受分割、不能转让的权力。王权、君权、党治权都是事实上的最高权力。在奴隶制国家，王宣称王权直接来源于天帝和祖先，王权是天命的授予；封建制时代，具有人格神性质的天是抽象的天，皇帝则为天之子；而在共和（不论是否是名义上的）或党治时代，最高统治者则称权力来自人民。因此在理论上国家中的最高权力并不是无上的。但是，由于缺乏证明的程序和方法，这些上位的权源都是一种抽象的存在。而在实际政治生活中，王权、君权、党治权均是完整的权力，包括实现统治的各个方面，这一最高权力在表现上可以通过授权，设置相应的机关使其行使特定的职权，但是这只是权力的分工，而在源头上，这种权力仍是完整的，恰恰由于这种完整性，它才得以依自身意志任意分配权力。这种权力又是不受外力制约的，它纵然有道义上的上位权源，但在实际上居于无上地位，道义上的上位权源产生的也只能是一种道义上的制约，不可能形成制度性约束。

（二）大一统的国家结构

"何言乎王正月，大一统也。"① 传统国家意义上的大一统与现代的单一制国家有所不

---

① 《公羊传·隐公元年》。

同，现代的单一制国家更强调权力配置上的纵向分配，在中央地方关系上往往有明确的立法监督和行政领导关系，而传统国家的大一统虽然也诉诸制度安排，但是很大程度上仅仅是文化和礼仪层面上的统一，与现代的单一国家的制度在程度上有很大的差异。这种大一统追求的有时也许只是象征性的臣服与顺从，而非实质上的统治。

在奴隶制社会，代表中央政权的王和代表地方政权的诸侯方伯之间主要由封赐、贡赋和朝觐相联系，地方政权的代表者在自己的领地上有相对独立的权力，但是地方诸侯要与王共尊同一个祖宗，参与王室的祭祀活动，由此建立了一种组织上的一统关系。在封建制社会，大一统开始变为中央和地方之间的一种制度上较为紧密的联系，地方官员的任免出自中央，地方财政是中央财政的一部分，地方司法是整个国家司法管辖中的一个层级，这种大一统已经非常接近单一制国家了，所不同的是，除了紧密型联系的中央地方关系以外，各代王朝都还在少数区域存在松散型的中央地方关系，这种松散型联系大体可分为两种：一种是对边疆地区的少数民族实行类似于民族自治的政策，一种是建立在朝贡体制上的对藩属国的管理。就普遍的意义上而言，政权体系之外，中央王朝基本的追求是一种广义的臣服。进入近代，北洋政权时代，尽管实际上政治四分五裂，而且在很长一段时间里，南北对峙，双方都宣称拥有合法政权，但是这一时期的政治活动仍在武力统一或和平统一的框架内，可见统一依然是一面不倒的旗帜。至于党治时期，国民党的党治首先就是武装统一的结果，虽然整个党治时期充满了统一和反对统一的斗争，但是党国体制却始终是建立在中央集权的制度预设上。在中国几千年的文明史上，大一统一直是中国国家结构方式的主流。

（三）监察制度发达但无分权制衡

在中国，与国家基本法的一元化权力和大一统的国家结构相伴相生的是发达的监察制度。监察制度的发达是中央集权的必然产物，发达的监察体系是中央集权的有力保障，在缺乏分权制衡机制的情况下，监察制度可以有效保障最高权力的集中行使。

监察制度的特点：其一，监察范围的广泛，几乎无一职无一事无一人不在监察范围之内；其二，所有监察机关所负责的对象，都是最高权力；其三，监察的方式是人事上的监督而不是程序上的制约。

夏、商、周三代尚无专门的监察机关，但是具有一定监察性质的会计制度已经产生，《周礼》中有"司会"之职，"三岁，则大计群吏之治"①。专门的监察机关是伴随专制君主的产生而产生的，而到封建国家的晚期，监察制度则发展到了极点，专制皇权借助极度蔓延的监察体系延伸到官僚机构的每一个角落。民国初年的共和制对传统的权力结构有过短暂的更动，但很快权力就恢复到旧有的轨道上，至国民党党治时期也建立了同样严密的

①　《周礼·天官·司会》。

监察体系。

（四）有民之身份而无人权

中国传统的国家建构方式并非出于全体成员的"协议"，因此其人民不是国家主权的拥有者。在古代中国的历史上也没有出现过人民或至少是人民中的一部分以公民的身份参与共同体决策的政体，人民主要是以臣民的身份作为被统治者存在。民的身份与人的身份最本质的区别在于，民的权利来自统治者的授予，民的义务是优位的，即使没有享受权利也必须履行义务；反之，当代国家人的权利则是作为人所必须享有的权利，此种权利具有对抗国家权力的特性。

大体而言，传统国家中人民只具有臣民的身份，他们在承担相应的臣民义务的前提下，可以有一定的自由，可以从事一定范围内的职业，具备一定条件还可以入仕为官，成为统治阶级中的一员。具体到不同的历史阶段，民的地位也有相应的变化。在奴隶制时代，人被分为十个等级，所谓"王臣公、公臣大夫、大夫臣士、士臣皂、皂臣舆、舆臣隶、隶臣僚、僚臣仆、仆臣台"①，十个等级之中，又可以分为王、贵族、平民和奴隶，他们按各自的身份处于不同的地位，其中，奴隶没有任何权利。封建制时代，奴隶制度虽然在总体上消亡了，但有大量的人身权利受到严格限制的贱民，普通百姓也受"士农工商"的身份限制，在财产权利或应试入仕资格等方面分别受到某种制约，特别是对于国家政治，没有参与权。民国时期，法律在形式上赋予人人平等的权利，同时在法律文本上国民成了主权的所有者，国家被视为人民合意的产物。但是在实际上人民作为单个的个人的权利仍然附属于国家，人民的权利不是国家权力的边界，相反，国家有权为实现国家目的，而授予人民相应的权利，或者无视权利要求其履行规定的义务。

第二节 中国古代国家基本法制度

一、元首制度

元首是国家的象征与代表，元首有实位元首与虚位元首之分，虚位元首不掌握实际权力，而只是作为国家的代表者行使礼仪性的职权；实位元首则不同，他实际拥有国家最重要的权力，可以独立行使各权力。中国国家基本法上的国家元首绝大多数是实位元首，掌握着国家最高权力。

（一）王权

夏代的最高统治者称"后"，《国语·周语》中引《夏书》说，"众非元后，何戴？后

---

① 《春秋左传·昭公七年》。

非众，无与守邦"。商代的最高统治者称"王"，也称"后"，后世史书把夏商周称为"三王"时期。

王权是中国古代国家基本法上元首制度的早期形态，王权的确立有赖于军事征服，王权具有与神权相联系的特点，王权具有宗法性，王权也是集权式的权力。

首先，王权的确立是军事征服的结果。"王"的象形字，其字形为斧钺，与"帝"不同，表示武力征服。王权的确立是和国家同时产生的。而国家本身也是军事征服的产物。"禹亲把天之瑞令，以征有苗"①，"启与友党攻益而夺之天下"②，与有扈氏大战于甘，这是伴随王权产生所产生的军事征服，而在王权存续期间，军事征服也一路随之，夏之太康失国、少康复国都是军事斗争的结果，夏桀亡国之前对于叛夏之有缗，还"克有缗，以丧其国"③。至于商汤"十一征而无敌于天下"④，最后在鸣条和有戎战败夏桀的军队，从而取代夏王朝而建立商王朝。周武王则以牧野之战终结了商王朝的国命，建立起周王朝。

其次，王权神授，"国之大事，在祀与戎"，王权事实上是军事征服的结果，并依赖强大的军事存在而得以维持，但是从暴力征服到权力的确立仍然有一个合法性的证明问题。夏商周的王用以证明其合法性的是神性。王通过垄断主祭权来获得神性。三代的王都认为自己受命于天。夏禹与夏启征讨敌对势力时都打着天命的旗号；商汤在讨伐夏的时候发表《汤誓》，宣称"有夏多罪，天命殛之……尔尚辅予一人，致天之罚"；周则认为夏商之亡在于"不敬厥德"以致"早坠厥命"。为显示这种天人合一的神性，三代之王在面对重大决策之时，都征之天意。"无非卜筮之用，不敢以其私亵事上帝。是故不犯日月，不违卜筮。"⑤ 武丁之用傅说、盘庚迁都都曾问之卜筮。不单是王室本身视王权为天命，《史记》中记载夏王孔甲淫德好神，神渎，二龙去之。商王武乙慢神而震死，都说明贵族和大众也是相信天命存在的。

再次，王权具有宗法性。王权的宗法性表现在两个方面：其一是王权世袭，其二是宗法制的国家构建方式。夏的王族是夏后氏，自启接替禹成为原始部落联盟的首领并建立起夏王朝之后，夏的王位就在夏后氏的家族中传递，虽然中间也有过失国之时，如羿和寒浞的篡位，但王位世袭制度却仍然未改，从禹起算，夏共传 14 世 17 王。商传 17 世 31 王，商代王位的继承方式有父死子继和兄终弟及两种方式，但是王位仍在家族内部相传。商代后期至周代，则正式确立了嫡长子继承制。宗法制的国家构建方式，即"成德"与"建

---

① 《墨子·非攻》。

② 《韩非子·外储说右下》。

③ 《左传·昭公十一年》。

④ 《孟子·滕文公下》。

⑤ 《礼记·表记》。

德"①。所谓"成德"，即在奴隶制国家的最高统治集团内部，实行完全的"亲贵合一"，天子和邦国国君的关系，就是氏族组织内大小宗关系。所谓"建德"，即按"宗法拟制"人为建立的氏族组织，"天子建德，因生以赐姓，胙之土而命之氏。诸侯以字为谥，因以为族"②。臣服于宗主国的方伯与宗主国之间形成拟制的宗法关系，或者被征服的氏族在丧失了原有的姓氏后被人为地分为若干族，令之从属于某一个奴隶主宗室，形成拟制的宗法氏族组织。

最后，王权具有集权性，即至上性和整体性。王对军事、行政、司法都有最高决策权，这种权力本身没有明确的界限，只要王愿意干涉，他可以涉足任何领域。从史实看，王的权力包括军事统帅权、人土封赐权、人事任命权、司法终审权等。王可以决定对敌对势力的征讨，王率军亲征或者命令臣下或诸侯进行征伐；王可以把土地封赐给臣下，也可以随时收回封赐；王不仅直接任命中央朝廷的官员，而且对诸侯国的高级官员如卿等也拥有任命权；王对下级奴隶主之间的纠纷有最终裁决权，王虽然设立所谓"三刺"制度，询及群臣、万民，但案件的最终决定权仍在于王。

（二）君权

公元前221年，秦王嬴政消灭六国，完成了统一大业，同时创立皇帝制度，中国的元首制度进入君权时代。

自秦至汉，皇帝制度日趋完善，"汉天子正号曰皇帝，自称曰朕，臣民称之曰陛下。其言曰制诏，史官记事曰上。车马衣服器械百物曰乘舆。所在曰行在，所居曰禁中，后曰省中。印曰玺。所至曰幸，所进曰御。其命令一曰策书，二曰制书，三曰诏书，四曰戒书"③。皇帝的日常起居都有专门的称谓规定，形成一套完整的名号。皇位世袭，保证帝王的家天下万世不易。皇帝制度旨在维护君权至高无上的尊严。君主有至高无上的一切权力，君权凌驾于一切臣民之上，"天下之事无大小皆决于上"④。

君权是元首制度在封建时代的发展和成熟阶段的产物，君权和王权一样都是由于军事征服而确立，君权同样具有至上性和集权性。但是与王权相比，君权也有它自身的特点：君权的神性有所弱化，王权建立在宗法制的基础上，君权则立足于官僚制度。

封建社会君权的取得无外乎战争和禅让两种方式，战争固然是赤裸裸的暴力征服，而禅让事实上也是依赖强大的暴力威胁实现。第一个封建王朝秦王朝就是在横扫六国、包吞八荒后奠基的。此后，楚汉相争四年而有汉王朝的建立，三国两晋南北朝时中国始终处于

---

①　参见陈晓枫：《中国法律文化研究》，河南人民出版社1993年版，第83~85页。

②　《左传·隐公八年》。

③　蔡邕：《独断》卷二。

④　《史记·秦始皇本纪》。

政权对峙与征伐之中，唐高祖起兵于太原，终于荡平天下，更不必说一代天骄成吉思汗铁骑所至，成就了前所未有的广阔帝国，清朝的开国之君努尔哈赤也是在赫赫战功中奠定数百年江山。其间虽然隋文帝受北周静帝之禅，宋太祖被部下黄袍加身，但是所谓的和平禅让也只是掩盖在武装政变外面的一层面纱。

建立在官僚制基础上的君权相对于宗法制基础上形成的王权权力更为强大，因为君主直接控制官员。韩非子说，君臣之间是一种爵禄和效命的交易，彼此之间没有其他的关系，君对臣虽然在伦理上也有"君使臣以礼，臣事君以忠"①的要求，但是与宗法制相比，君的权力是绝对的。君主在理论上对无论是中央还是地方的所有官僚有任免权、监督权、赏罚权。君臣关系上，所有臣都直接对君负责，这和宗法制下士对大夫、大夫对诸侯、诸侯对王负责的间接的臣属关系有本质区别。在直接负责的机制下，臣子效忠的对象是唯一的和绝对的，即使是诸侯王的臣子，在道义上也只能对君主效忠。而在间接负责的机制下，效忠的对象是相对的。由间接效忠过渡到直接效忠，消除了产生相对独立的其他权力中心的可能性，保证了国家只有唯一的权力中心。这也是君主专制下的君权和宗法制下的王权的根本区别。此外在控制方法上，官僚制下的管理理论上是科层制的（当然，君主专制不可避免地要破坏科层制的管理格局），官职是非人格化的，这和宗法制下亲贵合一的宗法纽带不同。这种非人格化的管理也有助于建立起君权独断的专制体制。

二、中央国家机关

中央国家机关是为完成国家职能所必须设置的机构和权力配置，古代的中央国家机关直接服务于王和君主，在机构设置和权力配置上以王权和君权为中心，在最高统治权之下大体可以分为行政、监察、军事三大系统，而立法权则在最高统治权统御下，由各机关共同行使。

（一）参与机要及执行指导机关

1. 公卿相

公卿相是奴隶制时期王的辅佐之臣，负有总理日常国事，辅助王进行决策的职能。据《尚书·甘誓》，夏代有"六卿"辅助夏王决策。商代的辅王之臣《史记》中称为相，见于记载的相有伊尹、阿衡、甘盘等，商末有三公之设。周代百官之首为三公，三公是太保、太傅、太师。《大戴礼记·保傅》载"召公为太保，周公为太傅，太公为太师"。公卿相作为王的辅佐人员，来源主要是王的近亲贵族，并且往往世代相袭，父死子继，如周公、召公。但是其最终选任权在王，所以也有并非贵族而至卿相的，比如商王武丁的相傅说就是起于版筑之间，据说曾为刑徒，不过这只是特例。因此，由于打破了传统卿相选拔

① 《论语·八佾》。

方式，武丁为起用傅说还颇费了一番周折，用了假托天命的办法才得以成功①。

公卿相的职责在于辅佐王，为王建言立策，同时兼有行政首脑的职责，负责统领百官，实际上集决策与执行于一身。卿相的地位很高，在国中的地位仅次于王，由于卿相在大多数情况下是王的近亲贵族，因此当王不能履行职责或严重失职时，卿相可以严厉谴责甚至于取而代之，历史上如伊尹放太甲之桐宫和成王时周公摄政以及厉王时周公、召公之共和，当然这是一种特殊情况，而且持续的时间也不会太长，不是常态。这种情况的出现说明一个问题，即存在一定程度的贵族政治，因此特定情形下的摄政能够得到认可。

2. 丞相

封建时代早期（战国后期到西汉中前期）丞相是最高决策机关与中央政府的主要长官。此时的相与奴隶制时代的相在辅助最高权力进行国家大政的决策和作为行政机关的首脑上是一致的，所不同的是：其一，相的选任与世袭身份脱离，相绝大多数不是皇室亲贵，相基本上是以个人才能和其所代表的势力集团获得任用，相也不存在终身制，更不必说世袭其职了。其二，对于君主的行为，相虽然可以规谏，但绝无取而代之进行摄政的可能。其三，相和君主之间只有君臣关系，而没有必然的亲族关系。

丞相的产生是官僚制的直接表现，这一职位是百官之首。汉时的丞相陈平说为宰相者"上佐天子理阴阳，顺四时，下遂万物之宜，外镇抚四夷诸侯，内亲附百姓，使卿大夫各得任其职焉"②。丞相的权力有：为国家选用官吏，弹劾百官执行诛罚，主管郡国上计与考课，总领百官朝议与奏事，对皇帝诏令封驳与谏诤③。丞相职掌繁重，丞相机关属官主要有长史、司直及众多掾吏。

3. 三公

三公是君主之下三个品秩最高的官员，丞相、御史大夫和太尉被称为"三公"，但是在秦代和西汉的早期，丞相与御史大夫、太尉的地位并不平等，中枢权力集中于相。西汉中期成帝至哀帝期间三公制度的建立旨在削弱相权，通过改丞相为大司徒，御史大夫为大司空，太尉为大司马，分丞相之权归之三公，事实上是将独任宰相改成了集体宰相。

原来丞相的下属机关九卿此时名义上分属三公："太尉公主天，部太常、卫尉、光禄勋；司徒公主人，部太仆、鸿胪、廷尉；司空公主地，部宗正、少府、司农。"④ 从三公的分工中可见，司马主管军事，司徒主管民政、司法，司空主管王室事务及财政。虽然三公名义上都是宰相，但其时外朝的权力已向中朝（内朝）转移，"虽置三公，事归台

---

① 《史记·殷本纪》："武丁夜梦得圣人，名曰说。"

② 《汉书·陈平传》。

③ 孟祥才：《中国政治制度通史》第三卷"秦汉"，人民出版社1996年版，第158页。

④ 《通典》卷20《职官二》。

阁"①，三公实际上被逐渐僭夺决策之权。

4. 三省

三省是尚书省、中书省和门下省，三省的前身均是内廷的事务官或皇帝赐予加官称号以备顾问的内朝官，但是逐渐发展为独立的机构并相继成为朝廷的中枢机构。

三省中最先成为中枢决策机关的是尚书省。尚书原本是丞相和皇帝之间传达章奏的事务官，汉武帝时尚书的权力开始加强，尚书台主办的事越来越多。东汉尚书台实际已从原来所隶属的九卿之一的少府独立出来，尚书诸曹分管刺史、二千石、庶人上书、外国等事务，直接听命于皇帝，成为皇帝的重要辅佐官。因为"机事专委尚书"，"尚书见任，重于三公"②。

继尚书省之后，中书省和门下省也先后成为中枢决策机关，首先是魏晋时中书典掌诏令，夺了尚书省草拟诏命之权，并且从此参与机要，其长官成为真正的宰相。晋代荀勖久在中书，专管机要，后为尚书令，甚罔罔怅怅。或有贺之者，勖曰："夺我凤凰池，何贺耶。"③ 接着是晋时设立的门下省从"省尚书事"发展到"下驳奏议"，从"谏诤权"发展到"上驳诏命"，成为制约尚书省的另一重要的中枢机关，其长官也具有了宰相之权。

至隋唐，三省形成集体宰相，并有了明确的分工，即尚书掌执行，中书掌诏令，门下掌封驳，同时原为内朝官的三省也演变为外朝官。尚书省长官为尚书令但不常授，实际长官为左右仆射；中书省长官为中书令；门下省以侍中为长官。但尚书仆射不带"同中书门下三品"或"平章事"者不是宰相，由皇帝指定参加政事堂会议的其他官员也称宰相，称为"同中书门下平章事"。三省形成的集体宰相制度实际上把此前相权中的决策与执行进行了划分。决策权归中书、门下二省，其中，中书省负责批答公文、奏章并负责起草诏命和颁发制书，门下省则负责审核奏章、文书，行使封驳权。执行权则归属尚书省。

唐代三省长官议事于门下省之政事堂，后来随着中书省地位日益突出，政事堂迁至中书省，中唐时改为中书门下，成为宰相的办事机构。宋初沿用唐之中书门下制，元丰改制才正式恢复建立分立的三省，但是在实践中，中书、门下之间的矛盾往往导致二省相互争执，使政令不行，于是改制不久，建议三省合并的呼声顿起，最终中书门下合二为一，而尚书省原本听命于中书，实际三省归一。

5. 中书省

隋、唐、宋时的集体宰相在运行过程中逐渐表现出缺乏行政效率的缺陷，同时由于三省合署办公，使原来中书、门下彼此牵制的机制实际已无显著作用，因此三省至宋元时又

---

①　《后汉书·仲长统传》。
②　《后汉书·陈忠传》。
③　《晋书·荀勖传》。

改回为一省，即中书省一省制。

元代的中书省为相权所在，由于少数民族统治的特殊性，按照"百官皆蒙古人为之长"的原则，中书省的最高长官右丞相大多由蒙古勋贵出任，中书省除首相（右丞相）以外，尚有左丞相、平章政事等也是相职，因此，虽然只设一省，而仍属集体宰相。

中书省的职权包括决策和执行两方面。刘敏中说："中书省，宰相之府，所以临百司、统万机、定谋画、出政令，佐天子以安天下者也。"① 中书省主持集议、向皇帝奏禀政事，并接受皇帝咨询、进行谏诤封驳，这是中书省的决策职能。中书省发布命令、监督命令执行并亲自处理政务，这是中书省的执行职能。至此决策和执行再次结合起来。有元一代，虽然也曾几次设立尚书省以分中书之权，但中书一省制仍是常态。

6. 内阁

明清的宰相制度由三省制转入内阁制，是皇权进一步扩大、相权进一步萎缩的结果。

内阁制源起于大学士制，在唐代就有君主召对翰林院学士以备顾问的先例，学士本为内廷顾问之职。明初曾一度沿袭元中书省的制度，但是在诛杀左丞相胡惟庸之后，朱元璋在洪武十三年（1380年）作出废除宰相制的决定。明太祖废相后，一方面提高六部职权，将相权中的执行权分给六部，另一方面因朱元璋本人独当决策终不堪重负，遂设立内阁，行使相权中的参与决策的职能，前期是四辅臣，后期是内阁大学士，共同参政、议政，备顾问。"内阁之职同于古相，而所不同者，主票拟而身不预其事。"② 内阁履行职责的主要方式是票拟，而在实践中内阁的票拟又受到太监批红的牵制。阁臣只是皇帝的机要秘书，尽管个别内阁辅臣曾经获得类似宰相的权力，如严嵩、张居正等，但内阁大学士始终没有成为真正的宰相。

清代内阁制度沿袭明代，内阁成员称大学士，内阁大学士四人，满、汉各二员，往往兼六部尚书衔。其次，有尚书协办大学士满、汉各一人。内阁的职权是"赞理机务，表率百僚"③。如此，六部尚书都得以入内阁，使决策与执行再度结合起来，六部的职权和地位也进一步提高。

清代又有"军机处"的设置，军机大臣握有部分相权。"军机处"全名是"办理军机事务处"，最初所掌仅限军务，前身是设立于雍正七年（1729年）的"军机房"，雍正十年（1732年）改名军机处。此后军机处的权力不断扩大，以至于总揽军国大事，削弱了内阁参政的权力，成为内阁中的内阁，并取代内阁成为相权所在。军机处由军机大臣主持，军机章京办理，有着极为特殊的体制，职官简练，有官无吏。

---

① 刘敏中：《中庵集》卷15《奉使宣抚言地震九事》。

② 《续文献通考·职官考·宰相考》。

③ 《历代职官表》卷二。

（二）执行机关

1. 百官

《周礼》中有六卿之说，即所谓"天官冢宰、地官司徒、春官宗伯、夏官司马、秋官司寇、冬官司空"。六卿之中，大体上冢宰相当于相官，而其他五卿则是具体执行之官。虽然《周礼》大致成书于战国时代，但是地下出土物却已经证实了虽然夏、商、周三代的职官并不尽如《周礼》所述，但是在职官类型甚至职官名称上，三代国家机关与《周礼》仍有相当多的吻合之处。

中国早期国家机关基本上按照事务设立，大致可分为主管政治、生产、军事、祭祀礼仪、司法、工程等的机关。夏后氏官百，夏代主管监察的官员有啬夫，主管生产的官员有主管农业的稷、主管畜牧业的牧正等，主管军事的有六事，主管祭祀礼仪的有官占、太史令、天地之官，主管司法的则有大理，主管宫廷事务的有庖正、车正、御龙氏等。商代的国家官员有"百僚庶尹"[1]，商代主管生产的有管理农业的小籍臣，管理畜牧业的牧、马亚、牛正、羊司等，管理手工业的有司工；主管军事的有师长、亚、戍、射等；主管祭祀礼仪的有贞人、巫、作册等；主管司法的有士师等；主管公共工程的有司空；主管宫廷事务的有宰、寝、臣等。周代司土（司徒），主要管理土地，即农官；司工（司空），主管工程；司马是军事长官，管理军事的还有师氏、虎臣等，司寇、司士是司法官员；史、祝、卜则是祭祀礼仪官员。宰、善夫、守宫、御正等为宫廷事务官。

三代执行机关的特点是官职不分，一个官就是一个机关；此外神人不分，宗教事务与政治事务混杂在一起；最后则是内外不分，王室事务与社会统治交融。

2. 九卿

秦、汉的中央国家机关是三公九卿，其中三公或为宰相，或为军事长官，或为最高监察机关，九卿则是具体执行的机关。如果说三代的王家事与国事是混为一体的，那么到封建社会早期，这种现象已经开始改变，但是王室事务与国家事务的区分并不严格，管理宫廷事务的机关与管理国家事务的机关在重要性上没有实质区别，在隶属上也未有差异。

秦时九卿的官名和职责分别为：奉常，掌管宗庙祭祀和国家之礼；郎中令，负责皇帝禁卫；卫尉，负责皇宫守卫；太仆，负责皇帝车马；少府，负责皇帝财政；廷尉，负责司法；典客，负责外交和内部少数民族事务；治粟内史，负责粮食和财政；宗正，负责皇室事务[2]。所有官职都是围绕王室的需要来设置的。

九卿设置之初是对丞相负责，此后随着相权转归三公，九卿也改为分别对三公负责。

---

① 《尚书·酒诰》。
② 《汉书·百官公卿表上》。

3. 六部

六部是取代九卿的执行机关，六部取代九卿是和三省变为宰辅机关同步的。六部的前身是三省中的尚书省的各曹，即尚书省的办事机构。汉成帝时在尚书仆射下设尚书四人分曹任事，"其一曰常侍曹，主丞相、御史、公卿事。其二曰二千石曹，主刺史、郡国事。其三曰民曹，主吏民上书事。其四曰主客曹，主外国夷狄事"①。汉成帝置三公曹，主断狱。东汉光武帝改为六曹，魏晋时曹数进一步增多，形成尚书分领诸曹的格局，隋代改曹为司，六部尚书分辖各司。元废尚书省，六部归于中书省，明罢中书省，六部各自独立。每部有尚书一人，左右侍郎各一人，统有各清吏司。清代各部设满汉尚书各一人。清末官制改革，六部之名废。

吏部掌管全国文职官吏的任免、考课、勋封等事宜，户部掌管全国户口、土地、赋税、钱粮、财政收支等事宜，礼部掌管礼仪、祭祀、科举、学校等事宜，兵部掌管武官选用及军事行政，刑部掌管全国司法行政，工部掌管各项工程、工匠、屯田、水利、交通等事宜。六部取代九卿之后，九卿中的一部分机关还存在，如由"廷尉"转变而来的大理寺，但即使是保留下来的机关，职能也已大为萎缩，在执行机关中的作用也很有限了。六部在建立之初隶属于尚书省，至明废相后，六部地位提高，直接对皇帝负责。

从九卿到六部是一步非常大的改革，宫廷事务逐渐退出政治中心，它直接反映了王室本位到国家本位转变的最终完成。

（三）军事机关

1. 军事统率机关

夏、商、周三代之时，王是武装力量的最高统帅，与后代君主通常只是握有调动军队及任命军事将领的权力的情形不同，三代之王都是直接指挥军队征伐内外敌人的军事力量的统帅，"礼乐征伐自天子出"②。《尚书·甘誓》载，夏王启"大战于甘"，夏王朝历代都有王作为最高统帅，亲率军队征讨敌对的方国诸侯。同样商王也经常率师亲征，甲骨文中有"王伐""王征"的记载。周时王也经常有亲征之举，昭王南巡不返，其实就是昭王率领的军队在征讨南方的过程中全军覆没了。除了亲征，王也可以命将出征或令方伯从事征讨，如周就曾取得商的征伐权，"赐之弓矢斧钺，使西伯得征伐"③。西周时期，一些重要诸侯如齐国也曾经获王命授予专伐权④。夏、商、周三代之后，君主已基本上不再亲自指挥作战，但是君主作为武装力量的最高统帅的地位仍然没有变。君主有权任命军队的所有高级将领，从军队最高指挥如秦汉的太尉、大司马，隋唐的兵部尚书，宋元的枢密使，

---

① 《晋书·职官志》。
② 《论语·季氏》。
③ 《史记·周本纪》。
④ 《左传·僖公四年》："昔召康公命我先君太公曰：'五侯九伯，女实征之，以夹辅周室'……"

明清的兵部尚书、都督至以下的各级将军、总兵、都统等均由皇帝任命。

军队将领有决策参与权及战事的指挥权，但是他们的权力受到最高统治者的严格监控。由于军队的主要来源是族兵，战时与平时的领导体制并无区别，因此文武不分是三代之时军事体制的一个特点，即所谓出将入相。譬如商代的"作册"这一官职，本来通常是史官一流的人物，但在卜辞中也经常领军出征。但那时君主常常亲自统帅军队，军队统率的矛盾尚不突出。官僚制国家建立之后，职官的分化为文武分职创造了条件，而君主集权也使文武分职成为必要。在文武分职之后，军事机关或隶属于行政机关，不隶属的地位也低于行政机关。以文统武成为最高统治者防止军队将领拥兵自重的重要手段。如秦汉时的太尉就是丞相之副，隋唐时兵部只是六部之一，隶属于尚书省，宋元时枢密院是最高军政机关，但是地位低于中书省，清代在兵部之上则有军机处。同时武官的地位下降，武官要受文官节制，历代的兵部尚书都是文职。地方行政官员对驻在地方的中央军有监督检查之权。清代总督和巡抚均是文臣，但是却拥有各省的军事之权，督抚对绿营平时有节制权，战时有征调权。

2. 军队的部署与调动

在军队的部署上历代统治者遵循的都是以内制外的原则。以内制外目的在于保证最高统治者对军事力量的绝对控制。

早在奴隶制时代，中央王朝的军事力量就远远强于地方诸侯。各代的王畿都在国家的中央，而地方诸侯则分散于王畿四周。控制面积上，王畿远远大于诸侯国，中央王朝在兵力动员上无疑占有优势。地理位置上，王畿占据着中心位置，地方诸侯相对分散，很难形成集中的力量。军事制度上，中央王朝的军队也有优先的保障，如周的军制就规定天子六军，大国三军，次国二军，小国一军。因此实际上，中央王朝在军事上基本上都可以保持对地方诸侯的控制力，譬如在夏王朝与地方诸侯的战争中，就中央王朝主动出击的占绝大多数。而到东周时期，当中央王朝不再能保持对地方诸侯的军事优势时，王朝也就面临着衰亡的命运了。

夏、商、周三代以后，由于取消封建而改行郡县制，理论上所有军队都直属于中央王朝，虽然根据军队驻防地点的不同，在形式上尚有中央军、地方军的划分，而地方官员或地方将领虽然有带兵之责却并无用兵之权，发兵仍要听从君命。非但如此，各代王朝还采取了各种措施以内制外，如保持兵员上的绝对优势，宋的禁军数量是全部兵额的一半；向军中派遣监察官员，隋唐有御史监军，明代甚至有太监监军之举。但是在边境地区和非常时期，以内制外就相对难以做到，而这种制约的失效，则往往预示着地方割据的形成。

至于调动军队，从战国开始，就采用玺、符节制度，信陵君窃符救赵就反映了这一史实。秦朝规定凡是调动 50 人以上参与军事行动就必须持有皇帝的命令①。唐律则规定凡发兵 10 人、马 10 匹以上，需要由兵部奉皇帝之命下达敕书、鱼符②。以后各代对调兵权都进行严格控制，明代军队调集有令牌制度，使兵将分离。

3. 兵制

夏、商、周三代实行的是族兵制，也可认为是兵、民合一制。宗族成员在战争期间，都有当兵作战的义务。军队的核心是王家与贵族子弟，即"三族"与"多子族"所组成。基干力量是由平民组成的甲士，他们主要从事车战，步兵（徒兵）则由奴隶充当。

战国到秦汉实行征兵制，征兵以郡县为单位，郡守有征发一郡壮丁作战的权力。当时农民既是主要生产力，也是主要的兵源。秦朝兵役和劳役极为繁重：当时全国有 2000 多万人口，而经常被征发服兵役、劳役的就有二三百万人。汉承秦制，当时规定男子 20 岁就要在官府登记。根据三年耕一年储的原则，从 23 岁起正式服役，直到 56 岁止。每人一生要服两次兵役，每次一年，一次在地方上，称"正卒"；一次在边疆或京城，称"戍卒"或"卫士"。

三国时期产生了"世兵制"。"世兵"就是父子世代为兵。这种兵家户籍不属郡县，而由军府管理，称为"士家"或"军户"。世兵的社会地位低下，只有得到放免才能取得平民的身份。为禁止士兵逃亡，颁有"士亡法"。

南北朝后期的北朝到隋唐，出现了府兵制。在全国各地设立军府，寓兵于农。唐初全国共有 634 个折冲府，府兵归折冲都尉管辖。凡是设府的地方，人民都有充府兵的义务。应征充当府兵的人，平日务农，农闲教练，征发时自备兵器、资粮。服役年龄从 20 岁至 60 岁，这实际上是一种兵农合一的兵役制度。征调服役的人，定期宿卫京师或戍边；战时出征，战事完毕，即"兵散于府，将归于朝"③。

唐代中期，府兵因负担过重而大量逃亡，折冲府名存实亡，府兵制受到严重破坏。为了补充兵员，就采取了招募的办法。募兵制也是宋朝的主要兵制。当时有四种不同军队——禁军、厢兵、蕃兵、乡兵。禁军是皇帝的亲兵，驻守京师，兼备征伐，是北宋的正规军，它来源于全国招募与选自厢兵、乡兵中的健壮兵丁。厢兵是各州募集的地方军，一般不进行军事训练，不能作战，只给地方政府服役。蕃兵是招募西北边疆少数民族，充当国境屯戍守军。乡兵，于招募之外，也有当地征发的，经过训练作为地方防守部队。

元朝在进入中原之前，适用部落兵制。本部落的男子 15 岁以上、70 岁以下全部当兵，

① "虎符"符身虎形，一般为铜制，分两半，有铭文。战国时期秦国国君颁发给杜县（今陕西省西安市郊）的"虎符"上刻的铭文规定：右半在君，左半在杜，凡征发兵甲 50 人以上，必须与君符会合。

② 《唐律疏议·擅兴律》。

③ 《新唐书·兵志》。

下马牧畜，上马攻战。其本族人建立的"蒙古军"与后来吞并各部落而建立的"探马赤军"为主力军。进入中原后，签发20岁以上的汉人壮丁建立"汉军"，作为戍守当地的地方军。

明朝推行"卫所制"。军队组织有卫、所两级。一府设所，数府设卫。卫设指挥使，统兵士5600人。卫下有千户所、百户所。兵士有军籍，世代为军，平时屯田或驻防。遇有战争，朝廷命将，率领调自卫、所的士兵征战。

清朝实行八旗兵制。旗是军政合一的组织，旗民平时为民，战时为兵，因此，旗兵制就是部落兵制。清统一全国后，又以汉人为基础组成了"绿营兵"。兵员时有增减，最多时达到60多万人。清末则有以征兵方式组成的按西式方法训练的"新军"。

（四）监察机关

在奴隶制社会，就已经有了专事监察的官员，如夏之吏啬夫①，但是监察制度正式产生是在战国至秦时期。自秦至清，中国传统的专职监察机关是御史台。御史在战国末至秦初是掌书记之官，《云梦秦简》之《尉杂律》记载，"岁雠辟律于御史"，御史是掌管法律典籍的官员。战国时秦、齐、赵、魏、韩等国都设有御史之职，以后御史逐渐由文书之职发展为监察之职。在战争中御史负责监督将士的作战情况，御史派遣部属巡行全国各地，此外还产生了御史监郡的制度。事实上后代监察机关行使职能的几种方式在此时都已现出雏形，即巡察方式、一对一监督的方式等。

到秦汉时期，监察制度正式形成，国家建立了专门的系统的监察机关，即以御史大夫为核心的监察机构。同时以丞相为首下至郡守、县令长的行政系统也负有一定的监察职能。御史大夫之下有御史中丞、侍御史、监御史等属官，御史中丞又称中执法，在殿中兰台，外督部刺史，内镇侍御史，受公卿奏事，举劾按章，具体掌握监察权力。御史中丞到汉哀帝时成为最高监察官，同时将御史大夫寺扩大为御史台。在朝会时，御史中丞与尚书令、司隶校尉同享专席独坐的殊荣，号称"三独坐"。侍御史由御史中丞领导，监察百官。监御史则是派到郡国和军队的御史，监御史没有固定的监察区，后来被有固定监察区的刺史取代，并在后代成为向地方派遣监察官员的通行方式。汉武帝时期，分全国为13州部，每州部设部刺史一员监察地方。刺史以"六条问事"："一条，强宗豪右田宅逾制，以强凌弱，以众暴寡。二条，二千石不奉诏书遵承典制，倍公向私，旁诏守利，侵渔百姓，聚敛为奸。三条，二千石不恤疑狱，风厉杀人，怒则任刑，喜则淫赏，烦扰刻暴，剥截黎元，为百姓所疾，山崩石裂，祅祥讹言。四条，二千石选署不平，苟阿所爱，蔽贤宠顽。五条，二千石子弟恃怙荣势，请托所监；六条，二千石违公下比，阿附豪强，通行货赂，

---

① 王宇信、杨升南：《中国政治制度通史》（先秦卷），人民出版社1996年版，第134页。

割损正令也。"① 13 州部以外，负责京师及其周围各郡的监察官称"司隶校尉"，其职权与御史中丞相当。

隋唐改御史中丞为御史大夫，御史台分为三院：台院设侍御史掌纠弹百官，监督国家库府出纳，并参与大理寺审判和审理由皇帝制敕交办的案件。其中以资历深者一人知台内杂事，称为杂端，权力最大。殿院设殿中侍御史掌纠弹百官在宫殿内违法失礼之事，及其他朝会、郊祀的仪式礼仪等，维护皇帝的威仪和尊严，并负责巡视京城检举不法，同时也参与监督库府出纳。察院设监察御史若干人，掌监察地方官员，巡按郡县，纠视刑狱，监决囚徒。监察御史奉敕出使巡察诸道，则称巡按使。唐代御史以"六条"巡察州县："其一，察官人善恶；其二，察户口流散，籍帐隐没，赋役不均；其三，察农桑不勤，仓库减耗；其四，察妖猾盗贼，不事生业，为私蠹害；其五，察德行孝悌，茂才异等，藏器晦迹，应时用者；其六，察黠吏豪宗兼并纵暴，贫弱冤苦不能自申者。"② 御史可以"风闻言事"。唐代还设立了谏官组织，包括左右散骑常侍、左右谏议大夫、左右补阙、左右拾遗等，分属中书、门下二省。谏官的任务是规谏皇帝。

宋、元基本上沿袭隋唐之制，略有变化。宋代御史由皇帝亲选，并且规定凡是宰相荐举任官的人以及宰相的亲戚都不得担任御史，同时规定必须三任县令方可担任御史。元代监察制度的重大发展是行御史台的设立。行御史台作为中央御史台的派出机关统领其下的肃政廉访司。全国分为 22 道，每道设肃政廉访使，专门监督地方。

明初将御史台改称都察院，合并了唐宋以来的三院，一直行用至清末。都察院"主纠察内外百司之官"。都察院长官为都御史，其下设有各道监察御史，负责监察地方。明代废谏官，设立六科给事中。清代将对口监察六部的六科给事中并入都察院，科道合一。清末地方督抚都带都察院副都御史之衔，有监察职能。

御史台的职责极其繁多，其中最重要的有两项：一是弹劾百官。御史可以据风闻弹事，弹劾不必先禀告长官，也可弹劾台内长官和同僚。二是推鞫刑狱。有的案件由当事人自赴朝堂申诉，由中书舍人、给事中及侍御史受理，称为三司受事；也有投牒匦中，由侍御史监督处理，称为理匦；更多的是奉敕推鞫。遇有重大疑难及特殊案件时，与常设司法机关共同组成特别审判组织，参与司法审判。

御史台（都察院）是专门的监察机关，但是也受其他机关的监察，如按唐制，御史监察百官，本身却要受尚书左右丞监察，纠弹不当要受劾治。当然在御史台权力膨胀时期，左右丞很少能执行这种监察权力。此外御史监察尚有一个监察责任的问题，在允许风闻弹事的时期，御史基本上不用承担举劾不实的职责，但是多数时候，御史也要承担一定的监

---

① 《汉书·百官公卿表》注。

② 《新唐书·百官志》。

察责任。

三、地方国家机关

（一）方国

夏、商、周三代都实行内服外服之制，所谓内服是指王畿，所谓外服则是指方国。方国实际上是地方国家机关。"越在外服，侯甸男卫邦伯"①，外服根据距王畿的远近，又有不同的划分，并且很可能对王室承担着不同的义务。"邦畿方千里。其外方五百里，谓之侯服，岁壹见，其贡祀物。又其外方五百里，谓之甸服，二岁壹见，其贡嫔物。又其外方五百里，谓之男服，三岁壹见，其贡器物。又其外方五百里，谓之采服，四岁壹见，其贡服物。又其外方五百里，谓之卫服，五岁壹见，其贡材物。又其外方五百里，谓之要服。六岁壹见。其贡货物。九州之外，谓之蕃国，世壹见，各以其所贵宝为挚。"②大体上方国距王畿越近义务越多，越远义务越少。"夫先王之制：邦内甸服，邦外侯服，侯、卫宾服，夷、蛮要服，戎、狄荒服。甸服者祭，侯服者祀，宾服者享，要服者贡，荒服者王。"③

夏、商两代对地方侯伯的控制不如西周那样严密，奴隶制国家在实际上表现为一种松散的联盟形式，但是王和诸侯仍存在主从关系。夏代的方国是否存在特定的等级，资料不详。商代的方国则已有侯、伯、子、男等区分。"千里之外，设方伯。五国以为属，属有长；十国以为连，连有帅；三十国以为卒，卒有正；二百一十国以为州，州有伯，八州八伯。五十六正，百六十八帅，三百三十六长。八伯各以其属，属于天子之老二人，分天下以为左右，曰二伯。"④ 天下分为九州，天子自领一州，其余八州八伯分统于二老（二伯）。诸侯必须奉召参加盟会，还必须受命担任中央王朝的官职，同时诸侯还必须随时向中央王朝提供军队，有义务保护王室、缴纳贡赋。方国有自己独立的政治、经济、军事组织，在履行了对中央王朝的义务之后，方国有相对独立的权力。

周代方国是根据分封制形成的，方国的规模有大有小，大致可以分为两类，即同姓的方国和异姓的方国，同姓方国按成德的方式以宗法进行统治，而异姓的方国则以建德的方式按拟制宗法进行统治。无论是建德还是成德，王和诸侯都建立起了一种宗法上的关系，天子是天下大宗，因此按照宗法关系成为天下共主。按照与中央王朝关系的远近，方国有不同的等级地位，天子分封诸侯，诸侯分封大夫，大夫分封士，通过层层分封，建立起一个金字塔式的宗法等级体系。在宗法关系下，最基础的关系是共尊同一个祖先，以天子为代表的大宗拥有当然的主祭权，并由于这种主祭权的存在，可以祭祀的名义向小宗征收贡

---

① 《尚书·酒诰》。
② 《周礼·秋官·大行人》。
③ 《国语·周语》。
④ 《礼记·王制》，与杜佑《通典·职官·历代王侯封爵》记载相似，杜佑以为殷制。

赋。以这种关系为前提，中央王朝与方国之间遵循一定的权利义务关系，方国的义务包括向中央王朝缴纳贡赋，接受王任命的各级官员，提供武装人员配合王的征讨、定期朝觐、勤王等，方国的权利则有接受王的封赠、保护等。

方国在三代以后基本上不复存在，只有少数几个王朝曾经一度有限地恢复过分封制，且均局限于同姓封建。如汉初封国与郡县一度并存，西晋也有过分封诸王的历史。其余时间虽然也存在王公贵族，但是他们只食租税，并无管理人民的权力，与三代之方国不可同日而语。

（二）郡县

战国末年，秦灭六国之后，废封建而改行郡县制，使三代以来中央朝廷和地方政权的关系更新为集权制的权力结构。

郡县制是伴随着宗法关系的瓦解而产生的。自春秋战国以来，周王室的权威急剧下降，原本"礼乐征伐出自天子"的宗法秩序，变成了各国争霸，"陪臣执国命"的混乱状况。春秋初期，秦、晋、楚等国往往在新兼并的地方设县。春秋中期以后，设县的国家增多，有的在内地也设置了县，县开始成为地方行政组织。县与卿大夫的封邑不同，是直接隶属于国君的地方行政区域。春秋末期，有的国家又设置了郡。这时的郡，虽然面积比县大，但是由于偏僻荒凉、地广人稀，地位反而比县低。如晋国赵鞅在与邯郸赵氏作战时，宣布："克敌者，上大夫受县，下大夫受郡。"[1] 进入战国后，郡所辖的地区逐渐繁荣，人口增多，于是在郡的下面分设了县。战国时期，各国先后在边地和内地设置了郡县，产生了以郡统县的两级地方行政组织。至此，郡县制开始形成。秦统一中国后，在全国实行郡县制。

郡县制在传统中国的历史上一直续存了数千年，虽同属郡县制，但是在不同的时期其具体形式则有所不同，秦和汉初是郡县二级制，此后原来设在郡以上的监察机关州刺史逐渐演变为一级地方行政机关，原来的郡县二级制便变为州郡县三级行政体制。隋唐采用州县两级制，但是负责检查地方官吏的御史台察院在全国设十"道"为监察区域，每道所设的监察御史巡按使因为负责监察郡县，因而逐渐握有郡以上一部分行政权。宋代实行路州县三级制，元则为行省、路、府、州、县五级或行省、路、州、县四级，明为省、府、县三级，清为省、道、府、县四级。行政层级的设置大致和国土的扩大有直接关系，也和对合理的管理幅度的认识有关。

郡县制中各级地方机关对中央以及上下级地方机关之间都是垂直领导，是层层对上负责的体制。各级地方机关虽然有明确的隶属关系，但是地方官理论上仍由中央统一任命，上级机关对下级机关的官员无任命权，只有荐举的权力，同时虽然下级要向上级负责，却

---

① 《左传·哀公二年》。

并不妨碍他们又都可以直接对皇帝报告。到清末，基本上知县以上官员都可以专折奏事，实际上，所有各级官员都是皇帝的属官，他们最终的负责对象只有一个，就是皇帝。

相对于君权的整合性和中央机构权力的分散性，地方机关的权力则或为整合性的，或为分散性的。大致而言，基层的地方机关权力常表现为整合性的，而较高层的地方机关多半只拥有分散性的权力。在宋以前，地方机关的权力是整合性的，刺史、郡守、县令分别是所辖区域的最高长官，对辖区内的政治、经济、文化有统管之权。例如《汉书·百官公卿表》对郡守的职权一言以蔽之："郡守……掌治其郡。"而"（县令长）皆掌治民，显善劝义，禁奸罚恶，理讼平贼，恤民时务。秋冬集课，上计于所属郡国"①。从宋代起，地方机关的权力时常在分合之间变化，宋在州县以上的路一级设四司，即经略安抚使、转运使、提刑按察使、提举常平使②，也称为帅司、漕司、宪司、仓司，分别监管地方军事、财税、民政、司法、盐铁专卖事宜。四司之上并无一个统一的上级机关，而是分别对口中央的有关部门。元代在行省一级，对应于中书省、枢密院、御史台等中央机构，也设有行中书省、行枢密院、行御史台，但是行中书省一权独大。明代为分行中书省之权，在省一级，设承宣布政使司主管民政和财政，提刑按察使司主管司法，都指挥使司主管军政。而清代由分而合，布政使、按察使不复具有独立性，而是隶属于督抚。

四、人民地位

人民地位从国家基本法的角度上而言，是人民与国家的关系。在中国历史上，人民与国家的关系经历了一段漫长的演变过程。

（一）国人和奴隶

夏、商、周的国家是中国最早的国家形态，由部落联盟的形式转化而来的国家，不可避免地带着原始社会的痕迹。原始民主制的遗留，表现在三代在政治运作上仍有一定的民主成分。而由于中国的早期国家是在未能破坏宗法结构的前提下产生的，宗法结构中的血缘、亲族关系也对国家与人民的关系产生了重要的影响。三代的人民由国人、奴隶两个阶级构成，他们分别有着不同的权利义务。国人是贵族和平民③，奴隶则不具有人的地位。

三代之时的国家建立在宗法和拟制宗法结构之上，王室是天下之大宗，贵族是王的亲族，他们按照与王的关系亲疏远近，而被分封到各地，按等级占有一定的土地和人口，可以在封地内征收赋税，并可以征集人民为之服劳役和兵役。贵族基本上不用劳动，而可以过着奢华至少是富足的生活。贵族是人数最少的一个阶层。贵族与王室之间的亲缘结构同

---

① 《后汉书·百官志》县令长条注。
② 《宋史·职官志》。
③ 白钢主编：《中国政治制度通史》（第一卷），人民出版社 1992 年版，第 613 页。

时构成国家结构，因此贵族对于国家政治有着举足轻重的作用，他们直接参与国家政治。

平民也是王的同族，拥有一部分土地，但是不能完全依靠奴隶的劳动生活，因此也需要从事劳动。平民拥有自由身份，人身权利和财产权利受到国家保护。平民在特定情况下，可以参与政治，如"三刺"制度中的询万民，应该是包括平民在内。

奴隶是失去自由的人，他们或是由于战争或是由于受到刑罚而丧失了自由身份，被迫从事劳役。奴隶没有属于自己的财产，任人宰割，生命随时会受到威胁。一直到春秋时期，奴隶殉葬制度还保留着，当然奴隶更没有其他人身权利和政治权利。

（二）臣民

随着专制皇权的建立，人民的身份转化为臣民，相对于君主而言，每个臣民都是一般无二的被统治者。但是继承了宗法社会的特征，臣民仍然存在身份等级差异。封建社会与奴隶社会的不同在于社会结构发生了重大变化，虽然在小范围内还存在贵族和奴隶，但是他们已经不是社会等级的主要构成部分了，社会等级的基本构成转变为士绅和民的划分。

所谓士绅，包括两种人，一种是入仕为官的人，另一种是取得了一定功名但没有做官的和退休、离任的官员。由于传统社会是以家庭为单位的，一个人在身份上的优遇往往可以荫及其家人，所以绅这一阶层应该把他们的家庭成员也同样计算在内。绅的地位由他们的官品以及取得的功名的高低决定。士绅在传统中国的地位比较特殊，他们或直接参与国家治理，掌握有一定的政治资源，或者闲居乡里，但对地方事务保持着相当的建言权。他们有免税特权，在一定额度内的田产不必交税，不用服劳役，而且可以按品级荫庇一定人数的家人。除了经济上的优待以外，士绅还有特殊的社会地位，譬如在野的士绅可以很方便地联系官府，封建社会中晚期有功名的人在接受审讯的时候不用下跪、不被刑讯；在籍士人在判受刑罚时可以官爵折抵刑罚。总的来看，士绅在社会中处于一个较高的层次。在与国家权力的关系上，在位的士绅是国家权力组织的一部分，他们构成官僚体制的核心，并使国家权力得以正常运行。在野的士绅居于皇权与人民之间，成为国家权力扩散至社会的媒介和润滑剂，虽然他们人数在整个人口中所占比例只在 1%～5%[①]，但是由于与乡里社会的密切联系而成为国家权力和人民的中介。绅权一方面依附于皇权，另一方面又相对独立。士绅们秉持共同的儒家文化，以儒家治道对皇权的无限扩张以及皇权的滥用起着一定的制约作用，虽然这种制约往往需要借助某种曲折的方式表现出来，如圣人的教诲、祖先的遗训、灾异的显现、天象的解释等。

民又称庶民，他们是那些不能享受特殊优待的人群，在民之中又有各种不同的身份，

[①]　例如张仲礼估计太平天国前士绅有约 110 万人，如按当时人口统计每户 5 人计算，在当时 4 亿左右的人口中，享有士绅特权的人数在 1.3%。参见张仲礼：《中国绅士》，上海社会科学出版社 1991 年版，第 152 页。

士、农、工、商是其中一种划分，《管子·小匡》曰："士农工商四民者，国之石（柱石）民也。"《淮南子·齐俗训》曰："是以人不兼官，官不兼事，士农工商，乡别州异，是故农与农言力，士与士言行，工与工言巧，商与商言数。"

在士农工商的划分中，士、农在四民中相对地位较高，士和农的身份之间不存在严格的转换障碍，所谓"耕读传家"就是亦士亦农，这两种身份的人民需要向国家履行赋税义务，但是相对来说他们所受的限制是比较少的，他们都属于家世清白的良人，可以通过被察举或参加科举考试取得入仕资格，从而上升到绅的阶层，但是这种机会也不是特别大。但至少他们是国家的编户齐民，享有普通人的自由。"工商食官"就是工商一度附属于官府，为官府服务，个人自由小于士农，后来商逐渐转为以私人经营为主，但工即手工业者仍在很长时期内保留匠籍，人身自由受到严格限制，每年都有很长时间要到官府服特定的劳役。直到明朝，匠籍才逐渐取消，手工业者可以用金钱代替服役，从而享有更多的自由。

世兵是士农工商之外另一社会阶层，即世代为兵的一种人，包括三国时的"士家"、元代和明代的军户以及清代的八旗。军户世代为兵，虽然可免除一定的租税，但要自备装备，常年征戍，一般生活困苦（八旗例外），因此逃亡严重，世兵处在社会底层。

良民之外还有贱民，贱民是从事并且只能从事某些不耻于人的行业的群体。贱民不是奴婢，奴婢没有人身自由，但是贱民有一定的人身自由。然而贱民也有类似于奴婢之处，譬如一朝为贱，世代为贱。贱民通常不能与良民通婚，不能通过捐考做官。中国历史上的贱民大体上产生于魏晋时期，伴随庄园经济的发展，产生了部曲、客等依附性人口。唐代有官私贱民之分，官贱民有工户、乐户、官户（番户）、杂户等，私贱民则为部曲。宋代给佃客及私属编户齐民的身份，放免了官户杂户，工匠的人身权也不再隶属官府，贱民中惟存官伎。明清时代的贱民有两大类：生活在特定地区的贱民如乐户、丐户（惰民）、九姓渔户、蜑户、世仆、伴当和特定行业的贱民即官衙中的执贱役者隶卒。清代法律已令贱民（不含隶卒）改贱为良①，但贱民实际上一直存至民国。

第三节　近代以来国家基本法制度

清末，传统的中国社会面临数千年未有之大变局，国家基本法的各种制度都发生着根本性的变化，在国家基本法中开始出现宪法文本。自此以后，在法律文本体系中，国家基本法即为宪法及其关系法。

清末仿行宪政之始颁布《钦定宪法大纲》宣布实行君主立宪，辛亥革命爆发之后又迫

---

① 《大清律例·户律》。

于压力颁布了《宪法重大信条十九条》，承诺实行虚君共和。民国建立，《临时政府组织大纲》确立了三权分立的共和政体，《中华民国临时约法》确立了内阁责任制。《中华民国约法》使袁世凯成为"超总统"，1923 年的《中华民国宪法》则因曹锟的贿选蒙羞。《训政纲领》和《训政时期约法》则确立了国民党的一党专政。1947 年的《中华民国宪法》没有能够真正结束训政带来宪政，却只是为国民党政权唱响了挽歌。

一、元首制度

王权与君权都是传统社会的元首制度，进入现代社会，元首制度发生了根本性的革命。在传统社会，王或者君作为国家元首都有很强的人身附随性。王或君是一种国家机关，但是却长期与特定的家族和具体的人相联系；而现代社会的元首完全排除人格身份的影响，它只是一个国家机关，与具体的人无关。传统社会的元首是国家权力的源泉和中心，现代社会的元首则只是整个国家权力体系中的一个部分。传统社会，元首高居于国家机器之上，而现代社会，元首的权能都必须在法律中予以规定。

（一）总统

在中国，现代元首制度萌芽于《钦定宪法大纲》，尽管皇帝集立法、行政、司法权于一身，但该大纲第一次以法律的形式明确了元首的权力范围。它规定"大清皇帝统治大清帝国，万世一系，永永尊戴。君上神圣尊严，不可侵犯"。同时明确皇帝有颁行法律及发交议案之权，召集、开闭、停展及解散议院之权，设官制禄及黜陟百司之权、统率陆海军及编定军制之权，宣战、媾和、订立条约及派遣使臣与认受使臣之权，宣告戒严之权，爵赏及恩赦之权，总揽司法权，发命令及使发命令之权。不过《钦定宪法大纲》并不是正式的宪法，由于民国的建立，立宪君主制没有能够变成现实。进入民国后，中国的元首制度翻开了新的一页，进入总统制时代。

中国近代的元首制度与传统的元首制度的首要的区别是元首的产生方式，即元首由选举产生，《中华民国临时政府组织大纲》规定："临时大总统、副总统由各省代表选举之，以得票满投票总数 2/3 以上者为当选，代表投票权每省以一票为限。"[①] 中国的第一位总统是中华民国临时大总统孙中山，1911 年底由各省都督府联合会议产生。行使总统选举权的是 17 位来自各省的代表，孙中山获得了 17 票中的 16 票。1913 年的《大总统选举法》规定总统与副总统由国会两院议员选举，选举会以议员总额 2/3 以上出席为法定人数，候选人必须获得 3/4 以上票数才能当选。以后历届的总统也都是由选举产生，虽然选举过程受到各种因素的干扰，但是选举的形式却始终留存。

总统有两种，即总统制下的总统和议会内阁制下的总统。《临时政府组织大纲》

---

① 荆知仁：《中国立宪史》，台湾联经出版事业公司 1984 年版，附录四。

《中华民国约法》规定的是总统制下的总统。孙中山时期临时大总统有统治全国、统率海陆军、制定官制官规、任免文武官员之权，但缔结条约、制定官制、任免国务员、外交专使及设立中央审判所须经参议院同意；而到袁世凯执政的后期，则基本上取消了这一限制。《中华民国约法》规定："大总统为国之元首总揽统治权，大总统代表中华民国，大总统对国民之全体负责任。"大总统有召集立法院会议之权，经参政院同意可以解散立法院，可以提出法律案及预算案于立法院，可以发布命令及紧急命令，大总统制定官制官规、任免文武职官、宣战媾和、统率海陆军并确定军队编制和兵额、宣告戒严，授予荣典。大总统只是在缔结变更领土或增加人民负担之条款及宣布大赦时须得立法院同意。

《中华民国临时约法》、1923 年的《中华民国宪法》、1947 年的《中华民国宪法》规定的是议会内阁制。《中华民国临时约法》以参议院、临时大总统、国务员、法院行使统治权，规定大总统制定官制官规，任命国务员以及宣战、媾和及缔结条约，均须经参议院同意。① 而在 1923 年的《中华民国宪法》中，大总统的权力增加了公布法律、发布命令、不经国会同意缔结一般条约、停止两院会议、解散众议院之权。

总统制在国民党组织统一的国民政府之后被取消，国家元首由国民政府主席担任，直到 1948 年行宪政府成立，总统制再度恢复，蒋介石和李宗仁分别就任中华民国总统和副总统。按照 1947 年《中华民国宪法》，总统作为国家元首，主要权力有对行政院、司法院、考试院院长及司法院大法官和考试院委员的提名权，对行政院和立法院之间争议的核可权，召集有关各院院长会商解决院际争议的权力。②

（二）国民政府主席

国民政府主席是国民政府时期的国家元首，与民选总统不同，国民政府主席由执政党的委任产生，委任不是国民选举的结果而是党内推举的结果。1925 年 7 月《国民政府组织法》规定"国民政府受中国国民党指导与监督"，国民政府主席来自国民党中央执行委员会的选任。③

国民政府主席的前身是国民政府委员会主席，这一机关最早产生于 1925 年 7 月，其时国民党根据 1924 年国民党一大的决议在广州建立国民政府，但是当时实行集体负责制，虽有国民政府委员会主席一职，但并无特殊权力。首任国民政府委员会主席是汪精卫。1927 年国民党二届三中全会废除了国民政府委员会主席职务，国民政府全体委员作为集体元首。至 1928 年四中全会方始恢复国民政府主席一职，直到 1948 年国民党宣布实行宪政

---

① 荆知仁：《中国立宪史》，台湾联经出版事业公司 1984 年版，附录五。
② 荆知仁：《中国立宪史》，台湾联经出版事业公司 1984 年版，附录十四。
③ 《中华民国国民政府公报》第 1 号。

以前，国民政府主席都是法律上的国家元首。

国民政府主席的职权，前后也有较大变化。早期国务由国民政府委员会议执行，而由常务委员执行日常政务，并且常务委员和主席均由国民党中央决定，因此国民政府主席没有高出于其他委员的职权，只是行使会议主席的权能。1930年间国民政府主席的职权曾空前扩大，国民政府由合议制变为独任制，国务会议被取消，五院院长由国民党中执委选任改为国民政府主席提名，由国民政府依法任免。国民政府委员的权力萎缩，而主席权力明显扩大。但是在1931年底的政制改革中，国民政府主席则彻底成了虚位元首，不负实际政治责任，不兼任其他官职，政府行政中心移至行政院。直到1943年，林森去世，蒋介石出任国民政府主席，国民政府主席才恢复为具有实权的政府元首。

1947年4月，为准备行宪，国民政府进行了改组，扩大了国民政府委员会，一部分青年党、民社党和无党派人士进入国民政府委员会。1948年5月国民政府结束，国民政府委员会撤销。

国民政府主席与其他形式的国家元首的重要不同在于，作为党治国家的名义上的最高领袖，国民政府主席实际上需要遵从执政党的领导，国民政府主席个人始终是作为党的委派人员履行权力，事实上也是作为执政党的一员履行党员的义务。

二、中央国家机关

在传统国家，由于王权与君权的高度整合性，因此不存在现代国家所具有的立法、行政、司法的划分，法律不过是君主意志的体现，政府则是执行这种意志的地方。"政府"一词的来源——"政事堂"，即宰相们议事的地方，后来逐渐演变为相权所寄的机关。传统国家的政府兼有将君主意志变为法律和执行这种法律的职能。只有在进入现代国家之后，才有了立法机关、行政机关、司法机关之间明确的职能区分。而国民党政权由于实行孙中山先生所设计的五院制，又有监察机关与考试机关之设。

（一）立法机关

1. 资政院

中国中央立法机关之源起为清末仿行宪政时设立之资政院，根据《资政院院章》，资政院有一定的立法权，在君权许可的条件下可以制定修改除宪法以外的法律；有财政监督权，即议决预决算、税法、公债的权力。

清末的资政院议员产生方式为钦选和民选两种，钦选议员由皇帝从宗室贵族、各部院官、硕学通儒、纳税多者中间派，民选议员则由各省咨议局议员互选产生，二者各占一半。这是将贵族院和平民院的产生办法加以融合的选任方式，但是皇室贵族和行政官员的加入，却使得立法机关对行政机关的监督难以形成。

《资政院院章》对议员言论权规定："资政院议员于本院议事范围内所发言论，不受院外之诘责"；"议员除现行犯罪外，于会期内非得本院承诺，不得逮捕"①。

资政院常年会期为 3 个月，议员任期 3 年，这些都参考了当时世界各国的通例。因此从形式论，资政院的确是本着"预立议院之基础"的精神设立。虽然《资政院院章》对资政院决议的生效设置了需要会同军机大臣或各部行政大臣奏请皇帝裁夺的障碍，但是在资政院的实际活动中，资政院的议员却普遍认为自己履行的是立法机关的职能，资政院两次常会，通过了速开国会案、弹劾军机大臣奕劻案、速开党禁案、颁布《宪法重大信条十九条》、推举内阁总理大臣等重大议案。尽管这些议案大多都没有能够实施，但是资政院作为中国最早的立法机关，其运作已具有议会雏形，它的影响是深远的。

2. 临时参议院

临时参议院是中华民国南京临时政府时期的立法机关。

依据《中华民国临时政府组织大纲》，参议院以各省都督府所派之参议员组成，参议员每省以 3 人为限，其派遣方法由各省都督府自定。参议院的职权包括议决宣战媾和缔结条约、设立中央审判所，同意大总统制定之官制及国务员和外交专使的任命，议决临时政府的预算，检查临时政府之出纳，议决全国统一之税法币制及发行公债事件，议决临时大总统交议事件，答复临时大总统咨询事件。临时大总统对参议院议决事项有提出复议权。

从实际情况看，初期的参议员多由各省都督府指派而非选举产生，但至袁世凯接任大总统时，大多数省已完成参议员选举。临时参议院发挥了监督政府的作用，如反对汉冶萍借款等事件。在立法上，临时参议院制定了取代《临时政府组织大纲》的《中华民国临时约法》。

3. 正式国会

南京临时政府参议院迁往北京后，制定了《中华民国国会组织法》，1913 年 4 月，国会正式开会。中华民国国会采取两院制，临时约法所规定的参议院职权即为国会两院共同职权，包括议决一切法律案，议决临时政府之预算决算，议决全国之税法币制及度量衡之准则，议决公债之募集及国库有负担之契约，对国务员及外交使节任命，对宣战媾和缔结条约及大赦有同意权，答复政府咨询事件，受理人民请愿，有建议、监督、质询、弹劾权，但是"预算、决算须先经众议院之议决"，所有议案的成立均需两院一致通过。在临时约法所规定的责任内阁制下，国会对政府有较强的制约作用，一届国会曾就"善后大借款"提出弹劾，否决《中俄协约》，并多次否决国务总理的国务员提名。由于约法没有规定国会的不信任与总统的解散权的制衡机制，导致民国初年政治运转不灵以及国会遭到非法解散的后果。

---

① 故宫博物院明清档案部编：《清末筹备立宪档案史料》（下），中华书局 1979 年版，第 659 页。

在国会议员中，众议员由各地方人民选举产生，每省众议员名额按每 80 万人 1 名，不满 800 万人之省也可选出 10 名议员。参议员由地方议会选举产生。议员选举为有限制选举，限制条件包括性别、财产、教育程度等。参议员任期 6 年，每 2 年改选 1/3，众议员任期 3 年，一次性改选。国会会期每年 4 个月，由国会自行集会、开会、闭会。

在民国史上，第一届国会被称为旧国会，旧国会命运多舛，曾经数次遭到解散，又数次恢复，直到最后成为曹锟贿选总统的工具而声名扫地，被孙中山先生斥为"猪仔国会"，议员也被斥为"猪仔议员"，后由直系军阀强力解散。在旧国会以外还有"安福国会"和所谓"新新国会"①，但是这些国会在民国政坛上的表现全都乏善可陈，它们或者成为派系斗争的牺牲品，或者仅仅是带有所谓的民主的标签，最后的结果就使得民意机关完全失去了民心，从民主政治中消失。

4. 中国国民党中央执行委员会、中政会、立法院

南京国民政府时期的立法是一种二元体制，党和政府机关共同立法，在党的方面，中执委、中政会（包括抗战后代行中政会职权的国防最高委员会）与政府方面的立法院共同担负立法职能。中执委主要制定具有根本法性质的法律如《国民政府组织法》，其他法律则由中政会负责。中政会由党和政府要员共同组成（国防最高委员会中还包括军方人士），依据 1932 年国民党中央常务委员会通过的《立法程序纲领》，法律案的提出，均由政治会议决定原则，立法院不得变更，但得陈述意见。（1）政治会议自提之案，自定原则；（2）国民政府交议之案，立法院自提之案，行政、司法、考试、监察四院移送之案，均应拟定原则，请由政治会议核定；（3）各院核定各部会之提案，行政院核定各省市政府之提案，国民政府核定五院以外之直辖机关之提案，均应拟定原则，送政治会议决定②。为保证政治会议所定之立法原则得到贯彻，又规定对于立法院通过的法律案，政治会议可以交复议的形式要求立法院修正。

在党和国民政府的二元立法体制中，党的立法权居于上位，政府的立法权居于下位。党决定立法原则（也直接立法），而政府的立法机关负责具体立法，是这一权位关系的体现。党决定立法原则，可以保证政府颁布的法律与党的政策保持一致，防止政府的法律与党的政策相抵触。

5. 国民大会和立法院

国民大会和立法院可以看做 1948 年行宪后的立法机关。按照《中华民国宪法》，国民大会拥有选举、罢免总统和副总统，修改宪法，复决立法院所提宪法修正案之权；立法院则有议决法律案、预算案、戒严案、大赦案、宣战案、媾和案、条约案及国家其他重要事

---

① 参见徐矛：《中华民国政治制度史》，上海人民出版社 1992 年版，第 81~86 页。

② 谢振民编著：《中华民国立法史》，中国政法大学出版社 2000 年版，第 242 页。

项之权。国民大会代表和立法委员由直接选举产生，从职能分配和产生方式看，立法院近似通常的国会。而国民大会常会6年一次，基本上只是一个选举总统和修宪的机关。由于监察院有同意、弹劾、纠举及审计权，监察委员由间接选举产生，也曾有以监察院与立法院和国民大会同为民意机关的看法①。

（二）行政机关

1. 清末官制改革与责任内阁的开端

从1900年到1906年，在"变通政治，以图自强"的名义下清末官制改革正式铺开，在这一阶段里，中央政府方面的改革范围较大，速度较快。1901年7月清廷改总理各国事务衙门为外务部，班列各部之首；1901年4月设立督办政务处（1906年改为会议政务处，该处下设官制股、学校股、财政股等）；撤销詹事府、通政司，太常寺、光禄寺、鸿胪寺合为礼部，将太仆寺合到陆军部，1902年后相继设立考察政治馆（后改为宪政编查馆）、商部、巡警部、学部、资政院、法制院、财政处（1906年并入度支部）、练兵处、税务处等。除资政院为预立议院之基础外，其他都是行政机关的改革。官制改革中责任内阁一直是各界关注的焦点，但清廷对于取消军机处，或将军机处与政务处合组责任内阁的呼声一直置之不理。直到1911年5月8日，迫于舆论压力才颁布《内阁官制》《内阁办事暂行章程》，裁撤军机处、旧内阁、督办政务处，任命了责任内阁成员。阁员中有总理大臣1人、协理大臣2人、各部大臣10人，共13人。13人中，竟有7人是皇族成员，总理大臣即为庆亲王奕劻。阁员中皇族成员过半，时人戏称为"皇族内阁"。同时"各国务大臣，完全是辅佐皇帝的僚属，根本谈不上责任政治的内阁制精神"②。此后由袁世凯担任总理大臣所组成的内阁则可视为中国近代责任内阁的开端。

2. 政府各部

南京临时政府的行政机关依《中华民国临时政府组织大纲》设置，以临时大总统为首，其下设政府各部，计有陆军部、海军部、外交部、内务部、财政部、司法部、教育部、实业部、交通部，各部均设有总长、次长，其任命由总统提名经临时参议院通过，规定各部权限的官制官规也由总统交临时参政院通过。陆军部管理陆军事务；海军部管理海军事务；外交部管理对外交涉、涉外事务及旅外侨民事务；司法部管理司法行政事务，监

<hr />

① 前中华民国大法官会议释字76号（1957年5月3日）："我国宪法系依据孙中山先生之遗教而制定，于国民大会外并建立五院，与三权分立制度本难比拟。国民大会代表全国国民行使政权，立法院为国家最高立法机关，监察院为国家最高监察机关，均由人民直接、间接选举之代表或委员所组成。其所分别行使之职权亦为民主国家国会重要之职权。虽其职权行使之方式，如每年定期集会、多数开议、多数决议等，不尽与各民主国家国会相同，但就宪法上之地位，其职权之性质而言，应认国民大会、立法院、监察院共同相当于民主国家之国会。"

② 荆知仁：《中国立宪史》，台湾联经出版事业公司1984年版，第146页。

督法官；财政部管理国家财政；内务部管理警察、卫生、宗教、礼俗、户口、国土、水利及其他公益事务；教育部管理教育事务；实业部管理农工商矿渔林牧猎以及度量衡事务；交通部管理交通及通信事务。

总统领导各部履行行政职能与王权或皇权下的执行机关有着根本性的差异，尽管总统是国家元首，对外代表国家，但是当总统作为行政机关的首脑率领其下属机关执行行政职能时必须受到立法机关的制约。政府各部为总统下属机关，但其成员与总统之间并无君臣关系。在政府职能设计中取消了主管宗教礼仪的国家机关，表明国家已经完全世俗化，国家权力的合法性彻底脱离神性。

3. 内阁

临时约法规定的政治体制是责任内阁制，以大总统、副总统和内阁为国家行政机关，行政重心在国务员组成的内阁，内阁正式名称为国务院，由国务总理及外交、内务、财政、陆军、海军、司法、教育、农商、交通各部部长组成，统称国务员。国务总理为国务员之首领，对于各部总长之命令或措施，认为有碍行政统一时，得先中止，然后再提交国务会议讨论，国务总理为国务会议之当然主席。国务员辅佐临时大总统负其责任，国务员于临时大总统提出法律案公布法律及发布命令时须副署之，国务总理及其委员得于参议院出席及发言，国务总理受参议院弹劾后临时大总统应免其职但得交参议院复议一次。

在临时约法设计的权力结构中，大总统并非完全的虚位元首，议会地位稳固，内阁不能提请总统解散议会，内阁地位相对较弱，因此在民国政治的实际运行中表现为倒阁频繁。

4. 行政院

国民政府时期行政院为最高行政机关，但是其权力地位也不是一成不变的。当国民政府主席是实际的行政首脑时，行政院只是国民政府主席下属的一个辅助性机构；当国民政府主席是虚位元首时，行政院就成为有决定权的最高行政机关，其权力类似于责任内阁制的内阁。

行政院院长为行政院首脑，行政院会议是行政院的议事机关。行政院和立法院存在相互制约关系，重大行政事项如行政规章的制定、外交条约的订立、国家预算及大赦事宜，行政院会议议决后，执行前应经立法院同意，同时行政院各部委长官可以列席会议并发言。

在1948年行宪之后，五院制度在形式上没有变，但实质上却有变化，首先行政院院长的产生由总统提名，经立法院同意任命；而在国民政府时期，行政院院长则直接或间接地产生自国民党中央执行委员会。宪法中明确规定，行政院对立法院负责，行政院有向立法院提出施政方针及施政报告之责，立法院可以对行政院行使质询权，立法院对于行政院之重要政策不赞同时，得以决议移请行政院变更之。同时行政院对立法院之决议，可以经总统核可，向立法院提出复议，但如 2/3 立法委员维持原议，行政院必须接受，或者行政院院长辞职。

（三）司法机关

1. 大理院

司法独立是现代国家的标志之一，传统国家中行政兼理司法现象非常突出，地方行政机关一直监管司法审判，而中央虽设有专门司法机关，但在"三法司"体制下，其他机关也同样具有司法职能，中国的司法独立从晚清的司法改革开始。

1909 年颁布的《法院编制法》确立大理院为最高审判机关，并有统一解释法令权，设总检察厅于大理院，独立行使检察权。《法院编制法》同时确立了城（乡）谳局、地方审判厅、高等审判厅、大理院四级三审制，各级审判厅内设检察厅。新的诉讼制度确认了司法独立的原则，区别了民、刑诉讼，确立了审检分立合署制度，同时明确了辩护制度。

《法院编制法》所确立的司法制度基本上为北京政府继承，在普通法院之外，北京政府还在 1914—1923 年设立了平政院，专门审理行政诉讼案件。平政院是独立于普通法院系统的行政法院。

2. 司法院

南京国民政府时期实行五院制，其中司法院是最高司法机关。司法院的职权主要有民、刑事审判，行政审判，法令解释，公务员惩戒等。司法行政事务也一度是司法院的职能，国民政府改北京政府的四级三审制为三级三审制，但是地方法院未完备之前，仍由县长兼理司法。

1948 年行宪后，司法院不再兼管司法行政，但司法院仍有解释宪法之权。

（四）监察机关

1. 国民党监察委员会

党治时期，监察系统由两部分组成，即党的监察系统和国民政府的监察系统，其中党的监察系统是国民党各级监察委员会。按照《国民党总章》，监察委员会有权对同级政府执行国民党政纲的情况进行监察。① 中央监察委员会有权稽核中央政府之施政方针及政绩是否根据国民党政纲及政策。党的监察机关而能对政府行使监察职能，充分反映了党治国家的特征。但是党的监察机关职能发挥的状况则与党政关系中党权地位有关。

2. 监察院

监察院是国民党政府时期的监察机关，但是在党治时期和宪治时期又有所不同。

---

① 《国民党总章》，载荣孟源主编：《中国国民党历次代表大会及中央全会资料》（上），光明日报出版社 1985 年版，第 664 页。

党治时期的监察院是国民政府之下的一个职能机关，监察院行使弹劾和审计两项职权。弹劾的对象是违法或失职的公务员，包括政务官和事务官。弹劾可以由监察委员单独或联名提出，由提出弹劾的监察委员以外的 3 名委员对弹劾进行审查，经审查认为应付惩戒的，移交相应的惩戒机关（不同身份的公务员的惩戒由不同机关管辖）。监察委员独立行使弹劾权和审查权，监察院院长不得干预。监察院还向各地派出监察使，监察使在各自的监察区内有权调查官吏的不法或失职行为，并决定是否提出弹劾。监察院设有审计部负责审计工作，审计包括事前审计、稽查和事后审计，未经审计部核准的命令，国库不得付款。国民政府岁出入总决算及政府的各项核算均应由审计部进行审计。监察院在理论上对任何机关的任何人员均有弹劾权，实际则严格受到中政会的制约，中政会曾制定限制监察权行使的三项办法，规定其可对遭弹劾的由其任命的政务官进行复核，而且中政会直接干预的政务也被自然排除在监察院监察职权范围之外。例如监察院曾弹劾行政院长汪精卫未经立法院议决签署对日停战协定，但是中政会却知照监察院该协定已经中政会议决"应无庸议"①。由于监察院没有惩戒权，遭弹劾人员中实际受到惩戒的只占很小的比例②。

1948 年行宪后，监察院的职能及其性质有比较大的变化，按《中华民国宪法》，监察院的权力包括同意、弹劾、纠举及审计。监察院有权同意司法院和考试院的人员任命，有权弹劾总统、副总统。监察委员从由国民政府任命改由选举产生，并拥有院内的自由言论权。

（五）考试机关

考试院为国民政府最高考试机关，考试院负责考选铨叙事宜，所有公务员均由考试院考选铨叙，方可任用。考选委员会负责考试事务，包括公职候选人考试、任命人员考试及依法应领证书之专门职业或技术人员考试三种。铨叙部负责全国文官、法官、外交官及其他公务员及考取人员的铨叙事项包括甄别、登记、任用、分发、俸给审查、考绩奖惩、补习教育、授勋、抚恤等。设置考试院的初衷在分割行政机关用人之权，使国家机关用人只能在考试合格的人员中选任，避免由于缺乏统一标准而产生的种种弊端。但是考试制度实行的范围和程度都是极其有限的，考试录取的人数远远不能满足中央和地方国家机关的需要，而且其中还有很大一部分人员得不到实际任用，而行政机关任用人员大多数还是以传统方式，任用私人及不合格人员的情况比比皆是，因此考试院未能实现制约行政权的目的。

行宪之后，取消了代议士的考试，相应的考试院也不再拥有组织此项考试的职权。

---

① 载《中央党务月刊》第 45、46 期合刊 1932 年 5 月。

② 如 1933 年 2 月，监察委员刘我青向国民政府提出质询："依据本院最近统计，惩戒案与弹劾案之比例，成为十与百之差"，参见吴绂征：《公务员惩戒制度》第 48 页；转引自邱涛：《中华民国反贪史》，兰州大学出版社 2004 年版，第 255 页。

三、地方国家机关

近代以来中国在国家结构上仍保持单一制，但中央与地方虽然在法律上维持统一，而在事实上则不免地方主义的流弊。

（一）清末的代议机关

清末新政中，地方体制也发生了相应的变革，最突出的变化是代议机关的设立。各省设立了咨议局，咨议局是"各省采取舆论之地，以指陈通省利病，筹计地方治安为宗旨"的地方议政机关，咨议局议员由州县复选产生，候选人和选举人须在学历、财产等方面满足一定的资格要求。咨议局的权限为：议决本省应兴应革事件；议决本省之预算决算、税法、公债及担任义务之增加，权利之存废事件；议决本省单行章程规则之增删修改；选举资政院议员；申复资政院及督抚咨询事件；收受本省自治会或人民陈请建议事件；公断和解本省自治会之争议事件。咨议局会议由督抚召集，"各省督抚有监督咨议局选举及会议之权，并于咨议局之议案有裁夺施行之权"，督抚对咨议局的活动有制约之权①。

（二）北京政府

北京政府时期，中央政府在各省设有各种派出机构，如中央财政部在各省设立财政厅，各省财政权（包括税收、行政经费、预决算等）掌握在财政厅，实际上直接受控于财政部，各省对于中央的派出机关只有监督权而不能指挥。除财政部外，教育部、农商部都在各省设立了自己的派出机构，目的在于保证重要权力掌握在中央。

1913 年 4 月，北京政府颁布了《省议会暂行法》，随后各省议会先后成立。省议会的职权包括议决权、监督权和建议权，省行政长官认为决议不当或违法，可以咨请复议或要求撤销，省议会则相应地可以向最高司法机关提起诉讼。

省县之间有道的设置，全国共设 97 道。道尹受省行政长官的委托，可对道内的财政、司法或其他由中央派出的行政官署的业务进行监督。

省的下级机关是县，县知事的职权是依法发布县令或县单行章程、任命县所辖各级行政官员，为维持治安得调用本县警备队等地方武力，未设法院的县由县知事兼理司法。县议事会的职权为议决本县自治经费、岁出岁入预算决算以及自治经费筹集及处理方法。对公益事项可建议于行政机关核办。对于下级地方之争执予以公断。但县知事如不同意议事会决议，可交议事会复议，还可撤销议事会决议②。

---

①　故宫博物院明清档案部编：《清末筹备立宪档案史料》（下），中华书局 1979 年版，第 676、677、681 页。

②　徐矛：《中华民国政治制度史》，上海人民出版社 1992 年版，第 409 页。

（三）南京政府

南京政府时期，大体上仍为省县二级制，行政督察专员公署则介于省县之间。但是在党治原则之下，地方权力格局已有本质不同。初期由于奉行中央政治会议为党政唯一联系机关的理论，中央是以党统政，在地方层面上，则实行党政分开，省党部、县党部并不能直接干预省县行政机关的行政行为。抗日战争爆发后，地方党政关系发生了改变，在省一级采党政联席制，在县一级则采用融党于政的制度，即在省一级由省政府和省党部组成党政联席会议处理重大政务，而在县一级党取秘密状态，党员参与县参议会等机关进行工作。

南京政府的省制与北京政府的一个重要差异是省政府实行合议制，省政府委员均由国民政府任命，省政府主席也由国民政府指定，省的重要事务由省府委员会议决，省府主席理论上只是会议主席。1938年，国民政府公布《省临时参议会组织条例》，着手组织省一级的民意机关，临时参议会后改为省参议会，参议会有建议权、询问权和议决部分重大事项的权力，但省参议会决议受行政院的制约。行政院如认为省参议会的决议违反三民主义或国策，可以呈请国民政府解散省参议会重选。

按训政设计，南京政府也着力推行县自治，即按整顿户口、登记土地等标准进行自治预备，而在自治完成之县实行县长民选，但是到1947年宣布实行宪政时，县自治也未完成。因此县虽具有双重身份，即一级行政机关和自治机关，但是实际上它主要还是行政机关。国民政府前期，县的权力很小，县之各局同时也是省级机关的下属单位，20世纪40年代推行新县制，裁局改科之后，县长拥有了对各职能分支的完整权力，县的权力有所扩大。

县的民意机关是县参议会，虽然1928年的《县组织法》就规定了参议会的设置，但各县普遍设立参议会或临时参议会则是在20世纪40年代，县参议会有县自治、预算、单行规章、县税、县公债、县有财产的经营及处分、县长交议事项的议决权，县政兴革事项的建议权、听取施政报告及向县政府询问权，县议会的议决事项交县政府有关部门执行。县参议会与县政府的争议由省政府核办。省政府如认为县参议会的决议违反三民主义或国策，可咨文内政部转呈行政院核准，将县参议会解散重选。

行宪后，宪法规定了中央与省、县的权限划分，省亦取得自治地位。

四、国民地位

国民是中华民国建立后人民的概念。《中华民国临时约法》开章明义，在第1条即规定"中华民国由中华人民组织之"，同时明确"中华民国之主权，属于国民全体"。在此基础之上，《临时约法》对国民权利和义务也作出了规定，首先是平等权，即"中华民国人民一律平等，无种族阶级宗教之区别"。《临时约法》明确规定了人民拥有人身自由、住宅自由、财产自由、营业自由、思想自由、集会结社自由、迁徙自由、宗教信仰自由等一系列的自由以及请愿申诉等救济权和担任公职、选举与被选举等政治权利。对于人民义务，则规定有纳税和服兵役两项。临时约法的权利保障采间接保障主义。"本章所载人民之权利，有认为增进公益，维持治安或非常紧急必要时，得依法律限制之。"

从臣民到国民标志着国家与人民的关系发生了根本性的转变，臣民的身份说明了传统国家是高居于人民之上、君临万民的一个组织，它的产生与人民的意志无关，如果说它也需要照看臣民们的利益，那是因为它把自身的权威视为父权的一种天然的延伸。当臣民变成国民，国家的性质就完全不同了，国家被认为是人民意志的产物，国家没有先在的权力，国家权力来自人民权利的让渡。1912年诞生的中华民国在法律上使臣民变成了国民，同时也使民主观念得到传播。但是由于共和体制的失败，民主开始与宪政精神分离，而与党治理论结合，最终产生了党治国家的政治形态，导致人民地位再一次发生变迁。在这一次变迁中，国民身份和信徒身份融合。

1931年的《训政时期约法》对于国民权利义务有所调整。首先在平等权方面增加了男女平等的内容，体现了国民党男女平等之政纲。在政治权利方面明确规定了选举、罢免、创制、复决四项政权，予宗教信仰自由以宪法直接保障。对于财产权利实行了限制，即"人民财产所有权之行使，在不妨害公共利益之范围内，受法律之保障。人民财产因公共利益之必要，得依法律征用或征收之"。在国民义务方面则增加了人民对于公署依法执行职权之行为有服从之义务一项。上述改变强调了在国民党所宣称的在其领导下的政府是人民利益的代表，并有权利、有责任为人民谋利益，而人民则有服从的义务。国民党三大通过的《训政时期党政府人民行使政权治权之分际及方略案》规定："中华民国人民须服从拥护中国国民党，誓行三民主义，接受四权行使训练，努力地方自治之完成，始得享受中华民国国民之权利。"①

1947年《中华民国宪法》中的国民权利义务，又有进一步的变化，在平等权方面增加了党派平等的规定，对于国民权利的保障采取直接保障的原则，规定"除为防止妨碍他人自由，避免紧急危难，维持社会秩序，或增进公共利益所必要者外，不得以法律限制之"。此外将受教育规定为权利和义务的结合，同时取消了对财产权的限制和征用规定以及服从公署之义务，增加了国家赔偿的规定。该宪法有关党派平等的规定宣告了国民党一党专政，不允许其他党派合法存在的训政时期的结束，而对国民权利采取宪法直接保障则体现了当时民主宪政运动的成果。当然由于在所谓"动员勘乱"时期，国民党许诺的宪政并未能实施，该宪法所规定的人民权利也就成了一纸空文。

---

① 蔡鸿源主编：《民国法规集成》第33册，黄山书社1998年版，第34页。

第四节　革命根据地政权国家基本法制度

此处的革命根据地是指中华人民共和国成立以前，中国共产党在实际控制的部分地区建立的政权，包括工农民主政权、抗日民主政权和解放区政权。

一、政权组织

工农民主政权效仿苏联苏维埃体制，1931年在中央苏区成立了中华苏维埃共和国。中华苏维埃共和国是"工人和农民的民主专政国家"[1]，实行议行合一，它的政权组织形式是工农兵代表大会制度。全国工农兵苏维埃代表大会以及地方各级苏维埃是全国及地方最高权力机关，"中华苏维埃共和国之最高政权为全国工农兵苏维埃代表大会，在大会闭会期间，全国苏维埃临时中央执行委员会为最高政权机关，在中央执行委员会下组织人民委员会，处理日常政务，发布一切法令和决议案"[2]。人民委员会下设外交、教育、卫生、粮食、邮电交通、内务、劳动、土地、财政、工农检察各部，人民经济委员会、革命军事委员会，以及政治保卫总局等，中央执行委员会下设最高法院[3]，但最高法院并未实际成立，只建立了最高法庭与各级裁判部[4]。按照苏维埃选举法的规定，一切不剥削他人劳动的人民均有选举权和被选举权，各级苏维埃选举中，乡和城市苏维埃为直接选举，其上的区、县、省和全国苏维埃则为间接选举[5]。

抗日民主政权是"一切赞成抗日又赞成民主的人们的政权，是几个革命阶级联合起来对于汉奸和反动派的民主专政"，抗日民主政权的民意机关是各级参议会，与国民政府的规定保持一致，但是国民政府各级民意机关在抗战结束前并非选举产生，民意代表多由当地政府及党部推荐。在中国共产党领导的抗日民主政权中则实行了普选和直选。中国共产党承诺在民意机关和政府机关中实行"三三制"，即共产党员占1/3，左派进步分子占1/3，中间分子和其他分子占1/3。《陕甘宁边区施政纲领》规定："本党（共产党）愿与各党各派及一切群众团体进行选举联盟，并在候选名单中确定共产党员只占1/3，以便各党各派及无党无派人士均能参加边区民意机关之活动与边区行政管理。在共产党员被选为

---

① 《中华苏维埃宪法大纲》第1条。

② 《中华苏维埃宪法大纲》第3条。

③ 《中华苏维埃共和国宪法草案》（1931年11月），载《中央革命根据地史料选编》（下），江西人民出版社1982年版，第121～132页。

④ 《中华苏维埃临时中央政府一周年纪念向全体选民工作报告书》，载《中央革命根据地史料选编》（下），江西人民出版社1982年版，第224页。

⑤ 《中华苏维埃共和国的选举细则》（1931年11月中央执行委员会第一次全体会议通过），载《中央革命根据地史料选编》（下），江西人民出版社1982年版，第178～185页。

某一行政机关之主管人员时，应保证该机关之职员有 2/3 为党外人士充任。"边区政制中权力由三部分组成，或曰"两权半"结构：立法、行政、司法，但是三权之间既非分立也非统一，而是一种"行政与立法"并列的议行并列体制①，在乡市实行议行合一，兼议会制度与直接民权之长；县级、边区一级是立法与行政分立，司法审判独立，但受参议会监督与政府领导②。在机构设置与行政区划上边区政府大致相当于国民政府的省，边区行政区划为三到四级，即边区、县、乡三级或边区、县、区、村四级。

解放战争前后，边区的参议会制度逐步过渡到人民代表会议制度，由人民以普遍、直接、平等、无记名的方式选出各级人民代表，由各级人民代表选出政府机关——政府委员会，实行议行合一制。以 1946 年《陕甘宁边区宪法原则》为例，该宪法原则规定：边区、县、乡人民代表会议为人民管理政权机关；人民采取普遍、直接、平等、无记名方式选举各级代表，各级代表会选举政府人员；各级政府对各级代表会负责，各级代表对选举人负责；人民对各级政权有检查、告发及随时建议之权，每届选举时则进行大检查；各级政府人员违反人民的决议，或忽于职务者，应受到代表会议的斥责或罢免，乡村则由人民直接罢免之；乡人民代表会 1 年改选一次，县人民代表会议 2 年改选一次，边区人民会议 3 年改选一次；乡代表会即直接执行政务机关。但在这一时期的人民代表大会制度中，监察机关与司法机关都隶属于政府，而不是直接对人民代表大会负责。

值得注意的是，无论是工农民主政权、抗日民主政权还是人民民主政权，党的领导都是政权组织的根本原则，即使是在实行"三三制"时期，党的领导也是一个不容改变的原则，1942 年 9 月中共中央《关于统一抗日根据地党的领导及调整各组织间关系的决定》③，明确提出了根据地领导的"一元化"问题，确定"中央代表机关（中央局、分局）及各级党委（区党委、地委）为各地区的最高领导机关，统一各地区的党政军民工作的领导"。

二、人民权利

工农民主政权赋予工农群众广泛的权利，同时也相应地剥夺了地主、富农的基本权利。在苏维埃政权领域内，工人、农民、红军战士及一切工农劳苦民众和他们的家属，不分男女、种族、宗教信仰，在苏维埃法律面前一律平等；工农劳苦民众有言论、出版、集会、结社的自由，工农劳苦民众有受教育的权利。《中华苏维埃共和国宪法大纲》明确了工农群众享有的平等权、参政权、参军权、民主自由权、信教自由权、婚姻自由权、劳动

---

① 韩大梅：《新民主主义宪政研究》，人民出版社 2005 年版，第 93 页。
② 《高厅长谢秘书长报告经济及民主建设》，载《解放日报》1941 年 11 月 12 日。
③ 中央档案馆编：《中共中央文件选集》第 13 辑，中共中央党校出版社 1992 年版，第 426～436 页。

权、受教育权。

抗日民主政权时期，人民的范围扩大到包括一切愿意抗日的阶层，在工农民主政权时期被剥夺了各项权利的地主、富农等也获得了平等的政治权利。《陕甘宁边区施政纲领》规定："保障一切抗日人民（地主、资本家、农民、工人等）的人权、财权及言论、出版、集会、结社、信仰、居住、迁徙之自由权。"

解放战争时期规定人民享有政治上各项自由权利，并应受到政府的指导和物质上的帮助，人民有武装自卫的权利，各民族一律平等，在少数民族聚居区，可以实行民族自治。《陕甘宁边区宪法原则》规定：人民为行使政治上各项自由权利，应受到政府的诱导和物质帮助；采用减租减息与交租交息、改善工人生活与提高劳动效率、大量发展经济建设、救济灾荒、扶养老弱贫困等方法，保证人民免于经济上贫苦与贫困的权利；实行免费的国民教育和高等教育、优待优等生、普施为人民服务的社会教育、发展卫生教育与医药设备的方法，保证人民免于愚昧和不健康的权利；边区人民不分民族，一律平等；妇女有与男子平等的权利，照顾妇女的特殊利益。还规定人民有武装自卫的权利。但是地主阶级、大资产阶级不再作为政权的阶级基础，他们中除开明人士外不再在政权中保有地位。地主阶级、官僚资产阶级及代表他们的国民党右派成为专政的对象①。

---

① 李智勇：《陕甘宁边区政权形态与社会发展》，中国社会科学出版社 2001 年版，第 12 页。

第八章 中国行政法史

在集权专制的古代中国有无行政法？现代行政法学者往往众说纷纭。这涉及对"行政法"的理解。所谓行政，在现代意义上来说，就是除了立法和司法之外的国家管理和执行职能。行政与国家相伴随，有国家就有行政。国家为了保证行政职能的有效实现，就必然要制定有关行政方面的法律。从广义来说，有行政就有行政法。但是，近代以来的行政法，是指在宪法规定之下，独立于立法和司法的关于行政的法律法规。中国古代对行政的范围并没有作上述的区分，而且也不存在现代法治意义上的行政法。为了从现有部门法立场认识中国古代行政法的面貌，本章所说的行政局限于行政机关管理社会的事务，而排除皇室事务和在属性上近似于行政的监察事务，同时本章按照现代行政法学体例从行政法渊源、行政主体和行政行为三个方面来作叙述。

第一节 概 述

中国古代行政法，是中华法系的重要组成部分。有学者指出，我国古代行政法的历史发展，大致经历了四个重要时期：第一，萌芽时期，即指夏、商时期，夏、商为了统治稳固制定了一些政令。第二，奠定时期，即指西周到秦汉时期。根据《周礼》记载，西周的行政法制十分发达，涉及户赋等内容；同时，秦汉时期，制定了大量的行政法规。第三，发展时期，即主要指唐、宋、元时期。唐六典的制定标志着行政法与律典分离而成为独立的法典，而宋代《庆元条法事类》和《元典章》的出现标志着行政法的不同渊源的综合发展。第四，规范齐备时期，即指明、清时期，明、清王朝集我国历代行政法之大成，对行政法典法规制定更为系统。[①] 尽管这种分类是否合理存有疑义，但从历史上来看，典与律构成了中国古代法律的两大脉络。为了便于理解本章的体例和内容，有必要首先概述一下中国古代行政法的基本特征。

---

① 张晋藩主编：《中国法制史纲》，中国政法大学出版社 1986 年版，第 62~63 页。

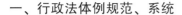

一、行政法体例规范、系统

中国古代行政法从体系上看，特别是从唐六典开始，有着独立于律发展的系统。无论唐代的唐六典、宋代的条法事类、元代的元典章，还是明、清时期的会典，其编纂体例一脉相承。同时，单行行政法规的数量也是惊人的。例如清代六部的各类则例达到几百种。行政法规的系统化反映了统治者治理经验的丰富性，也有助于我们了解中国古代行政活动的内容。

二、行政与司法不分

中国古代行政与司法的关系，通说认为司法与行政合一①或者司法从属于行政②。具体来说，在中央行政机关中有的行政机关虽然没有管辖司法的权力，但是其行政长官却可以参与有关案件的审理，例如明代的朝审，就有六部尚书参与司法的制度；有的行政机关除了一般政务之外，还有管辖司法的权力，例如清代的理藩院本身就有理刑的职能。而在地方，地方行政长官本身职权之一就有司法职能，例如宋以后各代规定知县的职权之一就是"听狱讼"。不过要注意的是，随着君主中央集权主义的发展，中央往往在地方上设立专职司法机关，来管理一地区的司法事务。尽管在机构划分上，行政与司法之间有分工，但是行政机关对司法事务的参与或者行政机关兼理司法的现象被认为是合理的现象。这种行政与司法不分的原因在于封建君主集中权力的需要。为了全面了解古代行政法，本书在介绍行政主体时仍然会涉及有关司法组织的一部分内容。

三、行政权由最高统治者掌握

中国古代君主专制制度决定了权力的合法正统性来源是君主。君主控制着国家的统治大权，包括立法权、行政权和司法权。中国古代皇帝掌握最高的行政权，总揽政务，指挥和控制行政权的运作，保证整个国家机器的顺利运转。同时行政权行使的法律依据也出自君主，君主的意志具有至高无上的法律效力，因此，中国古代行政立法权是由最高统治者皇帝来掌握的。一方面，皇帝的命令本身可以成为行政行为的依据；另一方面，行政法规的制定也是在皇帝的认可或批准之下实现的。所以，行政法渊源，即最高统治者的命令与单行行政法规，都是皇权行使的结果。

四、人事管理制度发达

中国古代行政法对人事管理制度规定得十分详细，这是因为君主专制主义的需要。行

---

① 张晋藩主编：《中国法制史研究综述》，中国人民公安大学出版社1990年版，第3页。

② 叶孝信主编：《中国法制史》，复旦大学出版社2002年版，第3~4页。

政法典的编纂，历代均以"以官统事，以事隶官"形式进行。所有其他的规范都表现为某一种职官的"职守"，即该官员须履行的职责，也就是法律制定或执行的情况首先被认为是某官履行职务的情况，因此，对官员的人事管理成为行政制度运行的枢纽。随着官僚集团的发展，皇权与官僚集团之间的矛盾也不断加深，君主为了有效控制官吏的活动，于是建立了各种官吏管理制度，并用法律形式确定下来。这套职官管理制度包括官吏的选拔、任命、考核、罢免等，体系十分完备。

为了便于理解我国古代的职官管理制度，现将这一套体系按照现代行政法学的体例采用行政主体概念来表述。行政主体是现代行政法学的概念之一，是行政法主体最重要的一种。因此，在研究中国古代行政法时，使用行政主体来描述中国古代行政行为的实施主体，包括行政首脑、中央行政组织和地方行政组织，比较符合现代行政法学的处理方法。同时，为了与现代公务员制度相对应，本章将行政主体与人事管理制度也作了区分，只是仍然放在行政主体部分来叙述。

五、行政行为范围广泛

为了便于理解中国古代行政活动，本章将之概称为行政行为。中国古代行政行为范围有多大？这是一个值得深究的问题。一般来说，其范围十分广泛，包括户籍、土地、赋役、专卖、货币、市场管理、海外贸易、手工业管理等。按照《周礼》六官职能来看，其行政行为范围没有像现代行政行为那样进行分类。中国古代行政法没有在一般范畴上抽象出行政行为概念，再对行政行为作各种形式的分类，例如抽象行政行为和具体行政行为。中国古代往往依照以官统事的体例来规定行政行为的内容，例如吏、户、礼、兵、刑、工，然后每一个部分再进一步划分为不同的职权。这种划分方法虽然较为直观，但是缺乏在更高的思维层次上进行抽象，不利于行政法的进一步发展。不过，为便于解析和叙述，还是按照现代行政行为的分类方法将古代行政活动分为行政立法、经济行政和治安行政。这里要说明的是所谓行政立法与君主制定的单行行政法规不同，是指行政主体在实施行政职能过程中独立发布的行政规定，以指导和管理行政行为。

第二节　中国古代行政法渊源

日本学者织田万在探讨清代行政法的法律渊源问题时认为中国行政法典的编纂由来已久①。对此国内学者各抒己见。综合各种意见，同时考虑中国古代的立法传统，中国古代

---

① ［日］织田万著，李秀清、王沛点校：《清国行政法》，中国政法大学出版社 2003 年版，第 46～47 页。

的行政法渊源主要包括以下两种：

一、最高统治者的命令

中国古代行政法中最重要的法律渊源就是最高统治者的命令。在奴隶制时期，最高统治者被称为王，其命令形式一般称为"命"。在封建制时期，最高统治者被称为皇帝，皇帝的命令形式比奴隶制时期更为复杂多样化。一般来说，主要有"诏""制""敕""令"等形式。例如，秦始皇时期就确定"诏"和"制"等命令形式，所谓"命为制，令为诏"①。唐朝皇帝的命令形式有七种，分别是"册书""制书""慰劳制书""发日敕""敕旨""论事敕书""敕牒"②，用于不同的场合和事项。在最高统治者的命令中，除了规定定罪量刑的内容之外，其余内容的相当部分属于行政法规定。因此，最高统治者的命令常常是行政行为的合法性依据。

二、单行行政法规

单行行政法规是中国古代行政法的另一种法律渊源。奴隶制时期有无单行行政法规，现无资料考证。秦以后，在每一个朝代法律体系中单行行政法规的表现形式各异，至于何种法律形式属于行政法规则不容易分辨。这里所讲的单行行政法规主要指适用于行政机关行政活动的一般性规定。例如，秦代的"程""式"，汉代的"科"，魏晋南北朝时期的"令"，隋、唐时期的"格"和"式"，宋、元时期的"指挥"，明、清时期的"条例""则例"。其中，唐代对"格"的解释是"格者，百官有司之所常行之事也"③。即通行于行政机关办事的规定；对"式"的解释是"式者，其所常守之法也"④。即行政机关公文程式的规定。这些单行行政法规往往是在继承以往皇帝对行政机关发布的命令基础之上进行删定的，其数量也是十分庞大的。例如，汉代的科，有所谓"汉兴以来，三百二年，宪令稍增，科条无限"⑤。科的数量相当大。随着皇权的进一步集中，单行行政法规的数量到清代可以说达到封建社会的顶峰。清代中央行政机关法规一般称为则例，主要是依据成案、谕旨编纂的定例，几乎各部、院、寺、署均有则例，如《吏部则例》《户部则例》等。甚至行政机关内部机构也有行政法规，如《吏部稽勋司则例》等。单行行政法规为行政活动提供了依据。单行行政法规在效力上并不能违反最高统治者的命令，后者常常与前者并行适用，乃至取代前者。

---

① 《史记·秦始皇本纪》。
② 《唐六典·中书省》。
③ 《新唐书·刑法志》。
④ 《新唐书·刑法志》。
⑤ 《后汉书·陈宠传》。

第三节 中国古代行政主体

行政主体是行政法学上的重要概念。在中国古代行政法中，行政主体就是指行政组织。行政行为的实现主要通过行政组织来达到。古代行政主体主要包括行政首脑、中央行政组织和地方行政组织。对该组织进行规范的是古代官吏管理制度。

一、行政首脑

为了便于行文需要，我们采用行政首脑来统辖奴隶制时期的王和封建制时期的皇帝。

奴隶制时期，夏、商、周的王是行使行政权的行政首脑。由于夏、商、周王对地域管理的权力存在一定差异，因此，其行政权在自己的领地与诸侯国之间存在不同的方式。夏、商王与诸侯国的关系不像周代的分封制那么完备。在西周分封制下，虽然周王被视为"诸侯之君"，可以对诸侯国行使领主权力，但是，周王对诸侯国的内部行政事务却无权直接插手。因此，周王的行政权力真正发挥作用的区域有限，仅限于自己的王畿部分。但在行政任命和行政监督的意义上，夏、商、周的王依然可以被视为整个王国的行政首脑。

封建制时期，实行君主专制制度，皇帝在国家生活中处于核心的地位。"天下事无小大皆决于上"①，即君主总揽统治权，包括立法、行政、司法、监察和军事大权。就行政权而言，皇帝是行政首脑，有权决定国家行政活动的决策和实施。

二、中央行政组织

中央行政组织是中国古代行政主体之一。这里所说的中央行政组织主要是指负责民政事务和军政事务的中央国家机关，以其行政组织特征区别于中国古代监察组织和司法组织。虽然中国古代司法事务往往被视为与行政合一，但其行使案件判决权的特征仍是独有的，故主要放在司法制度史中进行叙述。

（一）奴隶制时代的中央行政组织

中央行政组织在很久以前就已经存在。据说虞舜时就设置了九官。《礼记·明堂位》也说"夏后氏官百"。这表明夏代中央行政组织就已经建立了。在中央有掌管畜牧的"牧正"和造车的"车正"。商代时期，中央与地方划分为内服与外服两种管理体制。在内服区域，商代专门设置了行政组织来管理政务，其分为政务官和事务官。前者有尹、宰和卿等职官，其权力较大，例如辅佐商汤的伊尹，在汤死后，曾把商王太甲放逐于桐。后者有多尹、御事、司工、牧正等职官，例如掌管畜牧业的"牧正"，掌管手工业的"多正"

---

① 《史记·秦始皇本纪》。

等。周代时期，仍然实行内外服制，其中央组织更为庞大。其中，辅佐周王进行统治的主要是"三公"，即太师、太保、太傅。但是，三公不常置。在西周，中央机关主要有"六大"和"三右"，前者包括大史、大祝、大卜、大宰、大宗、大士，后者包括司徒、司空和司马。"六大"和"三右"总称"卿事寮"。这些中央机关主要负责治理周王室直辖的"王畿"。到春秋战国时期，中央行政组织有所变化，逐渐向中央集权国家行政组织过渡。

（二）封建制时代的中央行政组织

到秦汉时期，中央行政组织逐渐完善，奠定了以后王朝的中央行政组织形态。对此，有学者有一精辟的论述："战国七雄，秦国地处西陲，先于华夏诸国首先完成了九卿制的设置，这是我国行政制度中各衙门第一次较为严密的分工。同时也设置尚书，尚书当时虽职司枢要，后来的发展竟成了六部的先驱。九卿与尚书，便成了我国历史上的主要行政机关。在诸卿时期，设官分职多属于皇帝私人事务。这是封建社会初期的现象。到了隋代以后，六部正式成立，其职掌多属国政，即诸卿所管的也多不是皇帝私人事务。这是封建社会趋于成熟时期的现象。"① 中央行政组织主要是九卿六部制。其中，九卿制度"盛于秦汉，衰于宋元，而变于明清也"②。而六部制度"肇于两汉，定于隋唐，而变于清末也"③。不过，为了全面了解中央行政组织，还需按照历史演变来进行分述。

秦代时期中央行政组织主要是三公领导下的列卿制。三公主要包括丞相、太尉和御史大夫，它们负责中央行政决策。其中，丞相"掌承天子，助理万机"④。其职责无所不包，并且管理中央到地方的政务。在三公以下，设立列卿作为中央行政执行机构。汉代继承秦制，建立三公九卿制。汉代的三公，丞相、太尉总揽政事、兵事，御史负责监察，共同组成国家发布政令的中枢机构。三公之下设立九卿。九卿的设置与秦代列卿基本相同，只是将奉常改为太常，郎中令改为光禄勋，典客改为大鸿胪，治粟内史改为大司农。东汉时期，九卿职责有所调整。同时，西汉中期开始，中央行政组织的重心开始转移至新的机构之中，这就是六曹尚书。尚书起源于伺候皇帝起居的"六尚"，其中尚书分管图书秘籍，久而久之，遂参与机要。尚书机构扩大后，开始分设机构，即诸曹。汉成帝时，首先分为四曹，后来又增设三公曹，这样形成了五曹。东汉光武帝时，又改为六曹，此即为后代尚书六部的起源。从此以后，列曹数目不断变化。列曹职务的不断增加导致列曹本身的分化，形成了更多的机构。到北齐时，六部制度就基本成型了，共分为吏部、殿中、祠部、五兵、都官、度支六尚书，分领二十八曹。这样，六曹尚书组织开始成为中央行政组织。同时，三省制也相继形成，成为新的中央行政决策机构。

---

① 杨鸿年、欧阳鑫：《中国政制史》，武汉大学出版社 2005 年版，第 120 页。
② 陈顾远：《中国法制史概要》，商务印书馆 2011 年版，第 103 页。
③ 陈顾远：《中国法制史概要》，商务印书馆 2011 年版，第 103 页。
④ 《汉书·百官公卿表上》。

隋唐时期的中央行政组织是三省六部。三省分别是中书省、门下省和尚书省；而六部是指尚书省所辖的史、户、礼、兵、刑、工六部。同时，中央行政组织，除了三省六部制之外，还有九寺和五监。六部掌管政令，而寺监则负责贯彻政令并从事各种事务工作。唐代九寺包括太常寺、光禄寺、卫尉寺、宗正寺、太仆寺、大理寺、鸿胪寺、司农寺和太府寺，是原九卿的办事机关。而五监包括国子监、少府监、将作监、军器监和都水监。五监主要负责营造生产。

宋代中央行政组织虽然设立三省制，但是其权力已不重要。最重要的行政组织是中书门下，其有权对下属行政机关发布命令，下属机关也直接向中书门下报告工作，其职责范围仍然很广泛。同时，宋代的军政权力逐渐转移至枢密院，而财政权则分配给三司使，其包括盐铁、度支、户部三部。虽然宋神宗时期王安石通过变法对中央行政组织有所改革，但是在整体上没有大的变化。

元代初期中央行政组织采用三省制。元世祖时期，以中书省代替三省，于是中央权力进一步集中，形成一省制。同时，中书省以下分设吏、户、礼、兵、刑、工六部，是具体管理全国各项事务的执行机关。其他从属于六部的机关，如院、寺、监、府等，基本沿袭了唐代的九寺五监。

明代初期，中央行政组织仍然实行一省制，中央设中书省，统辖六部。朱元璋时期，为了打击相权，废除了中书省制度，罢黜丞相职位。中央六部直接对皇帝负责，其权力和地位大大提高。这是唐、宋以来中央行政组织的一大变革。由于皇帝亲自领导六部，事务非常繁忙，后来又增设内阁。内阁首辅是最高行政长官，但是内阁不是决策机关，是依附于皇权而存在的。值得注意的是，明代六部可以直接指挥下级行政组织，比清代六部权力为大，这是明代中叶以后皇帝虽常常不问政事，但仍然是政成事理的制度根源。

清代中央中枢组织从议政王大臣会议到内阁再到军机处，屡有变迁，但是清代中央行政组织仍沿用明制，建吏、户、礼、兵、刑、工六部，分设满汉尚书各一人，满汉侍郎各二人，下设各类属官。六部长官对皇帝负责，只能呈请皇帝颁发必要的诏令，而无权直接向地方发号施令，其权力缩减。同时，其他院、寺、府、监等机构也进行了较大裁并。九寺中只剩下审理刑狱的大理寺，管理祭祀的太常寺，管理典礼筵席朝会的光禄寺和鸿胪寺以及管理马政的太仆寺。五监中也只剩下国子监了，是培养国学学士的机关。此外，还保留培养人才的翰林院。

中央行政组织从秦、汉到明、清，经历了较大的变化，其基本原因是围绕着皇权与官僚集团的权力争夺展开的。尚书六部、中书门下、内阁、军机处，原都是皇帝身边、侍从于皇帝的办事机构，后因机关坐大，迁出外朝，列入行政百官序列。

三、地方行政组织

地方行政组织是行政事务贯彻落实的重要一环，因而也是行政行为的重要载体，是行政主体之一。我国奴隶制时期实行分封制，在这种制度下，没有中央与地方关系之分，只有王朝与诸侯国之分，因此，诸侯国的行政组织相对于王朝的行政组织而言，就是地方行政组织。商代地方机关职官大体分为两部分：一是由商王派遣统治地方的贵族，称为侯、甸，其统治区域称为诸侯国；二是臣服于商朝的方伯，它们要向商王纳贡，也可以被视为地方机关。西周时期地方政权分为国、都、邑三级，在这三级政权上，设置有侯、甸、男、卫等不同的诸侯。其在自己的封国内仿照周王室的制度，建立起相应的一套行政机构，管理自己的封国。而在周王室直接管辖的地域内，地方行政组织主要分为郊、乡和遂，具体来说，在王城周围百里为郊，郊内设乡，郊外设遂，形成地方行政机关。春秋战国时期，原有的世袭采邑制度遭到破坏，出现了郡县制度。由于郡县制对于组织大规模战争和抵抗外来入侵有很大的作用，逐渐成为重要的地方制度。秦朝建立后，郡县制才在全国范围内推广。此后，秦、汉至明、清地方行政组织情况虽各不相同，但是由于地方行政组织往往与政权组织相互重合，而后者在国家基本法部分也做了叙述，所以不再对县以上地方行政组织重复介绍，只简单叙述一下县以及县以下组织。

（一）县

县是地方行政组织中最为稳定的行政主体。一般来说，县承担着直接执行行政行为的职责，因此，在整个行政组织中，县的地位十分重要。凡是一县政令，包括赋役、狱讼、教化、风俗、社会保障等，均属于其职责范围。

县出现于春秋初期，到战国时期已在各诸侯国广泛设置。春秋时期，县的长官叫大夫，战国时期，大多改称为县令。秦代县级行政长官称为县令或县长，县令、县长由中央任免，负责一县的政务，兼理司法。汉代县制沿袭秦制。三国两晋南北朝时期，县制与汉代基本相同，大县置令一人，小县置长一人为长官，总掌全县政务，只设县丞为辅佐。隋、唐时期，县制基本未变：县设县令、县丞以及主簿、县尉等属史。宋代开始，县以知县为长官，由皇帝任命文官担任，改变了五代以来武人把持政务的局面。元、明、清沿袭之。

（二）县以下行政组织

同县级组织一样，"县以下的行政组织，其变化也不大。大致说来，在秦汉时期已奠定了模式的基础。以后各代虽或有些变革，大抵只是名称的变化，其结构、功能及运转方式方法都无大的变更"①。县以下行政组织，最初在春秋时期就开始进行改革，例如，管

---

① 杨鸿年、欧阳鑫：《中国政制史》，武汉大学出版社 2005 年版，第 379 页。

仲治理齐国时，在县之下划分为乡、连、里、轨等组织，即实行五家为轨，十轨为里，四里为连，十连为乡。战国时期，县以下设有乡、里、聚（村落）等组织。到秦汉时期，乡里制度成为主导地位。秦代县以下有乡、里、亭。乡设有掌管教化的三老、掌管诉讼赋税的有秩或啬夫等。里设里正，掌一里百家。亭设有长，负责维护社会治安。汉代沿用秦制，实行乡亭制度，大致五家为伍，二伍为什，十什为里，十里一亭，十亭一乡。伍有伍长，什有什长，里有里正，亭有亭长，掌管民间纠纷和抓捕盗贼，乡有三老、啬夫以及游缴，三老掌管教化，啬夫掌管赋役，游缴掌管巡逻盗贼。三国两晋南北朝时期仍设有乡里制度，但各政权又有一些改革。隋、唐时期，县下有乡，设乡正一人；有里，设里正一人；里下有村，村有村正，并实行严密的邻保制度，以加强对基层的控制。宋、元、明、清时期，开始对基层管理制度实行改革。明代实行里甲制度，以一百一十户为里，其中推选丁粮多者十户为里长，轮流为首。其他一百户分为十甲，设甲首，负责民政、赋役和教化。而清代在明代里甲制度基础上，创设了保甲制度，具体来说：十户立一牌，设立一个牌头；十牌立一甲，设立一个甲头；十甲立一保，设立一个保正。

四、人事管理制度

人事管理制度主要包括官吏的考选和官吏的管理两个方面。官吏的考选就是通过一定的机制将各类人才选拔到国家机关中，为政权所用；而官吏的管理则是指在日常行政活动中对官吏进行任用、考核，既规定官吏享有的权利，又规定官吏的义务，以保证国家机器的正常运转。

（一）官吏的考选

官吏的考选，就是入仕途径。按照苏东坡的说法，我国古代官吏入仕途径大致分为五个发展过程，即"三代以上，出于学。战国至秦，出于客。汉以后，出于郡县吏。魏、晋以来，出于九品中正。隋、唐至今，出于科举"①。实际上，每一个历史阶段的官员入仕途径是多样的，但大体上有一种主要的途径。为了便于了解秦、汉以来的官吏考选制度，我们从四个方面进行介绍。

1. 荐举

荐举是指推荐人员担任一定职位。一旦获选，就可以直接任官，这是荐举制度的特色。这种制度流行于秦、汉和魏晋南北朝时期。

秦、汉时期实行察举制度，在实质上属于荐举。根据皇帝颁发的诏令，由中央和地方官员向朝廷推荐人才。法律往往规定察举的要求，例如孝廉、茂才、贤良方正、文学、明经、明法、兵法等。其选拔标准基本上是："一曰德行高妙，志节清白；二曰学通行修，

---

① 《苏东坡集·后集》卷十一。

经中博士；三曰明达法令，足以决疑，能案章覆问，文中御史；四曰刚毅多略，遭事不惑，明足以决，才任三辅令。"① 也就是根据需要来决定人才的种类。然而这种荐举制度到汉末已经大坏，难以获得优秀人才。

为纠正察举制度的弊端，魏晋南北朝时期广泛采用九品官人法。九品官人法创始于曹魏，沿用至南朝宋、齐、梁、陈各代。曹操执掌政权时，曾选择各地声望高的人士出任"中正官"，将当地的士人按照才能分成九等，由官府按等次选任官吏。这是九品官人法的萌芽。曹魏文帝黄初元年（220 年）正式设立九品官人法，规定郡设小中正官，州设大中正官，中正官的职责是依照家世、才能、德行将辖区内的士人分成上上、上中、上下、中上、中中、中下、下上、下中、下下九等。对于品评的人物，由小中正将品评结果报大中正核实，再经大中正报中央司徒决定，最后由中央尚书按品第高下决定是否任官。由于"九品"标准往往考虑家世因素，且往往由中正官的主观意志来判断，在南北朝期间的领主经济和士族政治下事实上造成了"上品无寒门，下品无势族"② 的结果，致使中下层庶族地主无缘参与政治，严重影响了社会成员公平入仕，后逐步退出了官员考选领域。

2. 制举

制举制度来自秦汉时期皇帝实行的征辟制度。所谓征辟，就是皇帝出面选拔一些有名望的人士。例如秦始皇时叔孙通以文学征，汉武帝时申公以经学征。隋、唐以后，开始确立科举考选制度，但皇帝亲自选拔的制度并未消失，这就是制举。制举的法律依据是天子的诏令。唐代制举制度名目繁多，有贤良方正、英才杰出、才堪经邦等，几年举行一次。皇帝亲自驾临考试现场。考试及格后就可以授予官职。宋代很少举行制举，人才选拔往往来自科举。元代时期实行寻访隐逸制度，也类似于制举制度。这是因为元代政权是由少数民族统治中原，需要通过选拔贤能笼络人心。明、清两代均有类似做法。例如，清代顺治年间（1644—1661 年）曾诏举山林隐逸，以收服人心，以后又专门设置孝廉方正科以奖励德行，设博学鸿词科以待文学之士。制举制度实际上是选拔人才的非常措施，其制度功能不能与科举制度相提并论。

3. 保举

保举与制举、荐举不同，其往往由高级官员从自己的下属中向中央推荐以获得录用。明清时期保举制度最为盛行，以弥补科举制度之弊。明代历朝保举制度不一。例如明代洪武十七年（1384 年）命天下朝觐官举廉能属吏。以后又规定举主与被举之人实行连坐，若被举人有绩效，则保荐人也一起升赏，反之则对保荐人重加罪罚。清代保举，主要是保

---

① 《后汉书·百官志》注。
② 《晋书·刘毅传》。

举有功的官员，分为明保与密保两种。前者是由吏部转军机处奏闻的保举，需要交给吏部审议；后者则不需要经过吏部，而由军机处直接奏闻皇帝批准。清代中叶以后内忧外患，科举制度无法获得优秀人才，保举之风盛行。例如曾国藩在剿灭太平天国期间，其幕府人才盛极一时，其中杰出人物有李鸿章、左宗棠、彭玉麟等。但是保举制度往往只能收一时之效，不能持久。

4. 科举

科举制度创制于隋，唐、宋、元、明、清沿用其制而不断发展。科举制是通过考试录取人才，然后分别任官的制度。

隋文帝统一全国后，废除九品中正制，建立科举制度。开皇年间，正式颁诏设立秀才科，规定每州每年选送 3 人，加以考试，试得高第者为秀才，全国举秀才者不过 10 人。隋炀帝又设进士科，考试内容为诗赋。这是科举制的开端。唐代科举制度更加严密。其学馆之生徒与州县的乡贡，参加州县两道考试，再参加省试，由礼部组织。其考试科目较多，主要有秀才、明经、进士、明法、明算、明字、一史、三史、开元礼、道举等，其中以明经和进士科为重①。明经中又有五经、三经、学究一经、三礼、三传、史科之别；先试帖文，然后口试经文大义十条，答时务策三道，以上上、上中、上下、中上四等为及第。口试以后改为墨义。进士则先试诗赋，取后再试时务策五道，帖一"大经"。经策全通为甲第，策过四、帖过四以上为乙第。每年应试者常常达到八九百人，多者超过一千四五百人。科举制度实行的结果，为中下层士人入仕提供了一条途径，例如，"家代无名"的李义府，通过科举也能做到宰相。

宋、辽两代，科举内容改为重视经义，而且考试办法日益完善。宋代在神宗以前沿用唐制，以词章记诵为重。王安石变法以后，只存在进士和新设的明法科，后来又增设武举和童子举。考试必须先在各路考试，中试者称为举人，方能获得资格。进士科不再考诗赋，而考经义、论、策三种，其中经义又将墨义改为大义。明法科则以律令及刑统大义为考试内容。宋代重视经义的做法取得了一定的成效。同时，为了防止考官考生作弊，采用了唐代的"糊名考校法"，并且建立了"誊录试卷法"。所谓糊名，就是将考卷上姓名密封，所谓誊录，就是将每份考卷另由誊员重抄一遍，原卷存封，抄卷送考官评阅，以防止考官通过识别考生字迹作弊。

元代时期虽在元太宗时一度恢复以科举取士，后来中止。此后，到元仁宗延祐元年才恢复科举取士制度。元代科举分乡试、会试、殿试三级，每三年举行一次，分蒙古、色目和汉人、南人两榜，带有民族歧视的色彩。考试命题内容"将律赋、省题诗、小义等都不用，止存留诏诰、章表，专立德行明经科，明经内，《四书》、《五经》以程氏、朱晦庵注

① 《新唐书·选举志》。

解为主，是格物致知、修己治人之学"①。元代科举制度结束了以诗赋取士的历史，首创以程朱理学为程式的经义取士制度。此制经明代至晚清，维持了将近600年。

明、清两代，科举制度更加完善。明代规定三年举行一次，一般考试分为三级：乡试、会试和殿试。在省举行乡试，乡试合格者称为举人，次年举人在京师考试，考试合格者由皇帝进行殿试，取一甲三名，曰状元、榜眼、探花，赐进士及第；二甲若干人，赐进士出身；三甲若干人，赐同进士出身。明代考试内容专门选取四书及易、书、诗、春秋、礼记、五经命题；其文仿照宋代经义，代古人言，以古人语气作文，体例用排偶，而且每篇文章除了开端的破题承题外，其格式必须包括八个段落，即起讲、领题、题比、出题、中比、后比、束比、落下（大结），称为八股。八股文也起到了禁锢思想自由的作用。清沿袭明制，略有损益。

当然，中国古代选拔官吏还有其他途径，往往称之为异途选任。例如，秦汉时期的任子制度、魏晋南北朝时期的特诏、两宋时期的恩荫和清代的捐纳制度，兹不赘述。

（二）官吏管理

在选拔以后，官吏的日常管理也是古代人事行政的重要内容。我国著名学者王亚南先生曾精辟地指出："大体而论，官制包括三个门类：其一是官职、官品、官禄的确定；其二是官吏权责的分划；其三是官吏任用的程序。"② 相应地，我们将官吏管理制度分为官吏的职守，包括官职、官品和官禄；官吏的任免，包括官吏的任用和罢免；以及官吏的考核，包括官吏职责范围及考核。

1. 官吏的职守

（1）官职。官职是官吏管理首先要面对的问题。中国政治制度史也主要以官职为考察对象。如何设置官职也是历代君主考虑的问题。任何官职的设置往往带有管理者主观意图的内容。"如秦设许多新官职：丞相、太尉、御史大夫、郡守、郡尉、监御史等……那都是为了大权独揽，'置诸侯不便'的代替物。"③ 官职的合理设置有利于保证权力集中，实现行政效率。

（2）官品。中国古代有品爵勋封制度，其中与行政管理有关的是官吏的品秩。品秩是与官吏职务相并行的身份制度，表明不同的政治待遇，显示官吏尊卑关系。在奴隶制时代，实行亲贵合一，有亲即有权位，权位的内在根据是血缘关系，因此，无品与职之分。战国时期，随着世卿世禄制度的废除，开始实行新的等级制度，这就是品爵勋封制度。这里介绍一下历代的品秩制度。秦汉时期实行"粟石品级制"。例如汉代以禄秩的

---

① 《元典章·礼部·学校·儒学》。

② 王亚南：《中国官僚政治研究》，中国社会科学出版社1981年版，第65页。

③ 王亚南：《中国官僚政治研究》，中国社会科学出版社1981年版，第65页。

多少来表示官的等级，大致划分为：万石，金印紫绶。中二千石、真二千石、二千石、比二千石，以上银印青绶。千石、比千石、八百石、比八百石、六百石、比六百石，以上铜印黑绶。四百石、比四百石、三百石、比三百石、二百石、比二百石，以上铜印黄绶。一百石、比百石、斗食、佐书。三国两晋南北朝时期有新的发展，最终形成九品之法。隋代采用九品之法，每品分正、从，共18等，称为流内；又定流内视品，起自正二品，至于九品，分为正、从，共16等，称为视流内；又有流外勋品，自二品至于九品，共8等；又有视流外勋品，亦自视二品至视九品，共分8等。至此，品秩制度就相当完善了。唐、宋、元、明、清沿用而又有所损益。当然，品级不同，官吏的服装颜色和相应待遇也不同。

（3）官禄。为了保证行政体制运转，中国古代规定了每一层级官吏的收入，这种收入称为官禄。一般职高权重者官禄优厚，反之则少。先秦时期，官吏的俸禄主要从封地和禄田中获得，实行采邑田赋为主的封赐制。《礼记》中说西周的禄制，"故天子有田以处其子孙，诸侯有国以处其子孙，大夫有采以处其子孙，是谓制度"①。当然，封赐制是否俸禄制尚有疑义。其实际上是把纳贡、勤王朝觐费用都放在一起了。春秋战国时期，随着中央集权制度的建立，俸禄视为君主的恩赐，由此，俸禄制度开始建立和完善。秦汉实行秩俸制度，根据官阶支给俸禄。这一点在秦汉品级制就可以看出，所谓"百石之官""千石之官"。魏晋以后，官品之制兴起，俸禄制度以土地、实物为主。唐代百官俸禄往往有实物、货币和土地。具体来说，在实物方面，根据品级，从一品到九品，禄米在七百石到五十二石之间进行分配，而且正、从品之间也有等差。在土地方面，有永业田和职分田。例如职分田一品十二顷，二品十顷等。此外还有料钱、公厨、堂封等，均有货币，可见其分配制度之复杂。宋代官吏待遇优厚，其俸禄形式主要有钱、布粟。例如宋代宰相的俸禄，月俸三十万，每年发绫四十匹、绢六十匹、绵一百两。每月禄粟一百石，随身人员七十人，薪柴每月一千二百束，每年炭一千六百秤，盐七石等。明代实行俸钞折色制。如洪武年间给百官发俸禄基本是米，有时也有钱钞。但是，钞价日贱，又折米为布，而布价又跌，因此明代官员俸禄较低。清代俸禄，银米兼支。同时，清代在正俸之外，按照职务等级另外发放银钱，称为养廉银。文职养廉银开始于雍正三年（1725年），武职养廉银开始于乾隆四十六年（1781年）。这实际上是对明代俸禄过低的校正。

2. 官吏的任免

中国古代有一整套较为完备的官吏任免制度，主要包括官吏的任用、任用限制和罢免。王亚南先生认为，皇帝利用了任免中的官职差遣差异，控制官吏任用，以实现个人

---

① 《礼记·礼运》。

意志①。

（1）任用程序。根据规定，官吏任用由特定机构负责。在君主专制条件下，官吏的任用权力掌握在皇帝手中，但是具体负责人事管理事项的则由专门机构负责。秦代大小官吏的任用，由皇帝直接掌握。汉代至成帝时，开始由专门机构主持铨选。汉代铨选的特点是不专重资格与流品。如贾谊在任用之后，一年之内就升任中大夫，而黄霸入谷沈黎郡，补左冯翊二百石卒史，终官至丞相，即是明证。隋唐时期，铨选制度始臻于完善。五品以上官员由皇帝直接任命，五品以下官员分别由吏兵二部铨选。北宋时期，设吏部南曹、磨勘院、京朝官差遣院、吏部流内铨、三班院等机构，分管文武官的铨选事宜，并实行官、职、差遣分离制度，有利于加强君主专制。所谓差遣制，就是临时任用人员派遣办理事务，有很多种类，如判、知监、勾当、权等。元代时期，从七品以下属吏部，正七品以上属中书省，三品以上由中书省办理，皇帝任命。明代时期，文官属于吏部，武官归于兵部。同时，为了加强君主专制，中央和地方行政组织的官吏一般都由吏部提出初步意见，请旨任用。清代基本同于明代。

（2）任用限制。任用官吏要考虑多种因素，如年龄、身份和回避等。

首先，官吏任用要考虑年龄因素。例如，汉代规定举孝廉的年龄须过40岁；再如南朝梁时，梁武帝下诏规定，年未满30岁，不通一经，不得入仕。

其次，官吏任用要考虑身份因素。例如"孝文皇帝时，贵廉洁，贱贪污，贾人、赘婿及吏坐赃者皆禁锢不得为吏"②。对于商人、赘婿等入仕进行限制。

最后，任用官吏要采取回避制度。这是中国古代人事行政中最为重要的制度。古代回避制度的核心是防止官吏在某一地区和领域形成一种政治势力，从而危及皇权统治。汉代武帝时，刺史不用本州人，郡守、国相不用本郡人，县令长丞尉不用本县人。东汉时期对地方长官的籍贯限制更加严格，不仅地方官不许用本地人，而且还颁布"三互法"，规定"婚姻之家及两州人士不得对相监临"。魏晋南北朝时期，将回避范围由婚姻关系扩展到一般的亲属关系。唐代任官规定，非经特许，一般不得在本籍任官。祖孙、父子、兄弟及母、妻、女的亲戚一般不得在同地或同一官署任职，以示回避。宋代回避籍贯的制度更为复杂，有避亲法和避嫌法。不仅有亲属关系就须回避，而且只要有亲属嫌疑就要回避。此外，宋代还有规定，地方官员不仅须回避本籍，而且非本籍而持有地产也要回避。明朝有籍贯回避、亲属回避与听讼回避。例如明代在地方官的任免上严格实行"南人官北，北人官南"的籍贯回避制度，同时规定大臣之族人不得担任监察官，僚属同族人则要以下避

① 参见王亚南：《中国官僚政治研究》，中国社会科学出版社1981年版。该书对古代官制的基本精神进行了深入分析。

② 《汉书·贡禹传》。

上。清代则有地区回避、亲族回避和师生回避，规定内外高级官吏的子弟不得在军机处任职，官员原籍、寄籍五百里之内都得回避。如果应回避而隐瞒或者借回避之名而挑选官缺，都要处理。这种回避制度实际上是一种预防性措施，在一定程度上能够克服官吏结党营私的弊病。

此外，对于任官者还有学历、民族等因素的限制。

（3）罢免。官吏罢免实际上就是解除职务。这其中有两项重要制度：一是丁忧制度；二是致仕制度。

所谓丁忧，就是指官吏如果遇有父母之丧，无论任期是否届满，都不能执行职务，必须在家服丧，也称为丁忧守制。一般来说官吏需持服3年，实际执行上有所差异。历代均有相应的丁忧制度。汉代规定了丁忧之制无常制，南北朝时期官员因父母丧而去职守制正式称为丁忧。宋代，官员遇父母丧，一般均解除官职，持服3年。元代无丁忧之制。明代规定百官丁忧之制为3年。清代对旗人和汉人官员的丁忧之制有不同规定。当然，如果因特殊需要，官员也可在任守制，但要由皇帝特别批准。

所谓致仕即指退休，其本意是交还禄位，退休养老。官吏退休大致始于汉代。汉代致仕年龄规定为70岁。官吏年满70岁，耳目不聪，腿脚不便，就得退休。汉代对官吏退休后给予很多的待遇。比如西汉宣帝地节三年（公元前67年），丞相韦贤70多岁，请求致仕，在他告老还乡时，皇帝特赐黄金百斤，宅第一处。唐代以后，随着经济发展，物质财富增加，致仕制度日益完备。唐代确定了严格的官吏致仕制度。官吏致仕的法定年龄为70岁。官吏致仕后，按其品级的不同，分别享受不同的政治待遇和经济待遇。宋代一般以文官70岁、武官80岁为致仕年龄，但并非达此年龄者必须致仕。年满而身体衰弱的，提升职位级别后致仕。虽然年满法定致仕年龄，但身体健康或有特别功勋的，朝廷可以让他继续留任。官员本人未满致仕年龄，但如以父母年高无人侍奉为由陈乞致仕，朝廷一般均予批准。元、明、清时期致仕制度又作了调整，均规定凡职官达到一定年龄，强令其致仕，这反映了统治者加强和提高政权效率的目的。

3. 考核

所谓考核，就是对官吏日常工作的功过进行评价。由于考核制度有利于了解各地情况，也与官吏的升迁处罚联系，因此，古代考核制度规定也十分复杂，包括考核方式、考核标准以及考核结果。先秦时期，诸侯要向天子述职，"诸侯朝于天子曰述职，述职者，述所职也"①。对于不按时述职的诸侯，则予以处罚。"一不朝，则贬其爵。再不朝，则削其地。三不朝，则六师移之。"② 战国以后，古代考核制度主要内容如下：

---

① 《孟子·梁惠王下》。
② 《孟子·告子》。

（1）考核方式。考核在古代称为计、上计或课、大课，是年终下级向上级汇报任期以内的政绩。除皇帝派人调查了解各地情况之外，主要由官吏定期向上级进行汇报。为了定期了解全国各地工作情况，历代制定了固定的考核方式，大致分为两种：一是年度考核，二是几年考核一次。例如，汉代上计形式分为两种：一是常课，每年年终，由郡国上计吏携带计簿到京师汇报；二是大课，三年一大考。由郡守考课县吏，公府考课掾史，丞相、御史大夫考课九卿及郡国守相。再如，唐代考核方式，在时间上分岁课与定课。岁课每年举行一次。在中央，由各司自行主持对本司官吏的考核；在地方，由各州县主持对本属官吏的考核。定课为全国性的统一考核，由吏部考功司在全国范围内对于各级官吏实施考核，每四年进行一次大考。以后历代基本上沿用这两种模式，而且更加完善。同时，又有一些独具特色的考核方式。例如，在正常考核方式之中，宋代实行磨勘制。所谓磨勘，就是"凡内外官，计在官之日，满一岁为一考，三考为一任"①。各次考核记录积累起来，形成资历。任官满期之后，需对资历进行审查，审核结果是升迁的依据。这种定期和不定期的考核方式有利于统治者有效地实施控制。

（2）考核标准和结果。为了保证考核的效果，历代还规定了一系列考核标准。考核标准在秦代就已经存在了。《睡虎地云梦秦简》就规定了"五善五失"，来对官吏行为进行评价，即"吏有五善：一曰中（忠）信敬上，二曰精（清）廉毋谤，三曰举事审当，四曰喜为善行，五曰龚（恭）敬多让。五者毕至，必有大赏"。"吏有五失：一曰夸以迣，二曰贵以大（泰），三曰擅裘（制）割，四曰犯上弗智（知）害，五曰贱士而贵货贝。"不过，秦汉时期的考核标准较为简单，比如汉代只是论其殿最，这是简单的结果计量法。以后又不断完善考核的具体标准。到唐代时，就建构了较为细致的考核标准。唐代对于考核标准，实行"四善二十七最"的考课标准。"考课之法有四善：一曰德义有闻，二曰清慎明著，三曰公平可称，四曰恪勤匪懈。"②"二十七最"主要包括：献替可否，拾遗补阙，为近侍之最；铨衡人物，擢尽才良，为选司之最；扬清激浊，褒贬必当，为考校之最；决断不滞，与夺合理，为判事之最；推鞫得情，处断平允，为法官之最；访察精审，弹举必当，为纠正之最；赏罚严明，攻战必胜，为将帅之最等③。经过考核，根据被考核对象所符合"善"与"最"的数量，分为上、中、下三等；每等再分为上、中、下三级，共分为三等九级。对于考核结果，《考课令》规定：考核结果在中上级以上者，给予奖励，增加俸禄；中中级者，继续维持原俸禄标准；中下级以下者，则要给以降官、夺禄的处罚，情节严重者罢官。宋、元、明、清的考核标准在此基础上加以完善。这种考核标准一

① 《宋史·职官志》。
② 《唐六典·吏部考功郎中》。
③ 《唐六典·吏部考功郎中》。

目了然，有利于行政管理。

（3）考核处理。考核成绩的优劣直接决定了官吏的赏罚。历代对官吏的赏罚作了详细的规定，种类繁多。

关于官吏升赏，一般来说主要分为三类：一是职务升迁，又可分为职务提拔或者职务越级提拔两种情况，例如明代将其称为升迁和超擢；二是获得荣誉称号。这种名目就更多了，有赐爵、赐玺书、赐宴、赐衣、配享宗庙等，例如清代雍正时，世宗遗诏以鄂尔泰、张廷玉配享宗庙；三是获得物质待遇。这类名目也很多，有加禄、赐禄等，例如，清代同治时恭亲王奕䜣加给双俸。其赏赐方式可谓五花八门。

关于官吏降罚，其名目也很多，主要是降职、免官、停任、勒令致仕、革职、削职为民等，如果后果严重，可能就要承担刑事责任。例如，乾隆十五年（1750 年），罢张廷玉配享太庙，并令尽缴历年颁赐诸物。其处罚方式也是花样翻新，没有统一的规定。

第四节　中国古代行政行为

行政行为也是行政法学的重要概念，又可以分为很多种类，其中最基本的分类方法是抽象行政行为和具体行政行为。抽象行政行为实际上是行政立法，即针对不特定的多数人发布的行政命令。而具体行政行为的分类更为复杂，主要分为包括行政许可、行政给付、行政奖励、行政确认、行政裁决的依申请行政行为；包括行政规划、行政命令、行政征收、行政处罚、行政强制的依职权行政行为。由于中国古代行政法与现代行政法有着本质和式样上的重大区别，在综括现代行政法学对行政行为分类原理基础上，对古代行政行为作如下划分：首先，将古代行政行为划分为行政立法和具体行政行为；其次，将具体行政行为根据调整对象划分为经济行政行为和治安行政行为。其中经济行政行为包括田土、工商、赋役和货币四类，因为在传统政治体制下治民的关键在于保持农业赋税的平准。与此同时，国家为了保证社会稳定，又须以治安为第一行政职责。这种分类方法或许不同于目前其他教材的分类方法，但是有利于认识中国古代行政法。

一、行政立法

这里所说的行政立法不完全等同于行政法学上行政立法的界定，而是指行政组织贯彻落实中央决策中枢命令时制定颁布的行政规定。正如前文所述，君主是古代国家生活的核心，虽然有大量的单行行政法规出台，但是这些单行行政法规本质上仍然要得到君主的认可或批准，且更多的是对君主政令的编纂，很难断清其与立法机关立法之间的界限。但这并不是说地方行政组织在行政立法方面就无所作为。事实上，由于中国历代地域广阔，中央政令在贯彻落实过程中往往会出现地区差异。于是，地方行政组织也会颁布行政规定。这种行政立法从秦汉开始就已经存在。秦代简文中就有南郡地方长官发布的行政规定《语书》，其表现形式主要为行政长官发布的文告等。宋代以后，地方行政组织往往还制定类似于中央行政组织编纂的单行行政法规，作为本地域施政的依据。例如，明代海瑞在地方任官期间，就制定了《兴革条例》《禁约》《量田则例》等①。清代行政立法更是繁杂，最主要的是省例："省例也称'宪规'、'成规'。省例又分为'藩例'（全省）、'臬例'（道、州、府）。省例适用于当时省级所管辖的地域，它具有更为突出的地方法律特色。"②实际上，这就是一种行政立法行为。

总的来说，中国古代行政立法行为主要有两种：一是贯彻落实上级行政命令临时颁布的一般性行政规定，如告示、禁约等；二是制定适用于本地区的一般性行政法规，这些一般性行政法规，有的需要中央的批准，有的则由本地行政长官主持制定。这表明行政立法行为不同于中央行政组织编纂的单行行政法规，有一定的自主性，并在事实上成为行政行为的具体法律依据。

二、经济行政行为③

在目前中国法制史教材中，囿于部门法学的分类限制，往往单独设置经济法律内容，依此可作出一种新的分类方式，即将经济法律制度视为古代行政法的一部分，并视其为经济行政行为，因为，古代行政主体的行政职能中包含这些内容。陈顾远先生将经济行政称为食货制度，并将其分为田土之制、赋税之制、财货之制和钱币之制④。这种分类显然是照顾到传统志书分类的无奈之举，在最为接近法规性质的意义上，这些制度应视为经济行政行为，并分为田土、工商、赋役和货币四种行政行为。

（一）田土行政

中国古代农耕社会，土地问题是历代王朝的重要问题，可以说历代王朝的更替与土地问题有着紧密关系。一般来说，田土行政包括官田管理、民田管理和屯田管理。

1. 官田管理

所谓官田，就是指属于国家或者官府所有的土地。官田在历史上存续较久，"其名始见周礼，其事则汉魏晋唐皆有之；自宋以后，官田之称更著，而为害亦最烈。盖前之土地政策，以限田为主，虽有官田，或则用以调济民之无田者，或则同以限田之法，分配与王

---

① 杨一凡主编：《新编中国法制史》，社会科学文献出版社 2005 年版，第 173 页。

② 杨一凡主编：《新编中国法制史》，社会科学文献出版社 2005 年版，第 174 页。

③ 此部分参考了陈顾远先生的《中国法制史概要》（商务印书馆 2011 年版）中食货制度的体例和内容。

④ 陈顾远：《中国法制史概要》，商务印书馆 2011 年版，第 274~316 页。

公百官所耕者。纵在季世不无违例，其立法原则固可称也。后之土地政策，以私有为主，王室贵族亦各夺民之田以为官有。或则出自暴主之聚敛，或则出自异族之虐政；纵有贤君良臣莫改其积弊，此害之所以深也"①。陈顾远先生道出了官田立法的精神。

奴隶制时代，官田常常被称为公田。传说夏、商、周时期实行井田制，这种井田制为"方里而井，井九百亩，其中为公田，八家皆私百亩，同养公田"②。也就是说以边长一里的正方形耕地为一井，划成井字形状，共九百亩，中间为公田，周围八块为私田，一家百亩一块，八家同耕公田。这种井田制在后代典籍中均有描述。因此，对公田的管理就成为当时土地行政的一个组成部分。不过，随着井田制的瓦解，这种公田也就难以为继了。

秦汉时期官田数量仍然相当庞大。汉代就有将国有土地分配给百姓的情况。汉高祖二年下令："诸故秦苑囿园池，皆令人得田之。"③也有将官田出租给百姓耕种的做法。汉章帝时，诏"赐给公田……勿收租五岁"④。以后，历代皇帝均有此例。在汉律中还明确规定，官田禁止买卖，倒卖官田者处死刑。

魏晋南北朝时期沿用秦汉传统，国家经常以公田给贫民耕种。例如北魏太武帝将上谷地区苑囿开放给贫民耕种，这是官田存在的例证。同时，三国魏时期还存在官半田和官田两种形式，官半田者官得六分，百姓得四分；官田者与官均分。这实际上是一种承包办法，其土地所有权仍属于国家。西晋北朝时期实行均田制，国家将一部分土地拨给官吏，以作为官吏的俸禄。例如北魏规定官吏受田办法："诸宰民之官，各随地给公田，刺史十五顷，太守十顷，治中别驾各八顷，县令、郡丞六顷。更代相付。卖者坐如律。"⑤这说明这些土地在所有权上仍为官田，官吏有收益权，而没有处分权，任满期后须将公田交付给下任管理。

隋代将公田授受办法适用于职官，称为"职分田"，规定京官，一品者给田五顷，每品以五十亩为差，至九品为一顷；外官以各有职分田。此外，还有公廨田作为官府公用。唐代沿用隋制，规定官吏可按品级占有职分田，"诸京官文武职事职分田：一品一十二顷，二品十顷，三品九顷，四品七顷，五品六顷，六品四顷，七品三顷五十亩，八品二顷五十亩，九品二顷。并去京城百里内给……诸州及都护府、亲王府官人职分田：二品一十二顷，三品一十顷，四品八顷，五品七顷，六品五顷，七品四顷，八品三顷，九品二顷五十亩"⑥。可见，隋唐初官田之多。但是随着官僚机构的膨胀，官田也不敷供用。

① 陈顾远：《中国法制史概要》，商务印书馆 2011 年版，第 281 页。
② 《孟子·滕文公上》。
③ 《史记·高祖本纪》。
④ 《后汉书·章帝纪》。
⑤ 《魏书·食货志》。
⑥ 《通典》卷二《田制》。

宋以后，官田的来源更为复杂。宋代官田包括屯田、营田、弓箭手田、马监牧地、官田（包括前代遗留的政府所有地）、户绝地、抛荒地、涂田或泛湖江涂田、籍没的田产、职田、学田等。然而，宋代不像前代那样分配给百姓，而是租借给农民耕种。明代的官田有宋、元时入官田地、还官田、没官田、断入官田、学田、皇庄、牧马草场、城壖苜蓿地、牲地、园陵坟地、公占隙地、诸王公主勋戚大臣内监寺观赐乞庄田、百官职田、边臣养廉田、军民商屯田，除此之外，均为民田。① 这些官田往往由官府直接进行管理，不能自由买卖。清代的国有土地形式主要是在圈地政策下形成的，包括官田、庄田和屯田。其中，庄田的种类又分为四种：皇室庄田、宗室庄田、八旗庄田和驻防庄田。后来，清廷虽然下令禁止圈地，但是，官田依然存在。

2. 民田管理

民田与官田相对而言，是指由百姓耕种的土地，因此也称为农田。"历代所施于民田之制度，除显然夺取民田，扩充官田者外，常有两种方法采用之。或则防止强梁兼并，以限田政策为贵，或则注意土地整理，以'内充'原则是尚。前者欲使土地分配平均，耕者有其田也；后者，欲使土地充实，税收得其平也。自唐以前，重视前一制度，自宋以后，重视后一制度；盖在宋后，井田之终不可复，几成定论；而官家括取民田，宋元明清皆然，又与均田观念不容，遂以内充原则补救之，此亦民田之制一大变迁也。"②

奴隶制时期，民田被称为私田，因为在井田制下由百姓耕种的土地就是私田。实际上，随着生产关系的发展，私有制的确立，公田沦为私田的现象也十分普遍，土地交易十分活跃。

秦汉时期，实行占田制。占，即申报，要求"家长身各以其物占"，而未限兼并。由此，土地兼并现象日益显现。为了保证贫者获得土地，董仲舒提出了"限民名田"的措施，即规定申报土地占有数量，富者不得超过一定界限，而贫者能获得一定的土地。汉武帝时期未完全采用。到西晋时实行占田之制，实际上是授田，由官府把因人民流亡的无主田，授给农民耕种，同时收取田赋。其规定，男子每丁占田 70 亩，女子 30 亩，其外丁男课田 50 亩，丁女 20 亩，次丁男半之，女则不课。后因战乱无法实施。到北魏时期，总结魏晋以来的土地管理制度，在太和九年（485 年）颁行均田令。均田令规定，15 岁以上男子授露田 40 亩，妇人 20 亩；男子每人并授桑田 20 亩，如是产麻地则男子授麻 10 亩，妇人 5 亩。其中桑田子孙世业，终身不还。其他田亩年老免役或身死需归还国家。此后相继的东魏、西魏和北齐、北周，均沿用北魏之制。北魏的均田制也为隋、唐均田制提供了蓝本。隋朝继续实行均田制度。开皇二年（582 年），朝廷颁布关于均田和租调的法令。依

---

① 《明史·食货志》。
② 陈顾远：《中国法制史概要》，商务印书馆 2011 年版，第 276 页。

据均田法，男丁每丁受露田 80 亩，桑田 20 亩，妇人受露田 40 亩。唐高祖武德七年（624年）全国统一，颁布均田法。与隋相比，更为完备周详。规定丁男（18 岁以上）和中男（21 岁以上），各受永业田 20 亩，口分田 80 亩。老男（60 岁以上）、笃疾及废疾者各 40亩，寡妻妾各 30 亩，如是户主，加 20 亩，僧人、道士各 30 亩，女尼、女冠各 20 亩，官户 40 亩，以上皆口分田。工商业者受永业、口分田各减百姓之半（在狭乡者不给）。妇人、奴婢、牛不受田。授出足额之地称宽乡，不足的称狭乡；狭乡口分田减半。庶人身死家贫无以埋葬，准出卖永业田，迁宽乡以及卖充住宅、邸店、碾砇，并准卖口分田①。但是唐天宝年间以后，均田制也遭到破坏。

宋代以后，业主因战乱流离而户绝，民田常常沦为官田，因此，在政策上常常有均田或限田的争论。宋神宗、徽宗时期就曾实行方田法，规定每年九月由县官丈量土地，以东西南北各千部为一方，按照土地形状、色质分为五等，清丈以后，重新分摊田税。明代为了征收赋税，重新核实田亩，编制黄册和鱼鳞图册，以确认民田数量。从鱼鳞图册开始，官府对私有田产，不再因战争和政权更新重新确认分配土地，政权变化也不影响土地私有，土地私有权利以鱼鳞图册登记为准。同时官府号召百姓开垦荒地，规定只要能够开垦，就属于开垦者，而且免除赋税。在政策上，明代也常常以垦田多少考核官吏。清代除允许旗人圈地之外，鼓励汉人垦荒，承认土地私有，均沿用了明代制度。

3. 屯田管理

屯田在本质上属于官田。其具体办法就是，国家利用自己控制的土地，组织农民或者士兵集体耕作，按一定比例分配收成。

屯田从曹魏时期就存在了。到清末，历代均有屯田事例。屯田组织也较为完善。"晋有屯田尚书，后称田曹尚书；南北朝各有屯田郎中，隋唐以后，迄于清末，工部均有屯田一司。其所掌除官田外，即以屯田政令为主。"②

至于屯田的具体制度，历代均有变迁。曹魏时期，任命任峻为典农中郎将，在许下招募百姓耕种屯田，获得 100 万斛粮食。北魏设立农官，将州郡户的 1/10 作为屯民，一夫之田，岁贡 60 斛。唐代在边防上设府军，因为粮食不足，而设屯田补充军用物资。此外，唐代还有营田，最初由贪赃官吏耕种，后来也雇用百姓耕种。宋代以后，屯田制度沿用而不断完善。特别是明代的屯田制度，颇具特色。明代屯田制度较为完善，分为军屯、民屯和商屯。所谓军屯，在军卫之处，以屯养军，寓兵于农。所谓民屯，就是移民到宽乡，分屯耕种。所谓商屯，就是募集盐商到各边关、输粟储备。但是，以后屯政就渐渐被破坏了。

---

① 《新唐书·食货志》。

② 陈顾远：《中国法制史概要》，商务印书馆 2011 年版，第 284 页。

（二）工商行政

中国古代实行重农抑商政策。虽然历代商业活动频繁，但是国家出于保护农业考虑，常常采取各种措施打击工商业，主要表现在：一是贬低商人的社会地位；二是剥夺商人的政治权利；三是对商人财产征收重税。例如，秦朝把商人和罪犯看做是一类人，禁止官吏经商。汉代重农抑商表现在：第一，不许商人穿丝绸衣服，不许乘车或骑马。第二，不许商人"名田"，即购买土地。凡土地和奴婢超过法定数额则没入官府。第三，不许商人及其子孙做官。第四，征收高税收。例如商人交纳口算要多一倍。第五，迁徙商人到边远地区戍守。汉武帝在天汉四年（前97年）春正月"发天下七科谪"，包括：（1）有罪的官吏；（2）逃亡的罪犯；（3）赘婿；（4）有市籍的贾人；（5）曾经有市籍的人；（6）父母曾经有市籍的人；（7）祖父母曾经有市籍的人。其中后四种都是商人及其子孙。第六，颁布告缗令，打击商人。汉武帝元狩四年（前119年）实行算缗钱政策。算缗，就是向商人征收财产税。凡商人不论有无市籍，均须将自己的财产向官府申报，官府根据其财产的多少，按二千钱收一算的缗钱。手工业者四千征收一缗。一般人的马车每辆出一算，商人出两算。但商人常常隐瞒不报或报而不实。元鼎三年（前114年），又颁告缗令，奖励人们相互告发，告实者可获得被告人财产的一半。这样导致中产以上商人大多破产①。隋、唐时期，仍然实行这一政策。但是宋以后对商人政策逐渐放松，这一政策持续至明清时期，但对商业活动的限制仍然存在。不过这里工商行政不同于现代的意义，而侧重于对工商业的管理，这些管理措施主要包括禁榷制度、均输平准制度和关津市舶制度，其本质上仍然是抑制商业的具体措施。

1. 禁榷行政

所谓禁榷，就是指由官府对特定物品的流通予以限制，实行专营。中国古代国家往往对各种重要的资源进行管制，由官府负责专营或授权经营。只是各代对于禁榷种类、禁榷方式各有不同；关于禁榷种类，主要有盐、茶、酒、铁、明矾、铜等；关于禁榷的方式，有的全面控制生产、流通和销售；有的则只控制流通。从结果上看，禁榷行政最终的目的在于获得重利，也在于重本抑末。

（1）盐法。汉代自武帝以前，经营盐铁者大多致富。汉武帝时期，由于对外用兵频繁，财政困乏，于是命令东郭咸阳、孔仅管理盐铁专营，在全国设点煮盐，并以起家于盐者之人为盐官。如果有私自煮盐者，钛左趾，没收其器物②。这项政策在汉代以后引起争论，所以，从三国到隋代，盐专营制度屡兴屡废。唐代中期以后，盐专营制度又开始兴起。唐代乾元年间（758—760年），第五琦改革盐法，对天下盐实行专卖制度，设立监院

---

① 《汉书·食货志》。

② 《汉书·食货志》。

机构，将旧业户及游民业盐者编为亭户，免除杂徭，盗卖者以法论。由于第五琦任诸州盐铁使时盐税太重，唐代宗永泰二年（766 年），刘晏以户部尚书出任各道盐铁使，改革榷盐法为民制、官收、商运、商销。政府以控制盐的生产为主，在全国主要产盐地设四场、十监，负责盐的生产、统购。这为改善唐朝财政起到了重要作用。唐代以后，盐专卖制度逐渐成为固定的制度，并形成了新的管理办法。宋代，以盐铁使属三司使。宋代政和年间以后，各路设置提举茶盐司，设立盐官统一管理各产盐地区，对食盐实行统购。宋代盐法种类繁多，最有特色的是"引法"。"引法"是由在京师缴纳现钱的盐商承办食盐专卖的制度，徽宗政和三年（1113 年）所设。"盐引"是与盐钞类似的票据，发给在京师缴纳现钱的盐商，盐商据以支领官盐运往指定地区销售。盐引按销售地域和时效的不同，分为"长引""短引"。长引行销外路，有效期限一年；短引行销本路，有效期限一季。盐引过期半年即作废，未卖完之盐也归官府。元、明、清时期盐法专卖制度日益严密，如果销售私盐，往往会受到严厉处罚。

（2）铁法。在禁榷历史上，盐铁常常并举。唐、宋时期就设置盐铁使，管理铁器冶炼，并将私自冶炼行为等同于私卖私盐行为处罚。但是元代以后，铁专营制度逐渐被废除。但是，这并不意味着官府放任自流。事实上，官府仍然制定了大量的管理法规，特别是明、清时期，其制度更为完善。明朝对矿业不再严格限制开采，但仍然控制铁的开采、冶炼、贩运。其规定采矿、冶铁必须得到州县官的批准，冶铁者和采矿者必须同一。每次只能开一炉，雇工不得超过 50 人，也不得雇外地流民。每年开炉时间限于九月中旬至第二年二月初旬的农闲季节。官府可以征收 2/30 的铁产作为铁税。清代也开放矿产开采，允许民间自由开采，但对矿产行业仍然实行控制。清政府往往要派监采官，要求各矿区将矿的规模、雇工情况以及产品的生产销售情况报告官府。《户部则例》规定，商人自愿出资开采矿产，由官府查明该商人的情况，发给执照，才能开采。如果擅自开采或者擅自将矿产卖给匪类，要严加治罪。

（3）茶法。茶专卖也是古代禁榷制度之一。不过，与盐铁相比，茶专卖制度起源较晚。唐代中期开始才对茶叶征收税收，并最终形成专卖制度。到宋、元时期，茶专卖制度开始完善，其主要模仿盐法来进行管理。宋代在产茶地区设置榷货务，其办法除官买官卖法外，主要有引交法、贴射法和茶引法三种。引交法是赋予购买"交引"的茶商以茶叶专卖商地位的制度。"交引"是官府发行的茶叶提货单兼专卖凭证，是一种准销凭证，可以转让。引交法主要实施于宋初。贴射法是茶商贴纳官买官卖应得净利润后，直接向园户购茶贩卖的办法，仁宗天圣元年（1023 年）实行于淮南地区。第三种是茶引法。"茶引"是茶商交纳茶税后获得的茶叶专卖凭证，主要实行于北宋后期至南宋初期。元代的茶法大体上沿用宋制。到明代，茶专卖制度更加完善。明代茶有官茶与商茶之分，贮边易马曰官茶，榷禁征得曰商茶。官茶主要用来换取邻邦的马匹，以充军备，实行于陕西汉中和四川地区，专设茶司以主其事。商茶主要是政府通过向茶户征收茶课和向商人征收引税，实行于江南地区。实行官茶的地区按一定比例收购，政府征购以外的余茶，允许商人持引贩卖，商人于产茶之地买茶，必须纳钱请引，无引及茶引相离者或茶引不当者即为私茶，犯者与私盐同罪①。清代沿用明制，但到后期内地茶引无形废止，只在西北地区沿用。

（4）酒法。酒专卖制度起源于汉武帝时期，但仅是临时性措施。汉以后，酒专卖制度也是屡兴屡废。唐代中期开始，国家出于财政需要，开始实行专卖制度。到宋代，酒专卖制度最为完善。北宋时期规定：官府在三京（东京、西京、南京）地区只控制酒曲专卖，民间酿酒必须使用官制酒曲；各州城由官营"造酒务"垄断酒类酿造销售；县、镇、乡、闾或允许民酿而征其酒税，或者销售官酒。其具体办法有三种：其一，官卖法，即酒类由官府酿造和销售的制度。太宗太平兴国二年（977年）二月开始实施，在各州州城设立"酒务"，专门负责酿造出售官酒。其二，买扑法。即由私人出价承包官营酒坊的办法，实质是包税制。神宗熙宁四年（1071年）规定：官营酒坊经营不善、欠缺酒课者，允许民间买扑。官府提前半年颁布公告招募人员承包，愿意承包的，在两个月内自行"实封投状"，提出卖扑价格，到规定日期开封验状，由出价最高者承买，承包期为3年。承买者付清价款以后，就可以组织酿造出售。其三，隔槽法。又称"隔酿法"，即百姓自备谷物租用官府设备（隔槽）酿酒的制度。南宋初年，四川总领赵开创立此法。隔槽租费参照谷物价格核定，另收头子钱（附加税）若干。最初每斛米收钱三千文，另加头子钱二十二文，后来向全国推行。元、明、清时期，取消酒专卖，但征收酒的赋税。

2. 均输平准行政

不患寡而患不均，是中国古代传统的平等思想，因此，在秦以前，就存在均输平准制度。均输平准制度最早见于魏李悝创立的平籴制度，即粮食丰收时国家平价收购粮食，粮食荒缺时则平价甚至低价发放粮食，用以平抑粮价涨落。历代使用的办法均类似于此，其目的就是防止物价波动，抑制粮商谋取暴利。汉武帝时就实行均输平准法。均输是在中央大司农下设置均输令、丞统一负责征收、买卖和运输货物，同时在各郡设置均输官。凡是地方应向中央缴纳的贡物，折价交给当地均输官，均输官以此为本钱，在地区之间移贵就贱，对物价进行调剂，从而减少了运输费用和劳力。在中央，由大司农下属官平准令、丞，具体负责京师和大城市的物价平抑。根据物价行情，粮贱时国家收购，贵时国家以平价卖出②。王安石变法时期，也曾比照均输法，实行青苗法，即在春荒时由官府平价贷出粮种，秋收时则低息收回粮食，以打击奸商春贵秋贱的粮食买卖。宋以后，平抑粮价的方

---

① 《明史·食货志》。

② 《史记·平准书》。

式，官府多采取干预谷物借贷市场的调整方法，而较少使用平准制度。

3. 关津行政

关津行政是指国家在国内各个重要关口设关卡，对过往货物进行征税的制度。周礼记载有"司关"掌管关卡邸舍税收。秦、汉以后国家对关津虽设关，但通关是否需要纳税凭证则不一。至于是否征收税收也有不同规定。汉武帝时，为了财政上的需要，"益广关，置左右辅"①，即广设关口征收关税。《三国志·魏书·文帝纪》载：延康元年（220 年）二月，"庚戌令曰：'关津所以通商旅……设禁重税，非所以便民……轻关津之税，皆复什一'"。延康是汉献帝最后的年号，由此令可以推断，当时实行的关税是 1/10②。三国两晋南北朝时期则屡兴屡罢。唐代中叶以后，各州县设置征税机关，称为"务"。明代洪武（1368—1398 年）、永乐（1403—1424 年）年间，曾两次规定，对于军民嫁娶、丧祭之物、舟车、丝布之类，皆勿税；对于舟车载运自己货物、农用之器、小民挑担蔬菜、民间常用竹木浦草器物、常用杂物、铜锡器物等，也一概免征。但后来增设一些机构实行征税。例如宣德年间（1426—1435 年）开始在水道上设立关卡，征收船料费，按船之大小长阔，定期税额。这导致明后期商业大受破坏。明代常关不再征税，但是仍有钞关制度，重征商税。有偷越关卡及偷漏税者，客商依律治罪，地方官一并议处。

4. 市易行政

市易行政就是指国家对城镇市区内交易货物进行管理的制度。隋、唐以前，实行坊市制，城市中商业区与住宅区分开。隋、唐以后，坊市制遭到破坏，但是市场管理制度则一直存在。汉代在都城长安设立九个市，称为九市，并各设市令予以管理。唐代规定，设置集市要在州县所在区域，并设置"市门监"，专门管理集市开闭，"其市，当以午时击鼓二百下，而众大会；日入前七刻，击钲三百下，散"③。宋以后，不集中设市，所以市往往沿街为商铺，农村则有集市。同时，国家规定可以交易的物品范围、物价以及度量衡等内容，以保证市场交易的正常进行。

5. 互市行政

所谓互市，就是在中国边境地区实行的对外贸易。由于互市往往涉及国与国之间的关系，其管理也比内地更严，对交易的物品、交易地点都有规定。从汉代开始到明、清时期，互市制度屡有变化。到唐代时期，已经较为完善。唐代对陆上贸易限制十分严格，只允许在官府监督下进行互市，即在边境定点设置若干互市监官职，使中外商人在其监控下进行以物易物的互市，蕃客以骆驼、马匹及其他畜产品换取中国的丝麻等商品，而严禁其

---

① 《汉书·食货志》。
② 《三国志·魏书·文帝纪》。
③ 《唐会要·关市令》。

他方式的贸易。外商也不得私自入境，违者获罪与化内人越度交易同。中国派往外国或外国派来的公使，均不得随身携带物品进行贸易。宋代以后，互市贸易主要在西北和西南边郡地区进行茶马贸易。其为明清时期沿用。明代也采取以茶易马的办法，设置茶马司管理茶马事务，禁止私茶出境，并派行人、御史巡视①。这是为了获得更多马匹以防卫边境的需要。清初沿明旧制，征收陕西、甘肃官茶交易马匹，设置5个茶马司。顺治元年（1644年），定茶马事例，上马给茶12蓖，中马给茶9蓖，下马给茶7蓖，每蓖10斤，每年定额易马11088匹，所中马牡者给边兵，牝者付所司牧孳。至乾隆年间（1736—1796年），茶马贸易才告终止②。

6. 市舶行政

市舶与互市一样，均是对外贸易，不过市舶一般指称海上贸易。海上贸易制度化始于唐代。唐朝允许外商来华自由贸易，并可以世代定居中国从事海运贸易，而且特别规定在通商城市划定地区，设置"蕃坊"，供外商居住、营业。同时，对海上贸易进行抽税。唐太宗贞观十七年（643年）诏令，对外国商船贩至中国的龙香、沉香、丁香、白豆蔻四种货物由政府抽取10%的实物税。宋代以后，市舶制度日益完善。

宋代在广州、杭州、宁波、泉州等地设置市舶司或称提举市舶司，一切有关海上贸易的出入以及货物的抽解等，均由其负责。同时详细规定征收税收的办法，其一，征购禁榷物。北宋初年规定：一切进口货物都由国家专卖，后来限于指定的禁榷物由国家专卖，这些禁榷物包括象牙、宾铁、乳香、牛筋等。其二，抽分，也称抽解，即对一切进口货物都征收1/10的实物税。商舶入港即先对各种货物抽分，然后征购禁榷物。抽分的税率原则是1/10，但根据货物性质可以有上下浮动。自官府抽分前，不得私自藏取货物。抽分所得由市舶司解送京师，所以又称抽解。其三，博买，也称官市，即由官府定价征购部分舶货。博买对象主要是优质紧缺货物，博买率达1/2以上。博买不仅价格低廉，还常常以官库中的滞销货物抵价。

元代管理海外贸易的机构沿袭宋制仍称市舶司。除了泉州等传统地区设置市舶司之外，又在上海设置市舶司。至元三十年（1293年），元朝以宋代《市舶条法》为基础，制定《市舶则法》。延祐元年（1314年），对其作了一次修订，详细规定商船的管理、征税办法以及奖惩措施。元代较有特色的海上贸易制度是实行"官本船"制度，即由政府出资购买船只和货物，招募私人经营，收益按照官私七三比例分成。这实际上是一种官营海外贸易制度。

明代市舶司掌管海上贸易。明代规定，凡是商船贸易，必须称为朝贡贸易，然后允许

---

① 《明史·食货志》。
② 《清史稿·食货志》。

交易。也就是通商国家要受明朝的册封、经明朝廷发给朝贡"勘合"（盖有骑缝印章的证明文件）才可来中国朝贡，同时允许附带与中国商人贸易。朝贡一般限制每三年一次，每次朝贡船舶不得超过三艘，人员不得超过二百。朝贡船舶进港后，使团及所携贡物、货物都有中国官方护送，运至京城。朝贡的贡物由皇帝给予几倍、十几倍的"回赐"。货物在北京会同馆与中国商人交易，予以免税优待①。嘉靖年间，倭寇扰乱海上贸易，于是严格实行海禁政策，而市舶司也时置时废。

清朝初年因对澎湖列岛作战需要，严禁海外贸易。清朝于顺治十三年（1656年）颁布禁海令，规定沿海地区片帆寸板不得入海，凡有商民入海与郑氏贸易，一律奏闻处斩，货物入官，家产付告发人充赏。顺治十八年（1661年），又颁布"迁海令"，强迫江南、浙江、福建、广东沿海居民一律内迁 30 里（以后扩大至 50 里）。康熙二十二年（1683年）在收复台湾后曾一度开放海禁，但康熙五十六年（1717年）再次禁止与南洋的贸易。直到雍正六年（1728年）才全面取消海禁，允许闽、粤人民出洋。同时，清朝设立广州、漳州、宁波、连云港四个海关，负责管理对外贸易事务，但只有广州、宁波海关可以与外国通商。乾隆二十二年（1757年）规定"一口通商"，外国商船只能至广州港停泊，进行交易，由设立的洋行负责一切中外交涉事宜②。这种海外贸易制度在一定程度上遏制了资本主义的萌芽，后来因帝国主义侵略而逐渐废止。

（三）赋役行政

中国古代赋税制度由来已久。夏、商、周时期实行分封制，在赋税上实行贡赋制度，也就是受分封者在接受分封的土地后要向分封者献上自己的收成。《孟子·滕文公》记载："夏后氏五十而贡，殷人七十而助，周人百亩而彻，其实皆什一也。"春秋以后，赋税制度开始变革。如鲁宣公十五年（前594年）实行的初税亩制度就是不同于以往的税收制度。秦统一以后，赋税制度主要包括田赋、丁役以及杂税。

1. 田赋

田赋包括两种，一是田租，二是口赋。"田租，不外粟米之征。口赋，近似布缕之征，至清则合称之曰地丁。此外力役之征，虽亦依丁而计，但原则上系赋民之力，故为丁役而非丁税，当另论之。"③

秦国实行什一之税，即亩产的 1/10。汉代初期则采取轻徭薄赋的政策，实行十五税一。以后，田租或三十税一或十税一，屡有变化。汉代又有口赋，是专指对 3~14 岁未成年人所征的口钱。原定每人每年纳 20 钱供宫廷费用。汉武帝时又加 3 钱供补充车骑马匹

---

① 《明史·食货志》。
② 《清史稿·食货志》。
③ 陈顾远：《中国法制史概要》，商务印书馆 2011 年版，第 286 页。

之用，此后每人每年纳 23 钱。元帝时改为从 7 岁起征。汉末，个别地方也有改从 1 岁起征的①。此外，汉代还有算赋，是对成年人所征收的人头税。征收对象是从 15 岁到 56 岁的成年人，每人每年交纳 120 钱为一算。同时，汉代对不同人员实行减增算赋的做法。例如，为了打击豪强富商，规定商人和奴婢倍算，即商人和奴婢多缴纳一倍的算赋。再如，惠帝时规定女子年 15 岁以上至 30 岁不嫁，五算。汉宣帝地节三年（前 67 年）下诏："流民归还者，假公田，贷种食，且勿算事。"汉成帝建始二年（前 31 年）春正月郊祀时，下诏："减天下赋钱，算四十。"② 东汉章帝元和二年（85 年）颁布"胎养令"，诏曰："令云'人有产子者复，勿算三岁'。今诸怀姙者，赐胎养谷人三斛，复其夫，勿算一岁，著以为令。"③

三国两晋南北朝时期，在推行均田令的同时，还推行租调法令，形成了完善的赋役制度。到隋、唐时，其制更为完善。唐代租庸调法在武德七年（624 年）颁行，规定租：每丁每年纳租粟二石或稻二石；调：随乡土所产，蚕乡每丁每年纳绫或绢二丈，绵三两，非蚕乡纳布二丈五尺，麻三斤；庸：每丁每年服役二十日（闰月加二日），如不服役，每日纳庸绢三尺或布三尺七寸五分。中男受田即纳租并服役，成丁则服兵役。国家有事，加役十日者可以免调，加役三十日，租调皆免。加役不得超过五十日。如遇水旱虫霜灾害，减产四成以上免租，六成以上免调，七成以上，可以全免。妇人及奴婢、部曲也可以全免④。由于租庸调法因土地兼并而无法完全实施，唐德宗于建中元年（780 年）采纳宰相杨炎的建议，实行两税法。杨炎两税法的基本原则是量出制入："凡百役之费，一钱之敛，先度其数而赋于人，量出制入。户无主客，以见居为薄，人无丁中，以贫富为差。"⑤ 其实施办法是：以大历十四年（779 年）垦田之数为准，总计当时各种开支总数以定两税总数。如州县之内，各等地亩及各等人户若干，均有总数，将该州县所需粮食及经费开支之数，分别摊给各等地亩、人户负担，是为"量出制入"。不论主户、客户，不论定居行商，均须纳税，税额由资产及田亩数确定；过去的租庸调及杂税，一律废除；每年分夏秋两季征收。两税法实行后，"天下便之，人不土断而地著，赋不加敛而增入，版籍不造而得其虚实，贪吏不诚而奸无所取。自是，轻重之权，始归于朝廷"⑥。

宋代名义上沿袭唐末的两税法，一般夏征钱帛，秋征米粟。但在两税以外，附加杂税多如牛毛，如农田税、牛革筋角税、义仓税、进际税、蚕盐钱、醋息钱、头子钱等。而且

① 《汉书·食货志》。
② 《汉书·成帝纪》。
③ 《后汉书·章帝纪》。
④ 《新唐书·食货志》。
⑤ 《旧唐书·杨炎传》。
⑥ 《旧唐书·杨炎传》。

在征收方法上常常以"折变"，应征钱帛者折算为米粟，应征米粟者折算为钱帛，折算价格由官府决定。此外，采取"支移"（改移输税地点）等手段，想方设法多征多收①。针对这种情况，宋代不断提出改革方案以整理赋税。如北宋的方田均税法、南宋的"正经界"等。终两宋之世，对赋役制度的改革达十多次，但基本以失败告终。

元代赋税制度的变化是：北方主要征收税粮和科差。元代以征收粮食为主的赋税称为税粮。广义的税粮包括北方的丁税、地税和南方的两税；狭义的税粮专指北方的丁税、地税。而科差主要在北方征收，包括包银、俸钞、私料三项。以民户为征收对象，其他诸色户不征。征收时按户等高下分摊不同的数额。南方沿用南宋旧制，继续征收秋税和夏税。

明初整理了宋、元以来的赋税制度。规定对土地所有者按土地面积、土质登记（以农作物收获量为标准）征收田赋。田赋税率号称为收获量的1/10，实际并不完全按收获量计征，各地税额相差甚大。田赋征收实物，称"本色"，除粮食外还包括丝、麻、棉，往往折为钱、银、绢等，称"折色"。由于赋税名目太多，人民负担繁重，从明中期开始，朝廷向各地推广"一条鞭法"的赋役改革方案。"一条鞭法"是将各种赋役尽可能归并编为几项货币税的赋役制度。其主要内容是简化税制，将原来数十种赋役归并为几种税。其中最主要的仍为土地税（田赋）；税收改以货币税为主，田赋及其他税种都改征白银；以县为单位统计差役、杂泛所需的人力、物力总额，平摊至全县土地，作为土地税的附加税一起征收；将各种"均徭"按人丁数额征收白银，称"丁银"；废除过去由纳税户轮流收解运赋税的"民收民解"制度，改由官府自行征收解送②。这种制度在一定程度上减轻了人民负担。

清朝进一步完善"一条鞭法"制度。康熙五十一年（1712年）宣布丁银总额以康熙五十年（1711年）为准，永远固定，康熙五十年（1711年）以后成丁（满16岁的男子）不再加征丁银。这一年全国的丁银总额为335万两，成为一项固定数额。这一举措被称为"盛世滋丁，永不加赋"。雍正年间在此基础上在全国推行"摊丁入地"的赋役改革，即以省为单位，将已固定的丁银数额平摊至田赋银之上，使丁银成为田赋银的附加税。丁银的征收与田赋银的征收完全合一，这被称为"地丁合一"③。地丁合一制度完成了唐两税法以来赋役合并的演变，使得无田地者没有赋税负担，赋税落到有产者头上，且征收便利，是中国古代赋税制度的重大发展。

2. 丁役

所谓丁役，就是周礼中所说的力役之征，也就是征用劳动力。这是百姓承担的另一项

---

① 《宋史·食货志》。
② 《明史·食货志》。
③ 《清史稿·食货志》。

负担。秦代丁役种类繁多，月为更卒，已复为正，一岁屯戍，一岁力役，三十倍于古。秦始皇建造陵墓，修建长城和阿房宫，其征用徭役频繁，成为导致秦灭亡的原因之一。汉代规定成年男子都必须为政府服徭役，共有三种，即正卒、戍边和更卒。对于这些徭役，可以缴纳钱而免除。汉代规定，年满23岁到56岁都有服徭役的义务，汉景帝时期将服徭役的时间改为从20岁开始，但单丁或者老疾者可以免除；汉昭帝时又恢复到从23岁开始。

三国两晋南北朝时期，役法变化较大。到隋、唐时期，役法较为完善。隋代规定18岁以上为丁，60岁免；品爵孝顺义节皆免役。开皇三年（583年），规定21岁始役，每年20天。唐代承隋制，征用劳力每年20天，闰月加2天，不愿征用者按照每天三尺绢来缴纳，布加1/5，这是"庸"。有事而加征劳力有一旬五日者，免除调；若三旬，则租调皆免。值得注意的是，唐代禁止私度，并且创立度牒制度，有牒者免除税役。于是江南地区如果有三子，必令一子落发，其目的在于规避徭役。

宋代役法较为复杂，从地方到中央官府均由各户充当衙门具体事务，如收赋税，抓盗贼以及奔走驱使。一般来说，役法分为两种：一是徭役，即为官府提供无偿劳役；二是职役，即由当地富户轮流承担地方政府的开销和地方公益事业，如看管官仓、督催赋税、押运货物等，如有缺损必须自行赔补足额。在名义上职役必须由富户承担，实际上仍然落在农民头上。为此，北宋王安石变法时实行"免役法"，即由富户交纳"免役钱"，再由官府雇人应役。由于这个办法规定原有免役特权的官户、形势户（品官之家）、女户、单丁户也要出钱，因而遭到反对。几经反复，至南宋又恢复差役法，而免役钱仍不废去，只是改为其他名目征收①。

元代役法主要有两种：一是科差，二是丝料。前者根据户籍等级征收；而后者则规定每两户出丝一斤，交给官府，每五户出丝一斤，也由官府征收，但交给皇亲贵族。

明代役法主要承担均徭、甲役和杂泛三种劳役。甲役，即职役，是按户承担的徭役，法律规定对人户征发"职役"，每110户人户为1里，里中丁、粮最多的10户为里长，每10户立一甲首，10年轮换为官府催征田赋、清查户口，称"里甲"。均徭是成年男子承担的徭役，规定对16岁至60岁的"男丁"征发"均徭"，包括出劳动力为官府提供勤务的"力差"和出钱、出物资为官府提供种种办公用品的"银差"。另外还有"杂泛"，是政府临时派发的徭役，为官府提供种种劳役。实行一条鞭法后，量地计丁，减轻了人民负担。

清代实行地丁合一制，丁银并入于地粮中征收，役法就与田赋合在一起了。

此外，由于国家需要，往往在上述两种正税之外特别征收其他收入，称为杂税。由于杂税制度较为复杂，也不统一，未形成稳定的制度。

---

① 《宋史·食货志》。

（四）货币行政

货币制度是古代金融制度的重要组成部分，因此，对货币制度的管理也十分重要。中国古代货币行政制度主要包括钱法和钞法。历代王朝对货币管理常有变化，且不一定实行单一货币制。

1. 钱法

中国古代货币起源很早。西周时期就使用"贝"作为交易支付的货币，如穆王时《刺鼎》铭云："王易刺贝三十朋。"同时，也出现了金属货币。

秦统一中国后，统一币制，规定黄金为上币，铜钱为下币。由于秦钱重难用，汉代允许民间铸筴钱。吕后时，铸铁钱，为八铢钱。文帝时，改为四铢钱，同时允许民间铸钱。于是吴王刘濞、大夫邓通钱行天下，因而影响了币制稳定。汉武帝时，又铸三铢钱，严禁私铸，犯者罪皆死。后因为钱轻，又命令郡国铸五铢钱。五铢钱是历史上影响最为久远的铜铸货币。以后国家又将铸币权收归中央。王莽篡汉，铸造大钱，导致币制大坏。因此，东汉时期又改用五铢钱。

三国两晋南北朝时期币制屡改。隋代以前代货币轻重不等，重新铸新钱，规定，凡前代旧钱不得使用，县令不禁者夺半年禄，后仍然无法实施。唐代在中央设立铸钱监，地方也设立铸钱监，负责货币的铸造，并且严厉禁止私自铸币，敢有盗铸者，身死，家口配没。但是仍不能禁止私钱犯法。

宋代也设立铸钱监，其货币分铜铁二等，适用范围不同，铁钱主要用于蜀地，不得任意出境，而铜钱超出江南塞外及南蕃诸国使用的也有罪。以后，铜禁废弛，钱法大坏。

明代初期，钱钞并用，禁止金银货物交易。后来钞法被废止，钱法也难以施行，而以银为贵。关于铜钱，在统一全国后，在京师设宝源局，各省设宝泉局，掌管铸钱事宜，规定制凡五等，当十、当五、当三、当二、当一，当十重一两，当一重一钱，私铸者禁。关于银法，严禁金银交易，犯者罪之。因为民间仍重用金银交易，钞法难行，因此就严厉打击金银交易。英宗即位以后，银禁渐渐松弛。孝宗以后，各钞关改用银，制钱价值也以银为其标准，因此银本位制度开始确立。

清初仿行明制，关于铜钱，在京师设宝源局、宝泉局，分别属于工部和户部，铸钱通行全国。关于银法，则有炉房以生银铸成种种形式，称为银两，在市面上流通。

2. 钞法

中国纸币最初起源于何时？通说认为唐代的飞钱就已露端倪。真正的纸币出现于宋代，此后元、明、清都曾使用过纸币。

关于唐代的飞钱。唐德宗时，商人到京师，委钱诸道进奏院及诸军诸使富家，以轻装趋四方，合券乃取之，称为飞钱。也就是中央机关常常要将各州征收的收入折合成现钱，押送京城，而商人则要把大批现钱运往外地贩卖货物，于是商人把钱交给驻京机关，而驻京机关则发给文券，商人持券到各地衙门兑取。这是商人为了解决货币远程运输困难而采取的一种汇兑办法。

宋代纸币最初称为交子。宋真宗时，张咏镇蜀，担心蜀人铁钱太重，不利于贸易，于是采用楮券，以三年为一界限而换之，称为交子。宋徽宗时，将其更名为钱引。后来创制关子和会子，都是纸钞形式。

元代实行宝钞制。中统元年（1260 年）发行中统元宝交钞，以丝为本位，与银并行流转。至正十二年（1352 年）又增加里钞。以后钞的形式多样，有宝钞、银钞。并规定，各路设有回易库，钞之昏烂者许倒换新钞，除工本费工墨三十文，倒钞焚毁须由有关部门监管。如果有破坏者仍然使用，违者罪之。伪造宝钞者处死，首告者赏钞五锭，并以犯人家产给之。

明代洪武七年（1374 年），设立宝钞提举司，次年印造、发行大明通行宝钞，命令民间流通。宝钞分为六等，一贯、五百、四百、三百、二百、一百。每钞一贯准钱千文，银一两，四贯准黄金一两。凡是商税课程，钱钞兼收。另外，还有倒钞法，规定换钞办法。以后，民间重钱轻钞，钞法也难以施行。

清代顺治八年（1651 年）仿照明制，印行钞贯，后被废止，专用制钱，以银辅之。这一时期，虽然有票号发行票据，但不能与纸钞相比。

三、治安行政行为

古代没有现代意义的治安行政，现代治安行政行为在古代往往被视为刑事犯罪行为。不过，行政组织往往会采取一定措施来防范犯罪行为的发生，并且努力将不稳定因素消灭在萌芽状态。这些措施实际上就是预防犯罪的手段，在现代称之为治安管理。[1]

古代治安行政的重点就是加强基层政权建设，因为统治者认为，只有基层稳定了，整个政权就稳定了。西周时期就已经认识到预防的重要性。周礼中记载："悬刑象之法于象魏，使万民观刑象，挟日而敛之。"[2] 也就是加强法律教育就可以使老百姓行为收敛，不再犯罪。这种法律教育在秦以后也较为常见。例如晋律制定以后晋武帝下诏："抄新律死罪条目，悬之亭传以示民。"[3] 而且晋武帝亲自讲解刑律，"亲自临讲，使裴楷执读"[4]。明太祖朱元璋也十分注意法律宣传的作用，洪武三十年（1397 年）下令，将大明律诰刊

---

① 本章部分内容参考了郭成伟先生的论文《古代社会治安管理的综合性》，参见张晋藩主编：《中国古代行政管理体制研究》，光明日报出版社 1988 年版。

② 《周礼·秋官·大司寇》。

③ 《资治通鉴》卷七十九。

④ 《晋书·刑法志》。

布中外，让天下人都能遵守，并且规定，"户户有此一本"，使"臣民熟视为戒"①。朱元璋还要求将大诰列入科举内容，让私塾老师在各乡宣讲，让官吏在节日期间的人口稠密地区讲授。这些措施都是治安行政的重要组成部分。

在加强法律宣传的同时，古代还加强基层政权建设，主要是通过乡里制度编户齐民。乡、亭、里、保等组织可以处理轻微刑事案件以及简易案件（如一般违法教令）等事项。这也可以视为古代的综合治理措施。秦代商鞅变法时，"以连什伍，设告坐之过"②，以五家为一伍，十家为一什编制居民，实行联防制度。汉承秦制，实行什伍编民，尤其重视对流民的编制，以便相互监督，并承担连带责任。至唐代，这种制度更为严格，武德七年（624 年）规定："百户为里，五里为乡。四家为邻，五家为保，在邑居者为坊，在田野者为村。村坊邻里，递相督察。"③ 宋代以后，为了维护治安，建立保甲制度。宋代规定，不仅普通民户要编排保甲，而且水上船户或居住偏远地区的散户也要组成保甲，用以防范盗贼活动。明、清继承宋制。明代要求民户与流民一律"编甲互保，属所在甲长管辖之"，同时开始重视保甲制度与宗族制度的结合，利用宗族首领的威望化解矛盾，维护治安。清代则实行士大夫与宗族首领"治其乡"的原则，动员士绅与宗族力量进行管理。清代《户部则例》规定，保甲长有"条析利害，躬行劝导"等教民的职能，而且具有保卫乡村，稽查奸宄的责任。可见中国古代对治安问题的重视。

第五节　近现代行政法的创生

中国近现代行政法的真正创生始于 20 世纪初的清末变法之中。清政府接受考察政治大臣的建议，决定实行预备立宪。而预备立宪的思路是先改革官制。1906 年的预备立宪上谕指出："廓清积弊，明定责成，必从官制入手。"④ 因此，中国近代行政法的产生与官制改革有着紧密的联系。在此思想指导下，清朝开始实行官制改革，颁布出台一系列行政法律。但是，现代行政法新元素仍然包裹在旧体制之中，只是其中预示了未来行政法的发展方向。

一、清末行政主体

清末改革官制后，中央行政组织和地方行政组织发生了很大的变化，主要有：

（一）中央行政组织

清政府原有中央机构为吏部、户部、礼部、兵部、刑部、工部六部和都察院、理藩

---

① 《明史·刑法志》。
② 《韩非子·和氏》。
③ 《旧唐书·食货志》。
④ 《清史稿·戴鸿慈传》。

院、大理寺。1840 年后曾设立总理各国事务衙门。1901 年应列强要求，改总理各国事务衙门为外务部。1903 年，增设商部。1905 年，又增设了巡警部和学部。另外还增设了财政处、练兵处和税务处。这样，形成了新旧体制并存的局面。

1905 年清廷正式宣布变法之后，官制改革逐渐全面展开。1906 年 9 月 2 日，清政府下令派大臣编纂官制。9 月 4 日，编纂官制大臣召开第一次会议。9 月 6 日，设立编制馆。编制馆拟定《厘定官制宗旨大略》五条，呈报清廷批准。其中确定了行政机构改革的"五不议"原则，即军机处事不议、内务府事不议、八旗事不议、翰林院事不议、太监事不议。根据五条宗旨，编制馆起草了中央官制草案，经过激烈的争论，11 月 2 日，将改革方案呈交。11 月 6 日，清政府发布上谕，公布中央官制改革方案。这套改革方案实际上规定了中央行政组织的基本框架。这样，中央行政组织包括外务部、吏部、礼部（太常、光禄、鸿胪并入）、民政部（巡警部改）、度支部（户部改）、法部（刑部改）、农工商部（工、商部合并）、陆军部（兵部改，并将太仆寺和练兵处并入）、理藩部（理藩院改）、学部（1905 年设）、邮传部（新设）①。不过这种按照现代行政组织改革的十一部还必须受到行政中枢的军机处和内阁的制约，体现了转轨时期新旧体制交叉状态。在宣统年间，中央行政组织又增设海军部，并将礼部改为典礼院。

这样，中央行政组织实现了从六部九卿制向单纯行使行政权的行政组织的转变。

（二）地方行政组织

"清代的地方体制比较复杂，内地建制为行省，东三省以八旗驻防体制为主，兼采行省制度，'藩部'内蒙古、外蒙古、青海、西藏是特别行政区域，此外还有京师的顺天府。"② 实际上，"推行新政期间，清政府对地方体制作过个别调整，裁撤了督抚同城的巡抚，改学政为管理近代教育的行政机构提学司，增设了巡警局，但整个体制基本未变"③。在大体确定中央官制方案后，编纂官制大臣开始讨论地方官制改革问题。当时有两个改革方案：第一个办法就是"行政、司法各有专职，文牍简一，机关灵通，与立宪国官制最为相近"④。第二个办法就是"此系照现行官制量为变通，以专责成而清权限"⑤。经过多番

　①　《清帝厘定官制谕》，中国第二历史档案馆编：《中华民国史档案资料汇编》第 1 辑，江苏人民出版社 1979 年版，第 98～100 页。

　②　侯宜杰：《20 世纪初中国政治改革风潮——清末立宪运动史》，人民出版社 1993 年版，第 86 页。

　③　侯宜杰：《20 世纪初中国政治改革风潮——清末立宪运动史》，人民出版社 1993 年版，第 87 页。

　④　侯宜杰：《20 世纪初中国政治改革风潮——清末立宪运动史》，人民出版社 1993 年版，第 88 页。

　⑤　侯宜杰：《20 世纪初中国政治改革风潮——清末立宪运动史》，人民出版社 1993 年版，第 88 页。

争论，1907年7月7日，颁布《地方官制通则》，规定各省、府、州、县的行政机构与中央机构改革相配套，并将各省督抚的军权、财权分别收归陆军部和度支部。总体来说，清末变法中地方行政组织开始与司法组织分离，并且根据新出现的中央行政组织来设置相应的行政机构。

（三）人事管理制度

清末废除科举制，实行新官制后，人事管理制度发生了一些变化，颁布了大量的人事法规，规定官吏考试、选拔、考核和奖惩内容。例如根据《吏部期满誊录奖叙办法》规定，凡是担任誊录的吏员，三年考核一次，根据其平时当差的勤惰、书法的工拙，分为三等，最优等留部任用，优等发充外官，中等给予外官候选。这是受西方文官制度影响的结果。

二、清末政府行政行为

清政府为了适应新的行政组织变革，颁布了大量的行政章程，为中央和地方行政组织提供行政行为的合法性。这些行政行为种类很多，这里只介绍农工商行政和治安行政。

（一）农工商行政

根据农工商部章程规定，农工商部的职掌范围为，"管理全国农工商政暨森林、水产、矿务、河防、水利，以及商标、专利、权衡度量等各项事宜，并综核各直省农工商政、河道各官及农工商各项公司、学堂、局厂"①。可见，农工商行政行为的范围相当广泛。

例如，根据清政府颁布的《华商办理农工商实业爵赏章程》《奖励华商公司章程》《奖给商勋章程》等法规规定，凡是投资农业、工业、商业等实业，建立工厂、制造局者，依其所投资金数额以及雇佣工人数量，分别给予一定的爵位，享受相应的荣誉。比如，商人无论独资、合资或附股，资本在1000万元以上者，分别赏一、二、三等子爵和一、二、三等男爵的爵位。资本在1000万元以下、10万元以上者，分别赏、奖二品至五品衔，并赏花翎、顶戴。商业公司集股，按所集数额，给予公司列明榜首者一品至七品不同的顶戴，并任命为农工商部顾问官，赏赐金牌、匾额，达到一定数量，其顾问官身份还可以子孙世袭。②而对于在制造业方面有特殊贡献者，可依据《奖给商勋章程》，分别授予一至五等商勋，并赏给相应的花翎、顶戴。比如，对于发明能提高生产率的新式机器，发现新的炼钢铁的方法并降低成本、提高工效者，发明新式农用机器，发明新的方法使耕种栽植提高产量者，独立种树5000棵以上并使其成材者，独立种葡萄、苹果等树，能酿酒约估成本10000元以上者，发明新的方法、新的器具开垦水利、著有成效者，均奖励三等商

---

① 《大清光绪新法令》第3册，第84页；转引自杨一凡主编：《新编中国法制史》，社会科学文献出版社2005年版，第517页。
② 《公牍：奏定华商办理农工商实业爵赏章程》，载《商务官报》1907年第19期，第8页。

勋，并奏请赏加四品顶戴。①

再如，根据《农会简明章程》规定，各省、府州厅县、乡镇村落市集分别设立农务总会、农务分会、农务分所。农会的职能在于通过组织农民，加强农民的集体活动，调查农业生产及相关设施，包括物产、水利、自然灾害、农产品物价等，提出改进方法和改善措施，进而达到提高农业生产力的目的。同时，对于具有普遍性的侵损农民权利行为，以及受地主豪绅欺压的侵农事件，农会有权代表当事人向官府提起诉讼，事情重大者，可直接向农工商部提出要求。②

（二）治安行政

治安行政与刑事犯罪在清末变法中予以区分。1908 年 5 月 9 日颁行的《违警律》，共45 条，规定了各种扰乱社会治安行为的处罚，对"政务之违警罪""公众危害之违警罪""交通之违警罪""通信之违警罪""秩序之违警罪""风俗之违警罪""财产之违警罪"等众多罪名作了详细的规定。例如，凡"无故散布谣言""于官吏办公处聚众喧哗不听禁止""迁移婚娶生死不遵章程呈报"等，都构成"政务之违警罪"③。

清末行政法种类繁多，内容庞杂，而且也不够系统。但总的来说，清末行政法按照现代行政法的部门法框架进行改革，突破了原有中华法系的结构，由此，中国近现代行政法创生了。

第六节　中华民国时期行政法

1912 年元旦，孙中山在南京宣誓就任南京临时政府大总统，并宣告中华民国成立。中华民国经历了南京临时政府（1912 年）、北洋政府（1912—1927 年）、南京国民政府（1927—1949 年）三个阶段。这一时期行政法主要表现为现代行政部门法制的建设，并成为民国法律体系的重要组成部分。

一、行政法渊源

由于西方法律体系的引入，中华民国时期的行政法与宪法制定相互分离，行政法被置于宪法之下。这与中国传统法律体系有根本的不同。从 1912 年到 1949 年期间，行政法数量不断增加，到南京国民政府时期，行政法获得六法全书体系中的一席之地。因此，中华民国时期行政法渊源与古代行政法渊源有很大不同，其种类繁多。这里主要介绍几种重要

---

① 《法律章程：商部奏定奖给商勋章程》，载《商务官报》1906 年第 20 期，第 12~13 页。
② 《农工商部奏定农会简明章程》，载《申报》1907 年 11 月 10 日。
③ 《大清法规大全·民政部》卷四，第 1~4 页。

的法源。

1. 宪法

宪法是行政法中的重要上位法渊源。南京临时政府的《中华民国临时政府组织大纲》和《中华民国临时约法》；1914 年袁世凯颁布的《中华民国约法》；曹锟 1923 年的《中华民国宪法》；1929 年的《中华民国训政时期约法》和 1947 年生效的《中华民国宪法》，构成了中华民国时期的法律渊源，具有最高的法律效力。

2. 法律

法律是立法机关制定的形式。其中与行政权有关的内容，当然是行政法渊源。

南京临时政府时期，参议院也制定了一些行政法律，但数量不多，如《暂行印花税法》《暂行印花税试行法章程》《行政执行法》。

到北洋政府时期，则制定了大量的行政活动的法规。比如，在财政税收方面，北洋政府颁布了《盐税条例》《印花税法》《税契条例》《特种营业税条例》《贩买烟酒特许牌照税条例》《所得税条例》《特种财产契税规则》《管理官产规则》《清查公款章程》《官产处分条例》《国币条例》《国币条例实施细则》《取缔纸币规则》《会计法》《审计法》《权度法》等法规。再如，在社会治安方面，北洋政府颁布了《治安警察条例》《戒严法》《出版法》《报纸条例》《违警罚法》《行政执行法》《国籍法》《缉私条例》等法规。

南京国民政府成立后，为了应对社会经济政治外交等方面的问题，行政活动更加频繁，并制定了大量的行政法规。在内政行政上，1929 年 2 月，国民政府公布了《国籍法》及其"施行条例"。1929 年 10 月至 1930 年 12 月，国民政府先后公布了《工会法》《渔会法》《团体协约法》《农会法》。1931 年 12 月，国民政府公布了《户籍法》，1932 年公布了《剿匪区内各县编查保甲户口条例》，1940 年公布了《各县保甲整编办法》等。此外，还有 1938 年的《建筑法》、1939 年的《都市计划法》等。在军事行政上，1933 年国民政府公布了《兵役法》，1935 年、1943 年及 1946 年屡经修正；1942 年国民政府公布了《国家总动员法》，1934 年公布施行《戒严法》。在土地行政上，1930 年 6 月国民政府公布了《土地法》，1946 年 10 月公布了《土地登记规则》。在财政金融税收行政上，有 1931 年的《银行法》，1932 年的《预算法》，1934 年的《营业税法》《印花税法》《海关缉私条例》，1935 年的《会计法》，1938 年的《决算法》《公库法》，1940 年的《契税条例》，1943 年的《所得税法》，1945 年的《使用牌照税法》，1946 年的《货物税条例》《证券交易税条例》，等等。

二、行政主体

(一) 行政首脑

辛亥革命后，君主政体被废除，建立共和政体，从此君主作为行政首脑的历史就不存在了。同时，随着西方政治体制的引入，行政权往往依据法律赋予特定的主体。

南京临时政府时期，根据《中华民国临时政府组织大纲》规定，临时大总统总揽政务，因此，临时大总统是行政首脑。不过根据《中华民国临时约法》的规定，政府实行责任内阁制，国务院为行政中枢，因此，国务总理是行政首脑。

袁世凯实行独裁政治以后颁布的《中华民国约法》，取消国务院建制，由大总统掌握行政权，因此，大总统既是国家元首，又是行政首脑。

南京国民政府时期，根据《中华民国训政时期约法》规定，在国民政府下设行政院作为行政中枢，行政院院长就是行政首脑。根据1947年《中华民国宪法》规定，行政首脑也是行政院院长。

（二）中央行政组织

根据《中华民国临时政府中央行政各部及其权限》规定，临时政府将行政部门分为陆军部、海军部、外交部、司法部、财政部、内务部、教育部、实业部、交通部九部。这是总统制下的中央行政组织。

根据《中华民国临时约法》的规定，除了上述的行政部门之外，新设了国务院这一机构。国务院由国务总理及各部总长组成，均称国务员，辅佐临时大总统，负其责任。国务总理为国务员首领，保持行政的统一。临时大总统公布法律，发布教令及其他关于国务之文书，均须由国务总理副署。这显然反映了责任内阁制的精神。

1914年袁世凯公布《中华民国约法》之前，对南京临时政府颁布的官制通则曾加以修正或废止。其行政部门主要分为外交部、内务部、财政部、司法部、陆军部、海军部、教育部、农商部、交通部。此外，还有审计院、平政院、将军府、蒙藏院等。袁世凯实行总统独裁后，对中央行政组织有所调整。

南京国民政府时期，在五权体制下，行政院是国民政府的行政机关，也是五权体制中最重要的机构。其设立行政院院长、副院长各一人，其职责为：负责提出立法院的法律、预算、大赦、宣战、条约等重要法案，任免行政官吏，解决各部及委员会之间不协调的事项，依据法律发布命令。其下属行政机关数量庞杂，且不断变化。其中最基本的中央行政组织包括内政部、外交部、军政部、海军部、财政部、实业部、教育部、交通部、铁道部。这些机构承担着重要的行政职能。1947年《中华民国宪法》颁布后行政院机构有所变化，共有13个部，即国防部、内政部、财政部、教育部、司法行政部、农林部、工商部、交通部、社会部、水利部、地政部、卫生部和粮食部。

（三）地方行政组织

南京临时政府时期地方行政组织除南京地区外，分省、府、县三级。由于当时南京临时政府处于初建时期，因此地方行政组织不够完善，只有在南京地区的地方行政组织较为完善。1912 年 3 月初，经参议院议决，大总统公布了《南京府官制》21 条，规定南京府由中央直辖，除府知事外，设一厅（秘书厅）、四科（民治科、劝业科、主计科、庶务科）。

北洋政府时期，地方行政组织分为省县两级，此外尚有一些特殊地方行政组织，如北京地区。由于当时司法机关没有在县一级完全建立起来，有些县的行政长官兼领司法。

南京国民政府时期地方行政组织基本上分为省、县两级，但也有市这种地方行政组织。根据《省政府组织法》规定，省行政组织分为省政府及各厅。根据县组织法，县行政组织包括县政府及县政府各局。根据市组织法规定，市行政组织分为市政府及市政府各局。此外，还有特殊行政组织，例如蒙古和西藏地区设立的行政组织。

总的来说，地方行政组织经历了不完善到完善的阶段。

（四）公务员制度

中华民国时期模仿西方文官制度，开始建立公务员制度。这种制度也不同于辛亥革命以前的职官制度。

南京临时政府时期将文官分为简任官、荐任官和委任官。简任官由临时大总统签发任命，主要包括各部总长和次长等。荐任官和委任官是由各部总长任命的部局以下官员和各省都督任命的省司长以下官员。这种区分实际上将政务官和事务官予以区别，从而有利于保证文官制度的稳定。文官的任用原则规定必须经过文官考试委员会资格考试，合格者方能录用。南京临时政府法制局还拟定了《文官考试委员会官职令》《文官考试令》等草案。但是参议院均未将上述草案议决。

参议院移至北京后，议决了有关公务员制度的法律，如《中央行政官官等法》《官俸法》《技术官官俸法》等，规定文官制度中的官等、选任、惩戒和保障制度。关于官等，文官一般分为四级九等，四级包括特任官、简任官、荐任官和委任官。九等中第一、二等属于简任官，第三、四、五等属于荐任官，第六、七、八、九等属于委任官。关于选任，特任官由大总统以特令任命，简任官由国务总理呈请大总统任命，荐任官由各主管部门长官呈请大总统任命，委任官则由各部局等长官任命委用。关于惩戒，北洋政府还专门成立了文官高等惩戒委员会和文官普通惩戒委员会，负责文官的惩戒事项。惩戒处分一般分为褫职、降等、减俸、申诚、记过五种。关于保障，则根据 1913 年 1 月公布的《文官保障法草案》施行，具体规定文官免职程序、休假、薪俸待遇和恤金等内容。

南京国民政府时期，公务员制度日益完善，并制定了相应的法规，如《考试法》《公务员任用法》《现任公务员甄别审查条例》《公务员登记条例》《公务员交代条例》《公务员恤金条例》等，规定了公务员的组织机构、任用制度、考试制度和考核惩戒制度。关于任用制度，公务员任用分为 4 等 37 级。4 等包括特任、简任、荐任和委任。特任只有 1

级，简任有 8 级，荐任有 12 级，委任有 16 级。级别越高，薪俸越高。关于公务员任用资格考试制度，具体由考试院负责。一般将参加考试的人员分为任命人员和专门技术职业人员。考试种类分为高等考试、普通考试和特种考试三种，考试时间一般一到两年举行一次。关于考核惩戒制度，根据《公务员考绩法》，一般分为年考和总考，参考考核标准定等次；而根据《公务员惩戒法》和《公务员惩戒委员会组织法》，规定专门机构负责惩戒，惩戒处分为免职、降级、减俸、记过和申诫五种。

虽然民国时期规定有公务员制度，但是由于官场中存在以亲疏好恶为任用标准，因此其实施效果并不理想。

三、行政行为

在现代西方行政法理念影响下，民国行政法开始在部门行政行为的基础上采用抽象行政行为和具体行政行为的概念。

(一) 行政立法

在宪法和法律的授权下，行政机关往往发布大量的行政立法，指导和管理各种行政行为。这些行政立法就是抽象行政行为。不过在宪法中往往将行政机关立法称为命令。

南京临时政府时期，根据《中华民国临时政府组织大纲》的规定，临时大总统有统治全国的权力，有权制定官制官规，并任免文武职员。根据《中华民国临时约法》规定，临时大总统代表临时政府，总揽政务，有权发布命令，临时政府各部也有权发布行政命令。临时大总统的行政立法，例如在教育方面，临时政府大总统发布《大总统令陆军、内务两部派员会同教育部调查保护各处学堂及前查封充公之家屋文》《命安徽都督查究贵池小学损失各物令》等命令，要求各地注意保护学校。关于行政部门立法，例如在军事方面，为了维护军队法纪，保证在战争期间的秩序稳定，南京临时政府陆军部先后发布《维持地方治安临时军律》《禁止私自招兵募饷文》《陆军部通饬各军队严禁军人冶游聚赌文》等。这些行政命令涉及行政的方方面面。

袁世凯解散国会后，1914 年 5 月 1 日公布了《中华民国约法》。根据该约法的规定，大总统总揽统治权。行政事务，置外交、内务、财政、陆军、海军、司法、教育、农商、交通各部分掌之。各部总长，依法律、命令，执行主管行政事务。曹锟统治北洋政府时期，公布了《中华民国宪法》。根据《中华民国宪法》规定，中华民国行政权由大总统以国务员之赞襄行之。大总统为执行法律或依法律之委任，得发布命令。同时国务院国务总理及各部总长均可发布一定的命令。北洋政府时期，行政机关发布了大量的行政法规，来调整社会关系。

南京国民政府时期，根据《中华民国训政时期约法》，国民政府设行政院、立法院、司法院、考试院、监察院及各部会。各院部会得依法发布命令。

（二）具体行政行为

具体行政行为分类有很多种，一般包括单方行为、行政契约和行政协定，其中单方行为（广义的行政处分）包括精神的行为和事实的行为，而精神的行为还可以进一步划分为行政处分（狭义的）和表明行为（准行政行为）①。由于行政行为的内容太多，这里只介绍行政执行行为。

1913 年南京临时政府参议院制定《行政执行法》，并由临时大总统公布施行。1914 年进行修改，1932 年，国民政府立法院又重新起草通过。该法规定了直接强制处分和间接强制处分。其中间接强制处分包括三种类型：一是代执行；二是怠金，后改为罚锾；三是对家宅及其他场所的侵入搜索。②

可见，随着现代行政法体例的引入，行政行为的种类也越来越丰富。

四、革命根据地政权行政法

从 1927 年到 1949 年的革命根据地时期，在中国共产党的领导下，建立了苏维埃政权，创制了革命根据地的法律制度。由于战争形势复杂多变，革命根据地的法制建设经历了工农民主政权、抗日政权和解放区政权三个时期。三个时期的政权所创制的法律都包含有行政法的内容，而且这一时期的行政法实践为新中国行政法提供了有力的借鉴。

（一）行政法渊源

革命根据地时期行政法的渊源较为复杂。特别是受战争环境的影响，中国共产党的政策对行政法产生了很大的影响，同时行政部门发布的命令数量也相当多。当然，这并不意味着革命根据地政权的权力机关不制定行政法规。这里我们介绍几种重要的行政法渊源。

1. 宪法

虽然革命根据地时期宪法制定得不多，但是，1931 年通过的《中华苏维埃共和国宪法大纲》、1941 年通过的《陕甘宁边区施政纲领》以及 1946 年公布的《陕甘宁边区宪法原则》都曾作为行政活动的最高法律依据。

2. 法律

法律是由革命根据地政权最高权力机关制定的，其中与行政法有关的属于行政法渊源。如 1931 年中华工农兵苏维埃第一次全国代表大会通过的《中华苏维埃共和国土地法》。在当时的条件下，作为行政法渊源的法律数量不多。

---

① 参见范扬著：《行政法总论》，中国方正出版社 2005 年版，第 160 页。
② 参见谢振民编著，张知本校订：《中华民国立法史》（上），中国政法大学出版社 2000 年版，第 510~511 页。

3. 政策

在中国共产党领导下，革命根据地政权建设往往需要党的政策的指导和实施，因此，政策在当时行政活动过程中具有极高的权威性。因此，党的政策是行政法的渊源。例如中共中央在 1946 年 5 月 4 日发出了由刘少奇主持起草的《关于土地问题的指示》，也就是"五四指示"。根据"五四指示"，各地开展了土地革命。再比如，1947 年 7 月中共中央召开了全国土地会议，会议在 9 月通过的《中国土地法大纲》就成为具体实施土地改革的统一标准。

（二）行政主体

1. 行政组织

工农民主政权时期，中央国家行政机关是由人民委员会及其所属的各人民委员会部和委员会组成的。根据 1931 年公布的《中华苏维埃共和国宪法大纲》规定，"中华苏维埃共和国之最高政权为全国工农兵会议（苏维埃）的大会，在大会闭会期间，全国苏维埃临时中央执行委员会为最高政权机关，中央执行委员会下组织人民委员会处理日常政务，发布一切法令和决议案"。[①] 人民委员会下设九部，即外交人民委员部、劳动人民委员部、土地人民委员部、军事人民委员部、财政人民委员部、教育人民委员部、内务人民委员部、司法人民委员部和工农检查人民委员部。1934 年公布《中华苏维埃共和国中央苏维埃组织法》以后，人民委员会增设国民经济人民委员部和粮食人民委员部，原来的工农检查人民委员部改为工农检查委员会，分别执行各项行政事宜。

抗日战争时期，为了实现全民族抗战，对抗日根据地政权行政机关进行了一系列调整。以陕甘宁边区政府为例，根据 1939 年 2 月《陕甘宁边区政府组织条例》规定，边区政府行政机关主要有民政厅、财政厅、教育厅、建设厅等。

解放战争时期，由于解放区不断扩大，相继成立大行政区人民政府，其行政组织也相应进行调整。例如依照 1948 年 8 月《华北人民政府组织大纲》的规定，将司法行政机关与审判机关分开，分别设立司法部和华北人民法院，此外还设置了农业部、工商部、公营企业部、交通部、财经委员会、水利委员会以及合作、贸易、税务、民政、银行、财政、公安等机构。当然，各大解放区的行政机关存在机构差异。

由于革命根据地时期各根据地条块分割，情况复杂多变，地方行政组织就不再介绍了。

2. 干部管理制度

在革命根据地时期，为了革命需要，逐渐形成了一种新型的人事管理制度，当时称之为干部管理制度。这种干部管理制度的核心是党管干部的党委委任制。随着各根据地政权

---

① 《中华苏维埃共和国宪法大纲》第 3 条。

建设的发展，干部管理的正式制度化是在抗日民主政权时期。1943 年陕甘宁边区政府在长期总结经验的基础上，公布了《陕甘宁边区各级政府干部管理暂行通则》《干部任免暂行条例》《干部奖惩暂行条例》。其中，《陕甘宁边区各级政府干部管理暂行通则》规定：边区各级政府所属干部，均由民政厅统一管理，其管理事项包括：（1）关于登记审查；（2）提拔培养；（3）配备使用；（4）任免调动；（5）考绩奖惩；（6）待遇保健。《干部任免暂行条例》规定，各级政府干部的任用，必须使用以下标准：（1）拥护并忠实于边区施政纲领；（2）德才资望与其所负职务相称；（3）关心群众利益；（4）积极负责、廉洁奉公。并对各级干部的任用、免职或调动的权限和手续分别作了规定。《干部奖惩暂行条例》具体规定了应予奖励的条件和奖励办法。奖励分为：（1）提升；（2）记功（记大功或记功）并公布；（3）给予奖章奖状等；（4）书面奖励（传令嘉奖、通令嘉奖、登报嘉奖）；（5）物质奖励；（6）口头奖励（当众宣扬等）；（7）其他办法。同时也规定了应予惩戒的条件和惩戒种类，包括：（1）撤职查办或向法院提起公诉；（2）撤职；（3）撤职留任；（4）记过（记大过或记过，公布或不公布）；（5）警告或申斥（书面的或口头的）；（6）其他办法。[1] 这种干部管理制度不仅在解放战争时期被沿用，而且对中华人民共和国成立后的人事管理制度产生了深远影响。

（三）行政行为

革命根据地政权时期，中央及各地革命根据地政权制定了许多行政法规，开展了相应的行政活动。其行政活动的范围十分广泛，涉及土地、劳动、金融、税收等领域。这里着重介绍土地行政和劳动行政两种。

1. 行政立法

（1）土地行政立法。土地问题是中国革命的重要问题，革命根据地民主政权均极为重视制定土地法规，调整土地关系，以满足农民需要土地的要求，为实施土地行政活动提供法律依据。

第二次国内革命战争时期进行土地革命时，先后制定了若干土地法，如 1928 年 12 月《井冈山土地法》、1929 年 4 月《兴国土地法》、1931 年 12 月《中华苏维埃共和国土地法》，其中土地政策有所变化，如《井冈山土地法》规定"没收一切土地归苏维埃政府所有"，而《兴国土地法》则规定"没收一切公共土地及地主阶级的土地"。

抗日战争期间，根据抗日民族统一战线的总方针，在土地问题上，停止没收地主土地，而改为承认地权，实行减租减息政策。相应的法规有，1938 年 4 月《陕甘宁边区土地所有权证条例》，1939 年 4 月《陕甘宁边区土地条例》，1941 年 11 月公布、1942 年 10月、1943 年 9 月、1945 年 5 月修订颁布的《晋冀鲁豫边区土地使用暂行条例》，1944 年

---

① 张晋藩主编：《中国法制史》，群众出版社 1991 年版，第 675 页。

12月《陕甘宁边区地权条例》、1944年12月《陕甘宁边区土地租佃条例》，从而保证了全国抗日的顺利进行。

解放战争时期，中共中央根据国内形势变化，于1946年5月4日发布《关于土地问题的指示》（即五四指示），决定由减租减息政策转变为没收地主土地分配给农民的政策。根据这一指示精神，又制定了详细的土地分配办法，如1947年9月《中国土地法大纲》、1947年12月《东北解放区实行土地法大纲补充办法》等。根据这些规定，行政机关往往发布相应的土地行政命令，来具体指导土地管理工作。

（2）劳动行政立法。劳动问题也是革命根据地民主政权关注的重要问题，因此，各革命根据地政权制定、通过了一些关于劳动保护的法规，用以指导劳动行政活动。

第二次国内革命战争期间，为了保护工人阶级的社会地位和生活状况，制定了大量的劳动法规，主要有1931年11月的《中华苏维埃共和国劳动法》、1933年10月的《中华苏维埃劳动法》、1933年10月的《中华苏维埃共和国违反劳动法令惩罚条例》、1932年8月的《湘赣省第二次苏维埃代表大会关于劳动法执行条例的决议》等，为劳动行政提供了一定的依据。

抗日战争期间，中共中央纠正了苏区和抗战初期过左的劳动政策。各边区政府根据相应政策，制定了劳动法规，具有代表性的有1941年11月、1942年12月、1944年1月修订的《晋冀鲁豫边区劳工保护暂行条例》，1941年4月的《晋西北边区工厂劳动暂行条例》，1942年的《陕甘宁边区劳动保护条例（草案）》等。

解放战争时期，1948年在哈尔滨召开第六次全国劳动大会，根据"发展生产、繁荣经济、公私兼顾、劳资两利"的总方针，提出了劳动立法的一般原则。随后，各解放区人民政府颁布了有关劳动问题的法规，主要有1949年7月的《太原国营公营企业劳动保险暂行办法》、1948年12月的《东北公营企业战时暂行劳动保险条例》、1946年5月的《苏皖边区保护工厂劳动暂行条例》等。

根据上述规定，行政机关发布了大量的行政命令，从各个方面有效保护了劳动者的合法权益，包括工资、工作时间、休假的规范化，实施劳动防护和社会保险，保护女工、青工、童工的合法权益，建立工人自己的工会组织等。

2. 土地行政

为了进一步了解革命根据地时期的土地立法内容，这里选择各时期具有典型的土地法规做一介绍。

首先，1931年12月1日中华工农兵苏维埃第一次全国代表大会上通过的《中华苏维埃共和国土地法》，共14条。土地行政基本内容为：

（1）没收土地。第1条规定："所有封建地主、豪绅、军阀、官僚以及其他大私有主的土地，无论自己经营或出租，一概无任何代价地实行没收。被没收来的土地，经过苏维埃由贫农与中农实行分配。"第 3 条规定："中国富农性质是兼地主或高利贷者，对于他们的土地也应该没收。"第 4 条规定："没收一切反革命的组织者及白军武装队伍的组织者和参加反革命者的财产和土地。"第 8 条规定："没收一切封建主、军阀、豪绅、地主的动产与不动产，房屋、仓库、牲畜、农具等。富农在没收土地后，多余的房屋、农具、牲畜及水碓、油榨等，亦须没收。"

（2）分配土地。第 1 条规定："被没收土地的以前的所有者，没有分配任何土地的权利。雇农、苦力、劳动贫民，均不分男女，同样有分配土地的权利。乡村失业的独立劳动者，在农民群众赞同之下，可以同样分配土地。老弱残废以及孤寡，不能自己劳动，而且没有家属可依靠的人，应由苏维埃政府实行社会救济，或分配土地后另行处理。"第 3 条规定："富农在没收土地后，如果不参加反革命活动，而且用自己劳动耕种这些土地时，可以分得较坏的劳动份地。"第 5 条规定："第一次代表大会代表认为：平均分配一切土地，是消灭土地上一切奴役的封建关系及脱离地主私有权的最彻底的办法；不过苏维埃地方政府无论如何不能以威力实行这个办法。"第 7 条规定："地方苏维埃政府应根据各乡村当地情形，选择最有利于贫农中农利益的方法；或按照每家有劳动力之多寡同时又按人口之多寡——即混合原则来进行分配，富农以劳动力为单位，人口为补助单位去分配。"红军应分得土地由苏维埃政府代为耕种。此外，分配的范围，不仅限于土地，还包括房屋、牲畜和农具等。第 10 条规定："一切水利、江河、湖沼、森林、牧场、大山林，由苏维埃管理，来便利于贫农中农的公共使用。桑田、竹林、茶山、鱼塘等，必如稻田麦田的一样，依照当地农民群众的自愿，分配给他们使用。"

（3）限制土地流转。第 12 条规定："在目前革命阶段上，苏维埃政权应将土地与水利国有的利益向群众解释；但现在仍不禁止土地的出租与土地的买卖，苏维埃政府应严禁富农投机与地主买回原有土地。"

其次，抗日战争时期，土地行政呈现出抗战时期统一战线的特点，即承认地权。1944年 12 月，边区第二届参议会第二次会议通过了《陕甘宁边区地权条例》，共 15 条。

（1）承认地权。第 3 条规定："依保证人民土地私有制的原则，凡合法土地所有人在法令限制范围内，对于其所有土地有自由使用、收益和处分（买卖、典当、抵押、赠与、继承等）之权。"第 4 条规定："在土地已经分配的区域，土地为一切依法分得土地人所有；在土地未经分配区域，土地仍为原合法所有人所有。"

（2）土地登记。第 5 条规定："为厘定边区人民的土地所有权，由边区政府颁布土地登记办法，举办土地登记。土地登记时，土地所有人须分别呈缴下列之证明书状。"第 6条规定："土地登记时，凡业主实有土地因当日未经真确丈量，致超过过去凭证所载之数量，经证明确非侵占他人土地或公地，得照实呈报登记，不予追究。前项土地在登记后，查明仍有隐匿不报之土地，其隐匿不报部分充公。"

（3）公有土地管理。第8条规定："凡属下列各种土地，均为公有：一、军事工事及要塞区域的土地；二、公共交通的道路；三、公共需用的河流和其他天然水源地；四、凡不属于私有的矿产地、盐池、荒地、森林、名胜、古迹等；五、依法没收归公的土地；六、其他未经人民依法取得所有的一切土地。凡公有土地，除法令有特殊规定者外，一般由当地县、市（等于县的市）政府统一登记管理，其所有权属于边区政府，任何个人或团体不得侵占。"

（4）土地利用。关于领取公地和开垦公有荒地，第9条规定："有下列情形者，得呈请政府领取公地或公荒，并可依法取得土地所有权：一、凡留居边区的退伍抗日军人和抗日军人家属，没有土地耕种者；二、蒙、回少数民族人民愿在边区境内居住，而没有地耕种者；三、外来的灾民、难民、移民或边区人民愿从事自立耕种，而没有土地者；四、在分配土地时期外出的业主，现在回边区居住，而他的土地已经没收分配，现无土地耕种者。"关于荒地的利用，第10条规定："在公荒很多并经政府指定的区域，人民所开荒地，得依法取得其所有权。"关于土地代管，第12条规定："合法土地所有人不在当地时，土地可以由他的亲属或代理人代管；没有代管人时，可以由政府代管，并招人耕种，在他本人回归时，须发还其土地，并酌量发还其地租。"

（5）征用土地。第13条规定："由于建筑国防工事，兴修交通道路，进行改良市政工作，以及举办其他以公共利益为目的而经边区政府批准的事业，政府得租用、征用或以其他土地交换人民或团体所有的土地。"

最后，1947年7月至9月，中国共产党在河北平山县召开全国土地会议。9月13日通过了《中国土地法大纲》，于1947年10月10日公布。该法体现了解放战争时期的土地行政的特点。

（1）废除封建土地所有权。第1条规定："废除封建性及半封建性剥削的土地制度，实行耕者有其田的土地制度。"第2条规定："废除一切地主的土地所有权。"第3条规定："废除一切祠堂、庙宇、寺院、学校、机关及团体的土地所有权。"第4条规定："废除一切乡村中在土地制度改革以前的债务。"

（2）分配土地。第6条规定："除本法第9条乙项所规定者外，乡村中一切地主的土地及公地，由乡村农会接收，连同乡村中其他一切土地，按乡村全部人口，不分男女老幼，统一平均分配，在土地数量上抽多补少，质量上抽肥补瘦，使全乡村人民均获得同等的土地，并归各人所有。土地分配，以乡或等于乡的行政村为单位。但区或县农会得在各乡或等于乡的各行政村之间作某些必要的调剂。在地广人稀地区，为了便于耕种起见，得以乡以下的较小单位分配土地。"第 11 条规定："分配给人民的土地，由政府发给土地所有证，并承认其自由经营、买卖及在特定条件下出租的权利。土地制度改革以前的土地契约及债约，一律缴销。"

（3）规定土地执行机关。第 5 条规定："乡村农民大会及其选出的委员会，乡村无地少地的农民所组织的贫农团大会及其选出的委员会，区、县、省等级农民代表大会及其选出的委员会为改革土地制度的合法执行机关。"

3. 劳动行政

劳动行政也是革命根据地时期政府行政活动的重要内容。这里介绍一下 1931 年 11 月，中华苏维埃工农兵第一次全国代表大会通过、12 月颁布的《中华苏维埃共和国劳动法》，共 12 章 75 条。

（1）适用对象。第 1 条规定："凡在企业、工厂、作坊及一切生产事业和各机关（国家的、协作社的、私人的都包括在内）的雇佣劳动者，都应享受劳动法的规定。"第 2 条规定："对于在中华苏维埃共和国海陆空军服军役的战斗员和指挥员不受本劳动法的拘束。"

（2）雇佣的手续。第 6 条规定："雇佣工人须经工会和失业劳动介绍所介绍，并根据集体合同执行。严格禁止所谓工头、包工员、买办或任何私人的代理处的各种契约、劳动包工制、包工头等。"第 7 条规定："所有失业劳动介绍所须由各级劳动部组织之，严格禁止私人设立工作介绍所或雇佣代理处。"

（3）集体合同与劳动合同。第 10 条规定："集体合同是一方面由职工会代表工人和职员与另一方面的雇主所订立的集体条约。在该集体合同上规定出企业、机关、家庭及私人雇主对于雇佣劳动者的劳动条件，并规定了（出）将来雇佣者个人与雇主间订立劳动合同的内容。"第 13 条规定："劳动合同是一个工人或几个工人与雇主订立的协定。劳动合同的条件倘与劳动法、现行的劳动法令及集体合同的条件较恶劣，皆不发生效力。有期限的集体和劳动合同的有效期间不得超过 1 年，工会在合同满（期）以前有权要求取消合同。"

（4）工作时间。第 14 条规定："所有雇佣劳动者通常每日工作时间，依本劳动法的规定，不得超过八点钟。"第 15 条规定："所有工人在危害身体健康之工业部门中工作，每日工作时间须减至六点钟以下。"第 17 条规定："所有在夜间做工之工人每日工作时间较通常工作时间少一点钟。"

（5）休息时间。第 19 条规定："每工人每周经常须有继续不断地 42 点钟的连续休息。"第 20 条规定："在任何企业内的工人继续工作到 6 个月以上者，至少须有 2 个星期的例假，工资照发；在危害工人身体健康之工业中工作的工人，每年至少须有 4 个星期的例假，工资照发。"

（6）工资。第25条规定："任何工人之工资不得少于由劳动部所规定的真实的最低工资额，各种工业部门的最低工资额至少每三个月由劳动部审定一次。"第33条规定："按件的工作可由工人（由工会代表工人）与雇主双方面订定集体合同，所有按件工作，须规定每日的平均生产率与每日的中等工资（按照每一工业按件所作之工作时间计算）。"

（7）女工、青工及童工。第34条规定："女工、青工及童工除享受本劳动法各章的普通权利之外，规定下列的特别保护女工、青工、童工之条文。"第35条规定："凡每（某）些特别繁重或危险的工业部门，禁止女工、青工及童工在里面工作。禁止女工、青工及童工之工业部门，由中央劳动部审定公布之。"第37条规定："18岁以下的男女工及怀孕和哺小孩的女工严格禁止做夜工。"第41条规定："14岁以下的男女，严格禁止雇用；14岁至16岁的童工，经过劳动检查机关许可后才能雇佣。"

（8）劳动保护。第44条规定："任何机关或企业，不经劳动检查机关检查和许可不得进行工作、开设或迁徙地方。"第45条规定："所有机器须设置防护器，未经劳动检查机关检查与适当防护器设置，不得增设新机器。"第46条规定："无论何种企业必须发给工人工作专门衣服，工作专门衣服的种类及穿着的期间，由中央劳动部特别规定之。"

（9）社会保险。第68条规定："社会保险对于一切雇佣劳动者，不论他在国家企业、协作社或私人企业，不论工作时间之久暂及付给工资之形式如何，都得施行之。"第69条规定："由雇主于应付的工资之外支付全部工资额10%至15%的数目，作为社会保险之基金。该项百分比例表，另由中央劳动部以特别命令颁布之，绝对不得向被保险人征收保险费，也不得从工资中克扣。"

（10）解决劳资冲突及违犯劳动法的机关。第72条规定："凡违犯劳动法的案件以及劳资的纠纷，或由人民法院的劳动法庭判决强制执行之，或由劳资双方代表所组成的评判委员会及设在劳动部的仲裁委员会以和平解决之。评判委员会和仲裁委员会的工作细则，由中央劳动部另行颁布之。"第73条规定："凡违犯劳动法及关于一切劳动问题的法令、集体合同等，无论他对于刑法受何种惩罚，都归人民法院的劳动法庭审理之。"

1933年10月中华苏维埃共和国中央执行委员会发布关于重新颁布劳动法的决议，并重新修订公布劳动法。

第九章　中国刑法史

第一节　概　述

中国古代刑事法律，与法律起源具有一致性。这既是中国古代法律起源的特殊性所决定的，也有先民将法等同于刑的认识原因。中国古代的法，来源于刑。如《禹刑》《汤刑》《九刑》《吕刑》《刑书》等，兼有罚与法的两层含义。《尔雅·释诂》曰："刑，常也，法也。"《说文》曰："法，刑也。"其将法、刑等同。同时，中国法的起源与战争密切相关。"大刑用甲兵，其次用斧钺；中刑用刀锯，其次用钻凿；薄刑用鞭扑"[1]，兵、刑同一。因为战争的特殊性，具有军法性质的规范都具有很强的命令色彩，主要由禁止性规范构成，从而与现代刑法的特质相符，表现出刑法特征。

中国古代刑法规范最初表现为简单的单字罪名和附从的罚则。最早出现的法律是性禁忌发展而来的性规则，其罪名是奸。但随着犯罪行为的多样化，原先专用于表述违反性禁忌的奸罪，已不足以容纳随着社会发展而出现的新罪行，从而发展到泛指危害社会的行为。例如："《黄帝李法》曰：壁垒已定，穿窬不由路，是谓奸人，奸人者杀。"[2] 再如"昏、墨、贼，杀"[3]。这都是最简单的单字罪名。

中国古代刑事法律从简单的单字罪名，发展到刑事规范的汇编，再到较系统的单行法典，又形成诸法合体的法典，直至近代出现专门的刑法典，经历了一个相当长的历史沿革过程。

中国古代定罪量刑的规范，由法典和刑事关系法构成，从初始的夏刑、汤刑、九刑，到秦朝形成了以律为主干、以令为补充、以廷行事为判例、以法律答问为法律解释的刑事法律体系。发展到汉，形成了律、令、科、比的法律体系，律是基本法律；令是皇帝不列入律上的诏令；科是调整某类社会关系的单行法规；比是典型判例。经三国两晋南北朝的

---

[1] 《汉书·刑法志》。
[2] 《汉书·胡建传》。
[3] 《左传·昭公十四年》。

完善，《晋律》始对律、令严格界限，明确各自调整范围。律以正罪名，令以存事制。"权设其法，太平当除，故不入律，悉以为令。施行制度，以此设教，违令有罪则入律。"① 这样就将律、令准确地区分开来，即律是较稳定的法律形式，而令是临时之制；令只是禁止规范，而无制裁后果的具体规定，违令则入律。至唐朝，法律形式定型为律、令、格、式。其中，律是刑事法律，令是行政管理法规，格是经过整理的制敕，式是国家机关的活动细则。宋代的《宋刑统》是新的法典编纂体例，编敕与例的地位很高，例有断例和事例。元代《至元新格》是诸法合体的基本法，《大元通制》则是律例混编的法典。明代《大明律》是基本法典，《大诰》主要是案例汇编，具有定罪量刑的最高效力。清代则附例于律后，并定期续纂，形成了庞大的附例，这些都是定罪量刑的规范。清末建立了近代法律体系，《大清新刑律》是专门的刑法典，并附有五条《暂行章程》，使刑事规范独立于其他规范。中华民国时期有刑法典和补充条例，南京国民政府更有大量的刑事单行法。新民主主义革命时期革命根据地的刑事法律以单行法为主，立法者主要是各根据地政权。

定罪量刑制度也随着刑事法律的完备而逐渐成熟，形成系统的科学体系。从基本原则到罪状、从犯罪构成到罪数、从归罪形式到刑罚量化，都有一套系统的、特色鲜明的、近似于现代的刑法理论。清末建立近代法律体系，形成了现代刑法制度。

第二节　古代刑法基本原则

刑法基本原则是刑法所特有的、贯穿于全部刑事立法并在司法审判中必须遵行的准则。通常是体现刑法的指导思想，规定刑法的性质和特点，并具有评价、处理犯罪与调整刑罚适用的功能。

在我国刑事法律制度发展史上，关于基本原则的表现形式有两种：其一，在《大清新刑律》之前，刑事法典没有基本原则的规定，多数法典的开篇就是五刑制度；而刑法的宗旨、原则等，分散和隐含在刑罚功能的评述中。其二，在《大清新刑律》之后，《大清新刑律》、北洋政府的《暂行新刑律》及其修正案和国民党统治时期的《中华民国刑法》，均有基本原则的专门规定，如规定了罪刑法定、罪刑等价、罪及个人等，但这些规定，并没有完全贯彻到整个刑事法律制度体系中。基于这两种情况，我们分析历史上刑事法律的基本原则，就面临着或者无明文规定为依据，或虽有明文却难以依据的困境，故只能从历史史实和法律文献中来归纳、提炼，概括出历代刑法制度的基本原则。

---

① 《晋书·刑法志》。

一、罪刑擅断原则

罪刑擅断是指定罪量刑的依据，法律没有明确、具体的规定，或者虽有规定，但判罪却不依法律规定，离法背法而擅自决断。其具体表现在：

（一）刑事政策对定罪量刑的直接干预

刑事政策是统治集团指导刑事立法和司法的总方针，其指导、修订刑法的适用，调整刑事法律的阶段任务。现代刑事政策对刑法的指导作用，一般通过修改法律或制定法律解释来实现。而在我国古代，刑事政策往往直接取代法律，成为定罪量刑的依据，使法律形同具文，破坏法律规范的确定性和统一，致使定罪量刑有较大的随意性。

1. 刑事政策的特点

中国古代有许多著名的刑事政策。"《夏书》曰：与其杀不辜，宁失不经"①；周代有"蔽殷彝，用其义刑义杀"②、"三邦三典"③ 的刑事政策。在封建制初期的秦朝，有"刑用于将过"④ 的政策；汉初期有"约法省刑"的指导原则；魏用"令重刑以绝恶畅迹"为适用汉律的总方针；南北朝到隋、唐期间以"一准乎礼"为总的指导方针；宋以后至明、清，强调"刑罚世轻世重"⑤。这些刑事政策的特点包括：

（1）具有高度概括性，但缺乏规范性；

（2）只对刑法的适用作整体调整，加重或减轻刑律在执行过程中的严酷程度；

（3）有极高的效力，刑事政策可取代刑法适用，往往以抽象概括的原则代替具体、准确的规定，造成大量"法外施刑"和"法外免刑"的现象。

2. 刑事政策取代法律适用的具体作用方式

（1）直接取代法律。例如汉献帝时期，曹操曾因"汉律太重"，于是下令规定"依律论者听得科半，使从半减也"，即适用汉律，减半科刑。到魏文帝时期，"令重刑严绝恶迹"，在这个政策的指导下，司法机关广泛适用重刑，规定："至于谋反大逆，临时捕之，或污潴，或枭菹，夷其三族，不在律令，所以严绝恶迹也。"⑥ 刑事政策取代法律，使定罪量刑无法可据，处于一种不确定状态，审判官在相当程度上可以随心所欲，擅断罪刑。但通常"取代刑律"只是取代实体法，司法审判活动仍然依原有程序进行。

---

① 《春秋左传·襄公二十六年》。
② 《尚书·康诰》。
③ 《周礼·秋官·大司寇》："大司寇之职，掌建邦之三典，以佐王刑邦国，诘四方：一曰刑新国用轻典，二曰刑平国用中典，三曰刑乱国用重典。"
④ 《商君书·开塞》。
⑤ 《明史·刑法志》。
⑥ 《晋书·刑法志》。

（2）指导成例的适用，以例破律。我国奴隶制时代有审判故事，封建社会和半封建半殖民地的近代社会，案例一脉相承，数量浩繁，法律渊源是成文法与判例法并举。但援引前例制度，较为简单，一般只作类比，由于缺乏完备的制度规则，以例破律，屡见不鲜，在封建社会后期表现得尤为突出。

（3）直接指导非法镇压活动。这种情况在战乱时期，尤为突出。在国民党政权统治时期，为镇压革命，公开宣称"宁可枉杀三千，不可放走一人"。在这一政策指导下，他们大搞特务政治活动，用绑架、暗杀、秘密处决等手段杀害大量革命人士。但依据国民党政府的刑法、刑诉法和法院编制法，这在形式上是一种非法镇压活动，因为它背离正常的司法管辖和审判程序，破坏实体法和程序法的规定，完全依据刑事政策实行镇压，其罪刑擅断色彩更浓。

（二）以言废法

以言废法是指定罪量刑，不以法律为依据，而只依据皇帝的意志，突出表现在以"诏、令、敕"定罪。"诏、令、敕"本身具有最高法律效力，是法律的重要渊源，其有些虽与刑律规定存在矛盾，但也可以认为是法的范畴。皇帝临时决断，不依法律规定，则是以言废法的突出表现。唐律规定：皇帝制敕断罪，"临时处分，不为永格者，不得引为后比"[1]。这条规定，说明皇帝可以个人意志临时处分。由于法自君出，狱从君断，因此皇帝可左右或废除法律的具体规定，对一切皇权介入之大狱自行权断，这种不受约束的个人意志，破坏了法律的稳定性。

皇帝以言废法，主要通过两方面来实现。

第一，加重处罚，法外用刑。即在原法定刑的基础上，法外加重刑罚，甚至自行创设刑罚，使刑罚的基准丧失制度基础。

第二，恩赦，是赦免罪犯的制度，是皇帝恤刑的表现。恩赦大致分常赦与大赦两种，以诏令形式减免已决犯的刑罚。常赦是制度性赦免，法律具体规定各种赦免制度，即议、请、减、免、当、赎。大赦是国家遇有庆典（登基、册立太子、改元）、祥瑞、灾异、丧乱之事，由皇帝下诏赦免。具体来说：

（1）赦免的对象及减刑幅度，由赦诏规定。

（2）对已赦者，即使犯罪未发觉，也不许告已赦之罪。否则，则追究举告者、审判人员的责任。汉律规定：如果司法官陈奏赦前之罪，为亏恩，以不道论。唐、宋、明法律规定，若以赦前之事相告，反罪告者，官员如受理，以故入人罪论。

（3）减刑赦诏颁行后，若大赦前定罪不当的，如轻罪重判，改从轻；重罪轻判，依原判。

---

① 《唐律疏议·断狱》。

（4）对常赦不原之罪，不在赦免范围。如司法官知有大赦，故意论决人犯，其构成故入罪，亦不得赦免；若知有大赦，而故意犯应赦之罪的不赦。所谓知，是指赦书未出，而私自闻知者。

（5）常赦所不原。有两种方式：一是完全不免刑，主要是对犯十恶罪、贪墨六赃等罪行的人。二是部分免刑，犯杀人应死者，赦免后将其迁徙到千里之外；犯钱粮之事者，赦免刑罚后仍须财产赔偿；官吏若知情故纵、监守内犯奸，免罪并免所居之官。

（三）广泛适用类推比附

类推比附几近于赋予司法官随意处断的权力，破坏依法律定罪量刑的制度。类推比附的广泛适用，中国历代相沿不衰。关于比附的最早记载，见于《尚书·吕刑》，即"上刑适轻，下服；下刑适重，上服。轻重诸罚有权"。当然《吕刑》中的"上下比罪"主要是指执法者在适用法律时，前后、上下比较，予以适当的量刑。《周礼·大司寇》说："凡庶民之狱讼，以邦成弊之。"唐代经学家贾公彦疏曰："'邦成，八成也。谓若今时决事比'者，此八者，皆是旧法成事品式。若今律，其有断事，皆以旧事断之。其无条，取比类以决之，故云决事比也。"

早期封建的类推制度，称比附，是将疑难案件附上合适的法律条文，奏请皇帝裁决，也称比况、比例等。战国时期，荀子说："有法者以法行，无法者以类举。"①

秦朝的法律形式"廷行事"，即判案的成例，是当时司法官审理案件的依据，"比"作为正式的法律形式并大量运用的是汉代。汉高帝七年（公元前200年），制诏御史："所不能决者，皆移廷尉，廷尉亦当报之。廷尉所不能决，谨具为奏，傅所当比律令以闻。"②即可以用来比照断案的典型案例，也叫"决事比"，是汉代法律形式之一。

类推比附定罪，在魏晋时继续沿用，后魏律规定："律无正条，须准傍以定罪。"③经南北朝的发展，类推逐步完善，以轻重相举为限制类推任意性的规范。轻重相举为《开皇律》首创，至唐时规定："诸断罪而无正条，其应出罪者，则举重以明轻；其应入罪者，则举轻以明重。"④这反映唐初立法者慎重适用类推比附的态度，它要求司法官在轻重幅度之间，正确把握犯罪的性质和科刑幅度，《唐律疏议》规定："金科虽无节制，亦须比附论刑，岂为在律无条，遂使独为侥幸。"⑤明清时期广泛运用引律比附，《大明律·名例》断罪无正条规定："凡律令该载不尽事理，若断罪而无正条者，引律比附。应加应减

---

①　《荀子·王制》。
②　《汉书·刑法志》。
③　《魏书·礼志》。
④　《唐律疏议·名例》。
⑤　《唐律疏议·贼盗》。

定拟罪名，转达刑部议定奏闻。若辄断决，致罪有出入者，以故失论。"①《大清律例》规定："若断罪而无正条者，援引他律比附。应加应减定拟罪名，由该上司，议定奏闻。若辄断决，致罪出入，以故失论。"

关于比附定罪的实施，在隋、唐之前，各级司法官均有权自行决定。隋、唐及以后，比附定罪须向中央司法机关奏闻。

此外，还有"诸不应得为"罪，这是一种特殊形态的类推比附制度，它是通过设定一个口袋罪条款，将一些无正条规定的犯罪行为，比附此罪名科刑。《唐律疏议》规定："诸不应得为而为之者，笞四十；（谓律令无条，理不可为者。）事理重者，杖八十。疏议曰：杂犯轻罪，触类弘多，金科玉条，包罗难尽。其有在律在令无有正条，若不轻重相明，无文可以比附。临时处断，量情为罪，庶补遗阙，故立此条。情轻者，笞四十；事理重者，杖八十。"即对一些行为的处罚，若无正条，按"不应得为"比附。如"官户奴婢亡"条："若诱导官户、部曲亡者，律无正条，当'不应得为从重'，杖八十。"又如"违律为婚"条："应离之辈，即是赦后须离，仍不离者，律无罪条，犹当'不应得为从重'，合杖八十。"

（四）罪行擅断的限制性规定

尽管封建法律有比附定罪的类推制度，但为了保持法律的相对稳定，古代也对罪刑擅断作了限制性的规定。

1. 断罪须具引律令

《尚书·吕刑》说："明启刑书胥占，咸庶中正。"自此已有断罪应引具体法条和先例的规定。晋时，刘颂奏"律法断罪，皆当以法律令正文，若无正文，依附名例断之，其正文名例所不及，皆勿论"②。唐律规定，断罪先须引正条的正面规定，再写对违反者的制裁，"诸断罪皆须具引律、令、格、式正文，违者笞三十"③。明律规定大致相同。这些规定，使定罪量刑有了基本准则，对于类推的适用、罪刑擅断具有一定的限制作用。

2. 法不溯及既往

此类规定最早见于汉代。《汉书·孔光传》记载，"犯法者各以法时律令论之"。据《汉书》记载：在议冯野王之罪时，认为"野王之罪，在未制令前也。刑赏大信，不可不慎"④。这都是关于法律溯及力的规定。对于法律在时间上的溯及力，唐代有从旧从轻原

① 《明律·名例律》。

② 《晋书·刑法志》。

③ 《唐律疏议·断狱》。

④ 《汉书·冯野王传》。

则,《狱官令》规定:犯罪未发,或未判决,新法令颁布,原则适用旧法令,若新律轻于旧律,则适用新律。唐以后,基本均采此原则,唯有明律,采取一律从新原则①。法不溯及既往原则,在一定程度上限制司法官吏的任意妄为。

二、同罪异罚原则

行为人仅因身份不同,而犯罪构成的其他方面相同时,其判处的刑罚则不同。同罪异罚原则是尊卑、贵贱关系在刑法上的体现,其功能在于保护等级秩序和特权者在法律上的优遇。

(一) 依官职爵位而加减刑罚

1. 奴隶制时期,贵族犯罪"轻罪则宥,重罪则改以轻比"

对贵族不实行肉刑,所谓公族无宫刑,《礼记·文王世子》明确指出:"公族无宫刑,不翦其类也。"如果贵族犯罪须执行死刑的,其执行不公开。对于疑罪,则疑罪从赦。

2. 封建社会"上请"制度

"上请"是指一定身份的官僚贵族犯罪,司法机关不得擅自决断,必须报廷尉或奏请皇帝裁决。这虽是一种程序上的规定,但上请都能得到宽宥,是以减刑为目的的制度,因而又具实体法上的意义。

3. 八议制度

八议是对八种特殊身份的人犯罪实行减免刑罪的制度。八议的起源是西周的"八辟"。《周礼》规定:"以八辟丽邦法,附刑罚。"②"八辟"为亲、故、贤、能、功、贵、勤、宾,《周礼·秋官·小司寇》记载:"一曰议亲之辟,二曰议故之辟,三曰议贤之辟,四曰议能之辟,五曰议功之辟,六曰议贵之辟,七曰议勤之辟,八曰议宾之辟。"此八类人犯罪将获法律优遇。

4. 当、免、赎等替代刑

(1) 当:称为官当,是以官职抵罪的制度。初见于后魏,称:五等列爵及在官品,有官即当刑二岁。南陈时期不分官品,有官即当徒二年。隋、唐后,官当的标准是五品以上官可抵徒二年,九品以上官抵徒一年。如是兼官,先以高官抵罪,再以低官抵罪,若罪小官大,抵罪后留任;若罪大官小,余罪听赎,因官当而免官者,一年后降原官一等使用。

---

① 《大明律·名例》"断罪依新颁律"条规定:"凡律自颁降日为始,若犯在已前者,并依新律拟断。"

② 《周礼·秋官·小司寇》。

（2）除名比徒。唐律规定："诸除名者，比徒三年；免官者，比徒二年；免所居官者，比徒一年。流外官不用此律。"① 除名的范围有三类：一是犯十恶、故杀人、反逆缘坐；二是监临主守于所监守内犯奸、盗、略人及受财枉法；三是杂犯死罪，犯三流者。

对期以上尊亲及外祖父母、夫、夫之祖父母犯过失杀伤，应徒，故殴人至废疾应流、男夫犯罪妇人犯奸，不得减赎。

（3）免：诸犯奸、盗、略人及受财而不枉法，若犯流、徒、狱成逃走；祖父母、父母犯死罪被囚禁，而作乐及婚娶者，免官。

（4）减：即例减。依据隋朝规定，八议以内及七品官以上犯罪，例减一等，八、九品官亦许赎罪②。适用范围，应请以下，七品以上官、爵，应请的祖父母、父母、兄弟、姐妹、妻、子孙，犯流罪以下减一等，犯流以下罪所赎。此制度在宋以后中断，明、清因所有官吏犯罪都上请，因而例减制度被废弃不用。

（5）赎：赎是用钱赎罪的一种制度，也是一种特权，只有具有一定身份的人方可赎罪，赎刑是一种替代刑。赎起源于奴隶制时期。《尚书·舜典》说："流宥五刑，鞭作官刑，扑作教刑，金作赎刑。"其中的"金作赎刑"传曰：误而入刑，出金以赎罪。《尚书·吕刑》说："穆王训夏赎刑，作吕刑。"可见夏即有赎，到西周则进一步制度化。赎刑是在罪已确定的情况下，用金钱财物赎罪。

赎刑在秦代分三种：金赎、赀赎、役赎。赀赎分为盾、甲、役，而金赎和役赎适用范围则更为广泛。金赎有身份的限制，需有爵位者，方可赎。

汉代的赎采取物赎之法，可用谷物、钱、金（绢）赎罪。赎的方法别具时代特点。首先以金钱买爵位，然后用买来的爵位抵刑罪，形式上以爵抵罪。赎刑的适用条件：一是官吏请、减后，罪仍未折抵完，余罪可赎；二是未入流之官吏；三是官吏一定范围内的亲属。

（6）减刑、替代刑适用的原则。

其一，一般犯罪的官吏不适用真刑，而是通过议、请、减、免等变通执行。

其二，同时有两官、爵位身份时，适用减刑时不得累减，而依最高身份减刑。

（二）依伦常而轻重其刑

为了维护封建统治基础，维护家族、家庭的稳定，法律严格维护封建伦常，准五服以制罪。

---

① 《唐律疏议·名例》。
② 《隋书·刑法志》。

1. 尊、卑之间相犯的处刑原则

子孙对父祖的不恭教、不奉养行为一直被认为是严重犯罪。尊、卑之间相犯以身份定罪量刑。罪刑加减的一般原则是，五服亲或四服亲之间相犯，以卑犯尊加一等，以尊犯卑减二等；期亲之间相犯，以卑犯尊加二等，反之减三等；二服亲之间相犯，加三至四等，反之减三等或不坐；加害直亲尊长等，处绞，尊伤子孙，最高徒二年。殴伤父母、祖父母的，不问首、从，处斩，过失误伤处绞刑，元、明、清则规定凌迟处死。

子孙对尊长无防卫权，当子孙被尊长殴击时，子孙抵挡也属互殴。

2. 夫、妻、妾之间相害的规定

"妻受命于夫"①，"妇人，伏于人也。"② 夫权受到法律的严密维护。夫对妻有教令权，妻在法律上依附于夫，妻、妾入夫宗后，从夫连坐，丈夫处流刑，妻随流；而妻犯罪，丈夫则可不连坐。夫妻间服丧不平等，夫妻与父子关系同。夫死，妻服丧三年，妻亡，夫服丧一年。根据该制度，妻在居丧期间改嫁作乐，构成十恶大罪，而若夫居丧期间纳妻妾，仅构成"居丧嫁娶"罪，明、清时期则不为罪。

夫妻相犯。夫妻间相犯，其处罚原则大致等同于直系卑尊亲属相犯。妻杀夫构成恶逆罪，殴及告夫是不睦罪，闻夫丧匿不举哀、作乐、释服从吉，改嫁是不义罪。而夫直至杀妻，才构成不睦。夫殴打、告妻、闻妻丧不举哀或不为罪，即使有罪也不入"十恶"。

妻、妾与夫宗亲属之间的不平等关系。妻妾若殴骂丈夫的尊亲属，罪同夫。但罪当处死时，减一等论罪。妾的地位最低，凡加重处罪的，比照妻之卑属身份，凡减等处罪的，则不能比照尊属身份，不能减等。加害夫之卑亲属的，按凡人斗处罚，不能因与夫之关系而减轻。

3. 良贱、主奴相犯的处罚原则

社会成员一般分良、贱、奴三等。其互相侵害的，以下犯上，递增一等；以上侵下，递减一等。《明律》记载："凡奴奸良人妇女者，加凡奸罪一等。良人奸他人婢者，减一等。"③

关于良贱共犯行为，则分主动或被动两种情况，以主动者处罚为重。例如良贱相养行为："诸养杂户男为子孙者，徒一年半；养女，杖一百。"④ 良贱相奸行为：若良男主动，贱女被动，男的一般不处罚；若良女男贱相奸，良女处罚从重。法律解释说："男奴犯良

① 《春秋繁露·顺命》。
② 《大戴礼记·本命》。
③ 《明律·刑律》。
④ 《唐律疏议·户婚》。

女，奴为僭，女为不自重，同重。良男犯奴女，奴非良比，同轻。"

以上可见，中国古代社会刑法严格维护等级制度，任何一个人自出生起，总是处在一定的身份等级序列之中，法律强制人们遵守等级制度，对违反这些等级规定的，严厉处罚，这是古代刑法同罪异罚原则的本质所在。

第三节 犯罪和犯罪主体

一、犯罪

中国古代刑法没有犯罪概念，只规定具体的罪名以及刑罚。自《尚书·舜典》第一次出现关于"罪"的记载开始，直到《大清新刑律》出现近代的犯罪概念为止，中国古代关于"罪"的概念，经历了三个阶段。第一阶段，产生抽象的"罪"的概念。《尚书·舜典》载："四罪而天下咸服"，这里的罪系指受到处罚的人。《尚书·大禹谟》有"负罪引慝"等说法，说明当时的人还没有抽象概括出罪的本质。到商代，《尚书·汤誓》中说，"有夏多罪，天命殛之"。并提出"夏氏有罪，予畏上帝，不敢不正"[1]。"多罪"与"有罪"相比，是一个很大的发展，"多罪"仍然停留在具体的罪名阶段，每一个具体的罪名就是一个"罪"，而"有罪"则是概括地泛指可惩罚的行为。直到春秋战国时期，"罪"的概念的外延依然很大，超出违法与刑罚以外。例如《周礼》记载："凡万民之有罪过而未丽于法，而害于州里者。"[2] 这说明有罪并非一定要处刑，并不等于刑罚对象。这一时期还有简单罪名与复杂罪名之分。所谓简单之罪往往由单字罪名与刑罚构成，如"昏、墨、贼、杀"，无具体罪状表述，简单罪名属于刑书的内容；所谓复杂之罪则是礼内之罪，根据行为主体的身份等级认定犯罪，同时有比较明确的罪状表述，在刑罚适用上可能需要引证刑书[3]。第二阶段，从战国到三国两晋，在罪的概念中加入违法性的内容。战国时期，法家提出"一断于法"，在罪的危害性、可罚性特征之上，又强调以违法性为评价准则。例如《墨子·经上》中说"罪，犯禁也"。这就不仅指出行为的可罚性，而且指出惩罚的前提条件，即违法性。同时"罪"字形态也有了变化，这个字在结构上变为"非人自投于网"，即坏人犯了法，原来的罪字象征一个人受刑，有着可罚性的含义，现在"非人自投于网"的罪字突出违法性的含义。这个字采取这样的结构形式，是战国以后，"一断于法"思想深入人心的结果。第三阶段，晋到清末。战国、秦、汉时期，"罪"的内容

---

[1] 《尚书·汤誓》。

[2] 《周礼·秋官·大司寇》。

[3] 陈晓枫：《中国法律文化研究》，河南人民出版社 1993 年版，第 123~124 页。

有了违法和可罚性的含义，但含义仍然较宽泛，不仅指犯罪，违法和可罚性以外也可以有"罪"。直至西晋时张斐提出"律始于刑名者，所以定罪制也"①。又说："律法断罪，皆当以法律令正文，若无正文，依附名例断之，其正文名例所不及，皆勿论。"②行为的违法性与可罚性才基本统一，罪的外延基本上与各具体罪名相符。清末的《大清新刑律》规定"法律无正条者，不问何种行为不为罪"。从此，"罪"这个概念，刑事违法性与可罚性完全统一，与具体罪名所抽象的内容达到一致。

二、犯罪主体

犯罪主体是达到刑事责任年龄、具有刑事责任能力、实施危害社会行为的自然人，这是犯罪的一般主体，在此基础上，有的犯罪还要求具备特定的身份，这是犯罪的特殊主体。

（一）一般主体

一般主体系指达到刑事责任年龄，具有刑事责任能力的自然人。中国古代没有与现代相同的犯罪主体规定，但以抚恤原理为基础，建立了近似现代的犯罪主体制度。

1. 起源

责任能力和责任年龄密切相关，是辨认是非和控制自己行为的能力。关于此类的最早记载，见于《周礼》的"三宥三赦"。宥是减，赦是免。三宥有："一宥曰不识，再宥曰过失，三宥曰遗忘"。三赦是："一赦曰幼弱，再赦曰老旄，三赦曰蠢愚。"③ 幼弱是未齿者，即7岁以下，老旄是指80岁以上。《礼记·曲礼》："八十、九十曰耄；七年曰悼。悼与耄，虽有罪，不加刑焉。"童愚，童是指童昏，像小孩一样幼稚，愚是指愚蠢，先天性痴呆。这些"慎罚"的措施，很接近现代刑事责任年龄和责任能力的规定。

2. 秦代关于责任能力和责任年龄的规定

秦代以身高来判断责任能力。男身高六尺五寸，女身高六尺二寸为成年，达到这个标准的行为人负完全刑事责任，未达到这个身高的则不负刑事责任。

3. 两汉、魏晋南北朝时期

两汉时期关于责任能力和年龄的规定，先是皇帝的"恤刑"诏书，后逐步完善为减免罪责的制度，它没有沿用秦代关于身高的规定，而是直接承接奴隶制时代的年龄规定。汉惠帝即位时曾发布诏书："民年七十以上，若不满十岁有罪当刑者，皆完之。"④ 宣帝时又规定"诸年八十，非诬告、杀伤人，它皆勿坐"⑤。这样，减除的罪责范围比惠帝时更广

---

① 《晋书·刑法志》。

② 《晋书·刑法志》。

③ 《周礼·秋官·司刺》。

④ 《汉书·惠帝纪》。

⑤ 《汉书·宣帝纪》。

泛。成帝时又诏"年未满七岁，贼斗杀人及犯殊死者，上请廷尉以闻，得减死"①。

东汉陈宠奏请"狂易杀人，得减重论"②。这就是按责任能力来减免刑事罪责。魏晋和南北朝时期在此基础上没有很大的发展。

4. 唐、宋、明、清时期

关于老小、残疾减免刑事罪责的规定逐渐完备。《唐律疏议》解释说，老小残疾，减免罪责，是因为老幼残疾不堪受刑，又说"悼耄之人，皆少智力"③。这是从实际受刑能力和行为能力来考虑减免罪责的，非常接近以关于辨认和控制自己行为能力的原理来作为刑事责任基础。据《唐律》记载："诸年七十以上、十五以下及废疾，犯流罪以下，收赎。八十以上、十岁以下及笃疾，犯反、逆、杀人应死者，上请。盗及伤人者，亦收赎。余皆勿论。九十以上、七岁以下，虽有死罪，不加刑。"④ 这一规定根据年龄段分收赎、上请、勿论三个层次，处理"悼耄之人，皆少智力"的问题。当然，此规定的出发点仍然是"恤刑"，行为人不是没有构成犯罪，而是因有特殊情形被减免刑罚。

老少、疾病分成三等：一级老小、废疾。"年七十以上、十五以下及废疾，犯流罪以下，收赎。"⑤ 但"犯加役流、反逆缘坐流、会赦犹流者，不用此律"。⑥ 第二级老小、笃疾。"八十以上、十岁以下及笃疾，犯反、逆、杀人应死者，上请。盗及伤人者，亦收赎。"⑦ 其余犯罪不论。《唐律疏议》对此解释是："既侵损于人，故不许全免，令其收赎。"第三级老小。"九十以上、七岁以下，虽有死罪，不加刑，即有人教令，坐其教令者。若有赃应备，受赃者备之。"⑧ 但七岁以下的人，缘坐应配役的，不在此限。明、清律发展为反逆者不在此律。

此规定的具体适用：第一，"犯罪时虽未老、疾，而事发时老、疾者，依老、疾论"⑨。这一规定，主要从人的受刑能力来考虑，它认为人的衰老是连续过程，律虽七十、八十而断，但实际用刑要考虑年龄差异。疾病也是一样，由疾而废，一般不会突然生病至于废，因而推定行为时已有隐患。第二，犯罪时幼小，事发时长大，依幼小论。这样规定的原因，《唐律》说是因为"识见浅劣"而减免刑罚，而基本的立法宗旨还是考虑到行为人"皆少智力"。

① 《汉书·刑法志》。
② 《后汉书·陈宠传》。
③ 《唐律疏议·职制》。
④ 《唐律疏议·名例》。
⑤ 《唐律疏议·名例》。
⑥ 《唐律疏议·名例》。
⑦ 《唐律疏议·名例》。
⑧ 《唐律疏议·名例》。
⑨ 《唐律疏议·名例》。

5. 近、现代刑法

《大清新刑律》是专门的刑法典，但在刑事责任年龄上却仍沿袭古代刑法。它规定未满 16 岁及满 80 岁的人，减刑罚一等至二等，未满 12 岁的人，施以感化教育。国民党政府时期刑法，规定犯罪不满 14 岁施以保安处分，如隔离监护、强化教育等，14 岁以上负完全刑事责任。这些规定在引入新的刑事责任原则时，兼顾中国古代法律传统。

（二）特殊主体

特殊主体是指行为人除了具备一般的主体条件外，构成特定犯罪还必须具备特定的身份和职务，表现在以下两个方面：

1. 伦理身份

一方面因为亲属、良贱身份的关系，一些不构成犯罪的行为，由于发生在特定的尊卑亲属之间，从而成立伦理性犯罪；另一方面，较严重的损害行为，由于行为人与受害人之间有一定的伦理关系，而不构成犯罪。如果是卑亲加害尊亲，奴婢加害主人，轻微的侵害行为即构成犯罪，但其伦理身份，限于大功以上亲的尊长。尊长对卑幼，主人对奴婢，致人死命以下的侵害行为不构成犯罪。

2. 官吏

有一部分犯罪，行为人须具有一定的职务身份，才构成犯罪。一般说，职务犯罪，如失刑、纵囚、枉法等犯罪的成立，行为人必须是国家官吏。在一部分财产性犯罪中，如贪污、受贿、监守盗等，也须具备官吏身份。还有些伦理性犯罪，行为人除应当有伦理身份外，还要求具备官员身份。这一类犯罪的成立，行为人必须既是国家官吏，又是卑幼亲属，因为担任职务而违背伦常关系而构成犯罪。例如"委亲之官"罪，唐律记载："诸府号、官称犯父祖名，而冒荣居之；祖父母、父母老疾无侍，委亲之官。"[1] 如果父母、祖父母年老笃疾，为官者在家为单丁，就必须居家侍服尊长，不得赴官，否则，免官，并徒一年。再譬如"冒哀求仕"罪，行为人在为父母服丧期间，如果隐瞒父母死情，或丧服未满而求做官的，构成"冒哀求仕"罪，处以徒刑、杖刑。这种既为官吏又为卑幼的双重身份犯罪，在中国古代较为多见。

第四节　罪过形式和犯罪特征

一、罪过形式

罪过形式是指行为人的主观过错表现形式，是行为人对自己的行为将引起的危害结

---

① 《唐律疏议·职制》。

果，所持的故意或过失的心理态度。我国古代刑法关于罪过形式的规定只是一种刑罚适用制度，是决定此罪与彼罪的界限，不是成立犯罪的要件。

（一）起源

最早有关罪过形式的记载是《尚书·舜典》的"眚灾肆赦，怙终贼刑"，"眚"是指过失行为，"灾"是偶然造成的祸害，"怙"是故意，"终"是惯常的行为。其指过失和偶然造成的危害可以免处刑罚，而对故意和惯常的行为必须施以严刑，这是综合了故意和过失、偶犯和惯犯两方面的处刑规定。周代则从制度上进一步发展了罪过形式。《尚书·康诰》说："人有小罪，非眚，乃惟终，自作不典，式尔，有厥罪小，乃不可不杀。乃有大罪，非终，乃惟眚灾，适尔，既道极厥辜，时乃不可杀。"仅从条文上看，采取的是客观归罪立场，主要针对危害行为，而眚或非眚的主观方面仅具刑罚意义。这一原则说明，"罪"主要指危害行为，其成立与过失、故意并无必然的联系；过失与故意的考察，只有刑罚上的意义，将主观形态的内容作为加减刑罚的依据；过失与故意，偶犯和惯犯，从整体上作综合考察，表现较为简陋。

另外，就是"三宥三赦"中的"三宥"。其内容是"一宥曰不识，再宥曰过失，三宥曰遗忘"[1]。宥，指宽缓，即减轻刑罪。"不识"的一般解释是指对自己的行为、危害对象和结果，缺乏全局认识。"过"，本意是逾，超逾，即行为超出了主观的意料，类似过于自信的过失。遗忘是不识的一种，本来有认识，后来遗忘了。从以上材料可知，其一，区分故意和过失已经独立为一种制度；其二，对一种行为处罚时，要求行为人对危害对象和结果都有正确的认识，当主观认识不符合客观实际，而这种认识的主观恶性不严重时，无论错误还是过失，都减轻处罚，注重犯罪主观方面在轻重刑罚上的意义。

（二）战国、秦、汉时期

这一时期，具体罪名结合主观与客观两方面，区分故意与过失而设定的罪名已经十分明确。官吏故意出入人罪为不直，过失错误适用法律则为失刑。故意的概念分为两种："谋"和"故"。过失的概念也分为两种："过"和"失"。但在制度上，概念的界限还缺乏准确划分。

两汉时代，明确规定故意与过失的记载是"法令有故、误，章传命之谬，于事为误，误者其文则轻"[2]。说明当时法律已经有故意、过失的概括规定。后汉的郑玄注"三宥"，"再宥曰过失"[3]，引汉律"过失，若今律过失杀人不坐死"。从引文来看，汉代区分故意与过失，超越了与具体罪名相结合的阶段，杀人罪区分为故杀与过失杀人。

————————

①　《周礼·秋官·司刺》。
②　《后汉书·郭陈列传》。
③　《周礼·秋官·司刺》。

从汉代开始，设立罪过推定制度，对未能查明有共同故意，但行为人对犯罪知情者，知情即等同于故意。那么，怎样判断知情呢？汉律规定："与罪人交关三日已上，皆应知情。"① 即客观上与罪人交往 3 天以上，可推断为知情，即认为有共同的故意，这种规定具有极强的操作性，有利于官吏量刑，是客观归罪的表现。

（三）魏晋到清末时期

1. 魏晋时期

罪过形式的抽象规定始见于《晋律》的注律表。注律表对斗杀罪的主观形态给予细致的区分和注释。"其知而犯之谓之故，意以为然谓之失，违忠欺上谓之谩，背信藏巧谓之诈，方礼废节谓之不敬两讼相趣谓之斗，两和相害谓之戏，无变斩击谓之贼，不意误犯谓之过失。"② 知而犯之是指明知自己行为会发生危害社会的结果，而故意促使结果的发生。实际上包括故意和没有认识错误两种意思；意以为然，类似于过于自信的过失；"不意误犯谓之过失"，是疏忽大意的过失，也包括意外事件。注律表在对罪名进行解释时，对过错形式进行了抽象，虽然仍旧是通过罪名来表现故意和过失的，但影响深远。一是故意和过失，已经脱离具体的罪名，作了抽象概括；二是故意、过失、戏、斗、贼、谋等都只是对部分罪名进行了概括，没有贯穿到相关所有罪名，由于立法传统和技术的限制，有些规定在逻辑划分上还不够精确，如谋杀，既是两相对议，又是无变斩击。

2. 唐、宋、明、清时期

主观过错形式可分为谋、故、误、过失等四种。

（1）谋、故。所谓谋有三个含义：一是指共同犯罪，"两人对议谓之谋"。是指两个人以上的共同犯罪。二是犯罪的预备阶段，对于重罪，即使谋而未行也构成犯罪。三是故意犯罪的一种形式，即事先有预谋的故意犯罪。据《唐律疏议》记载："谋者，二人以上。"注云："谋状彰明，虽一人同二人之法。"③ 因此，谋通常指有预谋的犯罪。

对于故，《晋书·刑法志》说："知而犯之谓之故。"《唐律疏议》的解释是"无事而杀，是名'故杀'"④，明、清律斗殴及故杀人条解注："临时有意欲杀，非人所知，曰故。"《明律集解附例》条纂注："商量谓之谋，有意谓之故。"⑤ 以杀人罪为例，《清律》杀人的注解是"意欲其死，而径情杀人，曰故"。因此，故是指事先没有预谋，临时起意，并且付诸实施的行为。

谋和故的主观罪过形式，从实施阶段开始，同于汉魏时期所说的"无变斩击"，即希

---

① 《后汉书·孔融传》。

② 《晋书·刑法志》。

③ 《唐律疏议·名例》。

④ 《唐律疏议·斗讼》。

⑤ 《明律集解附例·刑律》。

望犯罪结果的发生，它们的主要区别在于犯意形成的阶段不同，一个是有预谋的犯罪，一个是临时起意的犯罪。

（2）过、失、误、过误。唐以后是在同一意义上使用，指主观上没有危害社会的故意，由于过失的心理状态而实际造成社会危害的行为，称之为"耳目所不及，思虑所不到"[1]。其中有疏忽大意的过失，如向帷薄之中投刀刃，结果杀了人。也有过于自信的过失，"因击禽兽，而误杀伤人者；如此之类，皆为'过失'。称'之属'者，谓若共捕盗贼，误杀伤旁人之类，皆是"[2]。过、失、误的主观心理状态，有些属于行为人无法预知的意外事件。

（3）斗、戏。一般的犯罪中，主观过错形式为谋、故、过失，但是在互相伤害、杀人的行为中，共有五种罪过形式：谋、故、过、斗、戏。斗，是指两讼相趣，趣即促，指互殴中的相向，彼此都有伤害对方的意图，对危害结果采取放任的态度。"戏"则是"两和相害"，双方都无伤害彼此的故意，但却造成了危害结果。"相戏"实际上也是一种过于自信的过失，是指无杀伤人之心，而有相戏搏击之心，只是自认为可以控制在一定的程度之内。但戏不得将对方置于水火，否则即是故意，原因是戏之重也。一般来说，戏杀伤减斗杀伤二等治罪，明、清律则一律以斗杀伤论。

（四）近、现代

《大清新刑律》第 13 条规定，"非故意的行为，不为罪"。从此，中国刑法在区分故意和过失的制度上，采用近代刑法规定。一直到南京国民政府时期 1928 年《中华民国刑法》第 27 条规定："犯人虽非故意，但按其情节，应注意并能注意而不注意者，为过失。""犯人对于构成犯罪之事实，虽预见其能发生而确信其不发生者，以过失论。"这样，在制度上就完善了故意、疏忽大意的过失和过于自信过失的责任形式，层次分明、清晰。

二、罪状和归罪方式的特点

中国古代没有在法典总则中规定犯罪构成的要件，来作为具体罪名成立的指导原则，而是在罪状中综合了犯罪的各类条件，注重行为的自然外观特征，采用叙述罪状，较详尽地对犯罪行为的外观特征进行描述。诸如唐律的"见火起不告救"罪规定，"诸见火起，应告不告，应救不救，减失火罪二等。其守卫宫殿、仓库及掌囚者，皆不得离所守救火，违者杖一百"[3]。此罪名是将犯罪的作为、不作为形态、行为的外部状态，进行具体描述，行为的外部特征通常易于判别，具有较强的可操作性。再如伤害罪，罪状以加害手段为外

---

① 《唐律疏议·斗讼》。

② 《唐律疏议·斗讼》。

③ 《唐律疏议·杂律》。

部特征，分为手足伤人、以他物伤人、以兵刃伤人，还有行为细节描述，如挽鬓撮发、擒其衣领、擒领扼喉。把危害结果分为棍伤、刃伤等；以使用的伤人工具，作为有量刑意义的情节，来推断行为人的主观恶性；当杀人与伤人难以区分时，又以保辜制度作为补充判别，以结果发生的时间为标准，来确定行为人的犯罪性质。在罪状叙述中，以行为的场所、犯罪的工具、危害结果等外部特征为犯罪的构成要素，使司法官对罪与非罪的判别十分简便。这种以自然外观特征为"法眼"的立法技术，使罪状的叙述显示出直观、自然的特点。

在归罪形式上，中国奴隶制时期采客观归罪，战国至汉初为主观归罪或客观归罪。儒家思想成为天下正统思想后，为修正法家刑法理论中极端的客观归罪，出现了原心定罪，后发展成以情定罪，从而成为中国封建法律的归罪原则。

客观归罪是以结果责任为特征的，只要发生了危害结果，均构成犯罪，而不管行为人主观上是否有罪过。这种结果责任，是以原始朴素的因果观念为基础，与中国古代直观思维有关，同时也是因为犯罪的主观意图难以认识。随着社会发展，思想意识对于行为的支配性越来越被人们所认识，在这种情况下，出现了主观归罪。

主观归罪是以主观责任为特征的，只要推定行为人具有主观罪过，即使其并未实行一定的危害行为或者这种危害行为并未发生一定的危害结果，也构成犯罪。

原心定罪是根据人的行为动机来定罪的。《汉书·薛宣传》有云："春秋之义，原心定罪。"即"春秋合于人心而定罪，圣人顺于天理而用刑"[1]，其极端表现是"志善而违于法者免，志恶而合于法者诛"[2]。近似于主观归罪，但不同的是，原心定罪还适用于客观上已经造成危害结果的案件，虽然偏重考察主观方面，不过其也考察犯罪的客观方面。

原情定罪原则，其中的"情"，相当于现代刑法中的所有定罪量刑情节，以及刑罚效果的考察，还包括刑罚目的的思考以及人们的习惯性认知和价值取向。它包括现代刑法中的主、客观方面，以及客观的处罚条件、客观的超过要素与超故意内容，还包括对刑罚实施效果的考量。

奴隶制时期，殷汤制官刑儆于有位，曰："敢有恒舞於宫，酣歌於室，时谓巫风；敢有殉於货色，恒於游畋，时谓淫风；敢有侮圣言，逆忠直，远耆德，比顽童，时谓乱风。惟兹三风十愆，卿士有一於身，家必丧；邦君有一於身，国必亡。臣下不匡，其刑墨。"[3]据《礼记》载："析言破律，乱名改作，执左道以乱政，杀；作淫声、异服、奇技、奇器以疑众，杀；行伪而坚，言伪而辩，学非而博，顺非而泽以疑众，杀；假於鬼神、时日、

① （宋）胡安国：《春秋传》卷二十。
② 《盐铁论·刑德》。
③ 《尚书·伊训》。

卜筮以疑众，杀。此四诛者，不以听。"① 就以上史料看，其罪是以行为的外部特征和行为方式来确定的，罪状以行为的自然外观特征，或是语言的直观特点或是现实的危害结果为基础来进行描述，形成了主观归罪或客观归罪的归罪方式。

自成文法公布后，法家思想即全面渗透，系法家思想实践的结晶，因此，在定罪原则上，将思想意识都纳入法律调整的范畴，刑罚的功能性在于"太上禁其心，其次禁其言，其次禁其事"②，定罪主要考察行为人的主观方面，将意思表示纳入行为的范畴，严惩思想犯。秦朝的非所宜言罪，"天下敢有藏诗、书、百家语者，悉诣守、尉杂烧之。有敢偶语诗书者弃市。以古非今者族"③。"收去诗书百家之语以愚百姓，使天下无以古非今。明法度，定律令，皆以始皇起。"④

同时，又实行严苛的客观归罪。法典本无系统的犯罪构成理论，定罪的依据是法典的叙述罪状，而罪状叙述只有行为或后果叙述，一旦行为特征或后果符合法典之规定，即构成犯罪，体现了客观归罪原则。在具体罪名中，虽然有的罪名也包括犯罪的主观方面的内容，但也只是加减刑罚的情节，而非犯罪构成要件。这种定罪原则，"任刑必诛，劓鼻盈累，断足盈车，举河以西，不足以受天下之徒"⑤，终至秦二世而亡。

汉承秦制，承继了"以行天下之法者"的统治方略，但统治思想的变化，需对法家的"法"进行改造，于是引经入律，使法律儒家化，但法律儒家化是个漫长的过程。在此过程中，为协调法律与统治思想的矛盾，"春秋决狱"风行一时。在法律适用上"动以经对"，在定罪原则中，矫正法律的客观归罪倾向，对于依法构成犯罪的行为，由于原心上的可矜之处，而予以宽宥或免罪。"春秋合于人心而定罪，圣人顺于天理而用刑。""春秋之义，原心定罪"，师古注曰：原谓寻其本也⑥。其极端表现是"志善而违于法者免，志恶而合于法者诛"，原心定罪虽然修正了客观归罪，比之极端的主观归罪或客观归罪是一个进步，但对司法官的道德或知识修为提出了很高的要求，也为任意出入人罪开了方便之门，不免矫枉过正。自此，原情定罪应时而生。原情定罪与原心定罪的不同之处，除考察行为人的原心之外，将定罪量刑以及刑法实施后的社会效果等诸多要素纳入其考量范围。

《论语·子章》载："上失其道，民散久矣。如得其情，则哀矜而勿喜"。所谓"情"，《说文》释为"人之阴气有欲者"，董仲舒曰："情者人之欲也。""人欲之谓情，情非度制

---

① 《礼记·王制》。

② 《韩非子·说疑第四十四》。

③ 《史记·秦始皇本纪》。

④ 《史记·李斯列传》。

⑤ 《盐铁论·诏圣》。

⑥ 《汉书·薛宣传》。

不节。"①《礼记》将喜、怒、哀、惧、爱、恶、欲谓之七情。"情"强调伦理与情感，要求定罪符合大多数人们的情感和价值。其总括了影响定罪量刑的所有因素，也包括刑罚执行的后果。"皋陶原情而定罪耳，夫欲刑者之服其罪，流者之安其居，则必权人情之有宜，轻者有宜重者，有宜轻重之中者，其流罪有宜居近者，有宜居远者，有宜居远近之中者，皆酌之以人情而不背戾于法，此所贵于惟明克允也。"② 宋代杨简《五诰解》说："眚者，过误也，终者，不改悔也。典，常道也。式，敬也。言人有小罪，非他人使作乃自作，不典式之罪，其罪虽小而当杀者，不杀则他日必为大恶矣，其有罪虽大，而旋即知悔不终成其事，乃因眚灾适尔得罪，非其本心，虽幸罪至于极，是则不可杀，时是也。以上皆原情定罪。"由此可见，原情定罪原则，其中的"情"，相当于现代刑法中的所有定罪量刑情节，以及刑罚效果的考察，还包括刑罚目的的思考以及人们的习惯性认知和价值取向。

对于原情定罪原则，法典在立法精神阐述上，《唐律疏议》序说："然则律虽定于唐，而所以通极乎人情法理之变者，其可画唐而遽止哉？"《大清律例》序言道："揆诸天理，准诸人情。"法典追求的是天理、人情、法律之一统。

在司法实践中，"春秋决狱"的以经破律是当时常态，此后以经义断案也是屡见不鲜，特别是称之为"细故"的民事纠纷，基本上是以儒家伦理为依据，准诸人情，法律只是充当"政教之用"③。一般刑事案件，以原情定罪为主，尽管有法律之明文，但也往往被"情"所扭曲。

但对于关涉统治权的政治性案件，仍然秉承了法家理论，以主观或客观归罪为主要原则。在定罪原则上，对于有违人臣之礼、悖人臣之道的思想或行为，都给予严惩，表现出浓厚的主观或客观归罪色彩。如汉代的腹诽罪，即是惩罚思想犯的极端事例，其归罪原则即是主观归罪。汉武帝时"有告（颜）异以它议，事下汤治异。异与客语，客语初令下有不便者，异不应，微反唇。汤奏当异九卿见令不便，不入言而腹非，论死"④。桓帝延熹九年（166年），李膺等养太学游士，诽讪朝廷，疑乱风俗。帝怒，下郡国，捕党人，布告天下，使同忿疾。禁锢终身。⑤ 唐律谋反罪中"其事未行……即同真反"⑥。对于那些词理不能动众，威力不足率人，又无状可寻者，也施于严厉惩罚。明、清之际的文字狱，更是大规模惩罚思想犯的实例。

在主观归罪的同时，归罪只考虑危害结果以及行为，只要有行为或者危害结果，即构

---

① 《汉书·董仲舒传》。
② （宋）林之奇撰：《尚书全解》卷三。
③ 《唐律疏议·名例律》。
④ 《史记·平准书》。
⑤ 《后汉书·党锢列传》。
⑥ 《唐律疏议·贼盗律》。

成犯罪，采取客观归罪的原则。此类罪状是叙述罪状，虽然也有主观方面的内容，但只是刑罚加减的情节，不是犯罪构成的要件，而且，行为的范畴扩大化，一般的意思表示也被纳入行为的范畴。像"指斥乘舆"犯罪，违反了有关避讳的犯罪，都是行为的泛化。因此，呈现出很浓的客观归罪色彩。如服舍违式，制书有误罪等，又如阑入宫门罪中的"持仗及至御在所者，斩"①。注曰："迷误者上请"，"迷"系分辨不清，"误"指耳目所不及，思虑所不到。很显然，迷误已经包含现代刑法上意外事件，即使迷误持仗至御所，亦斩，只是在程序上要报奏皇帝。

三、保辜制度

保辜制度是古代刑法对伤害罪及杀人罪的一种特殊规定，以被害人的死亡时间确定行为人的犯罪性质，是犯罪行为与犯罪结果因果联系的简陋推定制度，它适用的范围是一切殴、伤、杀犯罪。

"保，养也；辜，罪也。保辜谓殴伤人未至死，当官立限以保之，保人之伤，正所以保己之罪也。"② 保，就是保留；辜，就是罪名，综合为"保其罪名"。限内死亡算杀死；限外死亡只负伤人未遂罪责，其保留罪名，限定期限，依期限内所出现的犯罪结果来认定犯罪的性质。保辜制度是以一定时间内发生的危害结果为依据，确定行为人所应承担罪责的制度。它以期限推定伤害行为与死亡结果之间有无因果联系，针对的是行为人的侵害行为，在或杀或伤难以判明时，所构成的罪名是杀人罪还是伤害罪的问题。

（一）起源

保辜制度起源较早，《公羊传·襄公七年》载："郑伯髡原何以名？伤而反，未至乎舍而卒也。"何休注曰："古者保辜……见辜者，辜内当以弑君论之，辜外当与伤君论之。"据《汉书·高惠高后文功臣表第四》载，汉代的保辜期限是20天。汉代《急就篇》中说："疻痏保辜谍呼号。"颜师古注："殴人皮肤肿起曰疻，殴伤曰痏。保辜者，各随其状轻重，令殴者以日数保之。限内致死，则坐重辜也。"例如汉代昌武侯单德，元朔三年（前126年）因"坐伤人，二旬内死，弃市"③。意即受伤者在20日内死亡，伤害者负杀人刑事责任。至两晋时规定："诸有所督罚，五十以下鞭如令，平心无私而以辜死者，二岁刑。"④

（二）适用范围和内容

唐朝保辜制度已较完备，根据伤人工具、受伤部位和伤势情况，确立不同的保辜期

---

① 《唐律疏议·卫禁律》。

② 《大清律例·刑律·斗殴》。

③ 《汉书·高惠高后文功臣表》。

④ 《太平御览》卷六百五十。

限，规定："诸保辜者，手足殴伤人限十日，以他物殴伤人者二十日，以刃及汤火伤人者三十日，折跌肢体及破骨者五十日。限内死者，各依杀人论；其在限外及虽在限内，以他故死者，各依本本殴伤法。"① 另若限内伤平复，减等处罚。《宋刑统》规定亦同。此后历代均承继此制度，但结合危害结果平复而减罪的制度，将积极防止危害结果发生的中止行为，也纳入保辜的范畴，并加入探索内在因果关系的内容，使该制度进一步完善。《大明律》规定："凡保辜者，责令犯人医治，辜限内，皆须因伤死者，以斗殴杀人论（谓殴及伤各依限保辜。然伤人，皆须因殴乃是，若打人头伤，风从头疮而入，因风致死之类，以斗殴杀人科罪）。其在辜限外，及虽在辜限内，伤已平复，官司文案明白，别因他故死者，各从本殴伤法（谓打人头伤，不因头疮得风，别因他病而死者，是为他故，各依本殴伤科罪）。若折伤以上，辜内医治平复者，各减二等（堕胎子死者，不减）。辜内虽平复，而成残废笃疾，及辜限满日不复者，各依律全科。"所附条例又规定："斗殴伤人，辜限内不平复，延至限外……果因本伤身死，情真事实者，奏请定夺。"在因果关系的确定中，《大明律》首次加入了"情真事实"的实质判别内容。不仅从直观上推断因果关系，也充分考虑事物内在的因果关系。即使在辜限内，若确实因他故导致死亡的，仍然按伤害罪处理；在辜限外，如果受害人的死亡结果，与危害行为确有因果联系的，也可能承担杀人罪的责任。辜内虽平复，而成残疾、笃疾，辜限满日，不平复者，各依律全科。手足及以他物殴伤人者，限 20 日。折跌肢体及破骨堕胎者，无问手足他物，皆限 50 日。清律规定大致相同，并进一步完备。《大清律集解附例》在律文之后附上关于保辜的条例，该条例规定："斗殴伤人，辜限内不平复，延至限外，若手足、他物、金刃及汤火伤，限外十日之内；折跌肢体及破骨堕胎，限外二十日之内，果因本伤身死，情真事实者，方拟死罪，奏请定夺。此外，不许一概滥拟渎奏。"斗殴伤人，辜限内不平复，延至限外而死，情真事实者，奏请定夺。在因果关系的确定中，从开始的外观直观判断来推断因果关系，演进为探究内在的因果联系，就是说，辜限内外的死亡结果，并非行为定性的绝对因素。

（三）特点

保辜制度与现代刑法上的因果关系有着本质的区别，它只是一种简陋的因果关系推断制度，主要是直观判断行为与危害结果之间的联系，确定行为的性质和刑责。具体表现在：第一、保辜制度仅限于殴、伤、杀行为，而非适用一切犯罪行为；第二、保辜制度充分考虑到殴、伤、杀的危害结果，据此来确定行为的犯罪性质，并鼓励行为人积极减轻社会危害结果。第三、保辜期内和期满后所出现的危害结果，并不一定是犯罪行为所导致的必然结果。

---

① 《唐律疏议·斗讼》。

第五节 犯罪形态

犯罪形态是故意犯罪阶段中的行为状态，是从犯罪行为的纵向发展过程来考察犯罪的。根据犯罪是否具备犯罪的构成要件，犯罪形态可分为未完成形态和完成形态，未完成形态有预备犯、未遂犯和中止犯，完成形态是既遂犯。中国古代刑法已考虑到犯罪目的是否已经实现，这就有近似于既遂和未遂的区分。但这种有关犯罪阶段的认识，表现在刑罚的加减中，仅具有刑罚上的意义。

一、既遂和未遂

（一）历史演变

奴隶制时期未见未遂、既遂的记载。据汉代对古代刑法的追述，有"古者，伤人有创者刑，盗有臧者罚，杀人者死"①。这是以犯罪结果定罪。如果伤人没有创伤，盗窃不得财，犯罪没有达到预期的结果就不能处以刑罚，这已经开始有了既遂和未遂的含义。

秦初，对没有达到犯罪目的的犯罪，减轻处罚。首先，财产性犯罪，按赃值处罚，赃值分为 1 钱以上、11 钱以上、22 钱以上等，不得财者减免刑罚；其次，对于其他无赃值的犯罪，没有达到犯罪预期结果的，从轻、减轻刑罚。

从汉代开始，明确使用"遂"这个概念，称为"功遂"，即行为实施完毕，犯罪目的已经达到。"功遂"首见于《汉书》记载：因给事中申咸欲劾薛宣不供养行丧服，薄于骨肉，薛宣之子薛况为堵塞其上言，行货财求人行凶，申咸被八创和断鼻，大臣在议薛况的罪行时，认为薛况的行为是"意恶功遂"②，是说行为人动机险恶，并且已经达到目的，应以大不敬论罪。此后的历代王朝，将犯罪目的是否已经达到，分别纳入具体罪名，作为刑罚加减的要素考虑。如唐律中的"谋杀人"罪，"诸谋杀人者，徒三年；已伤者，绞；已杀者，斩。从而加功者，绞；不加功者，流三千里。造意者，虽不行仍为首"③。在此罪名中，即有未遂、既遂、中止等犯罪形态，还包括预谋阶段、预备阶段。在故意犯罪阶段中，不考虑行为人的意志，或是外在条件的因素，无论是行为人主动中止犯罪，还是因意志以外的原因，致犯罪不能得逞的，而是以犯罪停顿后的结果来加减行为人的刑事责任。

（二）未遂的一般规定

古代尚无未遂的概括性概念，仅有类似的规定，其与具体罪名结合，是部分犯罪的减

---

① 《盐铁论·刑德》。
② 《汉书·薛宣传》。
③ 《唐律疏议·贼盗》。

轻情节，以"未"或"不"来标示，如强盗不得财、杀人未行等。实施犯罪但没有造成危害结果的，一般比照未遂处罚。关于犯罪预备，指犯罪处在预谋阶段，古代刑法以"谋"字标示，如果是创造犯罪条件，就被认为是实行犯，而非犯罪预备。对于谋反等严重犯罪，其事未行，亦同真反，预备犯均构成实行犯。

不能犯属未遂的一种。行为人为达到犯罪目的，已经实施犯罪行为，只是由于行为人认识的错误，才使犯罪不能得逞。根据行为人认识错误的不同种类，分为对象不能、手段不能犯以及迷信犯。由于采取主观归罪与客观归罪并用的归罪方式，因此，不能犯都构成犯罪。不能犯的罪名，是根据行为人的主观动机或者危害结果来确定。现代迷信犯，由于行为人对行为的性质及作用的认识是违反常理的，其行为不可能产生预期的结果。尽管是认识原因致行为不可能造成危害社会的实际结果，但在古代，人们却认为迷信行为有严重危害，因此，一定的迷信犯也被视为严重犯罪，迷信犯一旦实施行为，即构成犯罪。如唐律中的蓄造厌魅罪，"诸有所憎恶，而造厌魅及造符书咒诅，欲杀人者，各以谋杀论减二等；以故致死者，各依本杀法。欲疾苦人者，又减二等"①。此罪状是依据行为人的故意内容以及结果，确定行为人的刑责，该迷信行为一旦实施即构成犯罪，而不论有无危害结果，危害结果只是量刑的情节。

二、共同犯罪

共同犯罪是指两人以上的共同故意犯罪。由于共同犯罪较之单独犯罪有更大的社会危害性，因此，共犯制度以及共犯加重处刑原则，在我国起源很早，形成了较完备的制度体系。

（一）起源

《尚书·舜典》载："蛮夷猾夏，寇贼奸宄。""寇"的解释是指"群行攻略"。重刑惩处共犯，源于原始社会对群体侵害的防御。《尚书·胤征》有"歼厥渠魁，胁从罔治"的记载，即对首犯予以歼灭，对因胁从的犯罪人不予处罚。《尚书·酒诰》记载："群饮，汝勿佚，尽执拘以归于周，予其杀。"《晋书·刑法志》中说："三人谓之群"，可见"群饮"是一种共同犯罪行为。《法经》中的"越城，一人则诛，自十人以上夷其乡及族"②。这是关于共同犯罪加重处罚原则的最早记载。《睡虎地秦墓竹简·法律答问》载："五人盗，赃一钱以上，斩左趾，又黥以为城旦；不盈五人，盗过六百六十钱，黥劓以为城旦；不盈六百六十到二百廿钱，黥为城旦；不盈二百廿以下到一钱，迁之。"规定5人以上共同盗窃，即使得赃1钱以上，也一律处以斩左趾、黥城旦之刑；而5人以下，则根据得赃

---

① 《唐律疏议·贼盗》。
② （明）董说：《七国考》卷十二《魏刑法·法经》。

数额的多少分为 3 个量刑档次，即得赃 1 钱以上 220 钱以下，处迁刑；得赃 220 钱以上660 钱以下，处黥及城旦刑；得赃 660 钱以上处黥劓城旦刑，充分体现了共同犯罪加重处罚的原则。

（二）共同犯罪的构成

一是主体，共同犯罪必须是两人以上。奴隶制时期的主体个数未见明确记载，按《晋律》解释，应是三人以上。秦律规定的共同犯罪主体明确具体人数，分二人以上、五人以上，汉代以后一般定义为二人以上。二是主观方面，一般是共同故意犯罪，也有共同过失犯罪。例如，秦简《法律答问》载："夫盗三百钱，告妻，妻与共饮食之，何以论妻？非前谋也，当为收。"即妻对夫盗得的赃钱共同享用，如果事先无通谋，就以收藏赃物罪处罚。由此推断，如果事先有通谋，则以共同犯罪论处。秦简《法律答问》载："甲乙雅不相知，甲往盗丙，才到，乙亦往盗丙；与甲言，即各盗，其赃值各四百，已去而偕得。其前谋，当并赃以论；不谋，各坐赃。"这段文字表明：两人以上同时同地进行盗窃，若事前没有共同故意，则不构成共同犯罪。《唐律疏议·名例》规定："诸共犯罪者，以造意为首，随从者减一等。"疏议说：" '共犯罪者'，谓二人以上共犯。以先造意为首，余并为从。"即共同犯罪指二人以上共同故意犯罪，其中犯意的提出者为首犯，其余为从犯。

两人以上的共同过失行为，若造成危害社会结果的，构成共同过失犯罪，如《唐律疏议·斗讼》载："共举重物，力所不制"而伤人的，成立过失共同犯罪。又如《唐律疏议·职制》规定："诸漏泄大事应密者，绞。非大事应密者，徒一年半；漏泄于蕃国使者，加一等。仍以初传者为首，传至者为从。"这些罪都没有共同犯意，犯罪主观方面是过失，但仍然成立共同犯罪。

（三）共同犯罪人的种类及其罚责

1. 不分首从的共犯

根据共同犯罪人在共同犯罪中所起的作用，共同犯罪人分为首犯和从犯。对此，中国历史上分为两个发展阶段：秦以前共犯不分首、从，汉以后严重犯罪不分首、从，一般犯罪分为教唆犯和其他共犯人。对于共犯，远在夏代，就有"奸宄渠魁，胁从罔问"的记载，似乎共同犯罪仅处罚首犯。但是，从奴隶时代的其他史料记载看，如《尚书·酒诰》记载："群饮，汝勿佚，尽执拘以归于周，予其杀。"即处罚时不分首从。从《睡虎地秦墓竹简·法律答问》来看，对共同犯罪的处罚是不分首从，一律同罪。例如"甲盗，赃值千钱，乙知其盗，受分赃不盈一钱，问乙何论？同论。"这一种是事后共犯，原本在犯罪时处于从属的地位，但处罚却同于首犯。《睡虎地秦墓竹简·法律答问》载："甲谋遣乙盗，一日，乙且往盗，未到，得，皆赎黥。"本案中，甲所实行的是教唆行为，教唆乙去实施，其行为已经既遂，而乙的盗窃行为是未遂，但秦律在处罚上同重。北魏律规定：
"群盗强盗，首从皆同。"①《唐律疏议·名例》规定："若本条言'皆'者，罪无首从；
不言'皆'者，依首从法。"据此规定，唐律中谋反、谋大逆、谋叛（上道者不限首从）、
谋杀期亲尊长、谋杀缌麻以上尊长（伤者仍分首从）、杀一家非死罪三人、谋杀府主（伤
者仍分首从）等共同犯罪也不分首、从犯。《唐律疏议·名例》规定："即强盗及奸，略
人为奴婢，犯阑入，若逃亡及私度、越度关栈垣篱者，亦无首从。"根据这一规定，对这
几种特殊的犯罪，对共同犯罪人不分首、从犯。由于强盗及掠人为奴婢是由共同犯罪人各
自肆行威胁与暴力而为之，因而不分首从；而犯奸、阑入、逃亡、私度、越度关隘，是由
各个行为人自身违律所致，故不分首、从。宋、明、清律继承严重犯罪不分首、从的传
统，对于十恶的部分犯罪和强盗及奸、掠人为奴婢、私渡、逃亡犯罪，不分首、从，一律
同罚。对此，《唐律疏议》认为，对身自犯的处罚之所以相同，是因为各共同犯罪人是
"各肆威力"，没有必要区分首、从。

2. 教唆犯加重处罚

处罚教唆犯的规定最早见于秦律。《睡虎地秦墓竹简·法律答问》载："甲谋遣乙盗
杀人，受分十钱。问乙高未盈六尺，甲可（何）论，当磔。"这里甲谋而遣乙实施犯罪，
比较明显地体现出教唆的特征。该规定是教唆无行为能力或限制行为能力的人实施犯罪，
属间接正犯，但从秦律规定看，对教唆犯是加重处罚。因死刑斩首是秦律的死刑执行通
例，而这一则案例中则施以磔刑，是明显的加重处罚，说明秦对教唆犯加重刑罚。汉承秦
制，汉律对秦律中共同犯罪制度有所继承和发展。

从汉律开始，对教唆犯有专门的规定，称为"教令犯"。汉律规定："敢蛊人及教令
者，弃市。"②《汉书·王子侯表》载："富侯龙……元康元年坐使奴杀人，下狱瘐死。"
晋律规定了共同犯罪的许多基本概念。如："造意""率""谋""群"等。《唐律疏议·
贼盗·造畜蛊毒》："诸造畜蛊毒及教令者，绞。"张斐的晋律注表，则进一步扩大教令的
范围，"殴人教令者与同罪"③。凡是教唆他人犯罪，一律称为教令犯，处罚制度也渐详
备。《唐律疏议·斗讼》教令人告事虚罪规定："诸教令人告，事虚应反坐，得实应赏，
皆以告者为首，教令为从。"又如《诈伪》诈教诱人犯法罪："诸诈教诱人使犯法，及和
令人犯法，即捕若告，或令人捕、告，欲求购赏；及有憎嫌，欲令入罪：皆与犯法者同
坐。"即教令人单纯教唆他人犯罪或者教唆他人犯罪并与之一同实行犯罪的，教令人与被
教令人构成共同犯罪，不分首、从，一并处罚。

① 《魏书·刑罚志》。
② 《周礼·秋官·庶氏》郑玄注引《贼律》。
③ 《晋书·刑法志》。

首先，教令犯的成立，与实行犯的行为形态相同。行为人已着手实施犯罪，教令罪即成立，犯罪未遂、既遂，教令者与实行犯相同。其次，教令90岁以上、7岁以下的人犯罪，仅坐教令者。唐律规定："九十以上，七岁以下，虽有死罪，不加刑；即有人教令，坐其教令者。"① 《唐律疏议》曰："悼耄之人，皆少智力，若有教令之者，唯坐教令之人。"这里教令者相当于间接正犯。

再次，在处罚原则上，一般教令犯与被教令者同罚。但是教令者与被害人之间无伦理关系，而实行犯与被害人有伦理关系、尊卑关系时，法律的一般原则服从伦理原则。教令他人告五服以内亲属，以及教令奴婢告主人，教令者减实行犯一等处刑。教令他人进行诬告者，教令犯减实行犯一等论罪。

3. 造意犯、随从犯

造意犯是指首先倡议实行犯罪的人。《晋书·刑法志》张斐注律表云："唱首先言谓之造意"，造意，即提起犯意。最早见于《汉书·孙宝传》，孙宝任广汉太守，广汉群盗起，孙宝亲到山谷，"谕告群盗，非本造意。渠率皆得悔过自出，遣归田里。自劾矫制，奏商为乱首，《春秋》之义，诛首恶而已"②。以后到晋律，张斐注律将"造意"定义为"唱首先言"。北魏律则说"诸共犯罪，皆以发意为首"③。造意与教令犯是有区别的，造意是指与他人共谋中首先提议，并且参与实行的行为，而教令是利用别人来实行犯罪。一般地说，教令人参与实施犯罪则为造意，造意人不参加实行犯罪则为教令，但在共谋殴伤、杀，共谋盗这些犯罪当中，造意犯与教令犯不分。

与造意犯相对，其余的共同参与人均为随从犯。一般原则是以造意为首犯，其余为从犯。首犯坐全刑，从犯减一等。在谋杀罪中，只要有一人实施犯罪，即认为共同犯罪成立，因此，以造意为首犯；"谋杀人者，徒三年；已伤者，绞；已杀者，斩。从而加功者，绞；不加功者，流三千里。造意者，虽不行仍为首（雇人杀者，亦同）；即从者不行，减行者一等"④。还有，"诸同谋共殴伤人者，各以下手重者为重罪，元谋减一等，从者又减一等；若元谋下手重者，余各减二等"⑤。在伤害罪中，以下手重者为首犯，造意减一等，随从再减一等，如轻重不分，以最后下手者为首犯。《唐律疏议·贼盗》也记载："谓谋杀人，从者不行，减行者一等，合徒三年。"

4. 家人共犯

家人共犯指共同犯罪人系一定范围的亲属关系。古代刑法处罚家人共犯，分为两种情

① 《唐律疏议·名例》。
② 《汉书·孙宝传》。
③ 《魏书·刑罚志》。
④ 《唐律疏议·贼盗》。
⑤ 《唐律疏议·斗讼》。

况：第一，一般犯罪坐尊长。原因是家长对外代表全家，尊长对卑幼有教令权，并且尊长的教令不被遵从时，若尊长以死相挟，子孙不从该教令则有可能构成不孝罪。尊长在家中有专制之义。尊长指一家之内最为尊长者，尊长谓男夫，若妇女为尊长者，坐幼男，若尊长无责任能力，归罪于次尊长。如"诸嫁娶违律，祖父母、父母主婚者，独坐主婚"等①。第二，若侵损于人者，以凡人首从论。即对家人共同侵犯他人财产及人身权利的，仍依照对一般人共同犯罪分首犯、从犯处罚的原则处理。

5. 集团犯罪加重

集团犯罪加重。《法经》载："越城，一人则诛，自十人以上夷其乡及族，曰城禁。"②《睡虎地秦墓竹简·法律答问》规定："五人盗，（臧）赃一钱以上，斩左趾，有（又）黥以为城旦；不盈五人，盗过六百六十钱，黥劓以为城旦；不盈六百六十到二百廿钱，黥为城旦。"凡5人以上的集团犯罪，即使盗窃赃值仅1钱，也要比5人以下盗过660钱犯罪的处刑重；而同样的盗窃罪，2人以上、5人以下的共同犯罪比单独犯罪，处刑也重。秦律是计赃论罚，采取十一进制，从1钱到660钱有7个等级。那么5个人共盗1钱，如果计赃论罚，应该比盗660钱刑罚降低7等。但因为它是危害较严重的集团犯罪，尽管赃仅1钱，但在处刑上反而重于660钱的一般共犯，体现对集团犯罪加重刑罚的原则。

三、累犯制度

累犯是行为人曾经因犯罪受到刑事处罚后，又犯同种罪或其他罪的，犯同种性质罪行者是特别累犯，犯不同性质罪行者是一般累犯，古代又尤以三犯为重。

（一）累犯制度起源及构成

累犯制度起源较早，奴隶制时代就有"怙终贼刑"的记载，"终"，系指长期实行犯罪的，已寓有累犯之意。《尚书·康诰》载："人有小罪，非眚，乃惟终，自作不典，式尔，有厥罪小，乃不可不杀。"这里的惟终即是始终不改，系指犯罪受处罚后又犯罪的。秦律中也有关于累犯的处罚规定："诬人盗值廿，未断，又有它盗，值百，乃后觉，当并赃以论。"《睡虎地秦墓竹简·法律答问》："当耐为隶臣，以司寇诬人，可（何）论？当耐为隶臣，又系城旦六岁。"一般情况下，秦律对诬告罪的处刑是诬告反坐，以所诬告的罪惩罚诬告者。这里诬人以司寇罪，却处以"系城旦六岁"刑，显然是加重处罚，原因就是犯罪人再次诬告他人，系累犯。《唐律疏议·名例》继承前期立法成果，规定累犯的构成和处理原则："诸犯罪已发及已配而更为罪者，各重其事。"疏议曰："已发者，谓已被告言，其依令应三审者，初告亦是发讫。及已配者，谓犯徒已配，而更为笞罪以上者，各

---

① 《唐律疏议·户婚》。
② （明）董说：《七国考》卷十二《魏刑法·法经》。

重其后犯之事而累科之。" 对于犯罪已经被发觉或罪犯已经服刑后，又重新犯罪的处理，作了原则性规定，宋、元、明、清基本相沿。

（二）种类

古代累犯分为一般累犯和特别累犯，一般累犯是犯罪人因犯罪已发或已配者，犯不同性质的或盗罪以外的相同性质的，应处笞罪以上的犯罪。这其中也包含数罪，法律上通常表述为行为人更犯什么刑责之罪，其构成：一是犯罪已发、已配后又犯新罪的；二是原犯罪应是犯徒刑以上的罪；三是新罪的处刑应是笞刑以上的。特别累犯在古代特指犯三次以上的犯盗罪之人。《唐律疏议·贼盗》："诸盗经断后，仍更行盗，前后三犯徒者，流二千里；三犯流者，绞。其于亲属相盗者，不用此律。"《唐律疏议》说："行盗之人，实为巨蠹。屡犯明宪，罔有悛心。前后三入科刑，便是怙终其事，峻之以法，用惩其罪。" 特别累犯的构成，一是犯罪性质都是盗罪，包括强盗的窃盗；二是原犯罪是徒、流刑以上的盗罪，而且徒、流刑必须是经审判确定的，若原犯罪是死罪，而减等为徒、流刑的亦是，但不包括经赦免和未经审判的徒、流案件；三是亲属之间相盗者，不构成特别累犯。

（三）法律责任

其一，一般累犯的法律责任。《唐律疏议·名例》规定："重犯流者，依留住法决杖，于配所役三年。"《唐律疏议》说："犯流未断，或已断配讫、未至配所，而更犯流者，依工、乐留住法：流二千里，决杖一百；流二千五百里，决杖一百三十；流三千里，决杖一百六十；仍各于配所役三年。"《唐律疏议·名例》对于三犯流罪的，"三流俱役一年"。《唐律疏议》曰："累流、徒应役者，不得过四年。若更犯流、徒罪者，准加杖刑。" 可见，唐朝采取限制加重原则。宋时规定："诸犯罪已发及已配而更为罪者，各重其事。即重犯流者，依留住法决杖，于配所役三年若已至配所而更犯者，亦准此。即累流、徒应役者，不得过四年。若更犯流、徒罪者，准加杖例。其杖罪以下，亦各依数杖之。累决笞杖者，不得过二百。其应加杖者亦如之。"[1] 这说明宋代也采限制加重原则。

其二，特别累犯的法律责任。唐律规定：贼盗 "前后三犯徒者，流二千里；三犯流者，绞"。元代对盗的处罚，区别犯罪对象而刑责不一。例如，"诸盗驼马牛驴骡，一陪九。盗骆驼者，初犯为，首九十七，徒，二年半，为从八十七，徒二年；再犯加等；三犯不分首从，一百七，出军。盗马者，初犯为首八十七，徒二年，为从七十七，徒一年半；再犯加等，罪止一百七，出军"。除科刑之外，还特别适用 "刺" 的方法，"诸强盗再犯，仍刺"，"诸窃盗初犯，刺左臂，谓已得财者，再犯刺右臂，三犯刺项。强盗初犯刺项，并充警迹人"[2]。

---

①　《宋刑统·名例律》。

②　《元史·刑法志》。

四、数罪制度

数罪是行为人在犯罪已发或已配之前，犯有两种以上相同性质或不同性质的罪。

（一）构成

《唐律疏议·名例》："诸二罪以上俱发以重者论。"即是从一重罪论处，《唐律疏议》说这是"不累轻以加重"。《元史·刑法志》载："二罪以上俱发，从其重者论之。"《大清律例·名例》则对漏罪等规定得较为全面："凡二罪以上俱发，以重者论；罪各等者，从一科断。若一罪先发，已经论决，余罪后发，其轻若等，勿论；重者更论之，通计前罪，以充后数。"

（二）刑事责任

一是行为人在犯罪已发或已配之前，犯有两种以上相同性质或不同性质的罪，一并案发，从一重罪处罚。二是若犯之数罪是赃罪，根据《唐律疏议》对"断罪引律令"的解释，"以赃致罪，频犯者并累科"，若俱发罪是赃罪的话，并赃论罪，而非从一重论罪。三是所犯之罪是赃罪，但若是一罪先发已经论决，余罪后发，属漏罪，而后发之罪重于前罪，则按重罪确定刑责，再减去前罪已经执行之数。

第六节　排除犯罪性的行为

一、报仇

报仇源于原始社会的氏族共同抵御外来侵害的责任。在奴隶制时期，法律认为报仇是合法行为，原则上予以肯定。"父之雠，弗与共戴天。兄弟之雠，不反兵。交游之雠，不同国。"① 将报仇纳入法律认同范畴，报仇不仅是权利而且是义务。

但是，如果行为人毫无顾忌地报仇，显然不利于社会的稳定，因此，对报仇也设定一定程序和限制。"凡报仇雠者，书于士，杀之无罪。"② 就是说要报仇的人必须到"朝士"那去登记。登记之后才可以报仇，而且，报仇还需要区分私仇与官法之仇。对报仇者的限制规定有：其一，"凡杀人而义者，不同国，令勿仇，仇之则死"③。即父兄不义被杀的不允许报仇。其二，"衔君命而使，虽遇之不斗"④。这说明报仇时机要受限制，如果报仇对象作为王的特使办理事务的话，在此期间是不能对其报仇的。其三，对王法已追究的行为

---

① 《礼记·曲礼》。
② 《周礼·秋官·朝士》。
③ 《周礼·地官·调人》。
④ 《礼记·檀弓》。

人，若遭令赦而离乡者，不应对其报仇。但若其人返回乡里，则允许报仇。

战国时代报仇之风极为流行，而法律也是基本不禁。

从汉代开始严禁报仇，对报仇的处罚越来越重。针对子孙冤冤相报，至于灭户的情况，到曹魏时规定，私相报仇者规定一律处"族刑"。《三国志》载："今海内初定，敢有私复仇者，皆族之。"[①]

但是，报仇毕竟是被封建伦理所肯定的行为，连执法官吏对报仇者也寄予同情，对报仇者的处罚经常会网开一面。

由于受封建伦理影响，魏、晋时期严禁报仇的法律规定到隋、唐以后逐渐宽缓，明、清则进一步宽缓。唐律规定："诸祖父母、父母为人所殴击，子孙即殴击之，非折伤者，勿论；折伤者，减凡斗折伤三等；至死者，依常律。"凡有报仇者，致伤者，以斗杀伤论，处刑还要上报中央司法机关批准，在处罚上有一定弹性，其复核的结果一般是减死甚至免刑。明、清规定，杀人者未被抓获，为被害人子孙发现，擅自报仇者杖一百，处罚极轻。对于凶手被判刑后遇大赦而离乡者，擅自报仇的，流三千里。

二、防卫

正当防卫，是指在紧急情况下，行为人为抵御不法侵害所享有的权利，同时在特定情形下，正当防卫也是一种义务。中国古代刑法也考虑到在紧急情况下，行为人无法请求国家公力救济，受侵害人及其一定范围内亲属，可自行采取一定的私力救济行为，以阻却犯罪行为，类似于正当防卫。

（一）起源

《周礼》规定，其一是"凡杀人而义者，不同国，令勿仇，仇之则死"[②]。杀人而义，是指杀人而合于道义，包括防卫行为。"凡盗贼军乡邑及家人，杀之无罪。"[③] 汉代人注盗贼军说，其是类似于汉律的无故入人室宅庐舍、上人车船、牵引人欲犯法者。可见当时对防卫行为限定在两种具体的罪中，即侵害己身与家人人身的行为和不法入侵住所的行为，但汉律中防卫的对象比较广泛，可以对住所、财产和人身进行防卫。《隋书·刑法志》记载，在北齐时期，"盗贼群攻乡邑入人家者，杀之无罪。若报仇者，告于法而自杀之，不坐"。这说明，别人无故擅闯住宅，侵犯自己的人身自由，即可进行正当防卫。

（二）隋、唐以后，防卫制度逐渐趋于完备

对于防卫自己的权利。唐律以国家救济为原则，一般不允许个人防卫。因为防卫而打

---

① 《三国志·魏书·文帝纪》。

② 《周礼·地官·调人》。

③ 《周礼·秋官·朝士》。

伤对方的，以斗伤论，减二等。刑律认为，甲乙两人，乙无故被打，以力拒之，是为理直，但不得打伤对方，以免成为相互斗殴的借口，对致损限度要求较严。

对于防卫父祖的权利。当父祖受到侵害时，子孙对侵害者所实施的反击，法律在时机和行为强度上，限制均较宽松。由此发生的误杀伤，也易获得宽宥。如《春秋决狱》佚文：甲父乙与丙争言相斗，丙以佩刀刺乙，甲即以杖击丙，误伤乙，甲当何论？或曰："殴父也，当枭首。"议曰："臣愚以父子至亲也。闻其斗，莫不有怵怅之心，扶杖而救之，非所以欲诟父也。《春秋》之义，许止父病，进药于其父而卒。君子原心，赦而不诛。甲非律所谓殴父，不当坐。"① 因此，子孙防卫父祖，即使发生误伤，也因动机是为了防卫父祖，而获宽宥。

唐律规定，若父祖被人殴击，子孙可以救援，致人重伤以下不论，重伤以上减斗伤三等。《宋刑统·斗讼律》规定："祖父母、父母为人所殴击，子孙即殴击之（注：谓子孙原非随从者），非折伤者，勿论；折伤者，减凡斗折伤三等；至死者，依常律。"明、清律受宋明理学的影响，认为父子伦理关系至为重要，对私相报仇采取宽容的态度。"祖父母、父母为人所杀……其（子孙）实时杀死者，勿论。"② 免除防卫行为的罪责，沈之奇的注解为"若目击其亲被杀，痛忿激切，即时手刃其仇，情义之正也，何罪之有？"③ 从严格意义说，这不是正当防卫行为，因父祖为人所杀，侵害已经过去，故而，这实际上是一种报仇行为。相对来说，唐律规定父母被人殴击的时候就进行防卫，因为这是正在面临危害，也更合于正当防卫的本意。

夜间防卫。夜间防卫是对生命、住宅夜间防卫，是处在一种特殊时机内的防卫，法律的限度很宽，所保护的对象包括生命、财产、住宅和夫权。唐律规定："夜无故入人家……登时杀者，勿论。"④ 沈之奇对此注释为："必是黑夜，必是无故，必是家内，必是主家，必是登时杀死。"⑤ 五个条件必须同时具备，否则就另当别论。

对于特别对象的特殊防卫。《大明律·刑律·人命》规定："凡妻与人奸通，而于奸所，亲获奸夫奸妇，登时杀死者，勿论。"《大清律例·刑律·人命》亦规定："凡妻、妾与人奸通，而（本夫）于奸所亲获奸夫、奸妇，登时杀死者，勿论。"其防卫的对象即是夫的性独占权。

---

① 《御览》卷六百四十。
② 《大清律集解附例·刑律》。
③ （清）沈之奇：《大清律辑注》卷二十。
④ 《唐律疏议·贼盗》。
⑤ （清）沈之奇：《大清律辑注》卷十八。

三、其他排除犯罪性事由

（一）紧急避险

紧急避险在我国古代法律中没有明确规定，只有相类似的规定。如唐律规定："诸官私畜产，毁食官私之物，登时杀伤者，各减故杀伤三等，偿所减价；畜主备所毁。其畜产欲抵啮人而杀伤者，不坐、不偿。疏议曰：其畜产有抵啮人者，若其欲来抵啮人，当即杀伤，不坐、不偿，故注云'亦谓登时杀伤者'。其事绝之后，然始杀伤者，皆依故杀伤之法，仍偿减价。畜主亦依法得罪。"当畜产毁食官私物时，不许因避难而杀伤畜产，而当畜产欲抵啮人时，便可杀伤畜产而不坐，但必须在当时杀伤，即在当畜产欲抵啮人时。这显然是在财产利益之间，以及财产与人的生命、健康之间权衡轻重，为保护一个较大利益，为避免较大的利益遭受损害，而可以损害一个较小的利益。

（二）自救行为

自救行为指权益被侵害的个人在不寻求公力救济或者公力救济不能或不及时的情况下，依靠自己的力量来实现自己权益的行为。如唐律允许对违契不偿的债务人采取强牵掣办法取得补偿。《唐律・杂律》规定："诸负债不告官司，而强牵财物，过本契者，坐赃论。"《唐律疏议》说："谓公私债负，违契不偿，应牵掣者，皆告官司听断。若不告官司而强牵掣财物，若奴婢、畜产，过本契者，坐赃论。"此规定除申明债权人在债务人不履行债务时，应当告官司采公力救济外，对债主自己夺取债务人的财物、奴婢或畜产，只要不超过本契的规定，官府将不予追究，如果超过本契，则超过部分按赃罪处罚。实际上排除债权人在契约范围内强牵掣财物的可处罚性。

第七节 重 罪

重罪是统治者充分利用法律强制力，打击严重危害统治秩序的法律制度。重罪制度有两层含义：一层含义是表示某些犯罪的严重程度，标示着某些犯罪是刑法的打击锋芒所指；另一层含义是刑罚适用制度，被纳入重罪范围的罪名，在刑罚适用上，有重罪加重的规定和原则。

一、十恶

"十恶"源于《北齐律》的"重罪十条"，是由秦汉时期的不孝、不友、反逆、不道、不敬等罪发展而来的，在立法技术上表现为对严重犯罪的归纳与概括。

《北齐律》将其置于律首，重罪十条为"一曰反逆，二曰大逆，三曰叛，四曰降，五曰恶逆，六曰不道，七曰不敬，八曰不孝，九曰不义，十曰内乱。其犯此十者，不在八议论赎之限"[1]。隋《开皇律》在吸收北齐律"重罪十条"基础上，吸取佛教用语，将"重罪十条"改为"十恶"，为"一曰谋反，二曰谋大逆，三曰谋叛，四曰恶逆，五曰不道，六曰大不敬，七曰不孝，八曰不睦，九曰不义，十曰内乱"。"十恶"与"重罪十条"相比，基本罪名变化不大，只是增设"不睦"条，反映出法律对伦理原则的维系更加充分。但从立法技术上而言，隋律比《北齐律》在两个方面也有较大发展，一是将犯罪的主观方面直接规定为不同罪名的构成条件，罪名的概括性进一步增强；二是加强对严重犯罪的预备阶段的处罚，这些严重犯罪，在谋划阶段即视为成立，采取主观归罪方法。至唐律，"十恶"制度进一步完善，其"十恶"条同于《开皇律》，但"十恶"罪却包括二十几个罪名，具体为：一是谋反，谋危社稷的行为；二是谋大逆，谋毁宗庙、山陵及宫阙；三是谋叛，具体为背国从伪；四是恶逆，具体为殴及谋杀祖父母、父母，杀伯叔父母、姑、兄姊、外祖父母、夫、夫之祖父母、父母；五是不道，具体为杀一家非死罪三人、支解人、造畜蛊毒厌魅；六是大不敬，具体为盗大祀神御之物、乘舆服御物，盗及伪造御宝，合和御药误不如本方及封题误，若造御膳误犯食禁，御幸舟船误不牢固，指斥乘舆情理切害及对捍制使而无人臣之礼；七是不孝，具体为告言、诅詈祖父母、父母，及祖父母、父母在别籍异财，若供养有阙，居父母丧身自嫁娶，若作乐、释服从吉，闻祖父母、父母丧匿不举丧，诈称祖父母、父母死；八是不睦，具体为谋杀及卖缌麻以上亲，殴告夫及大功以上尊长、小功尊属；九是不义，具体为杀本属府主、刺史、县令、见受业师吏，卒杀本部五品以上官长，及闻夫丧匿不举哀，若作乐释服从吉及改嫁；十是内乱，具体为奸小功以上亲、父祖妾及与和者。共计二十六个具体罪名。此后，"十恶"条目未变，但具体罪名有所增减。入"十恶"的罪，其刑罚适用原则自与其他罪不同，表现在：其一，贵族、官员犯"十恶"类罪，取消其"议、请、减、当、赎"等法律特权。其二，官僚、贵族犯罪当科除名之徒刑者，遇赦"十恶"不免。其三，罪入"十恶"者，犯死罪，家无期亲成丁应侍家者，不得以父母老疾而上请。其四，犯前三恶者，同居不许容隐，不告者罚之，藏匿减罪人一等从之。其五，一般犯罪及不道以下六恶者，死罪皆五复奏，须待时行决。而犯谋反、谋大逆、谋叛及恶逆者，死刑执行前仅一复奏，执行死刑决不待时。

二、六赃

"赃"指财产性犯罪，六赃是六种非法获取财物的犯罪。六赃的规定可以溯及张斐的注律表。他说："取非其物谓之盗，货财之利谓之赃……若加威势下手取财为强盗。"六赃

---

[1] 《隋书·刑法志》。

的概括还未形成，但是依据非法获取财物的方法，对行为的构成罪名已经作了初步的区分。

六赃制度的确定在唐代。《唐律·杂律》之疏文说："赃罪正名，其数有六，谓：受财枉法、不枉法、受所监临、强盗、窃盗并坐赃。"①"六赃"中除"强盗""窃盗"不是专对官员而设，其余受财枉法、受财不枉法、受所监临、坐赃均是专门针对官吏经济犯罪所设。唐律六赃罪对监临官的惩罚特别严厉。（1）受财枉法是指官吏接受行贿人的贿赂，并故意曲解法律，枉法行政或裁判的行为。唐律规定："诸监临主司受财而枉法者，一尺杖一百，一匹加一等，十五匹绞。"如果监临官向下属强行索取财物，即使不枉法，亦依监临官受财枉法论罪；对事先不受财，事后受财的，若曲法，则按受财枉法论罪；监临官在监临处做买卖而获利的，依向监临人索取财物论罪，强行买卖，依枉法论罪。（2）受财不枉法是指官吏虽然收受贿赂，但没有歪曲事实、枉法裁判的行为。（3）受所监临财物是指官吏非法收受下属财物的行为。接受所监临者酒食、瓜果、蔬菜、米麦面之类；监临官向下属索取财物，则加一等处罚，如果强行借贷，则加二等论罪；监临官于监临处与他人签有买卖契约，若违负不还，满50日，依所受监临财物论罪；监临官私自役使下属为自己办私事，向监临人借奴婢、牛马、驼驴、车船之类，依所受监临人财物论罪，强行役使和借用，则加二等治罪；监临官若强索部属的猪羊等肉食，则依强索监临财物论罪；监临官率人敛财物送人，虽未入己囊，仍按受监临人财物两倍论罪；监临官家人，向其部属乞取、借贷、役使、买卖获利之类，减监临官二等治罪；若家人受人财物，监临官知情的与家人同罪，不知情则减家人五等治罪；监临官离职后接受旧部属、百姓馈送，向部属乞取或借贷，各减在官时三等论罪；监临官事先不受财，事后受财的行为，若事不枉法，则按受监临财物论罪。（4）强盗是以暴力非法强取公私财物的行为。"诸强盗，谓以威力而取其财，先强后盗、先盗后强等。若与人药、酒及食，使狂乱取财，亦是。即若得阑遗之物，殴击财主而不还；及窃盗发觉，弃财逃走，财主追捕，因相拒捍；如此之类，事有因缘者，非强盗。"②据此，强盗罪的客观方面表现为：一是以暴力或胁迫手段获取财物的；二是使用药、酒、食物等使人丧失意志而获取财物的；三是殴击失主拒还遗失物的；四是行为人因秘密窃取财物而被追捕时以暴力抗拒的；但若是事出有因，即使有强盗罪的客观方面表现，也不构成强盗罪。（5）窃盗是以秘密方式非法获取公私财物的行为。《唐律疏议》说："窃盗人财，谓潜形隐面而取。盗而未得者，笞五十。得财一尺杖六十……监临主守自盗及盗所监临财物者，加凡盗二等。"（6）坐赃是指非因职务之便，收取不应收取的财物。坐赃谓非

---

① 《唐律疏议·杂律》。
② 《唐律疏议·贼盗》。

监临主司因事受财而构成犯罪，是与职务无关的收受财物的行为。"假如被人侵损，备偿之外因而受财之类，两和取与，于法并违，故与者减取人五等，即是'彼此俱罪'，其赃没官。"[1] 行为人得财没有法律上的依据，故构成坐赃罪。还有一种情形是以坐赃论处的，如"在市人众中惊动"罪，因散布谣言造成市人恐慌，并因此使他人财物受损的，对损人财物的按坐赃论处；官员若因官挟势或豪强之人乞索，则依按坐赃论罪；监临官亦不得以公事而擅自役使部属，否则按庸值以赃论罪；监临官因营公廨而役使下属，也要按赃罪减二等处罚；监临官不得在监临之地借贷监临人财物，否则以赃论罪；监临官若向监临人借衣服、器玩之类，30日不还，以赃罪论等。

明、清时中央集权进一步强化，加重了对强盗罪的处罚，规定凡强盗获得财物的，不以赃论罪，不分首从，皆处斩刑，因此，强盗罪不在"六赃"之列。随着明、清对利用职务之便获取财物行为的严惩，设贪墨罪，将监临官受所监临财物纳入其中，亦不列六赃之中，并从窃盗中分离出非利用职务之便盗取官物的为常人盗，表现出对官物的特殊保护。《明律集解附例·六赃图》所载"六赃"包括：（1）监守盗，指国家官吏利用职务之便窃取财物的行为。（2）常人盗，指盗窃仓库钱粮等物的行为。（3）窃盗，是秘密窃取公私财物的行为。（4）枉法，即接受了财物，又枉法而断。（5）不枉法，虽受贿赂而没有枉法。（6）坐赃，非因职务之便，而非法获取财利的行为。《清律集解附例·六赃图》所列六赃包括：（1）监守盗；（2）常人盗；（3）坐赃；（4）有禄人（官吏）枉法，无禄人枉法；（5）有禄人不枉法，无禄人不枉法；（6）窃盗。

三、七杀

七杀是中国古代刑法中七种杀人罪的通称，即谋杀、故杀、劫杀、斗杀、误杀、戏杀、过失杀。它将杀人罪的主观方面、不同情节、性质和种类加以区分，并将这些都凝结在罪名中，构成不同的杀人罪。七杀中的故杀、谋杀人已杀讫是重罪，属于缘坐之罪。"'故杀人'，谓不因斗竞而故杀者，谋杀人已杀讫，亦同。"[2] 七杀的形成过程较长。秦律中有贼杀、斗杀、戏杀、擅杀四种杀人罪。汉律有贼杀、谋杀、斗杀、戏杀、过失杀五种杀人罪。晋律有故杀、谋杀、斗杀、误杀、戏杀、过失杀六种杀人罪。唐律的杀人罪规定得较为完善，其规定被后代所继承。（1）谋杀，指两人以上预谋杀人。《唐律疏议·贼盗》规定："诸谋杀人者，徒三年；已伤者，绞；已杀者，斩。从而加功者，绞；不加功者，流三千里。造意者，虽不行仍为首。即从者不行，减行者一等。"《唐律疏议》认为："'谋杀人者'，谓二人以上，若事已彰露，欲杀不虚，虽独一人，亦同二人谋法，徒三

---

① 《唐律疏议·杂律》。
② 《唐律疏议·名例》。

年。已伤者,绞。已杀者,斩。'从而加功者,绞',谓同谋共杀,杀时加功,虽不下手杀人,当时共相拥迫,由其遮遏,逃窜无所,既相因藉,始得杀之,如此经营皆是'加功'之类,不限多少,并合绞刑。同谋,从而不加功力者,流三千里。'造意者',谓元谋屠杀,其计已成,身虽不行,仍为首罪,合斩。余加功者,绞。注云'雇人杀者'亦同,谓造意为首,受雇加功者为从。"(2)故杀,指故意杀人。《唐律·斗讼·斗殴杀人》规定:"以刃及故杀人者,斩。虽因斗,而用兵刃杀者,与故杀同。"《唐律疏议》认为:"以刃及故杀者,谓斗而用刃,即有害心;及非因斗争,无事而杀,是名'故杀':各合斩罪。'虽因斗而用兵刃杀者',本虽是斗,乃用兵刃杀人者,与故杀同,亦得斩罪,并同故杀之法。"(3)斗杀,指两相殴斗而致杀人,或伤而致死。亦称"殴杀"。《唐律·斗讼·斗殴杀人》规定:"诸斗殴杀人者,绞。"疏议:"斗殴者,元无杀心,因相斗殴而杀人者,绞。"(4)戏杀,指无杀人之意而以杀人的行为为游戏,因而杀人者。《唐律·斗讼·斗殴杀人》规定:"'诸戏杀伤人者',减斗杀伤二等,虽和,以刃,若乘高、覆危、入水中,以故相杀伤者,唯减一等。"《唐律疏议》说:"'戏杀伤人者',谓以力共戏,因而杀伤人,减斗罪二等。若有贵贱、尊卑、长幼,各依本斗杀伤罪上减二等。虽则以力共戏,终须至死和同,不相瞋恨而致死者。'虽和、以刃',礼云:'死而不吊者三,谓畏、压、溺。'况乎嬉戏,或以金刃,或乘高处险,或临危履薄,或入水中,既在险危之所,自须共相警戒,因此共戏,遂致杀伤,虽即和同,原情不合致有杀伤者,唯减本杀伤罪一等。"(5)劫杀,指强盗抢劫杀人。《唐律·贼盗·强盗》规定:"诸强盗,不得财徒二年;一尺徒三年,二匹加一等;十匹及伤人者,绞;杀人者,斩。其持杖者,虽不得财,流三千里;五匹,绞;伤人者,斩。"《唐律疏议》说:"强盗取人财,注云'谓以威若力',假有以威胁人,不加凶力,或有直用凶力,不作威胁,而劫掠取财者;'先强后盗',谓先加迫胁,然后取财;'先盗后强',谓先窃其财,事觉之后,始加威力:如此之例,俱为'强盗'。""持杖者虽不得财,伤人者斩,罪无首从。"(6)误杀,指由于判断有误而杀错了对象,属刑法上的对象错误。《唐律·斗讼·斗殴误杀伤傍人者》规定:"诸斗殴而误杀伤傍人者,以斗杀伤论;至死者,减一等。"《唐律疏议》说:"假如甲共乙斗,甲用刃、杖欲击乙,误中于丙,或死或伤者,以斗杀伤论。不从过失者,以其元有害心,故各依斗法。至死者,减一等,流三千里。"(7)过失杀,指本无杀人故意,因过失而致人死亡。《唐律·斗讼·过失杀伤人》规定:"诸过失杀伤人者,各依其状,以赎论。"以上七种杀人罪的划分,对于正确地把握犯罪构成,有一定的积极意义。同时,由于罪名将犯罪的主客观方面结合在一起,采取根据犯罪行为的自然外观特征进行描述的方法,虽具较强的操作性,但欠缺内在的科学性。

四、奸党

明、清之际，中央专制集权强化，极端的皇权专制，在刑法上表现为严厉打击一切危害皇权的行为，奸党罪正式入律，视奸党罪与谋反、谋叛罪相同的重罪，施于最严厉的惩罚。

（一）构成

《论语·卫灵公》曰："君子……群而不党。"在皇权专制政体之下，结党被视为对皇权威胁最大的行为。从汉代"免官禁锢"，到宋代的元祐奸党，至明朝，纳奸党入律，成为与谋反、谋叛并列的重罪。据《明史·洪武本纪》载：洪武二十三年（1390 年）追论胡惟庸党，"赐太师韩国公李善长死，陆仲亨等皆坐诛。作《昭示奸党录》，布告天下"。"凡抄没人口、财产，除谋反、谋叛及奸党，系在十恶，依律抄没"①。致使"当时公、侯诸宿将坐奸党，先后丽法，稀得免者"②。清承明制，法律对奸党罪的规定更加完备。"凡奸邪进谗言，左使杀人者，斩。若犯罪，律该处死，其大臣小官巧言谏免，暗邀人心者，亦斩。若在朝官员交结朋党，紊乱朝政者，皆斩。妻子为奴，财产入官。若刑部及大小各衙门官吏不执法律，听从上司主使，出入人罪者，罪亦如之。若有不避权势，明具实迹，亲赴御前执法陈诉者，罪坐奸臣。言告之人与免本罪，仍将犯人财产均给充赏。有官者升二等，无官者量与一官，或赏银二千两。"③ 附条例规定："罢闲官吏在京潜住，有擅出入禁门交结者，各门盘诘挐送法司问实，发烟瘴地面充军。"对于交结近侍官员的行为，"凡诸衙门官吏，若与内官及近侍人员互相交结，漏泄事情，夤缘作弊而扶同奏启者，皆斩，妻子流二千里安置"。④ 对上言大臣德者，"凡诸衙门官吏及士庶人等，若有上言宰执大臣美政才德者，即是奸党，务要鞫问穷究来历明白，犯人处斩，妻子为奴，财产入官。若宰执大臣知情，与同罪"⑤。由此可见，奸党罪的事实构成包括：虚构事实指使杀人；巧言使应死者免；暗结他人人心；交结官员紊乱朝政；官员不执行法律而听从上司，出入人罪；内外官交结、泄露机密；串通扶同启奏；上言宰执大臣德政等。

（二）刑事责任

一是犯奸党罪的，本人处斩，并连坐其妻，妻子或流放安置或为奴，没收财产；二是常赦所不原；三是取消人犯八议等法律特权。

---

① 《大明律·户律》。
② 《明史·汤和传》。
③ 《大清律例·吏律》。
④ 《大清律例·吏律》。
⑤ 《大清律例·吏律》。

第八节　刑罚体系的演变和社会防卫性措施

一、刑罚体系的演变

(一) 起源

刑罚是行为人犯罪后所承担的刑事责任。中国古代刑罚的目的在于特殊预防和一般预防。特殊预防是"去其恶具"，使行为人再无犯此类罪的可能性，例如对犯奸者宫刑，或摧残犯罪人身体，使犯罪人身体上留下无法去除的犯罪记号，便于人们有所辨识和提防，也是对犯罪人造成社会创伤的报应。一般预防是通过对犯罪人采取痛苦的刑罚手段，震慑其他犯罪人，教育民众。在此思想指导下，中国古代刑罚表现为以残酷的肉刑为主，而且针对人的痛苦之处和心理弱点。中国最早出现的刑罚是苗民的五虐之刑。据《尚书·吕刑》记载："苗民弗用灵，制以刑，惟作五虐之刑曰法。杀戮无辜，爰始淫为劓、刵、椓、黥。"其中劓（割鼻子）、刵（割耳）、椓（毁坏生殖器）、黥（面上刺字）即为五虐之刑。后炎黄二帝杀蚩尤后，亦废除五虐之刑。尧舜之时，在苗民五虐之刑基础上，发展成"象以典刑，流宥五刑"①。对于象刑，《慎子·逸文》云："有虞之诛，以幪巾当墨，以草缨当劓，以菲履当刖，以艾韠当宫，布衣无领当大辟。"《尚书·大传》曰："唐虞之象刑，上刑赭衣不纯，中刑杂屦，下刑墨幪。"因此，象刑是以五刑为参照基础和对应，是肉刑的变通执行方法，以象征性惩罚措施，附之于画衣冠，异章服的耻辱方式，施行于特定阶层。此时，"流宥五刑"是五虐之刑沿革而来，马融注曰："五刑，墨、劓、剕、宫、大辟。"至禹时，因"德衰而制肉刑"②，全面实施肉刑。

(二) 奴隶制时期刑罚

夏代确立奴隶制五刑，即墨、劓、剕、宫、大辟。《晋书·刑法志》载："五刑之属三千。"此三千是"大辟二百，膑辟三百，宫辟五百，劓、墨各千"③。商代沿袭，除五刑之外，还有醢刑、脯刑、剔剜、炮烙、断手等残酷肉刑，刑罚主要由死刑和肉刑组成。至周，承继五刑制度，"墨罪五百，劓罪五百，宫罪五百，刖罪五百，杀罪五百"④。后发展成九刑。即五刑之外加上鞭、扑、流、赎，其中，鞭作官刑，扑作教刑，流宥五刑，金作赎刑，在刑罚手段中加入了非肉刑元素，周穆王时，"训夏赎刑，作《吕刑》"⑤。赎刑开

---

① 《尚书·舜典》。
② 《汉书·刑法志》。
③ 《周礼·秋官·司刑》郑氏注。
④ 《周礼·秋官·司刑》。
⑤ 《尚书·吕刑》。

始制度化。

（三）早期封建制刑罚

春秋战国时期，在奴隶制五刑基础上，死刑执行方式零乱多样，刑罚残酷，出现具五刑、磔等残酷的肉刑，是奴隶制刑罚向封建制刑罚的重要过渡阶段。此阶段的肉刑逐渐分化，死刑执行方法多样，特别是秦国刑罚制度直接过渡到秦朝之后，在传统肉刑基础上，增凿颠、抽胁、镬烹之刑，刖刑演变为斩左趾；大量适用劳役刑，肉刑往往与劳役刑结合使用，劳役刑以终身劳役为主。劳役刑有作刑、城旦舂、鬼薪白粲、隶臣妾、司寇、候；死刑有腰斩、弃市、具五刑、坑、磔、车裂等，增设笞刑、流放刑以及髡、耐、完等耻辱刑，还有赀甲、赀盾等罚金刑以及赎刑。对于犯罪官员，规定废、免等职务性犯罪的处罚方式。秦朝肉刑的最大特点是与劳役刑的紧密结合，刑罚残酷，连坐广泛，并大量适用赎刑。劳役刑地位的提高和广泛运用，对古代刑罚从以肉刑为中心，转为以劳役刑为中心的刑罚体系奠定了基础。

汉初仍沿袭秦代刑罚制度。汉文帝时，以"缇萦上书"为契机，汉文帝意识到肉刑之惩罚性大于教育性，因而易其制，改革刑制：废除肉刑，当完者，完为城旦舂；当黥者，髡钳为城旦舂；当劓者，笞三百；当斩左趾者，笞五百；当斩右趾者，弃市，使墨、劓、刖刑退出历史舞台，统由笞刑替代。这次改革，基本确立以劳役刑为中心，由五种刑罚等级组成的刑罚体系。但是，这次改革也存在着很大的局限性，原因在于废除肉刑后，代之以身体刑、生命刑为内容的笞刑。犯罪者虽被免除残肢割肤之苦，但是代替劓刑的笞三百，代替斩左趾的笞五百，常常在执行中将人活活打死，或是重伤致残。后来经汉景帝两次减少笞数，而且规定刑具规格、受刑部位及规定施刑中途不得换行刑人，使刑制改革为封建制五刑的确立奠定了基础。

魏时，总结刑罚体系前期改革的成果，对零乱的刑罚体系重新系统化，建立完全不同于原来五刑的刑罚体系，法定刑为死、髡、完、作、赎、罚金、杂抵罪七种，其中，髡、完作为劳役刑，而汉代的宫刑、斩右趾刑不再是法定刑。《晋律》在曹魏刑制基础上，将劳役刑完、作、髡合并为髡，法定刑为死、髡、赎、杂抵和罚金五种。《北魏律》定刑为死、流、宫、徒、鞭、杖六种。西魏《大律》则进一步将刑制简化为杖、鞭、徒、流、死5种共25等，首创徒刑和流刑，对封建制五刑的确立具有里程碑的意义。《北齐律》在此基础上，确立死、流、徒、鞭、杖五刑，初具封建制五刑的雏形。原刑制改革中未废止的宫刑，在西魏、北齐时将应宫者没入官府为奴，明令废除宫刑。《开皇律》在《北齐律》刑制基础上，形成死、流、徒、杖、笞封建制五刑。死刑分绞、斩二等；流分一千里、一千五百里、二千里三等；徒为五等，即徒一年至三年，每半年为一等。《开皇律》的五刑制度，标志着封建制五刑的基本定型。

（四）中晚期封建制刑罚

唐律正式确定笞、杖、徒、流、死封建制五刑，其中，笞刑分五等，从笞十至五十；杖刑分五等，从杖六十到一百；徒刑分为五等，从徒一年至三年；流刑分三等，从流二千里到三千里，服役同为一年；死刑分设绞、斩二等。《贞观律》增设加役流，作为死刑的减等刑，即流三千里，并服役三年。自此后，历代封建王朝均以此为刑罚体系的主干。宋代沿袭唐代五刑，但在执行时予以变更，立折杖法。将三等流刑加之加役流共四等，加役流处脊杖二十，就地配役三年。其他三流分处脊杖二十、十八、十七，配役一年；徒刑五等，折臀杖二十至十三，杖后释放；笞刑五等折臀杖十、八、七，杖后释放。折杖法使"流罪得免远徙，徒罪得免役年，笞杖得减决数"①。同时，这也与宋初管辖范围有限，远流不能有效实施有关。除折杖法之外，宋设刺配之法，对犯人行刺面、配流，并施于脊杖，最初系免死的代用刑，后成为常用刑，这是肉刑的复活。宋仁宗时，因荆湖地区将小儿妇女生剔眼目、截取耳鼻、沃以沸汤的残忍方式祭鬼，仁宗怒而下诏："有首谋若加功者，处以凌迟刑。"凌迟这种对人犯"千刀万剐"的残酷刑罚遂成为独立适用的死刑执行方式，标志着刑罚威胁主义的加强。

元代的刑罚体系带有浓厚的蒙古民族习俗，在刑罚体系上基本沿用封建制五刑，并形成具有鲜明蒙古特色的"折杖法"，对窃盗、强盗人犯刺臂或刺项。凌迟也成为常用刑，还在五刑之外，设黥、劓、抽筋、剥皮等肉刑，刑罚体系打破了规范的五刑体制，显得较为零乱。部分刑罚只适用于汉人、南人，例如汉人犯窃盗后要刺字，而刺字不适用于蒙古人、色目人。明朝建立后，五刑仍沿用，但在重典治国思想的指导下，诸如枭首、剥皮、断脊等残酷的法外刑被大量采用，并创充军刑，充军分极边、烟瘴、边远、边卫、沿海、附近六种，有终身和永远两类。另外，有耻辱刑枷号，还有皇帝宣泄淫威的廷杖。清代承五刑刑制，并创发遣刑，清初仍沿充军之名，后遂以附近、近边、边远、极边、烟瘴为五军，保留终身，废除永远类别，并创介于流、徒之间的迁徙刑，仍保留刺字的刑罚方式。

（五）近现代刑罚体制

清末开启中国刑罚近代化的历程。《大清现行刑律》废除凌迟、枭首、戮尸、刺字等酷刑，建立罚金、徒、流、遣、死等五刑的新刑制。《大清新刑律》建立以近代刑罚体系为目标，构建完全不同于中国历代的刑罚体系。其近代化成分主要表现在：确立主刑和从刑的逻辑结构，从而体现刑名体系轻重张弛的态势。因此，《大清新刑律》吸收资产阶级刑罚体系，确立以自由刑为中心的新刑罚体系，刑罚由主刑、从刑构成。主刑为死刑、无期徒刑、有期徒刑、拘留、罚金；从刑为褫夺公权和没收。肉刑的废除与刑罚体系近代化标志着以自由刑为中心的刑罚体系的兴起，至此，中国刑罚体系发展到一个新阶段。

---

① 《文献通考》卷一百六十八。

中华民国建立以后，南京临时政府进一步使刑罚文明化，除承继主、从刑制度外，对答、杖、枷号改科罚金、拘留；北洋政府则恢复封建时期的发遣刑和笞刑；南京国民政府采取社会防卫主义，增设保安处分；革命根据地新民主主义的刑罚制度不完全一致，总体上仍采主刑和附加刑，主刑一般为死刑、有期徒刑、拘役，附加刑是褫夺公权、没收财产和罚金。

二、连坐、族刑

古代在刑罚上采取报应和恐吓原则，当以一人之身不足以折抵其罪过时，就扩大刑罚对象，由其他人对犯罪共同承担责任，从而使惩罚与危害结果基本相当。因此，行为的社会危害越严重，刑罚对象也就越广泛，由此而产生连坐责任和族刑。

连坐与族刑经常混同，这两个概念互相联系又彼此区别。连坐是指自己没有犯罪，但由于与罪犯有一定的身份关系因而承担罪责，它是指刑事责任而言。其原因是，具有一定身份关系的人，在法律上都有互相监督的义务。一人若犯重罪，与他互相监督的人也就要承担失职的责任，因此要科以刑罚。汉代《盐铁论》说："一室之中，父兄之际，若身体相属，一节动而知于心……父不教子，兄不正弟，舍是谁责乎？"① 这比较明确地反映了连坐是强迫人们负有相互监督的义务。

所谓族刑是指对负有连坐责任的人所处的刑罚，它是连坐责任的刑罚结果。族刑的基准刑是死刑，族刑是死刑执行范围的扩大化。首先，法，同韵为废，借为累。本义有"累"的意思，即"累其心"，也就是说增加行为人的心理负担。《史记》记载："民不能自治，故为法以禁之。相坐坐收，所以累其心，使重犯法，所从来远矣。如故便。"② 可见统治者是把族刑作为对犯罪者个人的重刑威吓来使用的。其次，族刑是为达到对犯罪者斩草除根的目的而使用的，它主要是为了灭绝犯罪者所留下的复仇隐患。《唐律疏议·名例》说："谋反、大逆，罪极诛夷，污其室宅，除恶务本。"《晋书·刑法志》载："至于谋反大逆，临时捕之，或污潴，或枭菹，夷其三族，不在律令，所以严绝恶迹也。"总之，连坐是一种刑事责任，族刑是因连坐的罪责而判处的刑罚。

（一）起源

连坐、族刑起源于奴隶制社会的"孥戮"之诛，当一人犯罪，不仅本人要处刑罚，而且其家族成员也一并处罚。《尚书·泰誓》载："今商王受，弗敬上天……罪人以族。"《尚书》说是"乃有不吉不迪，颠越不恭，暂遇奸宄，我乃劓殄灭之，无遗育"③，又说

---

① 《盐铁论·周秦》。
② 《史记·孝文本纪》。
③ 《尚书·盘庚》。

"用命，赏于祖；弗用命，戮于社，予则孥戮汝"①。颜师古在《匡谬正俗》卷二中有注："孥戮者，或以为奴，或以刑戮，无有所赦耳。"即将正犯处死，家属或处死，或罚为奴隶。可见，"孥戮"当为最早的连坐制度。

（二）族刑的范围

族刑一般分为三族、九族、十族三种。三族，指父族、母族和妻族。九族一般是父三族、母三族和妻三族。之后随着妻子的地位逐渐低下，应负的责任相应也小一些，因此变成父四族、母三族、妻二族。父四族是指父姓一族，父亲的姐妹为一族，女儿嫁人为一族，孙女嫁人又为一族；母三族指外祖父、外祖母为一族，姨为一族，舅为一族；妻二族是指妻父、妻母。九族以后发展为十族。第十族是门生。

族刑在西汉之前，范围一般是三族。隋、唐时基本是祖父三代。从魏晋南北朝到唐、宋期间，一般称九族，但实际处罚的仍然是三族，而且止于父亲。例如唐律对犯谋反大逆罪的，连坐范围是父姓这一系的祖父、父伯、叔、姐、妹、子、孙等，母族、妻族没有连坐责任。汉以前是父、母、妻、子。到魏晋时期，成为门房诛，以同居为标准划定。隋、唐以后，基本上是祖、父、己三代。明、清时代实行法外重刑，罪及九族，个别案例加上学生一门构成十族。

（三）历代连坐制度

1. 战国至秦的连坐责任

《法经》规定窥宫、盗符、盗玺、越城、群相居等罪适用连坐。秦国"初有三族之罪"。商鞅变法时在原制度基础上，建立系统的连坐制度。秦始皇时规定"以古非今，族"。连坐主要适用于谋反、以古非今、大逆不道等罪，连坐范围有籍家、同室（户）、三族等不同标准。其刑罚方式是：凡族刑连坐者，正犯处死（处断方式有枭首、弃市、腰斩、车裂等），妻子可"收孥"或"籍没"，即没为官奴。具体来说：

一是家属连坐。《汉书·孝文纪》应邵注："秦法，一人有罪，并其家室。"在连坐当中，处以最高刑罚就是夷三族。如商鞅变法中的"参夷之诛"，国家官吏有不行王法者，"罪死不赦，刑及三族"。这种刑及三族是要将负连坐责任的人都处以死刑，因此三族刑是连坐中最为严厉的刑罚。

二是邻伍连坐，是将居民按什伍编排，"令民为什伍，而相牧司连坐"②。相牧司，即互相检举。

三是军伍连坐。军伍连坐是把什伍连坐运用于军队。军队五人为伍，设伍长一人。十人为什，设什长一人。其连坐之法是伍人连坐，战争中"一人逃而到其四人"。

---

① 《尚书·甘誓》。
② 《史记·商君列传》。

四是职务连坐。职务连坐是在官吏中所实行的连坐之法，分为知情连坐和不知情连坐两种。知情连坐，是一种监督责任，适用于同级官吏或者下级官吏对上级官吏。《商君书·赏刑》说如果"守法守职之吏有不行王法者，罪死不赦，刑及三族"。秦《效律》载："尉计及尉官吏节（即）有劾，其令、丞坐之，如它官然。"《睡虎地秦墓竹简》《为吏之道》有举吏不善的规定。这些规定看起来似乎是鼓励告奸，但是它又反映知情不举就要连坐。不知情连坐是一种保举责任，适用于上级官吏对下级官吏。《史记》载："秦之法，任人而所任不善者，各以其罪罪之。"[①] 在这种情况下，上级长官不论对其所任用者的犯罪行为是否知情，都要负连坐责任。

总之，由商鞅所完善的族刑连坐制度，已经相当严密完备。进入封建时代，奴隶制的"族诛"开始为封建制的族刑、连坐所取代。

2. 两汉的族刑连坐

汉代的族刑几经废立，高祖入咸阳时，与父老约法三章，余悉一概废除秦法，这也包括废除秦代的三族刑。但后来在建构汉代法律体系时，仍然存大辟之刑，尚有夷三族之令，吕后诛杀功臣彭越、韩信时都实行三族刑。文帝即位时，下令除"诸相坐律令"，但是族刑仍然作为最为严厉的刑罚常被使用。以后对于恶逆、不道、大不敬等罪仍然适用三族刑，罪犯本人腰斩，妻子、儿女弃市。

汉代的亲属、邻里之间实行连坐，连坐制度中最有特点的是官吏连坐。武帝时期制定"见知故纵之法"，它是各级官吏相互监督而产生的连坐责任。见知而故不举劾，各与同罪，失不举劾，各以赎论，若不见不知，不坐也。看见或知道别人犯罪而不告发者，与犯者同罪。

3. 魏晋南北朝时期族刑、连坐制度的改革

魏晋南北朝时期，族刑连坐从严密趋向宽松，北齐的门房之诛也设而不用，连坐制度渐趋完备，行为人法律责任减轻。魏晋时期对妇女从坐进行限制，改妇女从坐之制。其表现在四个方面：

其一是缘坐从连坐中分离。连坐专指邻里、官吏之间的相互监督责任；缘坐是亲属之间因亲属关系而处以刑罚，一般以知情不举为限。

其二是妇女缘坐只从一宗，即父宗或夫宗。魏晋以前，妇女缘坐父宗和夫宗二宗，即父母有罪，追及已出嫁之女，若夫党犯重罪，妇女又有随行之戮，一人之身，内外受株连。西晋时将妇女出嫁与否作为女子连坐的依据，规定"除谋反适养母出女嫁皆不复还坐父母弃市"。妇女连坐只从一宗，在家从父母，出嫁从丈夫。

其三是亲属缘坐中，限制死刑范围。魏晋南北朝之前，连坐范围的亲属，无分老幼，

---

① 《史记·范睢蔡泽列传》。

一律连坐。至南朝时，梁武帝下诏："刑法悼耄，罪不收孥……老幼流离，良亦可愍。"规定重罪时，老幼可以不连坐。虽然所谓"老幼"的限定，伸缩性很大，但毕竟突破了连坐不分老幼的规定。

其四是减轻缘坐的刑罚。秦时亲属连坐，一律满门诛杀。"以古非今者，族。"汉代族刑连坐分为两种情况：其一，汉代大逆无道罪，犯者腰斩，父母妻子同产无少长皆市；其二，本人处死，妻子儿女外迁。直到北魏初期仍然如此，"犯大逆者，亲族男女无少长皆斩"。北魏太武帝时期规定："大逆不道腰斩，诛其同籍，年十四已下腐刑，女子没县官。"① 自此以后，族刑缘坐的刑罚改为成年男子处死，妇女和幼子没为官奴婢。

4. 唐、宋、明、清的族刑连坐

唐、宋和明、清的族刑连坐，从轻缓重新趋于严酷。唐时连坐范围缩小，刑罚减轻；宋、元连坐范围逐渐扩大，刑罚加重；明、清时期，连坐范围进一步扩大，刑罚严酷。它的变化表现为：

唐代连坐所涉罪名，是政治犯罪中的严重犯罪。连坐分为二等：一为本人斩，父子年十六以上皆绞；伯叔父、兄弟之子皆流三千里；女性成员、未成年男子并没官。二为本人斩，父子、母女、妻、妾流三千里。唐律规定："诸谋反及大逆者，皆斩；父子年十六以上皆绞，十五以下及母女、妻妾、祖孙、兄弟、姊妹若部曲、资财、田宅并没官。男夫年八十及笃疾、妇人年六十及废疾者，并免。伯叔父、兄弟之子皆流三千里，不限籍之同异。即虽谋反，词理不能动众，威力不足率人者，亦皆斩；父子、母女、妻妾并流三千里，资财不在没限。其谋大逆者，绞。"②

宋、元时期连坐适用的罪名，继受唐律规定，适用的罪名仍是谋反、谋叛、不道等罪，北宋又将强劫、贼盗、杀害官吏、烧人房屋等纳入连坐处罚的范围，刑罚方式也渐趋残酷。北宋中期开始使用凌迟，正犯本人依不同犯罪处以绞或斩或凌迟，株连人员或处死，或流、刺配、交军伍编管，家财没官。《元史·刑法志》载："诸谋反已有反状，为首及同情者陵迟处死，为从者处死，知情不首者减为从一等流远，并没入其家。其相须连坐者，各以其罪罪之。"

明、清时期亲属缘坐制度在范围上逐渐扩大，刑罚进一步加重。在适用范围上虽然仍集中于谋反、谋叛、大逆和一部分官吏犯罪，但由于罪名本身外延的扩大，因此适用范围也相应扩大，后又扩大到奸党、反狱、邪教等罪。对上书言大臣德政、交接内侍官员按奸党罪均处以重刑，株连家属。《大清律例》的规定也近似明律。就连坐的范围而言，律文规定虽同隋唐，但在实际实施中并非限于三族，正犯本人依不同犯罪处缘坐的亲属是祖、

---

① 《魏书·刑罚志》。
② 《唐律疏议·盗贼》。

父、己、子、孙五代，比唐、宋增加两世，还有株连九族的，甚至有株连十族的。

对于刑罚方式，增加刑罚的残酷性。适用刑罚是本人凌迟，祖父子孙，叔伯父，从兄弟十六岁以上一律斩，妇女给付功臣为家奴，财产入官。"凡谋反及大逆，但共谋者，不分首从，皆凌迟处死。祖父、父、子孙、兄弟及同居之人，不分异姓，及伯叔父、兄弟之子，不限籍之同异，年十六以上，不论笃疾、废疾，皆斩。其十五以下，及母女、妻妾、姊妹，若子之妻妾，给付功臣之家为奴。"① 废除唐律所规定的限制条件，行为人无论年老年幼，残疾与否，一律连坐。《大明律·刑律·贼盗》规定："凡谋叛，但共谋者，不分首从，皆斩，妻妾、子女给付功臣之家为奴，财产并入官。父母、祖、孙、兄弟，不限籍之同异，皆流二千里安置。"罪犯本人凌迟或斩，受株连亲属或斩，或给付功臣之家为奴，财产入官。但在清代中叶后，更加重刑罚的残酷性，并采取一些肉刑方法。清律还规定，犯罪人 7 岁以上，16 岁以下的，处宫刑。清嘉庆六年（1801 年）规定对谋反、大逆的罪犯，对凌迟处死的正犯子孙增施"阉割"；嘉庆二年（1797 年）对反逆缘坐的亲属"俱发往黑龙江给索伦达呼尔为奴"；道光年间（1821—1850 年）针对新疆少数民族的反抗，对年满 13 岁幼男施刺面之刑。

什伍连坐发展为保甲制度。魏晋到唐期间，什伍连坐限于"知情不举"。宋代开始，将王安石时"青苗法"中的财产担保制度，与什伍连坐结合，发展为保甲制度。这样五家相互监督变成十家担保，而且保甲连坐的责任是一种监督责任，而不是检举责任。保甲范围内只要发生犯罪，无论知情不知情都要连坐。

官吏连坐责任加重，表现为三个方面：第一，一部分以官吏为行为主体的犯罪列入重罪，适用族刑，例如"贪赃罪"。第二，官吏和官吏之间连坐责任加重，对于上下级之间的保举责任，分为过失和故意。第三，文武官之间，同级官吏之间有监督的责任，过失构成连坐责任。而对于故意的，则实行奸党之法，知其犯法不举的以奸党论。

（四）族刑、连坐的废除

清末沈家本主持修改刑律，提出删除重法。1905 年，光绪宣布："缘坐各条，除知情外，余悉宽免。"从此族刑连坐被废止。

三、社会防卫性措施

（一）圜土之制

奴隶制时期以特别预防为目的而设置的，针对有一定社会危险性的人而采取的社会防卫性措施。其带有一定的人身强制性，以矫正犯罪情节显著轻微、不至于适用五刑的行为人。周代设有圜土之制。《周礼》载："以圜土聚教罢民，凡害人者，寘之圜土而施职事

---

① 《大明律·刑律》。

焉，以明刑耻之。其能改者，反于中国，不齿三年，其不能改而出圜土者，杀。"①

1. 适用范围

即"罢民"，是罢民者，谓恶人不从化，为百姓所患苦的违法分子，而又未纳入五刑调整的范围。主要针对的是过失害人的行为，像抽拔兵器，误以伤人类。其犯罪行为比入五刑为轻，比坐嘉石为重。

2. 措施和期限

圜土之制将违法的行为人囚之圜土，强制服劳役。圜土系关押并强迫劳役的场所，即将违法的行为人囚之圜土，强迫劳动，并将其罪恶书于大方版，著其背。《周礼·秋官·司圜》载："凡害人者，弗使寇饰而加明刑焉，任之以事而收教之。能改者，上罪三年而舍，中罪二年而舍，下罪一年而舍……凡圜土之刑人也不亏体，其罚人也不亏财。"根据行为的社会危害程度大小，分为上罪、中罪、下罪。入圜土的期限分别为三年、二年、一年。

3. 法律后果

若能改正者，还于乡里，但三年不得以年次列于平民，低人一等。如果未能改过逃出圜土者，杀。可见"圜土之制"是针对较轻微的犯罪行为而采取的矫正措施，是限制行为人的行为自由，并强制服劳役的制度。

（二）嘉石之制

嘉石是文石，是有文理的大石，立于外朝门左。嘉石之制是将行为人坐于嘉石之上，让其悔过，并服一定期限的劳役，是一种对轻微犯罪的行为人所采取的一种社会矫正措施。《周礼·秋官·大司寇》载："以嘉石平罢民，凡万民之有罪过而未丽于法，而害于州里者，桎梏而坐诸嘉石，役诸司空。重罪旬有三日坐，期役；其次九日坐，九月役；其次七日坐，七月役；其次五日坐，五日役；其下罪三日坐，三月役。"史称"嘉石之制"。

1. 适用范围

对于轻于入圜土的轻微犯罪人，如语言无忌、侮慢老人之类的行为人。

2. 措施和期限

将行为人戴上束缚手脚的刑具，坐于嘉石之上，让其悔过，坐满一定时日后，交由司空监督服劳役。根据行为的社会危害程度大小，坐一定时日的嘉石和服一定期限的劳役。期限根据行为的严重程度而定，行为最严重者坐嘉石 18 日，服劳役 1 年；行为严重者坐嘉石 9 日，服 9 月劳役；行为轻微者坐嘉石 7 日，服 7 月劳役；行为较轻者坐嘉石 5 日，服 5 月劳役；行为最为轻微者坐嘉石 3 日，服 3 月劳役。"嘉石"之制是示众与劳役相结

---

① 《周礼·秋官·大司寇》。

合的非刑罚强制方法。

（三）保安处分

南京国民政府 1935 年刑法，采纳西方各国保护社会、预防犯罪的刑法规定，设保安处分专章，规定对于具有不良瘾癖、懒惰成习或者有智力障碍情形之人，实行保安处分。保安处分种类有 7 种：一是感化教育处分，适用于有违法犯罪行为，但未满 14 岁而依法不给予刑事处罚，以及未满 18 岁而减轻处罚者。二是监护处分，适用于无行为能力的精神病人，或因精神病被减轻刑罚者。三是禁戒处分，适用于"犯吸食鸦片或施打吗啡或使用高根、海洛因或其化合质料之罪者"和"因酗酒而犯罪者"。四是强制工作处分。其适用对象是"有犯罪之习惯，或以犯罪为常业，或因游荡或懒惰成习而犯罪者"。五是强制治疗处分，适用于有犯传染花柳病、麻风病的人。六是保护管束。其适用对象是被宣告处以感化教育处分、监护处分、禁戒处分、强制工作处分的，在实行这些处分之前，可根据情形对这些处分对象施以保护管束，替代宣告的处分。七是驱逐出境处分，其适用对象为被判处有期徒刑以上的外国人，在刑罚执行完毕或赦免后，可以驱逐出境。

四、代刑

代刑是指本人犯罪本应执行刑罚，但由犯人亲属代为接受刑罚的刑罚执行变通措施。代刑在法律上一般没有规定，但由于统治者对伦常孝悌的表彰，在司法实践中却不乏其例，著名的缇萦救父故事就缘于缇萦请求没为官奴以代替父亲受刑。对于代刑，法律有时也明确允许，如汉明帝时诏徙边者，父母、同产欲相代者，恣听之①。

由于没有明确的法律规定，对于亲属请求代刑的司法处理通常是临事议制，因此亲属请求代刑的结果往往是不确定的，但大体上都是加以赦免或减轻。汉永初中尚书陈忠上言"母子兄弟相代死，听，赦所代者"，从之。② 北魏时长孙真误伤其妻至死，被判死刑，其子长孙虑请求代刑，孝文帝恕真死罪，减为远流。明景泰时阳谷县主簿马彦斌犯斩罪，其子震请求代死，马彦斌被特宥，编马震充边卫军。③

代刑是刑罚执行的一种变通，缘于受刑人亲属的申请。但明宪宗时规定凡民 80 岁以上及笃疾有犯应永戍者，以其子孙发遣，则代刑又成了子孙的一种义务。

第九节　罪名及其归类

罪名是法律所规定的犯罪名称，是对犯罪行为本质特征的高度概括，表现为犯罪行为

① 《后汉书·明帝纪》。
② 《后汉书·陈宠传》。
③ 余继登：《典故纪闻》卷十二。

的要素，以及刑法所调整的社会关系。它是在罪状基础上的抽象化，是简化、概括、抽象后的罪状，反映出立法者的概括和抽象能力以及对社会危害行为进行类型化的能力。

一、起源

罪名的出现，是调整社会关系的强制性规范发展到一定阶段的产物，是具体规范经抽象后形成的。由于人类出现的最早规则是性规则，因此，在中国最早的罪名就是奸，专门用于调整两性关系。但随着社会交往的增多，人们对物质生活条件的追求欲望增加，又出现侵犯及毁损财物的行为，而这种行为尚未创建新的规则体系加以规定，即借用原有的"奸"罪，将侵犯财产的行为也定性为"奸人"，加以处罚。《尚书·费誓》载："无敢寇攘，窬垣墙，窃马牛，诱臣妾，汝则有常刑！"其中的攘，系指偷窃，郑玄说："因其来而取之曰攘。"朱熹注《论语》曰：有因而盗曰攘。《吕刑》亦有"鸱义奸宄，夺攘矫虔"的罪名。攘就是野餐，引申为粮食，夺攘就是强取粮食。《左传·成公十七年》说："乱在外为奸，在内为轨。御奸以德，御轨以刑。"奸是指外族人对本族人的侵犯，轨（宄）是指本族人对本族人的侵害。《汉书·胡建传》说："黄帝李法曰：'壁垒已定，穿窬不由路，是谓奸人，奸人者杀。'"颜师古曰："李者，法官之号也……其书曰李法。"意即黄帝时狱官皋陶所制法律。"壁垒已定"是指私有财产的名分已经确定。穿窬的人不由大道行走，即是奸①。胡建以监御史求贾利、私买卖以与士市的行为，已经构成奸将监御史处死。监御史求贾利、私买卖的行为与胡建引《黄帝李法》的所定罪名，可清楚看出求财行为和"奸"的联系，可证"奸"最早也涵盖财产性犯罪。说明直至西周中期（周穆王时期），先民们尚没有对侵犯财产的盗窃行为有实质上的抽象，没有用"盗"来概括侵犯财产的行为。因为此时的语言、文字尚不发达，将这种危害社会的行为也包括在"奸"中，致使"奸"的含义很宽泛，将盗窃这类侵犯财产的行为，用"奸""攘"表述。奸还泛指危害社会的行为，正如《广雅·释诂》载："奸宄，盗窃也。"西周恭王时期的《曶鼎铭》载有："昔馑岁，匡众、厥臣廿夫寇曶禾十秭"，把盗窃禾的行为用"寇"表示，说明西周早期对盗窃行为还未使用"盗"字罪名。直至周厉王时期，可信的文献始有"盗"，但使用频率不高。《诗经·桑柔》载："民之未戾，职盗为寇"，这里的"盗"是讽刺厉王对百姓的盘剥。稍晚的《巧言》是讽刺幽王的，其中有"君子信盗，乱是用暴。盗言孔甘，乱是用餤"。意为君子相信谗贼，祸乱愈加暴烈，谗言使祸乱更多。这其中的"盗"，是指谗言、巧言，也有逐利、坏人、小人的意思。据《史记·周本纪》载：周幽王曾任用虢石父，而此人是佞巧、善谀、好利之徒，重用虢石父就是"君子信盗"。此阶段的"盗"，含义很宽，泛指的是坏人，并能与奸宄互训。从上述来看，此时的罪名还停留在叙述罪状

---

① 参见宁汉林、魏克家：《中国刑法简史》，中国检察出版社1997年版，第60页。

阶段，外延极大，是简单的单字罪名。

二、奴隶制时期罪名及归类方式

随着集权制国家的产生，亲属血缘关系在政治生活中的重要地位受到特别关注，初步概括原有零散的单字罪名。因此，就有夏刑三千条，罪莫大于不孝的认识，"不孝"罪是最严重的犯罪，同时，它以刑名统属罪名，对罪名进行初步归类，"大辟二百，膑辟三百，宫辟五百，劓、墨各千"①。同时它也是罪名体系的核心，采取以刑统罪的方式。夏已有一些较为概括的罪名，如"昏、墨、贼，杀"。"已恶而掠美为昏，贪以败官为墨，杀人不忌为贼。"② 法律已开始将危害统治的行为概括为具体的罪名。还有惩罚不用命的军法："弗用命戮于社，予则孥戮汝。"③ 商汤时，继受夏代的刑名体系，所谓"殷因于夏礼，所损益，可知也。周因于殷礼，所损益，可知也"④。商汤在夏的基础之上，"商有乱政，而作汤刑"。《礼记·王制》记载："析言破律，乱名改作，执左道以乱政，杀；作淫声、异服、奇技、奇器以疑众，杀；行伪而坚，言伪而辩，学而非博，顺非而泽以疑众，杀；假于鬼神、时日、卜筮以疑众，杀。"虽然这段史料出自汉代，所载罪名的客观性值得探究，但对于商代罪名的描述，还是有一定的依据的。商有"不从誓"罪，即不听从王命的行为，"尔不从誓言，予则孥戮汝，罔有攸赦"⑤。这说明商代已经对罪名作了初步的分类，比简单的单字罪名有所进步。

西周继承夏、商礼，创建完备的宗法制体系，并建立较系统的罪名体系。一是危害宗法的政治、伦理性犯罪，有"不孝不友"罪，《尚书·康诰》："元恶大憝，矧惟不孝不友"。有"弑君"罪，"放弑其君则残之"⑥，"杀王之亲者，辜之"⑦。严惩危害君父的行为。对于违反王命的行为，"乃有不用我降尔命，我乃其大罚殛之"⑧。还有宗法制国家之间政治盟誓，是具有很强约束力的政治性规范。"违背盟誓"罪，是严重犯罪，其后果是"告而诛之"。二是扰乱社会秩序的犯罪。有"杀越人于货"罪，对抢劫财物、杀害人命的刑事犯罪，严刑打击；有"无敢寇攘，逾垣墙，窃马牛，诱臣妾"⑨ 的犯罪；还有"群饮"罪，《尚书·酒诰》记载："群饮，汝勿佚，尽执拘以归于周，予其杀。"三是法律加

---

① 《周礼·秋官·司刑》郑氏注。
② 《左传·昭公十四年》。
③ 《尚书·甘誓》。
④ 《论语·为政》。
⑤ 《尚书·汤誓》。
⑥ 《周礼·夏官·司马》。
⑦ 《周礼·秋官·掌戮》。
⑧ 《尚书·多方》。
⑨ 《尚书·费誓》。

强对社会关系的调控，出现妨害社会管理秩序的罪名，如"失农时罪"。"仲秋之月……乃劝种麦，毋或失时，其有失时，行罪无疑。"① 四是随着公共权力的逐渐强化，加强官员责任，出现官员渎职类的罪名，如《尚书·吕刑》的五过之疵："惟官、惟反、惟内、惟货、惟来。" 从这些罪名的特征可以看出，此时期的罪名还停留在对具体行为的自然外观描述上，不具有罪名的简化、概括、抽象特点，政治性犯罪与其他危害社会的犯罪，在罪名上还结合在一起，更没有对罪名进行类型化。

三、早期封建时期罪名体系及归类方式

春秋时期的公布成文法运动，虽是将已有的习惯法公布，但在公布成文法的运动中，不免要对习惯法进行归纳和整理，故而客观上推动罪名体系的逻辑化和类型化，促进立法技术和水平的逐渐进步。至战国时李悝，"撰次诸国法，著《法经》。以为王者之政，莫急于盗贼，故其律始于盗贼。盗贼须劾捕，故著网捕二篇。其轻狡、越城、博戏、借假不廉、淫侈、逾制以为杂律一篇，又以具律具其加减"②。其中盗包括政治性和财产性犯罪，贼是侵害人身的犯罪，囚法、捕法是关于劾捕罪犯方面的规定，杂法规定其他五篇未纳入的一些罪，以六禁为主要内容，首开罪名类型化之先河。罪名的类型化，一方面是立法者抽象、概括能力的提高，另一方面则是从自然外观描述为特征的罪状，抽象、概括成反映犯罪行为本质特征的罪名。《法经》的罪名分类方法，一是改变此前以刑统罪的罪名体系，吸收礼制复杂罪名的分类原则和罪名的抽象方法；二是首创以犯罪行为的自然外观为特征分类；三是将政治性犯罪与普通刑事犯罪在罪名上掺糅在一起；四是将程序性的规定纳入刑事实体法的范围。此后历代封建王朝的罪名体系大体按此框架和路径发展。

秦代罪名繁多，法网严密，未有科学分类，既承接《法经》六篇之罪，又通过单行立法规定大量新罪。其罪名体系为：其一，以危害皇权的政治性犯罪为中心，其罪名有"谋反""以古非今罪""诅咒诽谤罪""违抗军令罪""非所宜言罪""不行君令罪"等，对任何侵害皇权的思想和行为均定罪严惩。其二，强化对社会的调控，对妨害社会管理秩序和扰乱社会秩序犯罪的行为，规定一系列的罪名，如侵犯财产的"盗罪"，侵犯人身权利的"贼杀人，贼伤人罪"，妨害管理秩序的"违令卖酒罪""逃避徭税罪"等。其三，加强官吏责任，规定一些渎职的罪名，像"犯令罪""废令罪"。其四，对妨害婚姻家庭的行为亦规定一些罪名，如"夫殴妻，妻私逃罪""擅杀子，子不孝，子女控告父母"等罪。罪名的分类抛弃《法经》的分类法，而是以简单的抽象为基础，以法律调整的不同社会关系为标准，用不同单行法规的调整对象为表现形式，如《行书律》《司空律》《关市

---

① 《礼记·月令》。
② 《晋书·刑法志》。

律》《田律》《仓律》《军爵律》《徭律》《置吏律》《捕盗律》《封诊式》等。

西汉创建之初，由于战略需要，废除秦法，在政权稳固后，创建法典和构建罪名体系时，直接承继《法经》的罪名体系，将类罪名作为法典的篇章结构，《九章律》的罪名类型化沿革《法经》六篇，增加户、兴、厩，确立有关户口、婚姻、兴造、牲畜管理方面的一些罪名，从而基本奠定了中国古代罪名的分类体系。在这个归类罪名之下，有诸多的具体罪名。其一是危害皇权的犯罪。如阿党附益罪，其中"阿党"是诸侯有罪，傅相不举劾，不报告皇帝的行为，而"附益"是中央朝臣外附诸侯，与诸侯结党；事国人过罪是诸侯王役使吏民，超过一定限度的行为；非正罪，是诸侯非嫡系正宗而继承爵位的行为；出界罪，是诸侯王擅自出其封国国界；漏泄省中语罪，是泄露朝廷机密事宜的行为。这些罪名都是为了巩固中央集权，防止地方势力的坐大。法律同时设定更多的罪名，诸如欺谩、诋毁、诬罔罪，非议诏书罪，怨望诽谤罪，左道，废格诏书罪，大不敬罪，阑入宫殿门罪等，严厉打击侵犯皇帝人格尊严、权威及人身安全的行为。其二是妨碍社会管理方面的罪名。如群饮酒罪，即三人以上无故群饮酒的行为；首匿罪，即首谋藏匿严重犯罪者的行为；通行饮食罪是资助群盗的行为。其三是强化官民的举劾犯罪的责任，将举劾犯罪视为强制的法律监督义务，对于知有人犯法不举告的是故纵，依律与犯罪者同罪，监临部主对所监临官吏的犯罪行为，要及时纠举，否则连坐。还有强化官吏镇压职能的罪名，对"群盗起不发觉，发觉而弗捕满品者，二千石以下至小吏主者皆死"[1]。

罪名体系发展到三国两晋南北朝时期，出现了一个重大变化，就是在法律儒家化进程中，一方面用封建伦理原则来论证罪名确立的合理性，引经注律得到长足发展，使罪名渐趋精确化；另一方面，将危害封建伦理的行为纳入罪名体系之中，并将其中的一些严重危害行为与危害君权行为并列，视为严重犯罪。其他的危害社会秩序的犯罪和侵犯人身财产的犯罪也逐渐发展规范。魏《新律》删约旧科，傍采汉律，保留《九章律》的盗、贼、捕、杂、户等五篇，增加刑名、劫略、诈律、毁亡、告劾、系讯、断狱、请赇、兴擅、留律、惊事、偿赃、免坐十三篇。在《汉律》基础上，增加篇目，依据犯罪手段的类别和犯罪性质，在原篇目中析出若干篇，这是罪名归类的一大突破性进展，说明罪名的确立及归类向精细化发展，使罪名趋于合理。《泰始律》在罪名归类上，参照《法经》，并继受《新律》的罪名归类成果，除保留《汉九章》的盗、贼、捕、户、杂、厩、兴七篇外，将囚律分告劾、系讯、断狱三篇，在原盗篇的内容中，增加一些罪名，进行重新归类，析出请赇、诈伪、水火、毁亡作为类罪，另外，加强对皇权的法律保护，增设卫宫、违制、诸侯三篇，也说明法律着重打击政治性犯罪，在罪名体系上，开始将政治性犯罪与其他犯罪分离。同时，法律加强对经济的调控，设关市一篇。这些罪名的归类，直接影响到后世中

---

[1]　《汉书·酷吏传》。

国的封建法典。

三国两晋南北朝时期，由于立法水平的提高，法典编纂技术的成熟，律学也摆脱经学的附庸，从单纯的以经注律，发展到在立法的同时，编纂律疏并行，形成系统的法律解释方法，使法律术语、法律原理、法律释义等逐渐走向成熟；对罪状的概括、抽象能力上升到一个新的高度，具备准确确定罪名的能力。其一，抽象出反映罪名本质特征的基本原理和原则，指导确定罪名和定罪量刑。如"知而犯之谓之故，意以为然谓之失，违忠欺上谓之谩，背信藏巧谓之诈，亏礼废节谓之不敬"等，较准确地解释 20 种罪名的内在含义，从而为罪名准确的概括罪状奠定理论基础，区分不同的罪过形态，将其结合到罪名中。其二，在罪状叙述造成理解困难，而且在总则的指导作用还十分有限的情况下，对相似和相近罪名，通过解释罪名辨析差异，加深对罪名的理解，有利于刑罚的适用。张斐晋律注中说："谋反之同伍，实不知情，当从刑。此故失之变也。卑与尊斗，皆为贼。斗之加兵刃水火中，不得为戏，戏之重也。向人室庐道径射，不得为过，失之禁也。都城人众中走马杀人，当为贼，贼之似也。过失似贼，戏似斗，斗而杀伤傍人，又似误，盗伤缚守似强盗，呵人取财似受赇，因辞所连似告劾，诸勿听理似故纵，持质似恐猲。如此之比，皆为无常之格也。"① 其三，对相似的罪名与罪状相似的罪，通过解释加以区分，使罪名的确定逐渐科学化。"律有事状相似而罪名相涉者，若加威势下手取财为强盗，不自知亡为缚守，将中有恶言为恐猲，不以罪名呵为呵人，以罪名呵为受赇，劫召其财为持质。此六者，以威势得财而名殊者也。即不求自与为受求，所监求而后取为盗赃，输入呵受为留难，敛人财物积藏于官为擅赋，加欧击之为戮辱。诸如此类，皆为以威势得财而罪相似者也。"② 此 6 种犯罪，因犯罪手段和工具不同，但都是以取得财物为目的，因而，以解释不同工具、不同手段的特点，得以区分不同罪名。由此，后世在罪名上少有新的突破和方法论，对罪状的概括和抽象停留在将犯罪的主客观方面、犯罪行为和犯罪结果相结合，以描述犯罪的自然外观特征为罪名确定方式，对相近、相似的罪名难以区分时，则以法律解释的方法区分不同的犯罪及刑事责任，这种罪名确定和适用模式，一直沿用至清末。

四、封建时期中后期罪名体系及归类方式

在前期立法技术水平大幅度提高，律学独立发展到一定程度的情况下，隋唐的罪名确立及归类达到封建法典的最高水平，被后代所师承。

隋《开皇律》主要依据法律所调整的社会关系，以法典篇目为罪名体系，设卫禁、职制、户婚、厩库、擅兴、贼盗、斗讼、诈伪、杂律、捕亡、断狱十一篇，将具体罪名根据

① 《晋书·刑法志》。
② 《晋书·刑法志》。

犯罪所侵害的社会关系性质分成十一类罪，从而使封建法典的具体罪名和罪名归类定型化，后朝只是沿此类型化模式进行罪名归类的适当调整。

《唐律》在罪名确立及归类上，表现在三个方面：一是继承前期的立法成果，仍以法典篇目为罪名体系纲要，设卫禁、职制、户婚、厩库、擅兴、贼盗、斗讼、诈伪、杂律、捕亡、断狱十一篇，从而使封建法典的具体罪名和罪名归类定型化。二是以行为的危害程度为标准，将严重危害统治皇权和统治秩序的犯罪，在名例篇中规定为重罪，对其犯罪构成和法律责任采取特殊的处理，诸如十恶、六赃、谋故杀人之类，政治性犯罪在篇中更集中，其与普通犯罪的篇章区别更加明显。三是继承秦汉以来的罪名归类成果，在具体罪名上，根据危害行为和侵害的犯罪对象，将犯罪的主观方面与客观方面相结合，犯罪主体与犯罪对象相结合，罪状叙述以犯罪行为的自然外观特征为核心，形成独具特色的罪名制度。如"七杀"罪，即七种杀人罪，根据罪过形式和行为表现方式，将杀人罪分为"谋杀、故杀、劫杀、斗杀、误杀、戏杀、过失杀"。对于涉及财产利益的犯罪，根据不同的犯罪主体，收受财物的性质和手段，分为"六赃"：受所监临、强盗、窃盗、受财枉法、受财不枉法、坐赃。唐律在官员犯罪上，依据行为人的犯罪动机和主观内容，将犯罪分为公罪和私罪，公罪与私罪的犯罪归类亦为后世所继承。

唐律以对罪名的界定以及罪名归类的体系及方法，后来的封建法典都没有超越，仅在此基础上有些细微变化。宋代的罪名及归类方法上沿唐，没有大的变化，但有独特之处，其一是《刑统》条文后附敕文，修正罪名的内容和刑罚；其二是立专门法，加重对盗贼等特殊犯罪和特定地点犯罪的刑罚。元代基本同宋，不过体现出浓厚的民族压迫色彩，即有些罪名的适用对象，因民族不同而适用有别。如蒙古人与汉人争殴，汉人不能还手，否则严惩，杀人者抵命不适用蒙古人杀回教徒、汉人等。

至明代，皇权专制强化在法律上的表现，是为了防止臣下结党，创设"奸党"罪，归类到职制篇中，使官员的职掌与重罪紧密结合，并将其纳入重罪范畴。"若犯罪，律该处死，其大臣小官巧言谏免，暗邀人心者，亦斩"，"若在朝官员交结朋党，紊乱朝政者，皆斩。妻子为奴，财产入官"，"若刑部及大小衙门官吏不执法律，听从上司主使出入人罪者，罪亦如之"①。禁止内臣干预朝政，"内臣不得干预政事，犯者斩"。该罪名呈现高度的概括性，罪状叙述极其原则，具有极大的适用弹性。从立法技术上看，显而易见与前期的罪名准确化趋势相悖，究其原因，不过是皇权专制达到极端之后，为打击危害皇权的行为所预留的法律空间。

清代的罪名体系基本承明朝，并无大的改变，但根据情况变化，将一些罪名，重新归类，将其纳入重罪之中。如"上书奏事犯讳者"按大逆律治罪；奸党罪在明朝基础上进一

---

① 《大明律·吏律》。

步扩大适用范围，对内外官交结等纳入奸党罪，严惩危害封建专制集权的行为。

五、近现代罪名体系

随着中国近代刑法典《大清新刑律》的颁布，传统的罪名及归类方式被废弃。刑律全面吸收近代西方的刑法理论，按犯罪行为所侵害的社会关系进行分类，罪名要摆脱所有犯罪要件综合体的传统模式，罪名只是罪状的高度概括，罪名成为犯罪构成的特殊要件，犯罪的成立还需要综合刑法总则规定的普遍要件，罪名的确立和类罪的划分进入一个全新阶段。

《大清新刑律》的正文在体例上分为总则、分则两部分，采用与古代法典完全不同的全新体例，具有近代刑法典的特征。第一编为总则，共 17 章，在总则之后设立分则，分则规定各种犯罪成立之要件，行为符合总则所规定普通要件之后，才能构成犯罪。分则共 36 章，包括的罪名分别是：侵犯帝室罪、内乱罪、外患罪、妨害国交罪、漏泄机务罪、渎职罪、妨害公务罪、妨害选举罪、骚扰罪、逮捕监禁脱逃罪、藏匿罪人及湮灭证据罪、伪证及诬告罪、放火决水及妨害水利罪、危险物罪、妨害交通罪、妨害秩序罪、伪造货币罪、伪造文书印信罪、伪造度量衡罪、亵渎祀典及发掘坟墓罪、鸦片烟罪、赌博罪、奸非及重婚罪、妨害饮料水罪、妨害卫生罪、杀伤罪、堕胎罪、遗弃罪、私擅逮捕监禁罪、略诱及和诱罪、妨害安全信用名誉及秘密罪、窃盗及强盗罪、诈欺取财罪、侵占罪、赃物罪、毁弃破坏罪。从篇章结构上，可明显看出，《大清新刑律》采用近代刑法理论，借鉴西方近代刑法，在罪名确立和归类上，一是否定传统的罪名归类方式，完全以犯罪所侵害的法益为归类标准；二是罪名只是犯罪客观方面的高度概括，摒弃罪名中犯罪主观方面的内容；三是改变罪名是对犯罪行为自然外观描述的特点，罪名为罪状的高度概括。这种罪名的确定和归类原理，一直被中国近、现代刑法典所采用。

第十节 自 首

一、起源

自首是犯罪未被发现，犯罪人向有关机关投案，并如实交代自己的犯罪行为。法律对认定为自首的行为人减轻或免除刑罚。自首制度最早见于《尚书·康诰》："既道极厥辜，时乃不可杀"，即包含有自首之意。秦律称自动投案、坦白罪行的人为"自出""自告"，《睡虎地秦墓竹简·法律答问》规定："隶臣妾系城旦舂，去亡，已奔，未论而自出，当答五十。"汉代称为"自告"。《汉书·衡山王传》说："先自告除其罪。"魏时称"自首"。此时的自首制度仍不系统和完善。直至唐朝，自首制度发展成完备形态，被后世法律所继承。

二、立法原理

自首的立法原理，一是充分考虑到犯罪人的主观悔意；二是着重自首行为对平复社会的作用，成立自首，要以能平复社会的损害、恢复犯罪侵害前的状态为主要构成要素。

三、构成条件

《唐律疏议·名例》规定："诸犯罪未发而自首者，原其罪。"因此犯罪必须是未发觉而向官府自首。根据《唐律疏议》的解释："过而不改，斯成过矣。今能改过，来首其罪，皆合得原。若有文牒言告，官司判令三审，牒虽未入曹局，即是其事已彰，虽欲自新，不得成首。"根据唐律规定，自首的构成条件：其一就是犯罪事实未发觉，犯罪人也未被发现，若其事已彰，则不构成自首。其二，犯罪人到官府归案，并主动交待自己的罪行。其三，对于能恢复原状态的，原物未损坏的犯罪，可构成自首，若不可偿备、不能恢复原状的则不成立。如盗宝印、符节、制书、官文书等，原物未损坏才可能构成自首。其四，涉及赃款、赃物的，还必须全部退赃，所谓"正赃犹征如法"。其五，对于不可能恢复原状态的犯罪，不能构成自首。如私度关、越度、奸良人者，自首不原，并私习天文者，并不在自首之列。其六，遣人代首和为首者，犯罪人必须归案，否则不认为是自首。其七，犯罪人在事发后逃亡的不构成自首。《唐律疏议》释为"假有盗罪合徒，事发逃走，已经数日而复陈首，犯盗已发，虽首不原"。其八，共同犯罪的自首，必须是共同犯罪人共同自首，或犯轻罪者将犯重罪者捕获归案，或犯轻重等同之罪，少数人将一半以上的犯罪人捕获归案。其九，犯罪人已经归案，因劾已被发现之事，而交代官府尚未发现的罪行，或者已经发现犯罪人所犯轻罪，而重罪未发，犯罪人自首重罪的，构成自首。其十，共同犯罪的首恶、犯十恶罪者不适用自首。

四、自首种类

其一是亲首，即在犯罪未发前，犯罪人自己向官府投案，并主动交代自己的罪行。其二是代首，犯罪人遣人代为自首（被遣人不限亲疏），而犯罪人嗣后归案，并主动交代自己的罪行。其三是为首，指相隐范围的亲属，代替犯罪人到官府交代自己的罪行。其四是首露，犯强盗、窃盗、诈欺取人财物的，犯罪人能悔过并主动将财物交还财主的。其五是自觉举，系指职务犯罪的自首，对公事犯错自觉举者。其六是悔过退赃，对受财枉法、受财不枉法、受所监临及坐赃，受财人悔过还主，退还赃款、赃物的。

五、法律后果

其一，对构成自首的犯罪人，原其罪，不追究刑事责任。其二，自首不尽和自首不实的，追究不尽和不实之余罪。其三，犯公事失错自觉举者，原其罪，一人自觉举，余人亦原之。其四，犯强盗、窃盗、诈欺取人财物的犯罪人，若知他人即将告发其犯罪，而到财主处首露者，减二等处罚。其五，因自首不尽和不实，追究余罪的，若至死罪，考虑到犯罪人有悔过之心，减一等处理。其六，对犯受财枉法、受财不枉法、受所监临及坐赃罪的，若受财人悔过还主，退还赃款、赃物的，减三等处罚，财主亦减受财人三等。

第十一节　公罪与私罪

一、起源

公罪是指官员因在履行公务过程中触犯法律的行为，其主观上是由于过失，客观上不是为谋取个人私利；私罪是指官员利用职务之便，谋求私利的行为。公、私罪区分的标准主要是行为人主观方面的逐利动机，并也考虑到犯罪行为所侵害的法益。"公"的概念，是指专制君主统治秩序，而"私"则表示"自私"和"个人私利"。

对犯罪按一定标准进行两分法分类的，可以追溯到秦律。《睡虎地秦墓竹简·法律答问》对诉讼的类型释为"公室告，何也？非公室告，何也？贼杀伤、盗他人为公室告；子盗父母父母擅杀、刑、髡子及奴妾，不为公室告"，公室告官府应当受理，而非公室告则告之不理。公室告与非公室告以犯罪所侵害的法益为标准，将犯罪分为两大类，尽管是一种程序性规定，但其立法原理实是公罪与私罪的渊源。

汉代没有公罪和私罪之分，西晋在法律上将公罪与私罪作为量刑原则确立下来。张斐律注将"犯罪为公为私"作为量刑的重要法定情节。《唐律疏议·名例律·官当》云："公罪，谓缘公事致罪而无私曲者"；"私罪，谓不缘公事，私自犯者；虽缘公事，意涉阿曲，亦同私罪"。其以犯罪的主观动机为主要依据。在明代则以官员犯罪的主观动机为标准，制定"文武官犯公罪"和"文武官犯私罪"的专门法律，其公罪是因"公事失错"；其私罪是"不因公事己所自犯"。

二、犯罪构成

一是主体。公私罪的构成必须是特殊主体，即具有一定职务的官员方能构成，行为人需要特殊的职务身份。二是主观方面。公罪的主观罪过状态是过失，行为人系因疏忽大意或过于自信而致危害后果的发生，其动机无私利、私心。但在客观归罪的封建时代，有些行为人因无法预见行为的社会危害性而导致的危害结果，也构成犯罪。私罪的犯罪主观方面一般是故意，而且是直接故意，出于追逐私利的动机。三是犯罪客体，公罪侵害社会公共管理秩序，而私罪侵害公共领域的所有社会关系。四是犯罪的客观方面，公罪是行为人实施违背职务要求的行为，并造成一定的危害社会的结果，或者是虽无行为上的明显过错，但造成危害结果。私罪则是行为人利用职务之便实施追逐私利的行为，或假公济私，并造成一定的危害结果。

三、法律责任

因为公罪与私罪存在"失"与"犯"的区别，所以在法律责任上也有所不同。惩罚公罪的目的是"处分以励官职"，惩罚私罪的目的是由于"处分以儆官邪"。原则上公罪主要用行政处分惩处，由上级主管官员来定罪和决定。私罪则以刑事责任来惩处，由司法部门审处。

（1）公罪在原则上从轻处罚，私罪从重。

（2）在官员享受"官当"特权时，公罪各加一年当，即犯公罪者比犯私罪者，同样品级的官员，官当折抵多一年。

（3）官员犯公罪，多以行政处分为主，而犯私罪，则多科以刑罚。

（4）犯公罪自觉举的，一人自觉举，其他人都免罪。

第十章　中国民事法史

第一节　概　　述

民法的观念与规则体系自清末时传入中国。而关于中国古代有无民法的问题，法史学界聚讼多年，看法不一①。作为一个文明程度较高的社会形态，传统中国社会肯定存在着调整特定人身关系以及处理财产归属和流转问题的规则和制度。但是在自给自足的自然农业经济和专制性政治环境条件下，我国古代没有抽象出人格、权利等观念，因此不可能产生明确的民法概念和学说体系。即使有调整某些民事关系的规则，但是缺乏归纳和排列这些民事规则的理论体系，在实践中也没有制定出一部专门的民法典。尽管如此，在历朝君主颁布的诏令中，在单行法律法规、典章制度汇编、古代礼制文献、判例判牍、官府档案、民间契约、乡规民约、地方志和文人文集、笔记小说等文献中，仍可以发现中国古代处理民事纠纷的法律。诚如有学者所说："要回答古代有没有民事法律这个问题，关键是要从中国古代的实际出发，同时要重视对民事法律文献的挖掘与研究。"② 为了从整个古代法史实中，按照相对确定的规则体系来叙述中国的民事法制历史，特将本章内容概括为"民事法史"③。

一、基本内容

我国古代没有"民法"一词，但有"民事"这个概念。其最早见于《尚书》。《尚书·太甲下》说，"无轻民事，惟难"，《周礼》也多处使用"民事"这个概念。从词源来看，古代"民事"的范围相当广泛，包括军、政、赋、役、财务出入、借贷、买卖等众多方面，横跨多个部门法领域，所以不能从古代"民事"的含义来确定我国古代民法的范

---

① 参见俞江：《关于"古代中国有无民法"问题的再思考》，载《现代法学》2001 年第 6 期。该文归纳了学界对"中国古代有无民法"的各种论说。

② 杨一凡主编：《新编中国法制史》，社会科学文献出版社 2005 年版，第 407 页。

③ 国内外针对该领域的相关研究成果，可参见郭建：《中国财产法史稿》，中国政法大学出版社 2005 年版，第 4~6 页。另可参阅朱勇、俞江、张生、邓建鹏等学者的专著。

围，而应从民法的实质即所调整的社会关系去确定民法的内容①。

由此出发，传统民事法规大体包括调整人身关系和财产关系的两类法律制度。

1. 亲属制度

亲属制度是以血缘、婚姻和家庭关系为基础，确定不同身份的人之间权利义务关系的法律制度。亲属制度对中国古代刑事、财产和婚姻制度产生了极为深刻的影响。例如在刑法制度中，由于亲属制度的存在与影响，则产生连坐责任、亲属兼相容隐等刑法原则以及身份犯罪、不孝、恶逆等罪名；在财产制度中，身份制度成为产生和处分家庭、宗族共有财产的依据。如宗族为了维持本族成员福利，设有义庄、祭田等共有财产，而在具体共有财产处分上，也是由宗族首领、宗族大会决定；婚姻制度中则有"同姓不婚""父母主婚"这样的通则存在。另外，亲属制度对我国古代诉讼也有影响，一方面表现为对诉权的限制，另一方面表现为宗族内部调解是司法诉讼的重要补充。

2. 财产制度

如果按照西方以"私法"的观念发展起来的民法范畴作为标准参照系，那么在古代中国很难找到相应的财产法史：因为西方民法主要是运用平等、等价的调整手段即财产补偿的方式实现权利救济，而我国古代调整财产关系往往运用刑罚手段。因此，本书讨论的财产制度部分，是在所调整的社会关系性质上与现代民法大致相近，并与财产密切联系的法律制度，包括土地、赋税、买卖、继承四个内容。其中土地制度和买卖制度相当于西方民法中的物权、债权部分，而继承制度为民法制度的应有之义，故而纳入本部分来讲。至于赋税制度，则放在行政法部分中讨论。

二、部门法地位和法律渊源

中国古代有关亲属、婚姻、财产的法律制度，远不如刑事制度发达，也不如行政法律制度完备，但仍然是法律体系中不可缺少的组成部分，它是国家机关调整财产主体身份关系和部分商品经济关系的最基本的准则。中国古代刑事法规起源久远，刑事制度周详完备，在世界古代法制史中具有不可忽视的地位。相对而言，民事法律制度则粗略简陋，缺乏独立的法律形式，在古代法典中的始终处于次要、依附的地位。按照日本学者浅井虎夫的说法，即"上下四千载，法典数百种，无虑皆公法典之属，而私法典乃无一焉；其为今日私法典规定之事项亦惟包含于此等公法典之内，绝无有以为特种之法典而编纂之者"，私法的规定较公法的规定少之又少，法典对相关民事事项"惟规定大纲而已"②。

---

① 参见李志敏：《中国古代民法》，法律出版社 1988 年版，第 2~3 页。
② ［日］浅井虎夫：《中国法典编纂沿革史》；转引自杨鸿烈：《中国法律发达史》，上海书店 1990年版，第 3 页。

从社会经济形态来看，民事法律的简陋、贫乏反映自然经济自给自足的特点，同时也是国有官营经济对私营经济压抑排斥的结果。封建国家实行官营，则杜绝个体农民家庭大规模参与商品贸易的可能。从道德伦理观念来看，古代主流意识形态一直强调重义轻利，"君子喻于义，小人喻于利"①，极力压抑人们追求物质利益的欲望，"天理存而人欲亡，人欲胜则天理灭，未有天理人欲夹杂者"②。这种思想表现为在立法中忽视设立钱债交易的有关规范，而将财产流转中所涉及的大部分财产交换关系，听任民间按习惯俗例进行调整。此外，重农抑商的社会思潮也使得立法缺乏对契约钱债关系的必要保障。

这一部分法律制度，在奴隶制社会主要表现在礼制之中。国家通过礼制规定，调整着特定主体之间的人身关系和财产关系，保护奴隶主贵族的财产、世袭特权以及婚姻家庭秩序。而在封建社会中，民事法律规范分为三种法源，一是基本法典中的某些篇目律条，主要是汉以后的户律、晋以后的户婚律和元以后户部律中的部分条文，以及历代法典中的杂律。二是诏令及部分断例则例，如历代屯田令、垦荒令、桑田课等，宋朝敕令以及明、清时期户部则例。三是乡约、宗规、家礼，即习惯法③。民间存有的一些习惯规则被封建法律所肯定，也能成为古代民法的渊源。如《唐律·杂律》在注释"诸失火及非时烧田野者"时说道："非时，谓二月一日以后，十月三十日以前。若乡土异宜者，依乡法。"民间乡法成为侵权行为认定的补充条款。直至半殖民地半封建社会，从清末开始至北洋政府和国民党政府时期，民事法成为独立的法律部门。

三、主要特征

（一）民事立法简略疏陋，始终没有构成相对完整、独立的民事法律体系

1. 奴隶制时代调整民事法律关系的立法，集中反映在礼制之中

"分争辩讼，非礼不决。"④ 奴隶制时代法律渊源中的礼，包含着道德规范、礼仪和法律等诸多内容，其中部分条文起到调整人身关系和财产关系的功能。如《礼记·礼运》篇记载商代的继承制度"大世人及以为礼"；《礼记·王制》的"田里不鬻"，实质上是对土地王权所有制的保护；《礼记·月令·仲冬之月》所记载的"是月也，农有不收藏聚积者，马牛畜兽有放佚者，取之不诘"，实际上是无主物的先占取得；《周礼·天官·小宰》里有"听买卖以质剂"的规定，表现了奴隶制时代的民事行为主要是要式行为，除了契约双方的承诺、给付以外，还需要有官验文书以保证买卖的合法成立。相同性质的条文我们还可以找到一些，但它们都是散见于不同法规中，条文简略，内容残缺，规范缺乏层次和

---

① 《论语·里仁》。
② 《朱子语类》卷十三。
③ 参见梁治平：《清代习惯法：社会与国家》，中国政法大学出版社1996年版。
④ 《礼记·曲礼》。

联系。相比较而言，《刑书》是按五刑归纳分类，《周礼》按职官职责归纳分类，已自成独立系统；而民事法规主要是出于刑法镇压的某种需要和行政管理的方便，而作出的若干条规定，它们从属于刑事和行政法规。

2. 封建法典除《户婚》一律以外主要依判例调整民事法律关系

封建立法的基本指导思想，在于卫君子而惩奸佞；法律的社会功用是"治之具"[1]，即实现政治统治的工具。从这一点出发，封建立法所调整的内容，主要是兵马、财政、田土赋税和严重刑事犯罪，至于民事纠纷、家庭矛盾，则一般依习惯进行调整。法典中民事法则篇幅甚少，条文十分简略。封建制的发展和发达时期，关于民事关系的立法，法典主要集中在《户婚》律一篇中。户律的最早起源是战国时期的魏国。秦简杂抄中，曾抄用魏国户律的一条规定，即"商贾、逆旅、赘婿、后父，勿予田宇"。这是主管官吏计口授田时适用的行政法律，但同时它又是对"户"的限制。商贾之户相对于其他户而言，权利能力减等，不可享有田产。秦律以此条为基础，发展为"七科谪"：七种人遇有战争随军出征，不得任命为官吏，不得拥有田产或豪华奢侈用品。这也是对特定主体的财产权利的一种限制。汉袭秦律，并在《法经》六篇基础上将户、兴、厩附于六篇之后。北齐律又将户与婚合篇，构成户婚。户婚律在隋、唐、宋时期成为封建法典中调整民事法律关系的主要篇目。必须说明的是，即使是户婚律，其主要内容仍然是刑事责任的规定。如关于婚姻规定，律典所注重的并非是婚姻的成立要件以及家庭成员之间的权利义务关系，而是着重规定"婚姻违制"，即在什么情况下婚姻触犯刑律。财产关系的调整规范也是一样，如差科役违法、盗卖公田、占田过限等，仍然是刑事或行政法律规范，只是在这些法规之中，包含和附带着部分民法规范。

除户婚律外，各代还有大量判例。这些判例内容博杂，其中有相当部分是民事诉案的判决。由于它们对以后同类案件有约束力，实际上也可以视为民事法规的组成部分，只是从未形成一般原则及制度体系。我们可以看到，在秦律中已有相当部分的判例，其内容涉及物权的产生和消灭、担保、债权债务关系等。两汉时代盛行以例断案，称为决事比，"所欲活则傅生议，所欲陷则予死比"[2]。其中关于民事财产、婚姻的判例，由东汉陈宠专门汇集称之为《辞讼比》，以后司徒鲍昱对两汉判例进行编纂，得97卷，成为两汉决断民事纠纷的主要依据。自魏晋到唐、宋，虽然专门的案例汇集逐渐消亡，但"令"的专门汇集又取代之。唐代诏令多至30卷，其中祠令、户令、田令、关市令等广泛涉及民事法律关系以及民事责任。五代两宋编敕也继承这种传统，将大量民事法规混杂在其他性质法规的敕令中。

---

① 《盐铁论·申韩》。
② 《汉书·刑法志》。

3. 明、清时期颁布的断例、条例、则例，充实发展民事立法

明、清两代仍然盛行以例断案，清代中央各部又颁行一部分单行法规，称为"则例"。其中《户部则例》，涉及民事的法规逐渐增多，涉及雇佣租赁、典当买卖、合伙经营、矿业开发、海商贸易等。其内容较前代立法大为充实，同时在一个规范中，条文更为细致精确。例如《户部则例》对典卖的规定：典卖不过 30 年的，无绝类字样，可以找贴；有绝卖字样的，以绝卖产论。30 年以外，无绝卖字样的，一律以绝卖论；有绝卖字样，方可找赎。这是关于典卖时效的较为完备的规定。当然，虽然民事法规在明、清时期有比较大的发展，但终究是依从刑律，规定较为散乱且缺乏内在的统一规则，没有构成独立体系。

(二) 宗法观念和宗族法规对民事法规具有重大影响

民法所调整的社会关系主要是商品经济关系，即以平等、有偿为前提的财产关系和人身关系。那么，民事法律关系发达的前提条件，就是具有平等身份的人，在进入流通领域时自由地买卖自己的财物，而这一点正是中国封建社会所很难具备的条件。首先，社会经济是自然经济，男耕女织，吃穿自给。其次，财产占有形式是家族共有，一个大家族共同占有财产，生活必需品在家族内部分配调剂，产品没有进入社会流通领域。这样，家族内部财产分配的习惯法则，就取代社会领域的民事立法，排斥了个人与个人之间所能产生的民事法律关系。只有在极少数情况下，家族代表与外部发生财产交换关系，才产生援引民事法规的需要和可能。家族法规对民事立法的取代和排斥，可以从两个方面来看。

1. 法律确认家长对财产的支配权

财产占有单位是户，同居共财。个人财产私有的现象极少发生。奴隶制时代礼制的一个重要规范，是子女不得私有财产。《礼记·内则》说："子妇无私货、无私蓄、无私器、不敢私假，不敢私与。"这个礼制规范被封建法律所继承下来，并予以法律化。

首先，法律严禁父母在而子孙别籍异财。《唐律疏议》在解释"户"时，说"称同居亲属者，谓同居共财者"。共财是指家人财产共有的形式。在这种财产共有制的形式下，子孙别籍异财被认为有亏侍养之道，大伤亲心。唐、宋律处刑徒三年，明、清律杖一百，即使父母去世，子孙在丧服未满时，也不得分家析产。

其次，子孙对家庭共有的财产，不能私自动用。卑幼辄用家财，唐、宋律是十匹笞十，罪止杖一百。明、清律是每二十贯笞二十，罪止杖一百。子孙私自与外人买卖家资，通常被认为是无效行为。《宋刑统》规定买卖物业必须由家族尊长与钱主"当面署押契帖"，否则无效；家无尊长者，由妇女"隔帘幕亲闻商量，方成交易"；家长出门在三百里以内，子孙弟侄仍不得买卖六畜、奴婢、田宅及财物；除非家长远在化外，或为兵事所阻，州县发给文牒，以此为凭据，交易方能成立。

古代这种对亲权中财产权的强化，固定了宗族对财产占有和支配关系，妨碍财产主体

个别化，同时也阻碍民事法律法规的发生成长。

2. 家族内部依宗族法规调整财产关系

《白虎通》云："大宗能率小宗，小宗能率群弟，通于有无，所以纪理族人者也。"家族内部主要依据宗族法则，完成财产的分配、交换和流通。

首先，家产实行共有制度，尊长享有独自管理和处分家产的权利。家产的共有形式，是按户头共有，以同一世代人之间均分为原则。秦汉至唐、宋，一般无嫡庶之分。不论嫡出庶出，应份额一律平等。元、明以后，区别嫡出和庶出，奸生和婢生。尊长可按自己的意志对应份额进行适当调整，"有余则归之宗，不足则资之宗"①。对那些为家产增值有贡献的人，另加功劳额，使其在家产中所占的比例高于其他房头；一房财产减少，可能危害其中成员生存或影响宗族秩序时，尊长有权予以调剂，进行无偿财产调拨。总之，在家族分家析产之前，各房头对其所有的份额，只享有占有受益的权利，且随时可能被尊长剥夺。

其次，家族内部还实行义庄和祭田制度。自宋代起，为达到收宗睦族的目的，宗族内设置义庄和祭田，皆是对族产的处分。祭田是同宗族的人，按共同共有的所有权关系而设立的田产，以祭田收益祭祀共同始祖，祭祀的余财用于周济同族人，祭田产权不得分割。义庄则是由宗族中富庶家户共捐财产而设立，义庄收益用以赡养同族贫寒独寡，或者用于祭祖和育才。义庄财产依设立人的意志而分割。义庄和祭田，有的教材称之为财团法人或者社团法人，尊长是法人代表。这当然有一定道理，但是还应看到，义庄和祭田制度，将宗族内本来可以投入流通领域的资产，直接用于族内救济目的的支出，从权利意义上说，这是家族内按需要分配财产的扩大。对同族人内部来说，是无偿取得，对族外来说，基本上不产生财产交换关系，因此，它只是一种财产分配制度的特殊形式，而不是法人集团。

再次，家族成员对不动产物权拥有亲属先买权。亲属先买权起源于隋、唐，形成于五代时期。亲属先买权是指出卖不动产，必须征得亲属的同意。在同等条件下，亲属享有优先购买的权利。确认亲属购买权法律效力的，最早是后周广顺二年（952年）的判例，皇帝颁布敕令曰："如有典卖庄宅、准例，房亲、邻人合得承当。若是亲人不要，及著价不及，方得别处商量。不得虚抬价例，蒙昧公私，有发觉，一任亲人论理。"元、明两朝沿用此制度。亲属先买权实际上是限制固定资产的买卖在全社会的范围内进行。对于田产房屋交易，一般由宗族按习惯在族内进行调整。

（三）以刑法手段调整民事法律关系

由于民事立法简陋和残缺，历代统治者习惯以刑法手段调整民事法律关系，形成以刑为主、民刑合一的法律传统。例如针对必须是要式行为的买卖，唐律规定，买卖过价以

---

① 《仪礼·丧服》。

后，不立市券者，过三日，买主笞三十，卖主减一等。又如在继承方面，法律严格维护宗法继承制度。如果以庶子冒充嫡子继承，刑罚从徒二年至流二千里，重刑惩治。再如钱债关系，封建法律采取保护债权人立场。凡是欠债不偿者，如果存在权利瑕疵，法律将以暴力剥夺财产，并科以刑罚。例如《宋刑统》规定，负债违约不偿，家资尽者，役身折酬，并科以笞十至杖六十的刑罚。用刑罚方法调整财产关系，致使民事制裁方法长期未能获得正常发展，民法也未能取得应有的部门法律地位。

第二节　中国古代民事法律关系

在社会生活中，个人和组织为了满足自身需要，必须从事社会经济活动，相互之间也必然发生各种社会关系。为了使社会关系的确立和发展符合国家需要，国家运用各种法律来调整社会关系，从而使法律调整的社会关系具备了法律关系的性质。民事法律关系就是民事主体之间财产关系和人身关系在法律上的表现。

一、民事主体及行为能力

构成民事关系的首要前提是具有自由平等的抽象人格的民事主体，它享受民事权利并承担民事义务。虽然在讲究等级贵贱秩序的中国古代，不可能抽象出西方民法中的自然人、法人、权利能力和行为能力等概念，但是，从各种历史资料中，还是可以归纳出几种参与民事活动并受到法律规制的主体以及相关制度。

（一）一般自然人

我国古代只有"民"，没有人，没有抽象出来"作为权利的承担者，享有权利能力，做出动机宣告，从事法律行为的人"[1] 的概念。就个人而言，一般以名籍的登记作为权利能力的开始。

名籍，即户口登记。它是一项行政管理制度，涉及人的住所、国家课役、附籍成丁年龄、婚姻、收养等问题。在民事法律关系上，它同时具有规定不同人等权利能力的意义。奴隶制时代的祭祀之礼中，就有向上天祖先祭告人口和俊才的制度，这应是以特定的人口登记管理制度为前提的。西周由"司民"专掌户籍登记，"司民，掌登万民之数。自生齿以上，皆书于版，辨其国中，与其都鄙，及其郊野"[2]。由此记载可见，当时的权利能力并非与生俱来，必须在生齿体备[3]后，方可"书于版"来计算人口。从早期封建制开始，

---

① ［美］钟威廉：《大清律例研究》，载［美］高道蕴等编：《美国学者论中国法律传统》（增订版），清华大学出版社 2004 年版，第 421 页。

② 《周礼·秋官·司民》。

③ 根据郑玄的注释，生齿的时间分别是男八月、女七月。

任何居民无论男女，生下来就要把自己名字登记在官府簿籍上，享有权利并承担义务。"四境之内，丈夫女子皆有名于上，生者著，死者削。"① 人因生而取得名籍，死亡以后就削去其名籍。取得名籍必须是发育正常的婴儿，秦律规定，"其子新生而有怪物其身及不全而杀之，勿罪"。从历代较为普遍的溺婴现象来看，胎儿权利一般不予以保护。这种户籍登记管理制度，自战国时期创制，一直沿用到清朝。在户籍制度中别具特色的是元、明时期的制度，按照职业将居民划分为军户、民户、匠户和灶户。军户出兵役，民户出赋税，匠户制手工品，灶户炒茶煮盐。各个行当与生俱来，父死子继。这样人们的经营权、财产契约权就被分割。卖盐的不许有地，种地的不许煮盐，当兵的世世代代操刀使枪而已。这种权利能力的剥夺自出生之日起就被限制剥夺，他们是不具备完全权利能力的人。

另外，古代中国存在着针对不同人等而划分不同权利能力的法律规定。如《周礼》在规定负担役税标准时，就把国中之人与野人进行区别；战国至秦时期的"七科"，较一般庶人负有更多的课役。又如，商贾在物权方面受到许多限制，一定的物对商人来说是不可有物，商人没有买卖田产的权利，汉高祖甚至还禁止商人穿着绣衣和乘马，坐车只能坐木车。同时，自东汉到唐、宋，贱人、奴婢等卑贱人等，生来即为主人财产，没有取得田产的权利。在国家计口授田时，卑贱人等也不能获得田产，即使自己小有财富也不能置田产。

中国古代各朝都有成年成丁的法律规定，大体类似于西方民法的行为能力制度。西周以"昏冠之礼"② 作为行为能力划分的标准。郑玄注云："男子二十而冠，女子许嫁十五而笄，不许亦二十而笄，皆责之以成人之礼也。"西周时期贵族以男子结发加冠、女子结发加笄为成年的标志。男子大体在 20 岁左右，而由于女子是男子的附属，故以可成婚为成年，通常低于男子成年年龄。成年成丁主要是基于国家行政管理的目的，带来获得国家分田和纳税服役的法律效力，这一点不同于为保护未成年人和精神病人的财产利益而设定行为能力的西方民法。历朝历代一般会根据战争、财政需要，对成年的具体标准进行规定。③ 从《睡虎地秦墓竹简》记载可知，秦代以身高作为区分标准：男六尺五寸以下，女六尺二寸以下，皆为小，不承担法律后果。汉初休养生息，"二十三始傅"④，至景帝、武帝时期，为增加国家财政收入，改为男子 20 岁为成年，而女子 15 岁必须嫁人，否则赋税加倍。隋制规定男子 18 岁为成年，后"炀帝即位，户口益多，男子以二十二成丁"⑤。唐

---

①　《商君书·境内》。

②　《周礼·春官·大宗伯》。

③　参见孔庆明、胡留元、孙季平编：《中国民法史》，吉林人民出版社 1996 年版，第 49 页"历代关于行为能力规定撷要"一表。

④　《盐铁论·未通篇》。

⑤　《隋书·食货志》。

律沿用隋制，以 21 岁成丁，韦后篡政时期曾有变化。至宋、元，多以 20 岁为成年基准，根据财政状况进行浮动。明代以 16 岁为成年，清沿此制。当个人年龄增大，无力承担国家课役，古代法律一般称之为"老"。对于老者，可免除其差役。除汉代规定"五十六而免"之外，其他朝代基本上以 60 岁为老。一般来说，未成丁以及老免之人，相当于现代民法中的限制行为能力人。

需注意，成年是依据赋税征收所作出的相应判断，它并不等同于获得完全的行为能力。在尚未分家析产之前，成年子女仍无完全的财产处分权。财产的购置变卖，必须由尊长的意志所决定。同时，成年子女也未获得完整的契约行为能力，如发生雇佣、租赁、加工等民事活动，则均须在尊长同意或尊长远离而官府同意的情况下，才能与他方发生契约关系。因此，在中国古代，一家之内，惟有尊长一人有较为完整的行为能力，而其他成员在成年以后仅具有限制行为能力。当然，尊长的这种能力，是与他对家内所有成员财产权的代表力混杂在一起的。

中国古代没有专门的死亡宣告制度，但是在战功赏赐、改嫁等行政法、亲属法规范中，也有类似死亡宣告制度的规定。例如《秦律杂抄》记载："战死事不屈，论其后。有后察不死，夺后爵，除伍人。"参加战争没有归还，由亲属提出申请经伍人证明，将推定死亡人的爵位赐予其继承人。但如果查明该人并没有死亡，则夺去继承人的爵位，并追究伍人的法律责任。在婚姻制度中，宋代法律规定，夫出外 3 年不归，6 年不通问，准予妇女改嫁；元、明、清朝法律则都有丈夫逃亡若干年不还，应允许女子改嫁的规定。这些规定都表明官府可以从法律上推断当事人死亡。

（二）家（户）

中国古代不是以自然人为本位的社会，而是以家族（宗族）为本位的社会。家是按亲属血缘关系而形成的最基本的社会政治单位，在法律上被认定为户，在习惯上则称之为房，无论在刑事法律关系、行政法律关系和民事法律关系中都是最小的和独立的社会组织。《唐律疏议》解释"称同居亲属者，谓同居共财者"。正因为法律确认户是占有一定财产的亲属集团，它就同自然人一样，在财产关系中可以成为权利主体，独立行使民事权利和承担民事义务。

从物权关系上看，户有权独立取得和支配家庭成员共有财产。户主即家长为其权利的代表行使者。就不动产而言，土地自开始出现私人所有之日起，直至清末民国，始终为户共同所有，而不是分由家庭成员各自独立地占有使用。秦朝令天下"黔首自实其田"，从文字上看似乎是个人向国家登报私有田产，但是田赋、徭役都是按户征收的，关于隐匿田产、逃避赋税的责任，则是由家长承担的，因此，所谓"黔首"，实质是以家长为代表的个体农民家庭。汉代法令更是进一步明确规定只能由家长代表一家一户申报自己所有的土地，家庭其他成员不能独立申报自己所有的土地。土地是按户为单位实行共同所有。魏晋以来实行成丁授田的制度，男丁与女子可获一定亩数的永业田和口分田。这看似为个人所有，但实际上，交纳赋税的责任仍然由户来承担，甚至保证土地合理使用的责任，也由户主承担。因此，土地的占用和使用实际上是以户为单位。从动产来看，除金银钱财以外，耕牛、车马等价值较高和生产必需的用品，仍然是按家人共有的形式所有。

从债权关系上看，由于户独立地占有和支配财产，因此它可在全户所有的财产范围内，独立行使权利和承担义务。首先，一户与他方的契约关系，均由一户尊长代表全家订立。如《大元通制·户婚律》规定："诸典资田宅，须从尊长书押给据立账，历问有服房亲。"可见法定代表是尊长，并征询宗族内其他权利关系人的意见。相反，若卑幼处分家财，则触犯"卑幼辄动私财"的刑律。针对这一违法行为，明、清以前一般科以刑罚，而之后的明、清律中，只规定物业归原主，钱没不追，成为较纯粹的民事法规。其次，债务继承。由尊长代表一户与他方发生的债务关系，在尊长死亡之后，债权债务均由子孙继承。现代民法以自然人为本位，债务人死亡以后，继承人只在继承的财产范围内负清偿责任，超出遗产价值的债务，继承人没有清偿义务；而古代法律以户为本位，只要户没有绝，子孙就要代替父祖偿还债务，因而形成父债子偿传统。

古代中国的户按照资产分为等级。南北朝时期户开始分等，唐代依据资产的多少，在武德时定为三等，贞观时改为九等。宋代分五等，一、二等为上户，三等为中户，四、五等为下户。元、明也将户分为上、中、下三级。分等的目的主要在于征税派役，但因其资产的不同，对实际的民事活动也有影响。如婚姻关系中，聘财多寡、喜筵规模等就有下户不能逾越的定式。另外，古代还存在依附人户的现象，如魏晋南北朝的客户（浮户）、汉代至唐代的部曲之家等，他们没有独立的户籍，地位低下，仅在有限范围内享有一定的主体资格。

（三）官府

国家所有的财产，一般拨归一定官府使用。这些官府有权独立占有、使用、处分拨入的财产，因而形成民事关系的主体。

首先，官府对特定财产的占有使用权具有相对独立性，不受他人不法行为的侵害。民间个人和官营产业的管理人员皆不得侵害这种权利。如若发生侵害，一般计赃依常盗律论，科以刑罚。

其次，由于官府具有独立的财产权利，因此它可以与庶民百姓发生民事财产关系，最为常见的是买卖关系。秦律《厩苑律》有规定，官府驾用马，死在哪个县，就由该县负责出售马肉。汉律也规定，官府与百姓买卖，必须以"市正价"成交，即适用国家已有的行政定价，不许自由议价。而唐律则明确规定，官府在与百姓发生买卖关系时，不得强制交易。这些都说明官府也是市场主体，在发生买卖交易时与百姓无异。另外，官府也能作为借贷、钱债关系的主体。如秦代《田律》中有"假铁器于民"，即官府出借劳动工具给百姓，以帮助其完成工作定额。此外，文献记载中还有兵器借贷、官府出贷钱财等。如汉武帝时实行官府在春荒时向百姓发放钱债，利百分之三，秋收后还，以打击高利贷者。汉代以后，官府从事金融借贷是历代王朝的普遍现象。

（四）专营经济组织

我国古代除农户外，还有手工业和商业组织。它们也参与民事活动，与他方构成民事法律关系。地主、豪民、手艺人、农民家庭，都可能从事手工业生产，官府也直接经营一部分手工业，也有专门组织。商业组织包括邸、店、行、栈、商号、钱庄、当铺、行会等。如《唐律疏议》有云："居物之处为邸，沽卖之所为店。"就性质来说，既有独立出资个人经营的，也有合伙经营的。如春秋时期的管仲，"尝与鲍叔贾，分财利，多自与"①，此可看做合伙的实例。随着商品经济的发展，宋代出现了富商集资经营的联号组织。

另外，商业组织也有官私之别。在奴隶制时期，我国商业主要由国家经营。此后的封建历代王朝，皆有官府对盐铁等物实行专卖的制度，只是各代对垄断专营的范围、方式和程度等规定有所不同。此外，官府还可直接经营或与私人合伙经营某些非独占性的商业。

（五）其他组织

其他组织包括某些宗教性组织和教育组织。从史书上看，神社、寺、庙等宗教性组织拥有独立财产。如唐宋时期的某些寺院，兼营典质业务。教育组织如私塾、书院等，也能控制一定财产，成为民事活动的主体。

二、物

民事法律关系的客体是民事权利和民事义务所指向的对象，而物是最主要的民事法律关系客体，在民事法律关系中占有十分重要的地位。中国古代法律没有从各种财产形态中抽象出"物"的法律概念，但在长期法律实践中，古代法律也注意到财产的不同性质以及形态，并界定其法律属性。法律上一般将可以移动的财产统称为"财物"或"资财"，而将不可移动的财产称为"物业""产业"，大致相当于西方民法中动产与不动产的分类。在财产的转移和处分程序上，一般也将财产区分为田宅、奴婢、畜产以及一般财物，进行分别规范。另外，在中国古代政治和社会生活中，也存在着物的限制流通以及物的孳生利息等法律问题，法典的有关律条也对此类问题进行相应规定。

---

① 《史记·管晏列传》。

（一）动产与不动产

我国古代法律将财产分为田宅与财物，类似于现代民法中动产与不动产的区别。动产的所有权人，称之为物主、财主；而不动产的所有权人，则称之为业主、田主、地主、房主等。

耕地是中国古代农业社会最主要的生产资料，也是历代朝廷征税的最主要对象，故而历代法律对耕地进行特别规定。如《睡虎地秦墓竹简》中就已发现秦国专门制定的《田律》，此后各代一般也有《田令》，显示立法对田产问题的高度重视。房宅作为栖息场所，也是具有重要使用价值的财产。在中国古代，房屋的大小以及质量，往往会作为官府用以评定户口等级、征收户税的重要指标，因此田产和房宅作为最重要的财产，也由于二者共同具有的不可移徙性，使得古代法律往往将它们合称"田宅"，并与一般财物相区别，加以特别规范。如湖北张家山汉墓出土的西汉初年的《收律》，规定对重犯进行刑事打击时，可同时没收"财、田宅"①。由此可见，田宅与其他财产在立法中是区别对待的。《唐律疏议·户婚律》引《户令》："应分田宅及财物者，兄弟均分。"《贼盗律》也明确规定没收财产包括"奴婢、资财、田宅"。明、清律专设《田宅》篇目，集中规定土地房产事项。

从古代立法来看，田宅与其他财产进行区分的主要标准在于它的不可移动特性。根据《唐律·贼盗·公取窃取皆为盗》条记载："器物之属须移徙，阑圈系闭之属须绝离常处，放逸飞走之属须专制，乃成盗。"《唐律疏议》解释道："'器物之属须移徙'者，谓器物、钱帛之类，须移徙离于本处。珠玉、宝货之类，据入手隐藏，纵未将行，亦是；其木石重器，非人力所胜，应须驮载者，虽移本处，未驮载间，犹未成盗。但物有巨细，难以备论，略举纲目，各准临时取断。'阑圈系闭之属须绝离常处'，谓马牛驼骡之类，须出阑圈及绝离系闭之处。'放逸飞走之属'，谓鹰犬之类，须专制在己，不得自由，乃成为盗。"其中提到的三类物皆是可移徙之物，相当于动产。对于此类财物的私人非法占有，构成了盗罪；而"田地不可移徙，所以不同真盗"②，应与一般盗窃罪区别对待。又《唐律疏议·名例》中明文规定："阑圈之属，须绝离常处；器物之物，须移徙其地……地既不离常处，理与财物有殊。"此条文清楚表明物是否能够移徙，是古人区别田宅和一般财物的关键。明代《律条疏议》载："雇赁者，车与船可以行走，故谓之雇，店、舍、碾、磨不动之物，就其处以用之，故谓之赁。"③由此可知，土地以及地上建筑物等，相当于不动产。历代法律对田宅的取得、占有的规模以及田宅的转移，都进行专门规定，这与古代社会中田宅的重要价值是密切关联的。

---

① 《张家山汉墓竹简》，文物出版社 2001 年版，第 156 页。
② 《唐律疏议·户婚律》。
③ （明）张楷：《律条疏议》卷 5，载杨一凡编：《中国律学文献》（第 1 辑第 2 册），黑龙江人民出版社 2004 年版，第 419 页。

其他财物即动产，包括货币财产、生产品、生活用品、畜产、奴隶奴婢等。其中法律上又将马牛等牲畜及奴婢，从一般"资财""财物"中独立出来，进行规定。

（二）奴婢和畜产

奴婢是一种特殊的权利客体。它们本身划归于动产的一类，即"畜产"，但是同时，他们自身也享有一部分民事权利，可以从事与其身份相一致的民事活动。

《唐律疏议》称奴婢"同于资财""律比畜产"，所以奴婢具有财产属性，是中国古代一种特殊的物。在奴隶制社会中，这样的属性是"天经地义"的。古代金文里就记载不少以奴婢为标的物的买卖契约。如描述以"匹马束丝"换五夫的《曶鼎铭》。封建社会中，奴婢虽然是主人的财产，主人可以从财产意义上来处分奴婢，如赠与、买卖等，但是，由于主人与奴婢之间又有人身尊卑关系，所以主人不许强夺债务人的畜产和奴婢，更不允许强夺他人的妻、子为奴婢。为保护奴婢权利，法律也规定不得擅自杀害奴婢。

马牛等牲畜也是古代法律中一类特殊的财产。在奴隶制时期，牛羊等牲畜是人类祭祀神灵和祖先的重要祭品，对于它们的宰杀、烹制、分享等行为成为一种神圣的仪式。祭祀仪式强化牛、羊这类财物的特殊性，使得这类财物的占有和使用与当时礼制秩序相结合，由礼法进行专门规范。如食制当中就有"天子食太牢，牛羊豕三牲俱全诸侯食牛，卿食羊，大夫食豚，士食鱼炙，庶人食菜"①的规定。春秋时期以后，牛被用于耕地，成为耕农之本，而马匹也在兼并战争中成为重要的战略物资，国家法律开始对这类牲畜进行严格控制，不允许私人擅自处置。商鞅变法曾规定"盗马者死，盗牛者加"，汉代"法禁杀牛，犯之者诛"②。后世法律沿用此传统：唐律规定私自屠宰官私牛马者，处以徒刑。人们只能在牛马年老伤病、导致不堪役用时，报官府验证批准，方可屠宰。对于私自屠牛触犯法律者，唐、宋法律甚至规定其不在大赦之内。宋、元、明、清规定基本相似。另外，牛马等牲畜的转让也受到法律的严格控制。《唐律疏议·杂律》规定这类牲畜的转让必须在市场管理部门的监督下，订立书面契约，有第三方保人担保交易合法。

（三）可有物与不可有物

可有物和不可有物是罗马法关于物的一种划分方法。可有物可以成为法律关系的客体，可以买卖、转让以及任意处分，而不可有物不能成为法律关系的客体，不得自由流转，因此又称之为禁止流通物。

中国古代虽然没有可有物与不可有物的明确概念和制度，但由于它是一个等级森严的专制国家，必须将一部分特权享配物规定为民间所不可拥有的，故而在法律规定和司法实践中，出现了可有物与不可有物的划分。其中，不可有物有：（1）神灵用物。与国家政治

---

① 《国语·楚语》。

② 《盐铁论·刑德》。

生活紧切相关的祭祀神灵的祖先庙址、陵墓、器具、祭品，都是不可有物。秦律中就可见私自挖掘祭具为重罪的法律规定。唐律也规定，诸玄象器物，包括天文、谶书、七曜历等，私家不得有，违者徒二年；如果盗大祀神御物，流二千五百里。（2）公用物。古代法律把山脉、森林、河流、草原等自然物和道路、桥梁等人工设施，都看做可以公用的国有物。私人虽可以利用，但不得私有，更不能转让和买卖。（3）御用物及兵器。从秦律开始，擅自仿制或使用御用物的，一般都以谋反罪论。皇帝封赐之御物，即使私人占有，也不得自由处分。清律就明确规定，皇帝赐物不可让与，违者杖六十，徒一年。除御用器之外，民间一般也不允许私有兵器。宋、元规定私人不得有任何兵器，而有些朝代则规定不许私有阵战所需的兵器。例如唐朝，法律不允许私有弩、甲、长枪，但一般的短兵器则可以私有。

（四）原物与孳息物

所谓原物，是指能产生收益之物。所谓孳息物，是因于原物而产生的新收益。当然，中国古代也没有关于原物与孳息物的这种法律分类，但是一物能孳生新利益的现象，是财产法调整利益关系时所无法回避的。从这种调整事项出发，中国古代法律也产生和积累处理孳息利益的相应规则。

中国古代法律关于孳息物的取得，着重考虑利益的分配。唐、宋以前对孳息物没有明确的概念。唐、宋法中将"婢产子、马生驹"之类称为"生产蓄息"，类似于西方民法中的自然孳息物。唐律认为生产蓄息，本是天经地义的事，孳息产物一般为现物主所得。但是，如果牲畜、奴婢在出卖之时已有孕者，则区分知情和不知情：知情者孳息物还原主，不知情者入后人。宋、明、清律均沿用唐律这一规定。

对于法定孳息物如借贷发生的利息，古代法律一般允许借贷者获利，但利息受到严格的法律控制，禁止重利。两汉时即有贷子钱息过律。至隋、唐、宋，一般规定贷物宜四分收利，官本五分生利。如果利过律定，出律者官府没收。明、清律限制为三分。另外，典押物产取利不过本。债权人在占有被典押的财产后，可以从被典押的财产中获得收益。古代法律对这种收益也有限制。唐令曾举一例，一人借钱，同时将自己的驴子押给出借人。出借人用这头驴跑运输，因此获得利益。法律规定取利不得过本。凡利过本者，索回抵押物，余利归还物主。唐以后法律基本沿用此规定。

三、民事法律行为

古代民事法律关系中，行为的要素也很多，例如要约、承诺、意思表示真实一致等，但是，其中比较常见也比较典型地反映封建时代财产流转关系行为特征的，是要式行为与略式行为。要式行为是指除当事人的要约和承诺以外，必须通过特定形式才能转移物的所有权的行为。它在中国古代民事法律关系中是大量存在的，而且占据主导地位。略式行为是指只需要有当事人的意思表示一致，不必有证人和特定形式的行为；它在民间的商品交换关系中虽然极为普遍，但是它在法律规定中，适用范围很窄，居于次要地位。

（一）要式行为

要式行为在奴隶制时代直至宋代，是民事法律关系中最普遍和最重要的行为方式。

从两周以至秦、汉时代，大到田产、房屋买卖，小到衣服日用品的交易，均采取要式行为方式。奴隶制时代流传下来的铭文，如《曶鼎铭》《格伯簋铭》等，就记载当时动产的买卖交易是按特定形式进行的，证人、盟誓等交易形式是买卖契约合法成立的要件。《周礼》云："听买卖以质剂""大市以质，小市以剂"。财物交易必须采取质、剂的契约形式，并受到质人的管理。这是典型的要式行为。

秦、汉时代财产流转的行为方式，大致与前代同。从秦简和汉简中可见，财产交易无论大小，都采取书面契约的形式。由中间人作证，当面交纳财货，欠债者订立偿还日期及还债方式。要式行为中的盟誓，在土地交易中极常见。东汉以来的买地券中，除记载买方、卖方、中人以外，大多有借助神灵、誓言保障交易的套语①。这种套语在地产买卖中一直沿用到明、清时代。

汉代以后，法律仅规定房产、奴婢、牛马等若干种重要物产的交易，必须采取要式行为，但在宋代以前，交易必须在官府设定的"市"以内进行，并订立契约文书。

（二）略式行为

随着商品经济的发展，必然要求减少要式行为的适用范围。一般的买卖关系，只要当事人承诺就可能发生法律效力。略式行为的起源，首先是民间私下进行的交易习惯。这种交易方式至迟在汉魏之间，就已经常见，并在交纳交易税后，为官府所承认。《隋书·食货志》载："晋自过江，凡货卖奴婢马牛田宅，有文券，率钱一万，输估四百入官，卖者三百，买者一百。无文券者，隋物所堪亦百分收四，各为散估。历宋齐梁陈，如此以为常。"可见官府已针对无文字契约的略式交易行为，征收特定的营业税，形成散估制度。宋、元、明、清代之后，随街设商铺，官府不再对"市"进行统一管理，略式行为范围越来越广，但限于一般日用品交易。

四、期限与时效制度

我国古代法律中，唐律《名例律》对期限作了一般规定，如"诸称日者，以百刻。计功庸者，从朝至暮"，"称年者，以三百六十日"。

---

① 套语如"用钱九十九千九百九十文"，地界"东至苍龙，西至白虎，南至朱雀，北至玄武"，见证神灵为西方王母、东方朔等。

古代法律也存在着起诉权因超过一定期间而归于消灭的时效制度。早在《周礼·地官·质人》就有："凡治质剂者，国中一旬，郊二旬，野三旬……期内听，期外不听。"经历一定期间，用以主张权利的证据往往灭失或者难以收集，官府则以此为由拒不受理，剥夺当事人的起诉权。后世法律对起诉期限亦有规定。如《宋刑统·户婚律》规定的"婚田入务"，为了不耽误农时，每年自 10 月 1 日起至来年 3 月 30 日止，为处理田宅、婚姻、钱债案件的期限。不在此期限内谓之"入务"，官府将不审理相关案件。另外，从历代法令中可见，地界纠纷经 20 年以上不论；典当物回赎、债务纠纷，期限 30 年；遗嘱满 10 年而诉者，不得受理；分财产和亲邻先买权，已逾 3 年者，官府不论。①

第三节　中国古代财产制度

我国早在六千多年前就出现了私有制，财产的私人占有现象非常普遍。即使自给自足的自然经济在很大程度上阻碍着中国商品经济的发展，但是民间的财产流转现象仍普遍存在。从古代中国的法典、单行法规和判例中，我们可以发现规制财产的归属与流转问题的法律制度。这些与财产有关的制度，呈现出以下特点：其一，物的占有和使用往往与身份等级联系。其二，财产制度表现出家族主义的特征。其三，法律追求社会成员的财产按照等级的原则实现实益上的均衡。其四，民间财货纠纷往往是自力救济。很多民事纠纷被称为"细故"案件，官府对此不予受理。公权力一旦介入纠纷处理，通常是以罪名和刑罚手段来实现秩序的稳定。

一、物权制度

"物权"一词最早起源于罗马法，直到 1900 年才由《德国民法典》第一次在法律上予以正式确认。物权法遂成为民法的重要组成部分。作为一个法律范畴，物权是指由法律确认的主体对物依法所享有的支配权利。它与债权共同构成民法中最基本的财产权利：人和财产的结合表现为物权，它体现着物的归属以及人对物的支配；财产进入流通领域，在不同主体之间的交换表现为债权，它体现着物的流转，流转结果往往导致物权的转移。

（一）所有权及所有权的取得

所有权是指所有人依法享有对物进行占有、使用、收益和处分的权利。它是物权中最完整、最充分的权利。"所有权"一词来自日本汉字②，在日语中，它对译的是法国财产

① 参见戴炎辉：《中国法制史》，台湾三民书局股份有限公司 1979 年版，第 326 页。
② 郭建：《中国财产法史稿》，中国政法大学出版社 2005 年版，第 47 页。

法理论中的"财产／利益"①。我国古代通常用"名""有""私有""为己有""所应有"等文字来表述财产所有权的概念。法律将物之所有者或物权主体，称为物主、财主、钱主或业主。物主对其所有之物，享有占有、使用、收益及处分的权利，这种所有权不受限制，也不因所有物被盗窃、强夺等非法行为而丧失。不论物转移何处，物主均有权追索。"非其有而取之者，盗也。"② 这种情况下，"诸以赃入罪，正赃见在者，还官、主"③。关于遗失物，原物主也有追索权。若物上产生蕃息，不知情的买主，可取得孳息，但原物仍须归还原主。

所有权的取得，有原始取得和继受取得。原始取得的根据主要包括先占、拾得遗失物或漂流物、发现埋藏物、合法孳息等原因；继受取得的根据主要包括买卖合同、受赠以及继承等原因。这里只分述中国古代原始取得制度。

1. 先占

无主物的归属，通常采用先占原则。我国古代法律中有相应规定，如《唐律疏议》载："诸山野之物，已加功力刈伐积聚，而辄取者，各以盗论。"又如《杂律》本来禁止私人侵占国家山野湖泊之利，但"已施功取者，不追"。明清律亦同。《大清律例辑注》云："若山野柴草、木石之类，本无物主，人得共采，但他人已用功力，砍伐积聚，是即其人之物矣。"若私人对山野柴草等无主物已加功，便取得对该物的所有权。

2. 拾得遗失物

历代多采取先行报官认领，然后区别处分的制度。这与我国古代追求"路不拾遗"的价值取向相匹合。

早在西周时期，周礼就对"拾得物"有明文规定："凡得获货贿、人民、六畜者，委于朝，告于士，旬而举之，大者公之，小者庶民私之。"④ 汉代制度与此同，大体是得遗失物后必须报官。若有人认领，则归还原主；无人认领时，大物没入公家，小物归拾得人。唐代对此有更详尽规定：首先，5 日内必须送官，否则入罪；其次，官府于 30 日内公示遗失物。有人认领时，须详查证明。若证据确实，则归还原主，官府须记录在案以备后查。若期限内无人认领，遗失物则由官府收掌。1 年内无人认者，没官录账。须注意的是，唐代法律反对拾得人可以获得遗失物的所有权。明清律规定大体相同，惟拾得人可获得较大报偿："凡得遗失之物，限五日内送官。官物还官，私物招人识认，于内，一半给予得物人充赏，一半给还失物人；如三十日无人识认者，全给。"⑤

① 俞江：《近代中国民法学中的私权理论》，北京大学出版社 2003 年版，第 202 页。

② 《孟子·万章下》。

③ 《唐律疏议·名例律》。

④ 《周礼·秋官·朝士》。

⑤ 《明律·户律》。

关于拾得漂流物，据唐、宋法令规定，拾得人须将暴水所漂失竹木，积于岸上，明立标榜，并告官认领；如有认领者，在江河里打捞的赏 2/5，余水赏 1/5。30 日内无人认领者，归拾得人所有。之所以这样规定，应与打捞人在拾得过程中付出劳动，承担打捞风险有关。

3. 发现埋藏物

古代法律称之为"宿藏物"或"埋藏无主之物"。依唐、宋令，在官地内得宿藏物者，听其全得，他人地内得者，与地主中分；但"得古器、钟鼎之类，形制异于常者，依令送官酬直"①，不报官者入罪。明清律则严格规定，若发现古器、钟鼎、符印异常之物，非民间所宜有者，限发现人 30 日内送官。同时取消了唐代以来给予酬值的规定。

4. 孳息取得

孳息取得的所有权问题，在前文已有阐述，此处略。

（二）土地所有权

中国古代最主要的生活生产资料是土地，有关土地的财产制度，在中国古代产权制度中具有极为重要的意义。"因为'食'和'货'的产生、使用和移转，无不与土地所有权有着直接或间接的关系"，所以"我国古代的物权体系正是以土地所有权为核心形成的"。②

1. 独特的"所有权"观念

我国古代关于土地所有权的观念，与西方不同。西方民法认为，所有权起源于自由人的天赋权利，是一种独立于公权，并能对抗之的私权。而在我国古代观念中，所有权不是从来就有的，它是圣人根据社会安定的需要，以法律形式规定下来的。圣人之所以有权力规定天下土地财物的名分，其基础是土地财货本来就归上天或圣人所有。土地的所有权本质上都是国有的，其所有者国君为了能够使臣民根据等级身份享有土地的收益，把土地按不同比例分配给臣民。这种分配一方面产生土地的经营管理权利的授予，如历代都有大规模的授田举措；另一方面，土地在私人的实际占有和支配下，产生土地的私有权。这种土地私有权是以承担赋税而获得政权承认的。

这种所有权观念是中国古代大一统的政治权力体制的产物。在此观念影响下，古代中国并无永久性、排他性、能够对抗公权的所有权，国家可以依据情势需要分配或收回产权。这体现着最高权力者对产权利益的绝对支配。中华人民共和国成立之初，原有的一切私有土地所有权被视为丧失，由国家统治者重新进行分配。在国家分配之后，土地私有的权利才得以确定：国家通过赋税获取收益，私人以经营土地分享收益。当经济发展带来诸

---

① 《唐律疏议·杂律》。
② 李志敏：《中国古代民法》，法律出版社 1988 年版，第 83 页。

如土地兼并、偷税漏税等"化公为私"的社会问题，从而加剧贫富差距、影响政治安定时，政权又会通过各种政治的、经济的策略来调整实益的分配，以确保自身利益的实现以及统治秩序的稳定。① 所有权来源于统治权，产权依附于政权，这是中国古代典型的所有权观念和产权状态。

2. 历代土地制度

我国古代土地所有权制度始终未能达到马克思所说的"抛弃了共同体……的一切外观并消除了国家对所有制发展的任何影响的纯粹私有制"②，国家权力的干预一直表现在历代土地立法中。

奴隶制时代的土地制度实行王有制。天子可以将土地进行封赐给贵族臣民，交付其使用；受封之人只享有受益的权利，没有处分权，并且按照"贡""助""彻"③ 等法，承担向天子进贡的义务；天子有权收回分封的土地。《礼记·王制》中记载了"田里不鬻"的古制，应该不存在土地私人所有制。另外，据孟子所描述，西周时期曾实行井田制，即所谓"方里而井，井九百亩；其中为公田，八家皆私百亩，同养公田。公事毕，然后敢治私事"④。公田在中央，旁边有八块私田构成井田。平民首先在公田劳动，然后在私田劳动。平民实际上就享有了对私田的支配权。

春秋战国时期，随着农耕技术水平的提高，开始出现以法律确认土地的私有，但国有土地仍是土地制度的主要形态。以秦国为例，虽然商鞅变法，废井田开阡陌，使民得以自由买卖土地，但在秦国所有的土地中，国家仍然是土地主要的所有者。其表现有三：一是垦荒的土地不得为私有，说明荒地原为国家所有；二是捕猎应在国家规定的时期进行，说明山川河流、森林为国家所有；三是实行授田制度，说明民田大部分来自国家的授予，民众只有经营管理权利。如游士律中规定到秦国来谋生的人，可以分授土地。秦国本土居民，上田授一百亩，中田授二百亩，下田授三百亩。这体现的是国家对土地的所有权和农民对土地的占有使用权。私人土地所有权主要来自两个方面：一方面，在新征服的地区，承认原来的私有土地所有权。秦始皇统一天下以后，令"黔首自实其田"⑤，即原来私人土地的所有者，到官府去登记，承认其对土地的所有权。另一方面，来自赏赐的土地。例如军爵律规定，得首一级，赐田百亩。这种土地就是私人财产。

汉代土地制度，基本同于秦代。汉初颁布"复故爵田宅"法令，承认私有土地的所有

① 参见王家范：《中国历史通论》，华东师范大学出版社 2005 年版，第四、五章"农业产权性质及其演化"。
② 《马克思恩格斯选集》（第 1 卷），人民出版社 1995 年版，第 131 页。
③ 据《孟子·滕文公上》载："夏后氏五十而贡，殷人七十而助，周人百亩而彻。"
④ 《孟子·滕文公上》。
⑤ 《史记·秦始皇本纪》。

权。同时进行授田（男丁农田 80 亩，桑田 20 亩，宅田一亩）。百姓取得土地所有权，可以自由买卖。但这也导致土地高度兼并，令统治者多次采取限田方法来解决兼并问题。王莽篡汉，实行"更名田"，试图恢复井田制，但终无结果。东汉光武帝，曾以推行田产登记来缓解兼并现象，也无效果。

西晋统一天下之后，实行品官占田荫客制度，力图抑制土地兼并。此后，北魏曾实行均田制，为唐代所继承。唐代土地制度，按占有人来划分，分为三种情况：（1）官田。国家占有的土地，包括皇庄、王庄和各级政府所有的土地。（2）民田。民田计口授田，分为永业田和口分田两种。口分田 80 亩，不允许买卖，至老归还。永业田 20 亩，可以传给子孙，不受归还限制。老及笃疾、废疾者，寡妻妾者，当户者的相关规定略有不同。（3）官人永业田。按爵位和官品的高低，授予一定的田产。一旦授予，田产即为私人所有，可自由处分。由此可见，国有土地仍然是土地所有制的主要形式。

宋、元代开始，土地制度发生根本变化。立法上"不立田制"，逐渐放弃了传统的限田制度，私有土地开始占主导地位，不再依附国有土地。人口的增加，战争导致的大量无主土地，以及国家控制力的削弱，从而不可能进行大规模的授田，这些都是导致土地制度发生根本变化的原因。所以，土地听任民间兼并；国家需要扩大土地，也要通过购买的方式从民间取得。这种状况，一直到新民主主义时期，通过土地革命运动才最终得以改变。

3. 土地所有权的形式

主要有两种形式：第一，国有土地。它的直接表现形式是土地王有和土地的皇帝所有，以及土地官府所有。第二，私有土地。私有土地是对国有土地的分割。在土地国有基础上，通过分封、赏赐、授田等方式，产生土地的实际私人占有受益，并逐渐演变为私人所有。

在私有土地中，又有两种表现形态：

（1）以家族、宗族和村社为权利主体的共同所有权。这包括宗族拥有的公产，如宗祠、祭田、义庄、墓田等，还包括村舍集体公产，如村公社、村庙等。

除家族共有、宗族共有外，民间组织也可能发生土地共有关系。如《汉侍延里父老僤买田约束石券》就记载了一个私人团体"僤"共同买田的事实和使用共有田产的方法。①

（2）同一土地上出现的分割所有权，即一田二主制。这种现象至迟在宋代即已出现，明、清时代更为普遍。土地被分割为上下两层，上层称田皮（面），下层称田骨（底、根），通常原业主为骨主，往往享有收租权，承担向官府缴税的义务；佃户或受业人为田

_____

① 参见李志敏：《中国古代民法》，法律出版社 1988 年版，第 113 页。

面（皮）主，享有佃权。实际生活中更为复杂，各地叫法及权利义务关系也不尽相同，甚至出现一田多主的现象。如史书曾记载，明、清时期福建、江西客商在外地购得田产，通常会雇请当地人为税主，而将田产登记在税主名下。无论土地上的权利如何设置，上、下地权或者承耕权、收租权都是永续性的独立物权。权利所有权人可以自由处分其权利，而不受他方限制。如面主可以自由转让其权利或对其权利设置担保，且无须征得骨主的同意。这种灵活的所有权形态，能够更好发挥土地的效益，在我国福建、安徽、江苏、江西、浙江、广东、台湾等南方地区相当盛行。尽管官方法律始终没有确认这种一田二主式的"田皮"权，清朝甚至出现了禁止这类现象的地方性法规①，但一田二主作为民间习惯一直延续到中华民国时期。

4. 土地所有权的内容与处分

不动产物权的标的物为土地及其附着物，古代多称为"业"。在古代律令中，产业、世业、永业田、业主等字样均指不动产物权。不动产所有权人称之为"业主"或"业户"。业字用于表示所有权之外，亦能用于典权、永佃权、地基权等强有力的用益物权。如宋初确定永佃权关系后，佃户从原业户（垦户）那里获得开垦土地的权利，自投工本，从而取得该土地的永佃权，垦户不得随意撤佃。时间一长，佃户变成现业主，于是出现一地两主的现象。与罗马法上的绝对主义的个人所有权不同，我国古代的业主权多为相对的所有权，注重不动产的使用收益权利，权利行使往往附带种种限制，比较类似于日耳曼法上的所有权。②

不动产物权进行典卖质押等重要处分时，通常要订立文契。唐代《田令》规定："田无文牒，辄卖买者，财没不追，苗子及买地之财并入地主。"③ 从此规定看，土地买卖必须立契报官，否则买卖行为无效。宋、元、明、清皆纳此法。明、清律对典卖田宅不税契者，予以一定处罚。法律规定立契报官，主要是便于征税。土地交易当事人向官府缴纳契税之后，由官府在原契后粘贴一张纳税凭证，即"契尾"，然后骑缝加盖官府朱印，谓之"红契"或"朱契"。税契未经朱印盖章者，称为"白契"。民间典卖土地，往往为了规避税赋而采用白契。可见立契并非是交易中不可缺少的要件，其主要功能在于证明交易存在以及税收义务的流向。

（三）用益物权

用益物权，"谓以物之使用收益为标的之他物权"④，目的在于取得和利用物的使用价值，包括地上权、永佃权、地役权等。在我国古代法律中，并未抽象出这些具体的物权概

---

① 《福建省例·田宅例》。
② 参见戴炎辉：《中国法制史》，台湾三民书局股份有限公司1979年版，第283~284页。
③ 《唐律疏议·户婚律》。
④ 史尚宽：《物权法论》，中国政法大学出版社2000年版，第15页。

念，这与民间细故"任依私契，官不为理"的官方立场不无关系。从实践上看，古代确实因诸如租佃、通道、过水等民事活动，而产生相应的社会关系，它们主要依据民间习惯进行有效调整。

1. 地上权

从中国古代"租地造屋"与"借地造林"等民间习惯中，可以看出地上权的存在。由当事人约定，在他人土地上设置建筑房舍或植树造林的权利。土地所有权发生转移，不妨碍地上权的存续。

2. 地役权

民间出现的两宅相连、两田相接、通道、过水等问题，都会发生相邻关系。地役权就是发生相邻关系时，所有人以土地供他人役使，由役使人所享有的一种权利。我国古代的相邻关系主要靠民间习惯调整。由于民间相邻关系问题基本上不会危害国家政权统治，并且地方官府、宗族足以利用习惯法资源解决此类问题，因此，国家法令对这类习惯未予以足够重视，未能从中抽象出完备的地役权制度。古代法令中零星可见若干规定。如《唐明律合编》卷二十七指出，汉律中曾规定壅水于人家门首，造成妨害；又如《庆元条法事类》卷七十七记载过当时尚书省颁布的敕令，对墓田的相邻关系作出规定。

3. 永佃权

永佃权是指以交租为代价，佃户享有长期租种地主土地的权利，是古代用益物权中最主要的一种。永佃权萌芽于宋代，元、明时期逐步得到发展，明代法令确认对永佃权的保护。自明代中叶起，土地的所有权与耕作权进一步分离，形成田底权与田面权，永佃权关系日趋复杂。

永佃权实质上是对土地所有权的一种分割。它产生于契约，通常基于三种原因产生：一是买卖土地。自耕农在出卖土地时候，一般要求保留耕种权。二是永佃。佃农租种土地达 5 年以上，可以获得永佃权。三是开荒、土壤改良等。耕种地主土地的农民，在进行土壤改良时，要求获得永佃权，以享土壤改良的利益。

永佃权关系的权利义务内容包括：（1）永佃权人享有永久租用和耕种土地的权利，土地所有权人不得随意撤佃。永佃权可以继承。（2）永佃权人对永佃权可以进行典押、出卖、转租等处分行为。处分行为是否应取得土地所有权人的同意，各地做法不同。（3）业主更换，不影响永佃权人的权利，正所谓"换东不换佃"。（4）永佃权人有向业主交纳地租的义务。如拖欠地租，土地所有权人可以撤佃。

永佃权制度富有弹性，能够较大限度地发挥土地的使用价值，既有利于土地改良，又能缓和佃户与业主之间的利益矛盾，解放土地上的人身依附关系，是解决土地兼并问题的一个比较可行的妥协方法。

（四）担保物权

担保物权是"为供债权担保所设之从权利"①，目的在于取得和利用担保物的交换价值，来确保债务的履行。这类物权包括质权、抵押权、典权等。其中典权比较特殊，它"兼有用益物权之性质"②。

1. 动产质权

债务人将动产的占有移交债权人，以作为债权的担保，这是中国古代由来已久的民间惯例，古代一般称之为"质""赘""典质""典当"等。《说文解字》释"质"为"以物相赘"，而又以"以物质钱"来解释"赘"，可见，质主要见于钱债关系中。唐代以后，多称质、质举或典，元明代以后则多称当、典当。以典当为业者，谓之当铺、典铺、质库等，它们成为民间融资的场所。

凡可留置之物，均能成为质权的标的物，如衣物、器具、牛马和奴婢等。根据标的物的不同，我国古代就有"人质"和"物质"的区别。

（1）"人质"在先秦时期比较多见，《左传》一书中使用"质"字的有50处，表示"人质"的，就有45处。③ 秦代明令禁止使用人质。如秦简《法律问答》中有"百姓有责，勿敢擅强质，擅强质及和受质者，皆赀二甲"的规定。两汉及魏晋南北朝时期，仍有以人为质的事实存在。据《汉书》记载，逢饥岁时，"民待卖爵赘子以接衣食"；淮南有风俗"卖子与人作奴婢，名为赘子，三年不能赎，遂为奴婢"。又如《晋书·桓冲传》："冲兄弟并少，家贫，母患须羊以解，无由得之，温乃以冲为质。"至唐代，严格禁止以良人为奴婢质债，但民间仍能见典帖良人男女的现象。柳宗元就曾对"以男女质钱"的柳州土俗进行过改革。④ 宋代沿袭这种规定，也有禁止用良人质债的明文。

中国古代法律虽不允许自由人直接作为质权的标的物，但是以劳务充抵债务的现象还是多见的。唐律里即有所谓的"役身折酬"。在敦煌发现的隋唐时期文书中，有记载"人无雇价，物无利头，便任索家驱使"字样，即是以劳役充当债务，不付劳动报酬⑤。

（2）"物质"在秦、汉时期史料中并不多见，南北朝时期以物出质担保债权的现象开始盛行。特别是此时出现专门收取质押财产放债取息的机构——"质库"。一般认为"质库"与佛教的传入有关，也称"长生库""无尽藏"。一方面出于慈善目的，为民众提供融资的机会；另一方面寺院也以放贷取息为经济来源。质库的收质放贷契约已经简化为

---

① 史尚宽：《物权法论》，中国政法大学出版社2000年版，第15页。
② 史尚宽：《物权法论》，中国政法大学出版社2000年版，第16页。
③ 郭建：《中国财产法史稿》，中国政法大学出版社2005年版，第76页。
④ 《旧唐书·柳宗元传》。
⑤ ［日］仁井田陞著，林茂松编译：《中国法制史新论》，台北环宇出版社1976年版，第212页。

"质帖"，债务人凭帖还钱取质。唐代民间质库业相当繁盛，吐鲁番出土的唐代文书中就有质钱帖子多件。北宋开始形成官营质库"抵当所"与民间质库并存的格局。官府向民间放贷，要求债务人提供"抵当"，抵当可用不动产，也可用动产。其后，各个王朝皆延续这种格局，法律也进一步加强对典当行业的规范管理。

设立质权的阶段行为为：物主（出质人）将质物的占有移交给债权人（当主），从而取得所需要的钱款，物主在一定期限内保有对质物的回赎权；回赎期内，物主须清偿债务本金和利息方可回赎质物。期限过后，出质人不回赎的，当主则可以将质物下架进行清偿。法律规定动产质权的回赎期较短，最长不过 3 年。

2. 抵押权

从严格意义上讲，我国古代并不存在现代民法抵押权制度意义上的法律，但以某一田宅设定为债权担保而并不立即转移占有的民事行为，在古代民间仍可以看到。

秦汉时期，以田宅作为担保的民间惯例就已存在。南朝时期把这种担保方式称为"悬券"，北朝称之为"注"。如《南史·临川靖惠王宏传》："宏都下有数十邸，出悬钱立券，每以田宅、邸店悬上文契，期讫，便驱券主，夺其宅"，但这种行为遭到当时统治者的禁止。其中"悬券"就是在作为担保物的田宅契约上写明担保事实，到期不能清偿的，债权人可以驱逐债务人，取得财产。

唐宋两代对此称为"指质"，即仅指定而可不实际转移担保物的占有，债务人将田宅的证书（地契或分书）交给债权人保存，清偿时赎回。而明清时期往往用"抵""抵借"来表述。由于指质容易发生诈骗，因此唐代《杂令》规定指质必须由家长立契，并经官府批准。从法条来看，官方只是规定为偿还官债时，可以用田宅直接抵销债务。如《宋刑统·杂律》"受寄财物辄费用"门引唐代敕令的规定，借贷官府钱财，必须要指定田宅产业作为担保，所指定田产必须是"本分合得庄园"，无权利上的瑕疵。"妄有指注"者，论罪处罚。对于私人之间的债务能否以田宅抵偿，官方态度比较含糊：一方面出于打击豪强地主侵吞他人财产、兼并土地的目的，法律对强行扣押债务人的财产来折抵债务的行为，进行严格控制，宋代甚至明文禁止以大牲畜、田宅抵偿计息债务；另一方面，官府也默许民间的融资行为，允许以田宅担保债务的民间习惯的存在。由于这样的担保没有受到立法的正式确认与保护，所以指质担保主要依靠民间的自力救济。

另外，永佃权、地上权、典权等物权也可以抵押。因为当抵押这类物权时，须将契帖或契证交给抵押权人，所以也称这类抵押为"契押"。

3. 典权

典权是中国古代社会特有的一种物权，其特点在于出典人（业主）将田宅等不动产转移给典权人（典主）以获得典价（典价一般低于出卖价），典权人获得对该不动产的占有、使用、收益权以及将其再次转典的处分权，出典人保留在回赎期内赎回该不动产的权利。由此可见，它是一种兼具用益物权和担保物权各自性质的特殊物权形态。

这种物权的出现，应与中国古代孝道观念有关。在宗法性小农经济的影响下，古人把出卖土地看作是一种有辱祖先的行为，守业方为尽孝。在典权关系中，出典人既可以依靠出典获得自己所需的典价，实现融资目的，又因拥有回赎权而避免蒙受出卖祖业的耻辱。对于典权人而言，典物的实际转移，既减少自己提供担保的风险，也能够取得田产上的收益，同时，对典物的先买权更为典权人提供逐步取得土地的手段。这种双赢性，是中国古代典权制度得以存在并不断发展的主要原因。

典权制度最早出现在南北朝时期，称为"帖卖"。由于它不同于以转移所有权为目的的一般买卖，所以也叫"活卖"。它的出现与当时法令禁止土地买卖有密切关系。北齐实行均田制，禁止土地买卖，私人无法依靠买卖行为取得必要的资金。"帖卖"作为一种规避法律、达到融资目的的方式，流行于民间。《通典·食货二·田制下》引《关东风俗志》云："帖卖者，帖荒田七年、熟田五年，钱还地还，依令听许。"法令也默许这种关于买卖行为的民间风俗。唐代帖典继续发展，据《宋刑统·户婚律》"典卖指当论竞物业"门中记载，唐代晚期立法开始对典、卖行为分别规范："自唐元和六年后来条理典、卖物业敕文不一。"宋代集中前朝积累的经验，对田宅出典作了系统总结，正式规定在法典之中。其主要规范见于《宋刑统·户婚律》中的"典卖指当论竞物业"门。明、清律关于典卖田宅均有较详细的规定，典权制度也随着明、清商品经济的发展，日益复杂化。

典权制度的权利义务关系如下：

典权人的权利义务为：（1）典权人有占有和使用典物的权利，并有对典物的收益权；（2）典权人有权出租、抵押或出典典物；（3）典权人遇到出典人无力回赎典物时，有对典产的留置权和优先购买权；（4）典权人的义务是支付典价，保管和修缮典物，支付相关赋税，不得拒绝回赎。

出典人的权利义务为：（1）出典人获得典价，保留典物的所有权，对典物有回赎权、找绝权、别卖权；（2）出典人不得重复典卖，在回赎期满时必须返还典价。

关于典权的设立以及出典契约的相关问题，我们放在债权制度中分述。

二、债权制度

古字"债"与"责"通用。《说文解字》释"责"为："求也"，颜师古在注《汉书·淮阳县王钦传》时也解释道："责，谓假货人财物，未偿者也。"债权人得向债务人请求特定给付，而债务人应请求承担一定义务，此之谓债权债务关系。

中国古代，债的关系主要是基于契约发生。契约制度，是随着私有财产的出现，商品交换的发展而逐渐形成的。据史书记载，我国早在部落联盟的传说时代，就出现提供商品交换的"市"，所谓"神农氏作……日中为市，致天下之民，聚天下之货，交易而退，各得其所"①。殷商时期，出现用于交换的货币，商品交换得到进一步发展。至周代，契约逐渐制度化。《周官·秋官·朝士》云："凡有责者，有判书以治则听。"从文献和出土的鼎铭中可见，我国在先秦以前就已承认契约关系的法律效力。当事人必须持书面凭证，向官府主张债权。官府以契约为根据进行审理判决。至迟从唐律开始，历朝律典都明文规定违约责任。《唐律·杂律》规定："诸负债，违契不偿……各令备偿。"过期仍不清偿的，科罪处刑。明、清律沿袭此规定，如《大清律·户律·违禁取利》规定："其负私债，违约不还者，五两以上，违三月，笞二十……罪止杖六十，并追本利给主。"

在债的履行问题上，古代法律对于债务不履行，允许债权人自力救济，但索偿不得过限。唐、宋法规定，负债不偿，债主有权"牵掣"债务人的财物或奴婢，以私力扣押达到强制履行债权的目的。牵掣必须先报官听断，且不得超过原债务额。《唐律·杂律》规定："诸负债不告官司，而强牵财物，过本契者，坐赃论。"牵掣过程中不得出现强夺、伤害、奸占等违法行为。另外，唐、宋法也允许家资尽者以自身劳务抵债，此之谓"役身折酬"。役身折酬者只能取户内男子。

（一）契约

1. 契约的形式

契约在我国古代词汇中，往往被称为"约""契""券书""书契"等。这些词汇除有些还可表达政治盟约的含义之外，大多用以表示民事契约。它们在民事活动中被使用，具有结信防讼的功能。汉以前，契约主要采用傅别、质剂、书契三种形式，统称"判书"；汉以后直至民国，契约主要采取两种形式，一是分支契，包括下手书、画纸券、合同、和同等；二是单契。

（1）契约的最古老形式，应该是"判书"。《周礼·秋官·朝士》云："凡有责者，有判书以治则听。"郑玄注云："判，半分而合者。故书判为辨。郑司农云：'谓若今时辞讼，有券书者为治之'。辨读为别，谓别券也。"此类契约分为左右两支，须合券加以验证，方具法律效力。《周礼》记载，因形状和用途的不同，判书有傅别、质剂、书契的区别。

①傅别："听称责以傅别"，郑玄注："傅，傅著约束于文书；别，别为两，两家各得一也"，"谓为大手书于一札，中字别之"②。将契约内容写在竹简上，从中剖开，双方各执一片，合券时以此为信。其主要用于"听称责"，是借贷契约。

① 《易经·系辞下》。
② 《周礼·天官·小宰》。

②质剂："听买卖以质剂"，郑玄注："谓两书一札，同而别之，长曰质，短曰剂。"①将合同内容书两札，使当事人各执一札。质用于民人、牛马等较大的交易，而兵器、珍异之物等小贾用剂。买卖纠纷主要依据质剂来处理。

③书契："听取予以书契"，郑玄注："取予市物之券也。其券之象，书两札，刻其侧。"② 这里的书契是一种在"取予"场合使用的书面凭证，书两札，双方各执一札。

（2）分支契、单契。分支契乃由判书发展而来。在汉代，早先的质剂发展成"下手书"，郑玄说质剂"若今下手书"。至唐代，下手书又发展为"画指券"，贾公彦在注疏《周礼》时云："汉时下手书即今画指券，与古质剂同也。" 至迟曹魏时期，出现"合同"契约。合同契分为左右两支，两支都书有契文，再于两契并合处大书"同"字或"合同"字样。

约南北朝中期，单契的形式获得较大的发展。这种形式的契约文书不再是两份的判书或合同契，而是由契约一方出具，另一方收执的契约文书，无须合券验证文书的真伪，验证真伪的标记主要依据立契人的签名画押。

唐代以来，在不动产绝卖关系中，单契与合同契并用。因为单契的形式和手续比较简便，所以在民间，单契日益被广泛采用。宋代时，单契发展为官印契纸，由官方出卖；元、明、清三代亦采用官契印卖的做法。由于官契有印，故称红契，而民间为了避税而采取的单契契纸，被称为白契。

2. 契约的种类

目前发现古代作为契约的材质有金属、石碑、竹签木牍以及纸契。从保留下来的契约材料看，中国古代的契约种类丰富多样，包括买卖、典当、借贷、雇佣、租佃、租赁、借用、保管、承揽、合伙、运输等。

（1）买卖契约。周代的买卖形式主要是要式转移。买卖契约具有如下成立要件：首先，必须订立契约券书。《周礼·地官·质人》载"听买卖以质剂"，"大市以质，小市以剂"。质剂都是契约券书，以竹简分为两半，买卖双方各执一半，同时另写一份藏于官府。遇有诉讼纠纷，以质剂为凭证。其次，需有证人、盟誓等形式。最后，标的物所有权的转移，以钱主付款之时起。出卖人在对买受人的要约进行承诺以后，无权再将标的物出卖。

唐律规定买卖双方必须订立契约，交由官府公验。如已经过价给付，三天以内不立市券者，买主笞三十，卖主减一等。要式买卖多见于涉及牛马、奴婢、房产等大宗的交易行为。

买卖契约中的担保责任主要由卖主承担，包括两个方面：其一，瑕疵担保。卖主在出

---

① 《周礼·天官·小宰》。
② 《周礼·天官·小宰》。

卖时，须担保标的物无隐藏的瑕疵。《唐律疏议·杂律》有明确规定：奴婢、牛马出卖以后，买受方在三天内发现有旧病者，可以反悔，解除契约；如果出卖物是造器用品或绢布之属，被发现有瑕疵的，不仅物品没官还主，贩卖者还要承担刑事责任。产品瑕疵主要表现为"行滥"（器用之物不牢、不真，如纺织品跳行，烧陶产品质次）、"短狭"（纺织品的幅度未达到标准：绢匹不充四十尺，布端不满五十尺，幅阔不充一尺八寸）。此后各代沿用。其二，追夺担保。即卖方须保证出卖的标的物没有第三人追索。譬如保证出卖物不得是盗窃物，田宅买卖契约中大多保证如有亲族邻里提出异议由卖方承担，与买主无关。另外，很多契约都订有恩赦担保的明文，即因买卖契约所发生之债权债务关系，不得因逢恩赦而解除。

（2）不动产买卖与典卖。田宅等不动产的买卖与典卖，对于古代农业社会而言，具有重要意义。田宅买卖均为要式契约，有着较繁琐和严格的手续。其成立的基本要件为：

①向官府申请文牒。唐律明文规定，买卖田宅，必须经部官司申牒。若无文牒买卖者，财没不追，地还本主。宋代法令也规定，子孙弟侄质举、卖田宅，须先取得官司文牒。此后历代皆有此规定。

②先问亲邻，亲邻批价。在中国古代，土地房屋作为最重要的主要资源，往往为亲族等团体共同所有，因此田宅买卖一般要尊重特定关系人的先买权。宋代法律规定："应典卖、倚当物业，先问房亲，房亲不要，次问四邻，四邻不要，他人并得交易。房亲着价不尽，亦任就得价高处交易。"① 出卖田宅，在取得官方文牒之后，业主须提出一个价格，问亲邻是否购买；如购买，则由亲邻批价。若批价低于其他买主，业主可卖给出价高的买家；如出价相同，亲邻具有优先购买权。

取得先买权，必须同时具有亲和邻两个条件。南宋时《名公书判清明集》中明确说到当时的法令："在法，所谓应问亲邻者，止是问本宗有服纪亲之有邻至者。如有亲而无邻，与有邻而无亲，皆不在问限。"此外，如标的物上已设有典权，典权人也有先买权，典权人的先买权优先于亲邻。元代规定则不同，典权人在亲邻之后享有先买权，但如邻人典主在百里之外，则不在取问之限。

③立契画字成交。批价之后，双方当事人达成买卖合意，会同中证人，进行相关的勘察和测量。勘察无误，须订立契约文书，文书内应标明物的坐落四至，然后由买卖双方当事人及中证人等签字画押。签押完毕，买方将价金交付卖主，卖主则将相关契约文书交付买主。

④输钱印契。不动产买卖契约订立后，还须向政府纳税。税契之制，始自东晋，后为唐所承，是不动产买卖的成立要件。宋、元、明、清时期也有此规定，由官府出卖官印契

---

① 《宋刑统·户婚律》。

纸。田宅买卖，不税契者，除刑事制裁之外，"追田宅价钱一半入官"①。但民间仍广泛使用私契。

⑤过割赋税。所谓"过"即过户，"割"即割粮，随着交易的完成，土地上的权利和纳税义务也发生转移。买方不尽纳税义务的，要受到法律制裁。明律规定，不过割者，除笞杖外，其田没官。但在民间实践中，田产转移后不过割或由卖主纳税的现象依然存在。

除了上述程序之外，宋代还强调土地买卖契约成立后原主必须"离业"。卖方必须转移土地的占有，自己不能充当买方的佃户，继续耕种原来土地。北宋皇祐年间（1049—1054 年）规定："凡典卖田宅，听其离业，毋就租以充客户。"② 南宋沿袭此规定。这一立法能够减少偷漏税收现象的出现，也有助于减少土地纠纷。元、明、清时期，法律对此未作明确规定。在实际生活中，农民出卖土地后依旧在原业耕种，成为买方佃农的现象很多，各地民间都有"卖田存耕"的习惯。

土地买卖分为活卖与绝卖，区分标准在于是否能回赎。典卖即活卖，业主能够定期回赎典押出去的土地权利，包括土地所有权以及永佃权等其他物权。在活卖场合中，土地买卖形成卖、找、断三个阶段，对应三种契约：活契、找帖契、死契。

活契：它是典型意义上的典卖，卖主并不一次性卖断土地权利，而保留回赎权。

找帖契：卖主暂时出卖土地权利，要价低于时价，当无力回赎时，可以向典权人索要找帖，即要求买主补充差价。有时一项田宅交易，卖主可以多次找帖。

死契：也叫绝卖契。活卖之后，卖主无力回赎，经过找帖而卖断土地权利，形成绝卖。民间也有称"找帖休心断骨契"或"找断休心尽契"等。

明、清时期，土地买卖主要依靠民间习惯调整，由于各地习惯对典卖的回赎期与找赎方式、次数等规定各有不同，因此土地交易中产生大量纠纷，官府不甚烦扰，于是清乾隆年间（1736—1796 年），国家立法对绝卖活卖进行了严格划分，并要求民间交易时必须在契约中写明。"嗣后民间置买产业，如系典契，务于契内注明'回赎'字样，如系卖契，亦于契内注明'绝卖''永不回赎'字样。其自乾隆十八年（1753 年）定例以前，典卖契载不明之产，如在 30 年以内，契无绝卖字样者，听其照例分别找赎。其远在 30 年以外，契内虽无绝卖字样但未注明回赎期者，即以绝产论，概不找赎。"③

（3）雇佣契约。雇佣在我国古代称为"雇""庸""赁"等，包括人的雇佣，牲畜、车的租赁。其中人的雇佣，才接近于近代的雇佣观念。

明代张自烈在《正字通》中说："佣，雇役于人，受直也。"雇佣劳动是雇佣关系产

---

① 《明律·户律》。
② 《宋史·食货志》。
③ 《大清律例·户律》。

生的关键。奴隶制时期的雇佣劳动，通常受到人身依附关系的支配，这与近代基于平等自由人格而产生的雇佣关系有着根本区别。进入封建社会，人身依附关系逐渐削弱，非依附性的雇佣关系也见于史书。如刺客高渐离曾改名换姓，"为人佣保"①；汉代彭越因穷困"卖庸于齐，为酒家保"②；张苍、匡衡也皆因家贫而"庸作"③。唐宋时期，庸作比较普遍。敦煌文书中找到不少雇工契。明律明确禁止官员无偿役使他人。官员役使他人抬轿，以及富家役使佃客抬轿，都必须给雇工钱。民间雇工耕种土地或经营商业的现象相当盛行，法律也对雇主与受雇人之间的关系进行规定：工钱较少、工作时间以月日计算的，为短工，视同凡人；立券用直，工作有年限者，乃是长工。长工以雇工人对待，与雇主仍存有主仆名分。至清代，雇工地位得到提高。乾隆时期的立法表明，长工若与雇主无主仆名分的话，地位同于凡人。

（4）租赁契约。在古代法律中，租赁简称赁、租或佣，包括租赁土地、房屋、车船、牛马、奴婢等。从出土文物看，早在西周就存在着因出租土地而产生的租赁关系。周共王时期的《五年卫鼎》铭记载一次出租土地的行为。两汉曾多次把国有土地山泽租给贫民，称为"假予公田"，耕种者要向朝廷缴纳地租性质的"假税"。除了国有土地出租之外，佃农租赁、租佃地主的土地也是一种比较常见的租赁关系。宋代以前，这种租佃关系带有较强的人身依附性质，承租人承担较多的义务，处于不利的地位。如承租人的家属负有连带担保责任。如佃农不能按时交租，他的妻儿往往沦为奴婢。宋代永佃关系的出现，提升了佃户的地位；至元代，租佃关系已是较为单纯的契约关系了。

关于房屋租赁，魏晋以前，租宅住者不多，唐、宋时期，租屋契约已较盛行。租赁房屋应订立契约，民间也形成不少习惯来调整这种租赁关系。如承租人缴纳一定数额的押金；只要房客不拖欠房租，房东不得收回房屋；房东只有在自用或变卖房屋时才可收房；若租房契约上未明文否定，房客可以转租房屋，成为"二房东"。

（5）借贷契约。借贷契约是中国古代比较常见的契约，分为消费借贷和使用借贷。

使用借贷起源较早，而消费借贷则在我国西周时期，就已形成完整的制度。《周礼》中关于"称责""贷"等的规定表明，礼制对借贷考虑得相当细致；秦律对借用官物以及官私消费借贷均有较详细的规定，其中对借贷保证、代偿责任、偿还方式均有具体要求；至唐代，相关法律规定得到进一步发展，形成比较完备的借贷制度体系：立法中，区分成合法的私借官物、官借私物与非法的私借官物三类情况进行处理；消费借贷分为官方借贷和私人借贷，禁止官吏私自贷放官物或在部内放私债；特别是对"负债违契不偿"的罪名

①　《史记·刺客列传》。

②　《汉书·彭越传》。

③　《汉书·张苍传》、《汉书·匡衡传》。

作出一般规定，为后世法律提供一个摹本。五代开始，确立不得回利为本的制度，宋、元、明、清四代法律均规定一本一利，其他规定基本承袭唐代。需注意的是，自北魏开始至宋、元，我国允许用公廨钱出举，以其利息支付官员薪俸。

债务的担保方式除了利用担保物权，还包括"牵掣""役身折酬""保人代还"等。另外，民间还有违限罚息的习惯做法，即原本不计利息的债务，如果债务人不能清偿到期债务，自到期之日起，开始计算利息以保证债务的履行。

（6）其他契约。保管契约，也叫"寄托"，是指一方将自己财物交付他方保管的协议。唐律对受寄财物问题进行明确规定，主要强调保管人（受寄人）的责任和义务。受寄人不得使用受寄财物，不得诈言财物死失；如死失，应予以赔偿。若因被盗或按理死去，则不予赔偿。明、清律承袭唐律立法精神，进一步完善对受寄人的免责规定："其被水火盗贼费失及畜产病死，有显迹者，勿论。"① 其处刑也略有不同。

居间契约，也叫"行纪"，指受人委托，居间作委托人之间缔约的媒介，并收取报酬的协议。古代将行纪人称为牙人、经纪。早在汉代，就已出现买卖牵线、议定物价的经纪，叫作"节驵侩"②。颜师古注云："侩者，合会二家交易者也。驵者其首率也。"至明、清时期，牙行得到进一步发展。明、清律规定牙行须由官府给印信文簿，即须获得官方认证方可执业。法律禁止冒充牙行，禁止牙行强行邀截客商，谎赊货物，评估物价不公，抬高物价以及侵亏他人利益的行为。

（二）侵权行为的损害赔偿

中国古代并未形成西方式的侵权行为法，而类似于今天的民事不法行为，基本上被纳入刑法的范畴。对于财产损害，唐代有"备偿"制度进行财产赔偿，但这种赔偿方式不适用于人身、名誉、自由等损害案件。元代法令有征烧埋银的规定，过失杀人，征赎钞给主；误杀、戏杀、斗杀、谋杀等，皆征烧埋银两。明、清律受元代律影响，规定对生命、身体的侵害补偿中，有养赡费、医药费、烧埋银等。

第四节　中国古代婚姻家庭制度

一、婚姻制度

婚姻在人伦关系中被视为人伦之本，是一切社会组织和制度发端的基础和前提。《周易·序卦传》云："有天地然后有万物，有万物然后有男女，有男女然后有夫妇，有夫妇

---

① 《明律·户律》。
② 《汉书·货殖列传》。

然后有父子，有父子然后有君臣，有君臣然后有上下，有上下然后礼义有所错。"这是古代社会对礼仪制度合理性的认识。所以，自古以来，我国礼教习俗都非常重视婚姻。在律令体系中，有关婚姻的制度规范，也较之其他的民事规范要多。

（一）概说

与其他文明古国的人类婚姻一样，中国古代婚姻形态也经历过一个发展演变的过程。掠夺婚、买卖婚、交换婚、自由婚等婚姻形态，在早期中国都能寻觅踪迹。西周时期，最终以礼制规范确立聘娶婚为中国婚姻制度的主导形态，直至清末，相沿不改。

1. 婚姻的目的

古代认为结婚的目的是延续宗族，故而结婚不是两个人的结合，而是两个家族之间的结合，是关涉祖先祭祀、家族延续的重要大事。《礼记·昏义》有云："昏礼者，将合二姓之好，上以事宗庙，而下以继后世也。"根据这个定义，可见婚姻是以家族为中心，其目的在于延续家族和祖先祭祀。另外，古人也从国家秩序角度强调婚姻的意义。"夫昏礼，万世之始也。"① 婚姻被认为有助于巩固和完备礼制，"夫礼始于冠，本于昏"②，"礼始于谨夫妇"③。

2. 婚姻制度的基本原则

古代婚姻制度的原则有二：

一是"父母之命，媒妁之言"。婚姻的目的是合两姓之好，以延续家族，所以婚姻必须体现两姓尊长的意志。父母的意见须通过媒妁来传达。

二是婚姻形式实行礼仪上的一夫一妻制。一夫一妻制是宗法制的要求，是保证宗法关系明晰的必然要求。《法经》有云："夫有二妻者诛。"《唐律疏议》也规定："依礼，日见于甲，月见于庚，象夫妇之义。一与之齐，中馈斯重，故有妻而更娶者，合徒一年。"此所谓"礼无二嫡"之义。历代法律均对重婚罪进行规定。同时，为了避免因嫡妻无后而导致家族血缘无法延续，古代礼制法律并不反对纳妾。《礼记·曲礼》有云："大夫一妻二妾，士一妻一妾。"唐、宋法律规定庶民可以纳妾，官吏还可依品秩纳媵、妾多人。明律也规定，民年40岁以上无子者可以纳妾，而清朝法律对纳妾基本不作任何限制。由于纳妾制度的存在，形式上的一夫一妻制，也就转变为实质上的一夫多妻制。

在古人观念中，妻和妾是两回事，唐律解释说："妻者，齐也，秦晋为匹。妾通买卖，等数相悬"，严禁妻妾失序，否则有违夫妻正道，破坏人伦彝则。妾的地位低于妻，从成婚礼仪来看，聘为妻，奔为妾，六礼不备谓之奔，娶妻用聘娶方式，通常六礼俱备，而纳

---

① 《礼记·郊特牲》。
② 《礼记·昏义》。
③ 《礼记·内则》。

妾往往是买卖、受赠等方式；从服制上来看，妻尊妾贱，妾与夫家亲属只产生单向服制关系，而丈夫对妻子的亲属也构成服制关系；妻所生之子，称为嫡出，嫡长子承嗣，而妾所生之子，称为庶出。嫡子在宗族家庭地位中高于庶子。

（二）婚姻关系的形成

中国古代社会婚姻，分为定婚与成婚两个阶段。定婚是婚姻的必经程序，其效力基本与成婚相当。婚姻关系形成，需要具备实质要件和形式要件。

1. 结婚的实质要件

（1）须由祖父母、父母或期亲尊长主婚。发生违制婚姻时，主婚人应负法律责任。

（2）须达法定婚龄。婚龄又分定婚年龄和成婚年龄。法律通常是对成婚年龄作出限制，而定婚年龄则无明确规定，民间甚至有指腹定亲、娃娃亲等说法。关于成婚年龄，据《礼记·曲礼》记载："男三十而有室；女子二十而嫁，有故，二十三而嫁。"这是西周时期人们通常结婚的年龄，至于是否为法定婚龄，尚不明确。秦汉时期，鼓励早婚，大体将结婚年龄规定在男 18 岁、女 15 岁左右。政府强制结婚的政策也促使早婚现象的出现。唐、宋令规定，男年 15 岁，女年 13 岁以上，即听其婚嫁。清朝则规定男 16 岁，女 14 岁为成婚年龄。有关婚龄的规定，各代不一，总体特征是实行早婚。

（3）须非同姓。在古人观念中，同姓结婚，既有碍生育，又违背人伦。同姓成婚，其生不藩，不利于家族宗嗣的延续；另外，异姓联姻，有利于附远厚别，所以法律明令禁止同姓结婚。此结婚原则从周代就已确立，《礼记·曲礼》记载："娶妻不娶同姓，买妾不知其姓则卜之。"同姓不婚不仅指同宗禁婚，也包括禁止同姓不同宗的婚姻。各代法律对同姓的规定，皆以父系为准；唯有后周，亦禁止娶与母同姓的女子。针对同姓结婚者，历代法律皆作出相应处罚。如唐、宋律规定是徒二年，离异；明、清律规定是杖六十，离异。

（4）须非禁婚亲属。首先，古代禁止有服制关系的外亲之间结婚。如果是辈分不同的亲属结婚，譬如堂舅娶堂外甥女，以奸论，构成内乱罪名，判处离异。如果是平辈，杖一百，离异。其中最突出的是姑舅表亲，也叫中表亲。唐、宋法限制五服内亲属结婚，而中表婚双方为缌麻亲，但从社会风俗上看，此种婚姻还是较为流行的。明清时期开始专设法条，禁止中表为婚，一旦发现，依法断离。其次，禁止娶亲属妻妾。妻妾一旦嫁入夫家，经过庙见，即与夫姓宗亲产生服制关系，因此决不允许与夫家的其他亲属产生新的婚姻关系，以维护伦常秩序。同一宗族的人娶同族人妻妾，根据二人亲属服制关系，进行量刑：袒免以外，杖一百，离异；缌麻亲，徒一年；小功以上，绞。虽唐代以后的历代法律都有此规定，但在实际生活中，兄收弟媳、弟收兄嫂的情况也是相当普遍的，更有甚者出现子纳父妾的现象。

（5）须不得违背身份上的限制。婚姻上的身份限制主要包括以下几种：①士庶不婚。此制见于南朝及唐初。在当时贵族政治体制下，士大夫拒绝与庶民同婚。此后，该种限制逐渐废弛。②良贱不婚。南北朝时期，法律禁止主婢之间通婚。后为唐律及后世法律继承。③禁止僧尼道等宗教人士结婚。唐、宋、明、清法令中皆有禁止性规定。④官吏不得娶部民之女。唐代法律规定，官吏在任期间，不得与部下百姓通婚。监临官娶所监临女为妾，或为亲属娶者，均受处罚，并解除婚姻关系。清代也有此禁条。

（6）不得重婚。历代法律皆禁止有妻更娶的行为，以确保一夫一妻制的推行。女子也不得有二夫。

（7）禁止先奸后娶。唐、宋律明确规定，先奸后娶者，纵生子孙，也必须强制离异。元、明、清沿袭此制。

（8）不得诈欺成婚。律文通常称诈欺成婚为"妄冒"。若当事人隐瞒诸如残疾、年龄、家庭关系、身份等事项内容，而与他人成婚的，即构成妄冒。法律予以明令禁止，违者科以处罚，并解除婚姻关系。

（9）禁止因胁迫而成婚。唐律规定，应为婚而恐吓娶之，或强娶者，坐罪；在对于守志妇改嫁问题上，也规定非其祖父母、父母，不得强嫁。明清律也有禁止强占良家妻女的律条。

（10）居丧期间，或尊亲长被囚期间，不得结婚。

2. 结婚的形式要件

婚姻除符合上述实质要件之外，还需具备形式上的要求，方视为成立，所形成的婚姻关系具有法律效力，受到法律的保护。定婚以婚约的缔结为成立要件，而成婚则以婚礼仪式的完成为成立要件。

依西周礼制，结婚的形式要件为六礼：纳采、问名、纳吉、纳征、请期、亲迎。前四者为定婚礼仪，而后二者为成婚礼仪。大体程序如下：首先男方家请媒人到女家求婚，若女家同意，则可收下男家赠与的礼物（纳采）；达成初步意向之后，男方问清楚女方姓名、年庚，然后回到宗庙卜其凶吉（问名）；如得吉兆，视为祖先同意，男家即遣媒人，将占卜结果报之女家（纳吉）；如女家同意，男家遂送聘财至女家，婚姻关系基本成立（纳征）；在制作婚书后，定婚礼履行完毕，此后，男家再到宗庙占卜吉日，并将结果告知女家，就婚期问题与女家达成一致（请期）；至婚期之日，由新郎前往女方家迎接新娘，然后一道回男家，举行共牢合卺之礼，婚礼结束（亲迎）。南宋的朱子家礼，将六礼简化为三礼，即纳采、纳徵和亲迎。这种结婚礼制沿袭至清末，对现代结婚风俗也有较大影响。

从唐律规定来看，婚姻成立的核心要件，是所谓"报婚书""有私约""受聘财"。

其中"有私约"即双方必须告知有关对方年龄、身体健康状况、身份等基本情况，乃婚姻构成的实质要件，而"报婚书"和"受聘财"则是婚姻成立（定婚）的主要形式要件。

六礼完毕之后，夫妻关系虽然已成立，但新妇还未与舅姑和祖宗相见，仍没有获得子妇的地位，因此还要举行"成妇之礼"。成妇礼分为两个步骤，一是新婚次日，拜见舅姑，以明妇顺。二是在三个月后，行庙见礼，拜见丈夫祖先。至此，女子进入夫宗，与丈夫亲属产生服制关系。后世改为三日庙见。

3. 婚姻的特殊形态：招婿婚

古代婚姻分为两种，嫁娶婚为正常形态，而招婿婚为特殊形态。招婿婚，也叫赘婿婚，是指男方进入女家同居生活的婚姻，包括未嫁女在本家招婿，以及寡妇招夫。

招婿分为养老女婿和年限女婿。养老招婿终身在女家生活，不得随意离开；而年限女婿在经历一定期限后，通常是要归宗的。其中期限约定要么是确定的，要么是不确定的（以生子或女方尊亲长死亡为期）。

在身份关系上，招婿与女方家族只有妻亲关系，不入妻宗，不冠以妻姓，所带财产也不与妻亲共财，所以，虽为招婿，但男尊女卑原则仍得以贯彻。女方唯一享有的比较特别的权利是有权主动驱逐招婿，这点与嫁娶婚正好相反。宋、元时期鉴于年限女婿往往无故被驱逐，使得赘婿形同长工，法律则规定女方驱逐招婿必须有充足理由。明、清律予以沿袭。

招婿婚的成立要件，与正常婚姻形态略有不同。

（1）限制条件有二：一是招婿不得为独子，以全其孝道。元朝法律规定有所不同，若男子家境贫穷，则虽为独子，也可以成为招婿，但必须是年限女婿。二是要有在女家年限的约定。

（2）婚姻成立在形式要件上，减去亲迎这道程序。女婿直接上门，举行婚礼即可。为防止招婿在女家受到欺辱，元、明、清代法律皆明文规定，招婿必须立婚书。

（三）婚姻关系的解除

古代律文往往采用"离异"，用以表示婚约关系或婚姻关系的解除，包括婚姻无效和离婚两个内容。

1. 无效婚姻

无效婚姻主要是指违犯结婚禁止性规定的婚姻。无效婚姻一经告发，则由司法机关判决离异。由于无效婚姻被视为自始无效，所以当事人不发生任何亲属服制关系，以及相应的连带责任。譬如一个已婚者，触犯刑律，构成大逆罪。在以大逆罪进行处罚时，发现其婚姻无效。此时其妻子不承担相应的连坐责任。

导致婚姻无效的禁止性要件，除了有同姓不婚、禁止有服制关系的外亲之间结婚、禁止娶亲属妻妾等历代相沿袭的原则性规定以外，还有一些具体规定，如先奸后婚、命妇再嫁、官吏娶部民妇等。违反结婚的实质性要件，通常会导致婚姻无效。

2. 离婚

我国古代并非一概地反对离婚，《礼记·昏义》中就说道："夫妇，以人合者也"，故而"可制以去就之义"。与男尊女卑的伦理秩序相对应，离婚权主要被赋予男方，丈夫有出妻之权，而妻子不得离夫。《白虎通》云："夫有恶行，妻不得去者，地无去天之义也。"明、清律也规定，夫有出妻之理，而妻无弃夫之条。古代离婚制度采取法定理由制，可分为"休妻""义绝""和离"三种形式。

（1）休妻。即丈夫单方面解除婚姻关系。礼制和法律规定构成丈夫休妻的正当理由，即"七出"。《大戴礼记》称之为"七去"："妇有七去：不顺父母去，无子去，淫去，妒去，有恶疾去，多言去，盗窃去。"据文献记载，西周时期即已有七去之说，后世法律皆沿袭此制度规定。唐律也规定了丈夫休妻的"七出"理由，其顺序是：一无子、二淫佚、三不事舅姑、四口舌、五盗窃、六妒忌、七恶疾。明、清律亦同。

从七出之条可见，它是以家族主义为本位，与祭祖及续嗣的目的息息相关。凡是不能适合家族延续或宗族和睦的婚姻，则予以解除。同时，"七出"之条中，没有任何涉及女方意志的内容，它完全是丈夫单方面休妻的条件。

为防止丈夫滥用"七出"之权休妻，西周时期即有"三不去"的规定，即对"七出"的补充和限制。所谓"三不去"，即"有所受无所归，与更三年丧，先贫贱后富贵"。若妻犯七出之条，但同时属于"三不去"的范围，则丈夫不得休妻。

（2）义绝。义绝是法定的强制离婚理由。夫妻以义合，义绝则恩断，不可能再共同生活。此种说法由来已久，但唐代方正式入律。导致义绝的主要原因是夫妻双方以及双方亲族发生相互侵害的行为。它包括夫对妻族，妻对夫族的殴杀、奸非以及妻对夫谋害。唐律即有详细规定。明、清时期，对义绝增添了新内容，如身去远方，妻父母请求改嫁；女婿将妻殴至折伤、与外人通奸、有妻诈称无妻、受财将妻妾典雇等，都可构成义绝。明清时期对义绝所增添的内容，是一个值得关注的现象，它着重规定舅、姑、夫对妻的侵害而造成的义绝，妇女权利开始通过义绝的形式曲折地表现出来。

（3）和离。古时又称两合离婚、两愿离婚，类似于现代的协议离婚。《唐律·户婚律》规定："若夫妻不相安谐而和离者，不坐。"和离在唐、宋时期，属于义绝的一种，在明、清时期单列为独立的离婚条件，称为"两相情愿"。《大清律例·户律·婚姻·出妻》规定："若夫妻不相和谐，而两愿离者，不坐。"其发生条件是"情即已离，难强相合"。和离在一定程度上反映夫妻意志，尽管这种意志往往会受到双方家长的影响。

二、亲属制度

我国古代社会是一个典型的家国合一社会，在原始氏族社会向奴隶制国家过渡时期，表现出种姓奴隶制的特征。氏族血缘纽带没有随着国家的出现被打破，反而得到进一步加强，甚至国家政治的衍生逻辑都带有强烈的家族主义色彩。宗族及家庭内部的亲属关系，必然成为法律规制的对象，产生出独特的亲属制度。需要注意的是，古代亲属身份关系，主要是依靠传统伦理道德、习惯和宗族自治规则来规范和维持，国家制定法往往在重要事项处，以刑罚方式来支持道德、习惯等社会规范的规制效力。

就家庭类型来看，我国古代并非以核心家庭①为主，而普遍表现为大家庭宗族形态。在这种家庭类型中，亲属关系更为复杂。

（一）亲属的范围

亲属，《说文解字》曰："亲，恩爱狎近，不疏远之称"，而"属，连也"。此二者分别指近亲和较疏远的亲属。《礼记·大传》中记载："四世而缌，服之穷也。五世袒免，杀同姓也。六世亲属竭矣。"可见，在古人观念和习惯中，五世之外无服制意义上的亲属。同时，国家律典也必须对亲属作一限定，以明确发生法律效力的亲属关系的范围。自晋泰始律始，"准五服以制罪"原则正式入律。唐律也对"亲属"进行明确解释："缌麻以上，及大功以上婚姻家庭。"②此规定适用于整部律典中的其他条款。大明律将五服图置于律典之首，更在每一条涉及亲属的律文中，都明确规定该条适用亲属的具体范围。这种立法形式为清代法律所沿用。

（二）亲属的分类

现代亲属法通常是仿行西方，将亲属分为血亲、姻亲和配偶三类。我国古代亲属的分类方式，与此不尽相同。

1. 血亲与姻亲

现代民法中的血亲，采父母双系主义，又分为自然的与法定的血亲。古代法中的血亲，单指男系自然血亲，有些特定关系，可以视为血亲。如非同宗养子，本不属于血族但同于血亲。因恩养或名分等关系而成立的"三父八母"等身份，也视同血族。唐代及以后朝代的律典中，都有规定：嫡母、继母、慈母与亲母同，养父母与亲生父母同，他们都属于血族身份。姻亲是指因婚姻而发生的亲属关系，即配偶的血亲。律典中还承认配偶血亲的配偶也是姻亲，如配偶的兄弟之妻、配偶的姑姑之夫等。

---

① 即以夫妻及其子女为组成成员的小家庭。

② 《唐律疏议·职制律》。

2. 内亲与外亲

内亲，又称宗亲、宗族、本族等，指同姓男系血亲及其配偶，如祖父祖母、父母、兄弟及兄弟妻、子孙及子孙妻等。外亲指女系血族，包括母、祖母的本生亲属（如外祖父母、舅、姨、表兄弟姐妹等，也称母族）、姐妹、姑的子孙等。唐律中的外亲，包括妻族在内。明代始，妻族从外亲中分离，称为妻亲。

古代礼制和法律，皆重内亲而轻外亲。譬如，父系宗族可上下各推四代，从己身起，上溯父、祖、曾祖、高祖，下推子、孙、曾孙、玄孙，构成九族。而外亲相对己身来说，范围狭隘，关系疏薄。外亲范围中，从母亲开始只能推一代，即上推母亲的父母（外祖父母），旁推母亲的兄弟姐妹（舅姨），下推母亲兄弟姐妹的子女（表兄弟姐妹）。服制关系中，"外亲之服，皆缌麻也"[1]。至封建社会，部分外亲的地位有所提高，但也止于四服亲、五服亲，无法与内亲成员相比。如外祖父的服制是大功亲，这仅仅相当于内亲中堂伯父父母的地位。

3. 有服亲和无服亲

亲属不论内外，根据其相互之间有无服制关系，可分为有服亲和无服亲。有服亲包括斩衰、齐衰、大功、小功、缌麻五服亲。此五服按照丧服的精细程度以及服丧期的期限，来区分亲属亲疏关系。此外，还有袒免亲，其丧礼形式是露左臂和去冠括发，但无服期。从确定意义上来说，有亲属即有称谓，无称谓即无亲属关系，但泛称的亲属，还包括广义上的袒免亲，是指五服以外的所有亲属，即无服亲。

（三）亲等与服制

亲等，即计算亲属的亲疏远近关系的方法。世界各个民族，在亲等划分上，产生诸多方法，如罗马法、寺院法等。我国古代社会，在亲等划分上采取以丧葬礼仪为基准的亲等划分方法。在丧礼中，每个人为了表示与死者的亲疏尊卑关系，都要按礼仪要求，穿戴一定的服饰，并按一定期间守丧。这样，人们便可以根据丧礼中的服饰和礼仪来区分亲等了。一般来说，服制与亲属关系在亲等上完全一致，但在个别情况下，也有"以义服"。如国民为死亡的君主服丧，即为"义服"而非"亲服"。

我国古代丧服，按照其质地和裁剪精细程度，分为五等：斩衰、齐衰、大功、小功、缌麻。用五等丧服来区分亲属的亲疏远近，即五服亲等制。第一等是斩衰裳。丧服简单裁剪，下摆不齐，毛边，质地用生麻，制作十分粗糙。斩衰服丧三年，用于子对父，妻对夫，嫡长子孙对祖父，未婚女对父。第二等是齐衰裳。丧服缉边，用水麻缝制。齐衰的服丧期限分为四等，即三年、一年、五月、三月。第三等是大功服。丧服用熟麻制成，加工简单。丧期包括服九月期和七月期。大功服中的七月服，也叫殇服，是长辈为夭折的小孩

_____

① 《仪礼·丧服》。

所服之丧服。因大功亲丧期多在一年左右，故也称期亲，是划分远亲和近亲的标准。第四等是小功服。丧服用漂洗过的麻，做功精细，服丧期五个月。第五等是缌麻服。丧服为细麻布制成，做工精细。缌麻服的丧期，三代时期是三日，后世则不再制定服期，丧礼完毕后即除丧服。

第五节　中国古代继承制度

现代民法继承制度主要是财产继承。但是中国古代，由于在观念和制度中没有明确个人私有的财产私有权，家庭财产采取共同共有的形式，所以继承制度主要不是财产继承，而是继承被继承人所独有的人身权利，政治身份如官职、爵位、封号、食封等，私人身份如宗子、房宗等。当被继承人死亡，为使其宗祧后继有人，或者可以承继父祖的功勋爵位，故而会发生继承顺序在法律上的确认问题。历代法律为此制定较为明确的制度。总之，中国古代继承制度，主要包括宗祧继承、官职爵位继承、食封继承的规定，同时也有财产继承的内容。

一、基本原则

中国古代继承制度有两个基本原则，其一为辈行制，称为"及"，即嫡子死，首先由同辈的弟兄继承其权利和财产。其二为嫡长制，称为"继"或"世"，指嫡子死，嫡长孙优先于嫡子同母弟享有继承权。

殷商时代，在继承问题上，辈行制与嫡长制混同适用。《礼记·礼运》篇说："大人世及以为礼。"世即是父死子继，及就是兄终弟及。由于世和及两种制度的混用，从而导致王位继承问题上非常混乱。这是商王朝走向衰落的一个重要原因。至殷商武丁时期，嫡长子继承制度逐步确立。从周代开始，婚配中开始出现严格的嫡庶区别，"立嗣以长不以贤"，也成为一条绝对不可动摇的制度原则。继承以宗祧继承为前提，继承者限于直系嫡长卑亲属。嫡长子以外的兄弟和庶子，由嫡长子继位以后予以分封，以保证政治权力的集中和经济利益均分。周代以后，则完全确定嫡长子继承制。唐律及宋、元、明、清法令中，皆承袭这一制度原则。辈行制在后世偶有所见，如晋代和南宋的民间习惯和法令中曾见到以辈行主义排列继承顺序①。

二、宗祧继承

宗祧继承，又称祭祀继承，是指对被继承人的宗族宗法身份的继承。只有合法的宗祧

---

① 参见戴炎辉：《中国法制史》，台湾三民书局股份有限公司 1979 年版，第 269 页。

继承人，方可具有祭祀祖先的资格。宗祧继承只可在男性子孙中发生。

1. 立嫡

宗祧继承人称之为嫡，继承人的确定，称为立嫡。嫡子承接大宗，以使本宗世代相传。立嫡的主要原则有三：一是必须是男性卑幼者方可为嫡。女子及其子孙没有继承宗祧的权利。二是直系继承人方可为嫡。兄弟之子不能为宗祧继承人。三是嫡长制。宗祧原则上由嫡长子孙继承，立嫡限于嫡长子。如果嫡长子早死，即由嫡长孙继承宗祧。如果没有长孙，或者虽有嫡长子、孙，而立嫡人有犯罪前科的，则可以在家族宗族内，挑选辈分相当的人，以承接宗祧。按照唐律规定，立嫡的先后顺序是：（1）嫡长子；（2）嫡长孙；（3）嫡子同母弟；（4）庶子；（5）嫡长孙同母弟；（6）庶孙，直到玄孙。如果玄孙以下仍没有法定继承人，则为户绝。唐律规定比较细致，同时也比较繁杂。宋、明、清代时期，规定比较概括，如《宋刑统》规定："无子者许令同宗昭穆相当之侄承继，先尽同父周亲，次及大功、小功、缌麻。如俱无，方许择立远房及同姓为嗣。"

另外，义子不可承嗣。明律规定，如有敢立异姓义子为嫡者，杖八十。

2. 立继

立继是继承人死亡，由其妻确定宗祧继承人，即寡妇为亡夫立继的制度。此规定最早见于南朝刘宋。《明清律·户婚门》引刘宋法律说："立继者，谓夫亡而妻在，其绝则其立也，当从其妻。"此制度在隋、唐时期没有得到发展。唐律并无明文规定依谁的意志来确立后嗣。明、清律则为了表彰夫亡无子守志之妇，将立继的确定权赋予守志妇。寡妇可在族长的见证下，选择同宗族昭穆相当的卑亲属或三岁以下的养子为继嗣。另外，在司法判例中有规定：亡夫如有直系亲属者，守志妇在立继时，须征得其同意，否则立继行为可以撤销。

3. 命继

命继是在未成年男子亡故或夫妻双亡的条件下，由族长召集同族会议，确定宗祧继承人的制度。《明清律·户婚门》云："命继者，谓夫妻俱亡，则其命也，当惟近亲尊长。"命继者，本来是无继的，属于户绝状态，但是在某种情况下，为了鼓励守志，或承继财产，或表彰军功，国家法律责成宗族成员，为无后者立嗣。命继发生的情形有：（1）寡妇独居，其子婚后无孙亡故，儿媳守志。（2）男子死于已聘未婚之时，女子愿意守志。此二者情形进行命继，皆为鼓励守志。（3）男子婚后亡故，妇女不愿孀守，但男子亡故是发生分家析产、业已成立之后。在此种情况下，为避免财产纠纷，法律也责令同族人为之立嗣，以承接财产。（4）未婚配之男子，因出兵阵亡、战死无婚配者，其应份额或房份，很可能被其他人所瓜分。所以，在这种情况下，为表彰军功，法律也规定宗族须负责解决继嗣问题。

须注意的是，立继与命继是宋代的法定制度。无嫡子继承时，必须采取立继或命继。当立继和命继均无继承人时，此户方为户绝。

4. 立嫡违律

立嫡违律包括：（1）收养异姓为继嗣。按我国古代制度，收养关系一般以同宗人为原则。唐律规定，养异姓男者徒一年，违者笞五十，除非是 3 岁以下的弃儿，被收养以后可以改从养父母姓。以异姓养子为后嗣者，一经发现，则要剥夺所继承的财产和其他权利，并惩之以刑罚。唐、明律将收异姓养子定为"改姓乱族罪"，明律规定杖八十。（2）违背法定继承顺序。法定继承顺序表达着古人对尊卑伦理道德和伦理关系的基本看法，违反法定顺序发生的继承，实质上是乱伦。历代对这种继承违制行为，往往免官夺爵以至科以刑罚。汉代规定"非正"（即非嫡出）承袭官爵者，触犯刑律。唐律中也有对"诸非正嫡，不应袭爵而诈承袭者"进行科刑的规定，宋、明、清律原则上沿用唐律规定。（3）昭穆失序。在立继和命继情形中，孀妇或族人须在昭穆相当之人中，确定宗祧继承人。所谓昭穆相当，就是辈分相当。择立时，不能以选立者个人好恶而随意选定后嗣，造成昭穆失序的情形。唐代户婚律中规定，若立嗣虽系同宗，但尊卑失序者，也构成立嫡违制，所立之子须立即归宗，同时另立应继人。明、清律则完全继承这一规定。

三、财产继承（家产分析）

在我国古代社会，家财共有制度受到国家法律的严格保护。唐律规定：祖父母、父母在而别籍异财的行为，构成法律上的严重犯罪；居丧期间亦不得分家析产。此种罪行必须是在尊亲长亲告时，官府方会受理。明、清律基本上沿用唐律规定，同时也作出一个补充规定，即奉父母遗命，分析家产者，不受法律追究。在实际民间生活中，往往在被继承人健在时，或者居丧期过后，出现子女对财产的分割。这种分家析产，基本上是根据亲属间的血缘关系进行，具有一定的财产继承性质。须注意的是，唐、宋律之前的法律鼓励累世同居，故民间往往在二、三代后才有析产，而明清律则允许父母在世时即可分户，所以中国古代出现的分析家产，继承的法意表达不够突出。

1. 应份额财产继承的一般原则

分家析产时，无论嫡庶，以在同一代男性亲属之间均分财产为原则。这种按照平均原则应分得的财产，称为应份额。奴隶制时代，如周初分封，形式上是由嫡长子一人继承全部财产，然后进行分封。战国至秦实行幼子继承制。秦代《分户令》强制分家，年长儿子或出分或出赘，仅留幼子与父母同居共财，因此父母家财一般只由幼子继承。从两汉到魏晋，对诸子均分财产制度无明确规定，但两汉实例及决事比中，反映了财产继承诸子均分的原则，如陆贾分金的典故。唐律开始明文规定："诸应分田宅，财物者兄弟均分。"① 此后宋、元、明、清律均袭用唐律。明、清律则进一步强调，其应分田宅者，诸子应均分，且无嫡庶之别。

2. 女子的财产继承权

从原则上说，女子没有财产继承权。女子在娘家，有"承衣箱钱"和"吃饭钱"，女子出嫁则以"承衣箱钱"为嫁妆。女子嫁入夫家后，则不再享有娘家的任何财产权利。在特殊情况下，女子也享有一定的财产继承权利。（1）死绝无男。唐代开成元年的敕令规定，百姓诸色人等，死绝无男，有女已出嫁者，可继承资产。（2）与死商相随。出外经商的商贾，如在外地身死，无论其父母、妻室、男儿及女儿，现相随者，皆可收管财物。（3）在室女子嫁妆。妇女出嫁，娘家一般应出资财以为嫁妆。如果在父祖去世之时，女子尚待字闺中，这时娘家则留一份财产，作为女子嫁妆由在室女子继承。各代对在室女继承额度规定不同。以宋户令规定为例，发生继承时，诸子均分，其未娶妻者，别与聘财；姑、姊妹在室者，减男聘财之半。可见，在室女子继承的并非房份，而是自己的嫁妆。家产应份额只在兄弟之间发生继承。未娶妻的兄弟，除继承自己的应份额之外，另加聘财；而未嫁之姐妹，则以男子聘财为基准，减半获得嫁妆。

3. 夫妻之间的财产继承

中国古代对夫妻财产采取合产主义，即妻方陪嫁的嫁妆资财并入夫家。但夫妻之间，并不因为合产而享有平等的财产继承权利。在原则上，丈夫有权继承妻子带入之财产，而妻子无继承夫产的权利。

（1）妻亡或者夫亡妻子改嫁者，财没夫家。唐、宋律令规定，妻虽亡没，所有资财及奴婢，妻家并不得向夫家追理。而丈夫死后，妻子如果改嫁，夫家财产及原有妆奁，由夫家处分。总之，妻亡或改嫁，妻方是没有权利继承财产或追回自己的财产。

（2）寡妇继承。这里主要概述守志寡妇继承财产的情况。第一，无子守志。《唐律·户令·应分条》规定，凡妇人夫亡，"寡妻妾无男者，承夫分"。"承夫分"是指分家析产时，寡妻、妾可代夫位承房份。如果丈夫兄弟皆亡，寡妇则只能按照诸孙均分的原则，同一子之分，即守志妇只能分得同于诸孙中一人的财产。第二，有子守志。有子守志，以子承父分，寡妻不得别分。也就是说，父亲亡故，母亲守志，儿子对父亲应继承的祖父的财产，实行代位继承。守志妇只能和儿子同财，不能另外分得财产。由此可见，守

---

① 《唐令·户令》。

志妇实质上根本没有继承财产的权利。

4. 遗嘱继承

中国古代遗嘱继承的适用范围很小，法律对此也缺乏明确的规定。这是因为，在宋、元代以前，法律禁止父母在别籍异财，或者居父母丧分家析产。家长也希望子孙世代共财，根本无意处理身后财产处分的问题。而明、清时代则正好相反：父祖为避免死后的财产纠纷，往往在生前进行家产分析。这种由家长主持的分析家财，是尊长生前的教令，而非严格意义上的遗嘱。

当然，也并非完全没有遗嘱。如汉代何休断剑的实例，就反映出法律对遗嘱效力的认定。当时礼俗中应有遗嘱继承的原则，但未传于制度。又如唐、宋代户令，就规定身丧户绝者，由近亲将资产转卖。除用于丧葬事外，余财并与女。无女则给近亲，无亲戚者则官为检校。但是，"若亡人在日，自有遗嘱处分，证验分明者，不用此令"①。在没有法定继承人的情况下，依遗嘱处分遗产，其效力优于其他继承人。宋以后的法律，则无此但书规定。虽然法定继承占据主导地位，但"遗嘱继承并未因此绝迹，只要遗嘱不违背伦理和法律的精神，官府一般也承认其效力"②。

四、封爵和食封继承

封爵是皇帝授予宗室或功臣的特殊荣典，它包括两个内容：其一，具有一定的封号和特权。爵位封号如周制中的公、侯、伯、子、男等，相关特权如上请、八议、荫子等。其二，有一定的封地，即享有一定区域内的课役租税。这种制度称为食封制。如在唐代，若被封为国公，从一品，食三千户。食封始于秦、汉，至宋、元、明、清时期，受封人只享有岁禄而已。

1. 封爵继承

封爵可由受封之人的子孙荫袭。汉代封爵继承，限于亲生子，且不及于孙或养子。无亲生子者，即遭受除爵、国除。南北朝时期，传袭范围扩大至孙或养子，开始确立嫡长子制。至唐代，颁布《封爵令》，正式确立封爵继承制度。封爵身份的继承，实行嫡长制，继承顺序同于宗祧继承。立嫡的次序是：（1）嫡长子；（2）嫡出长孙；（3）嫡出次长子；（4）庶子（妾生）；（5）嫡出次长孙；（6）庶孙，以至玄孙。如没有子孙的，可以以兄弟之子为继嗣，但继嗣人必须在死者生前履行过侍养义务，并经国家机关注册立牒。封爵继承人的范围，虽在后代有所扩大，但是继承顺序绝对不容僭越。如唐律规定，诸不应袭爵而诈承袭者，徒二年。明、清律也规定，不依次序袭荫者，徒三年。异姓养子瞒昧冒袭，

---

① 参见《宋刑统》所载唐代的《丧葬令》。

② 叶孝信等编：《中国民法史》，上海人民出版社1993年版，第429页。

发往边远充军。

2. 食封继承

食封继承与宗祧继承原则相反，而与财产继承方法相同，即诸子平分。此制最早源于汉代削藩时的推恩令。为削弱地方藩国势力，加强中央集权，推恩令规定，在受封食邑之人死亡之后，受封人的子男，不论嫡庶，按平均份额继承食封。在室女、姑、姊妹，也参与分给，其份额低于子男。汉代以后，食封继承一般均采取诸子平分原则，同于财产继承。

第六节　传统民法近代化

对于中国而言，1840 年鸦片战争是一个重大转折点。此后数十年间，在列强的隆隆炮声中，中国被迫开始自身的近代化进程。中国人在一种复杂的民族主义情绪驱动下，解读和重构西方文化，学习其中的方法和策略来追求国家独立和富强。"起点的被动性，目的的功利性，对于中国法律近代化，对于中国民法近代化产生重大影响。"①

与刑法改革不同，中国民法近代化进程开始得较晚。它发端于 20 世纪初期，先后产生《大清民律草案》（也称"民律一草"）、民初《民律草案》（也称"民律二草"）以及南京国民政府时期的《中华民国民法典》等阶段性成果。整个民法近代化过程，"以移植西方近代民法为主旋律，从法律理念、法律原则，到法典结构、法律概念等，均直接吸收西方近代民法的基本框架"②。中国法文化传统，以及西方近代民法自身的发展演进，均直接影响这一过程。

一、清末的《大清民律草案》

中国近代民事立法始于清末。清末大规模的修律活动，主要着眼于对《大清律》的修订和《大清新刑律》的制定。直至 1907 年，民事立法修订才纳入正轨。1907 年，宪政编查馆正式将民法的编纂列入修律计划。1908 年，由沈家本、伍廷芳和俞廉三主持的修订法律馆，聘请日本法学家松冈义正等外国法律专家为修律顾问，开始民律的起草工作。经过两年多时间的起草工作，修订法律馆于 1911 年 9 月完成全部草案，并部分交由内阁核定。但未等审核工作完毕，清廷即被推翻。

《大清民律草案》共分总则、债、物权、亲属、继承五编，36 章，共1569条。其中，

① 朱勇主编：《中国民法近代化研究》，中国政法大学出版社 2006 年版，第 3 页。
② 朱勇主编：《中国民法近代化研究》，中国政法大学出版社 2006 年版，第 2 页。

总则、债、物权三编，乃是由松冈义正等人仿照 1896 年《日本民法典》的体例和内容草拟而成，其中吸收大量西方资产阶级民法理论，特别是经日本传入的《德国民法典》相关制度和原则。而亲属和继承两编，则是由修订法律馆会同保守的礼学馆起草，其内容和相关制度带有浓厚的封建色彩，保留了许多封建法律的精神。

（一）《大清民律草案》的起草宗旨①

作为晚清修律的重要组成部分，民律草案同样贯彻了"参酌古今、博辑中外""务期中外通行"的宗旨，其指导思想反映在修订法律大臣俞廉三等人的《民律前三编草案告成奏折》中。具体而言主要包括以下内容：

第一，"注重世界最普通之法则"，广泛吸收大陆法系国家民法的一般原则和制度规定，如利率、时效制度、不动产权登记生效制度等。

第二，"原本后出最精确之法理"，"采用各国新制"。立法者认为，"各国法律越后出者"，越能体现最新的学说和最新的经验，因此采取世界最精确的法理。

第三，"求最适合适于中国民情之法"。立法者认为，民情风俗因"种族之观念"各有不同，民律草案不能完全模拟西法，应"或本诸经义、或参诸道德、或取诸现行法制"。

第四，"期于改进上最有利益之法"。立法者认为，在变革之际，不能拘泥从传统中去找寻立法原则和制度，应大胆借用西方先进的制度文明。因此，民律草案特设债权、物权详细之区别，"庶几循序渐进，冀收一道同风之益"。

（二）《大清民律草案》的结构与内容

《大清民律草案》共有五编，内容如下：

第一编总则，采取私有财产所有权不可侵犯、契约自由、侵权赔偿等资本主义民法的基本原则。下设各章分别是法例、人、法人、物、法律行为、期间及期日、时效、权利之行使及担保 8 章，分别对权利能力、行为能力、意思表示等民法上的基本概念和法律关系作了规定。

第二编债权，下分通则、契约、广告、发行指示券、发行无记名证券、管理事务、不当得利、侵权行为 8 章，所引用的条文具有典型的大陆法系风格。对中国传统社会中民间普遍存在的习惯性规则，缺乏相应的法律调整。

第三编物权，主要规定对各种形式的财产权的法律保护，以及财产用益处分等内容。下设通则、所有权、地上权、永佃权、地役权、担保物权、占有等 7 章。

第四编亲属，分别对亲属关系的种类和范围、家庭制度、婚姻制度、监护、抚养等问

---

① 参见《法律馆民律前三编编纂大意》，新华书局 1912 年印《中华民国暂行民律草案》。

题作了规定，下分通则、家制、婚姻、亲子、监护、亲属会、抚养之义务 7 章。

第五编继承，分有通则、继承、遗嘱、特留财产、无人承认之继承、债权人或受遗人之权利 6 章。

（三）评价

第一，民律草案的前三编，是由受大陆法系影响的日本法学家起草的。他们主要以 1896 年的《日本民法典》为蓝本，同时参考德国和瑞士民法，使得中国近代民法从一开始便受到了大陆法系民法的影响。相近的国家主义观念，相近的法典编纂观念、思维方式以及审判方式，让中华法系选择了大陆法系作为移植供体，从一开始就走上了"近学日本，远采德国"的法典化道路。①

草案采用近代西方国家民法的三大基本原则，即私有财产所有权不可侵犯、契约自由、过失责任，把它们写入前三编，但这种个人本位的资本主义民法原则与中国传统价值观念有着较大的出入，不适合中国国情，后终随着日本和我国学者对于 1900 年《德国民法典》的学习与吸纳，而转向了社会本位的立法原则。

另外，草案一味追求与国际接轨，忽视中国本土的民法资源，虽对中国旧有习惯有所参酌，但吸收者不多，如草案对中国普遍存在的"老佃""典""先买"等都未作规定。

第二，民律草案的后两编，以"固守国粹为宗"。由于此二编是由清廷礼学馆主持起草，所以更多的是注重吸收中国传统社会的礼教风俗，在亲属和继承问题中表现了宗法礼治的影响和封建法律的遗痕，其目的在于"整饬风纪，以维持数千年民彝于不弊"②。如亲属编采家属主义，而不取个人主义，规定"家政统摄于家长"，保留传统家庭内部尊卑不等的身份关系；又如规定男女结婚离婚，都须父母同意，否则无效。在继承编中，也能看到传统法律的影子。如把继承权规定称为不可抛弃的权利，即使继承对受益人不利，也不得抛弃继承。这就体现了继承问题上的家族主义原则。

第三，注意调查吸收流行各地的习惯。修订法律馆为使制定的民律符合中国的国情，在起草过程中制定《通行调查民事习惯章程文》分送各省区。修订法律馆提出调查民间习惯作为起草民律的参考，表现出从实践出发尊重事实的态度。其所调查的结果不仅对于制定民律草案，而且对于民国初期起草民法都有着参考价值。

《大清民律草案》从整体结构上看，确实代表着当时最先进的民法理论，但一味追求与国际接轨，而忽视与中国社会现实结合，也是其内在问题。其法典内容上所体现的两个部分的差异，正是近代中西方法文化交融的结果。就法典本身而言，《大清民律草案》不

① 郝铁川：《论近代中国对大陆法系的选择》，载南京师范大学法制现代化研究中心编：《法制现代化研究》，南京师范大学出版社 1996 年版，第 303~312 页。
② 俞廉三、刘若曾：《民律前三编草案告成奏折》。

是一部成熟的民法典草案，但它对以后中华民国的民事立法产生了深远影响。

二、北洋政府的《民律草案》

北洋政府在《大清民律草案》基础上继续对民法典修订。1914年由法律编查会对该草案加以修订，1918年法律编查会被改为修订法律馆后，继续此项工作。至1926年，在调查各省民商事习惯，并参照各国最新立法基础上，编成新民法草案。该草案分总则、债、物权、亲属、继承五编，共计1522条，但此时国会已被解散，草案未被颁布和实施。

民初这一时期，由于民法典一直未能颁布，1912年4月参议院遂决议："嗣后凡关于民事案件，应仍照前清现行律中规定各条办理。"① 大理院也多次重申这一原则。清末修订的《大清现行刑律》中的"民事有效部分"，成为1912年至1929年期间的中国民事实体法。这一部分内容，包括《大清现行刑律》中服制、名例、户役、田宅、婚姻、犯奸、钱债等部分中的民事规定，以及清朝《户部则例》中户口、田赋等有关条款。带有浓厚宗法色彩的传统民事规则重新规范民间生活，这与《大清民律草案》立法精神以及具体条文脱离中国实际不无关系。民初社会政治经济生活的混乱状态，使得清末确立的个人本位立法原则受到非议，传统宗法家庭制度中重团体利益、重社会秩序的特点，乃是"民事有效部分"被采用的主要原因。

另外，由于民初政局更替频繁，立法机构的职能削弱，大理院通过司法实践，以判例、司法解释方式对民事关系进行调整。从大理院判例中可见，大理院法官通常以是否适应社会发展和社会公益为标准，对传统民法进行选择性的适用。②

三、南京国民政府的《中华民国民法典》

南京国民政府成立后，设法制局，在继承清末和北洋政府的民律草案基础上，吸收大陆法系民法典的民事立法原则，继续修订民法典草案。1929—1931年，修订工作相继完成，《中华民国民法典》予以公布，包括总则、债、物权、亲属、继承五编，共1225条。这是我国历史上第一部正式颁布实施的民法典。

《中华民国民法典》虽亦兼采英美法系的某些内容，但体例和内容上更加大陆法系化。

首先，此次民法典的起草，更加广泛地以各省民商事习惯调查为基础。为了起草民商法，各省均设民商习惯调查会等专职调查机构，经调查分别编成各省民商习惯调查报告，最后由法律修订馆汇总编成《民商事习惯调查报告录》。这种旨在将民间流行的民商习惯

① 谢振民：《中华民国立法史》，中国政法大学出版社2000年版，第742页。

② 朱勇主编：《中国民法近代化研究》，中国政法大学出版社2006年版，第52～55页。

进行整理，并予以法典化的做法，是大陆法系特别是德国法系的典型立法模式。

其次，《中华民国民法典》在立法精神上采取社会本位主义原则。在总结清末及民初立法与法律实践的经验和教训后，参与此次民法典编纂的大多数学者，皆主张应注意吸收西方民法最新的发展，即传统的三大民法原则逐渐被新原则（"所有权不得滥用""契约自由有限""无过错责任"）取代。社会本位的立法，才真正适合中国国情。如立法院院长胡汉民说："世界各国的法律大多根本于罗马法和拿破仑法律，这两种法大多以个人为本位，而忽略了多数人的利益。这不是王道，而是霸道。我们不然，我们立的法乃是以全国社会的公共利益为本位，处处以谋公共的幸福为前提。"① 立法委员史尚宽认为："现今立法，既不宜于立足于家族制度，又不宜袭取个人主义之糟粕，而应以全民族之利益为基础。"②

这种立法指导思想贯彻到民法典的具体规定之中。法律对个人权利的行使、契约的订立以及其他民事法律行为，作出严格的限制：所有权必须在法律规定的范围内行使，权利滥用不受保护；契约自由应以公平为准则，予以一定的限制。显失公平的契约，可撤销；借贷利益不得超过法律的限制，否则债权人丧失对超过部分利息的请求权；对过失责任进行修改，规定无过失责任的适用范围和条件。

再次，在法典体例上，进一步融入大陆法系各国法典之一般潮流。如在《中华民国民法典》总则编中，采法、意等国民法典最新编例，"撮全编通用之法则，订为法例一章，弁诸编首"。又如在民商合典方面，显然也追随大陆法系最新立法趋势。当时意大利、瑞士等大陆法系国家民法典均采民商合一体例，不单立商法典；革命前俄国亦采民商合一体例。当时法、德等国许多学者也正在主张民商合一，所以主持民法典起草工作的胡汉民等人根据各国立法趋势，力主民商合一体例。

在内容上，《中华民国民法典》也多仿欧陆各国民法，如禁治产制度、法人制度、物之分类、债法制度等方面，均采德、日、瑞、俄民法相关制度。对此，著名民法学家梅仲协评论道："现行民法，采德国立法例者，十之六七，瑞士立法者，十之三四，而法日苏联之成规，亦尝撷取一二，集现代各国民法之精英，而弃其糟粕，诚巨制也。"③

此外，在法典语言方面，《中华民国民法典》的风格简明，基本实现了外来语的中国化。

最后，《中华民国民法典》删除了旧法中一些旧有的封建法律制度，如废除传统的宗祧继承制度，改变继承制度中只能由男子继承的原则等。当然，这部民法典仍然保留着一

---

① 胡汉民：《我们的民法乃是以王道精神采取最新法例，保存良好习惯》，转引自成台生：《胡汉民的政治思想》，台北黎明文化事业公司 1982 年版。
② 史尚宽：《民法总论》，中国政法大学出版社 2000 年版，第 14 页。
③ 梅仲协：《民法要义》，中国政法大学出版社 1998 年版，初版序。

些传统法律制度的内容，特别是婚姻家庭方面，如婚姻的主婚权在父母、祖父母等。

《中华民国民法典》的产生，改变了我国过去没有单独的民法典、民刑合一的立法体例，使得民法部分法体系更加完备化，是立法走向进步和文明的表现。当然，我们也能看到传统法文化的价值观对于这部法典的影响，如立法精神采取社会本位，正是借用古代宗法制国家的传统义利观在民众思维中的模糊性；又如物权编对典权的规范，体现了传统法文化中的济弱观念的延续。"出典人多经济上之弱者，使其于典物价格低减时，抛弃其回赎权，即免负担，于典物价格高涨时，有找帖之权力，诚我国道德上济弱观念之优点。"[1]固有法文化对我国民法近代化的进程，影响深远，不可不察。

四、革命根据地政权的民法内容

（一）租债法规

封建地租是地主阶级剥削农民的主要手段。旧中国的租额很高，一般要占到收获量的一半。为了改善农民生活，实现反封建革命纲领，中国共产党成立后，在新民主主义革命初期就开展农民运动。在彻底解决土地问题之前，首先在局部地区实行减租减息政策。1926年中共广东区委扩大会议通过的《农民运动决议案》，明确规定"减原租百分之二十五"，并规定"借贷利率不得超过二分"。

到了抗日战争时期，各根据地的抗日民主政府都制定减租减息条例，开始全面实施减租减息政策。其主要内容包括：原则上一律实行"二五减租"，即按照抗战前的原租额减少25%。条例同时规定对于抗战前已经废除的旧债，不得再行索还。现行的债务，一律实行减息。减息办法，一般以年利一分半作为计息标准。

到解放战争后期，在尚不具备实施土地改革的新解放区，仍然实行减租减息政策。

（二）婚姻立法

新民主主义革命初期，中国共产党第二次全国代表大会通过的《关于妇女运动的决议》指出："自国际资本主义侵入中国以来，无产阶级的妇女渐渐降到工钱奴隶地位……全国所有的妇女，都还拘囚在封建的礼教束缚之中。"因此，决议提出妇女的奋斗目标是："帮助妇女们获得普通选举权及一切政治上的权利与自由。"1923年6月，中国共产党第三次全国代表大会通过的《妇女运动决议案》进一步提出"母性保护"和"结婚离婚自由"等原则。根据这些原则，在湖南、江西等省农民代表大会通过的《农村妇女问题决议案》中，确定有关婚姻家庭问题的基本政策，比如严禁摧残妇女和买卖人口，反对恶姑残害媳妇，严禁多妻制等。

1931年，中华苏维埃共和国颁布《中华苏维埃共和国婚姻条例》。到1934年又正式

---

① 谢振民：《中华民国立法史》，中国政法大学出版社2000年版，第772页。

颁布《中华苏维埃共和国婚姻法》。该法确定男女婚姻自由原则，废除一切包办强迫和买卖婚姻，禁止童养媳，实行一夫一妻制；规定男女的最低婚龄，男子为 20 岁，女子为 18 岁；禁止近亲结婚，禁止与精神病及疯癫者结婚；结婚实行登记制度；另外还规定离婚制度，特别对军婚的解除作出明确规定，即红军战士之妻要求离婚的，须得其夫同意。

抗日战争时期各抗日民主政府分别制定若干地区性的婚姻条例，比较全面地规定了婚姻立法的基本原则，包括男女平等原则、婚姻自由原则、一夫一妻制原则、保护妇女儿童的原则。各地婚姻条例还规定男女双方自愿离婚，并具体列举离婚的条件，比如有重婚行为者、与他人通奸者、恶意遗弃他方者等。

解放战争时期，一些老解放区基本沿用抗战时期制定的婚姻条例，如华北人民政府宣布，原晋察冀边区和晋冀豫边区制定的婚姻条例，继续有效。有的解放区重新修订婚姻法规，如 1946 年修正颁布的《陕甘宁边区婚姻条例》。新解放地区，参照老区的规定，制定婚姻法规，如《辽北省关于婚姻问题暂行处理办法》。这一时期婚姻条例的结构和内容，与以前大同小异。

（三）继承法规

新民主主义革命初期，中国共产党第三次全国人民代表大会通过的《妇女运动决议案》首次提出"女子应有继承权"。中国共产党第四次全国代表大会通过的《关于妇女运动决议案》进一步提出"女子应有财产权与继承权"。这一规定，不仅肯定了女子应有遗产继承权，还提出女子应与男子具有平等的财产所有权。

工农民主政权时期在确定农民土地所有权之后，虽然在原则上承认男女皆有平等的继承权，但在实践中阻力很大。到抗日战争时期，依照保障人民合法财产权的原则，保障妇女的继承权问题日益突出，为此各根据地政府相继制定保障妇女继承权的法规，如《陕甘宁边区继承处理暂行办法》《山东省女子继承暂行条例》《冀鲁豫行属关于女子继承等问题的决定》等。这些法规都进一步保障了妇女的继承权利。

解放战争时期的继承法规在吸收前阶段成果的基础上，坚持男女平等的原则，打破男尊女卑的封建思想，充分保障妇女的继承权。如华北人民政府司法部在有关分家继承问题的解答中就指出，妇女出嫁或离婚原则上应准许带走其在土改中分得的财产。土改中女儿在娘家分得土地财产，与母亲的财产共同经营，母亲死后，其女儿不仅有权处理自己分得的土地财产，并有权继承母亲的遗产，本族近亲属无权继承。

第十一章　中国司法诉讼制度史

第一节　概　　述

一、司法诉讼制度的概念界定

司法诉讼制度，是关于司法案件审判的管辖权力、机关、审判方式、程序、诉讼主体的权利义务等方面的法律制度。"司"字，《说文解字》说："臣司事于外者。从反后。"小篆是"司"，"司"正好是反过来的"后"。"后"，《说文解字》说是"继君体"，施号令以后以告四方，"厂"，象天之下，崖之旁，指人所居住的地方，又从"一口"，即发号令之口，天下的号令统一于君主之口。司为反后，有两个含义：一是君在内而臣在外，二是君发号令而臣执行。所以它是反过来的后。段玉裁注说："司，主也。凡主其事必伺察。"伺察就是观望君的圣意。司为"主"，那么司法就是主法，也就是主管适用法律。

司法是指审判案件的主管机关而言，诉讼则是指司法的审判过程。《周礼·秋官·司寇》中"民讼"一词，郑玄注说："讼谓以财货相告者。"又说："狱谓相告以罪名者。"这里的两个"告"，又可以与"诉"字相通。《说文·言部》："诉，告也"，并引《论语》中一条史料，"诉子路于季孙"。季孙是鲁国的执命大臣，曾经"八佾舞于庭"，还祭祀过泰山，行天子之礼。孔子对季孙氏进行过激烈的抨击。当时有贵族想致罪于孔门弟子，所以"诉子路于季孙氏"。《说文解字》引这句话来说明在司法案件中"诉"同于"告"。自元代《大元通制》开始，将"诉讼"二字并提，指司法的审判过程以及制度。

因此，从字义上看，司法和诉讼是分别从审判机关和审判过程两个方面来指司法案件的审判。清末修律大臣沈家本借鉴西方国家的立法，于1906年主持制定《大清刑事民事诉讼法草案》，明确地规定司法制度和诉讼制度。从此时开始，司法和诉讼，就在今天所熟知的意义上作为专有名词来使用。司法是指司法机关的设置、权责以及法官编制，诉讼则是关于诉讼权利、程序、程式等方面的法律规定。这与中国古代法典的规定形式相比，有着重大的历史进步意义。在古代法典里，司法与诉讼缺乏严格的界分。譬如唐律，关于自诉诉权的规定在《斗讼》中，关于审判案件的原则在《断狱》中，关于司法审判程序的部分规定在《唐六典》，并没有专门的"司法"和"诉讼"的法律。

二、司法诉讼制度的特征

（一）最高统治者掌握司法权

在传统中国社会中，无论是奴隶制还是封建制政权，都是专制政体，表现在司法制度方面，就是由王或皇帝控制最高司法权。他们是最高的司法审判官，对一切重大案件拥有最终决定权。这一点在奴隶制时代就有所反映，如《礼记·王制》曰："成狱辞，史以狱成告于正，正听之；正以狱成告于大司寇，大司寇听之棘木之下；大司寇以狱之成告于王，王命三公参听之；三公以狱之成告于王，王三宥，然后制刑。"《周礼·秋官·乡士》中记载："若欲免之，则王会其期。"赦免权由王来掌握。《尚书》中也有"听予一人作猷""唯予一人有佚罚"的记载。以上史料均表明王决定司法案件最终结果的事实。至封建制时代，这方面的法律规定更是屡见不鲜。唐朝在开元二十五年（737 年）规定："自今而后，有犯死刑，除十恶死罪、造伪头首、劫杀、故杀、谋杀外，宜令中书门下与法官等详所犯轻重，具状闻奏。"① 明朝对八议者犯罪规定，"令五军都督府、四辅、谏院、刑部、监察御史、断事官集议，议定奏闻"②。死刑、八议等重大案件，必须奏闻给皇帝，由皇帝裁决，乃是封建国家的定制。皇帝有时直接主持审判活动，史载秦始皇"专任刑罚，躬操文墨"③，东汉光武帝也"常临朝听讼，躬决疑事"④，宋太宗"常躬听断，在京狱有疑者，多临决之"⑤。这充分表明最高统治者掌控司法权。但是皇帝对司法权的控制，更多的是通过以下几种途径来实现。

1. 在进入审判前，通过指定管辖来表达对判决的倾向性意见

皇帝具有最高司法权，但不可能亲自主持每一件案件的审判。在通常情况下，皇帝只是最高复核机关，凡是法律明确规定必须要将审判结果奏报皇帝批准的，司法机关要在审判结束以后将判决意见呈报皇帝批准。例如，汉高帝七年（前 200 年）曾降诏御史，对上奏皇帝裁决的权限和程序作出明确规定："自今以来，县道官狱疑者，各谳所属二千石官，二千石官以其罪名当报之，所不能决者，皆移廷尉，廷尉亦当报之，廷尉所不能决，谨具为奏，傅所当比律令以闻。"⑥ 这样，皇帝意见受到呈报和比附的限制。然而，实际上皇

---

① 《唐六典·尚书刑部》。
② 《大明律·名例律》。
③ 《汉书·刑法志》。
④ 《晋书·刑法志》。
⑤ 《宋史·刑法志》。
⑥ 《汉书·刑法志》。

权对案件的控制，是从案件进入审判程序就开始了。凡属于重要案件，在确定管辖时就需呈报皇帝，皇帝通过指定机关审理案件以表达自己的倾向。这种制度起源于汉代。西汉时期"淮南王长废先帝法，不听天子诏，居处无度，为黄屋盖乘舆，出入拟于天子，擅为法令，不用汉法……长当弃市，臣请论如法。"制曰："朕不忍致法于王，其与列侯二千石议。"① 这就将本由常设司法机关管辖的案件变成公卿共同讨论的"杂治"，皇帝利用指定管辖制度表达了其判决意见。在古代司法运作过程中，皇帝往往通过指定一个特定机构来重新审理案件，从而贯彻其意志，以达到控制司法的目的。

2. 在审判中，通过"请""议"等制度保障司法权的行使

皇帝也可以在审判过程中通过一些制度来控制司法活动，这主要包括"请"和"议"制度。

"请"制首创于汉代。两汉时期多次颁布贵族官员有罪"先请"的诏令。汉高帝七年（前 200 年），"令郎中有罪耐以上，请之"②。宣帝黄龙元年（前 49 年）诏："吏六百石位大夫，有罪先请。"③ 经过魏晋南北朝时期的整合，"请"制度到唐朝时趋于完备，主要区分为"议"和"请"两种情况。"议"与"请"的适用对象是不同的，除此之外，两者的司法程序也不相同，应"议"之人犯死罪，"曹司不敢予夺"，司法机关不得直接审判，而是将其罪状和身份情况上报中央，由皇帝召集朝臣共同议定，案中不得规定对"议"对象具体的死刑等级；应"请"之人犯流罪以下，减一等处理，犯死罪也不按一般司法程序，而是不经"集议"，上请皇帝裁决。

"请"创制于汉，除了适用于有特定身份的人之外，也适用于一部分一般主体的特殊案件。这一制度在唐代逐步完备，其主要内容如下：《名例律》规定，80 岁以上不满 90 岁、7 岁以上不满 10 岁及重残人犯除反、逆、杀人的死罪上请；皇太子妃大功以上亲，应议者期以上亲及孙、若官爵五品以上，犯死罪者，上请。此外，在司法审级管辖中，各级机关的审判权限是以案件判决的刑罚结果为标准的，在无权作出处置的机关初拟判决意见后，还需逐级申报审核，这种情况在呈报、奏报制度上有些与"请"相仿。县所判定的徒罪案件，要由州复审；流罪和死罪案件，则须由刑部复审，然后再奏皇帝裁定；大理寺、京兆府和河南府初审的徒罪以上案件，官人被判罪后有削减案件，都应申报尚书省、刑部复审，流罪以上及除名、免官、官当的案件，要经尚书省、刑部复核后，再报皇帝裁定；县、州审理的疑案，先移至大理寺复审，大理寺无法审决的，再由尚书省集议，然后奏报皇帝定夺，等等④。宋代规定与此基本相同，明清时期又有所发展。清朝建立严格的逐级

① 《史记·淮南衡山列传》。
② 《史记·高祖本纪》。
③ 《汉书·宣帝纪》。
④ 参见陈光中、沈国峰：《中国古代司法制度》，群众出版社 1984 年版，第 151～152 页。

审转复核制度。凡是应拟徒刑的案件，由州县初审，经府、按察使司、督抚逐级审核，最后由督抚作出判决。凡是应拟流、充军和发遣的案件，逐级审转复核，由各省督抚审结后将案卷呈报刑部，由该省清吏司核拟，再呈刑部堂官批复后交各省执行。对地方死刑案件的审判，由州县初审，而后再逐级审转复核，最后由督抚向皇帝具题，并将题本的副本即"揭帖"呈送刑部，再交三法司核拟具奏。发生在京师的死刑案件，则由刑部直接审理，再经三法司核拟，仍须将题本呈请皇帝批示，或立决，或监候。

3. 在执行时，通过死刑复奏制度对司法审判结果予以改变

除了死刑判决复核程序之外，隋朝还创立死刑复奏制度，即死刑案件经核准后，在执行前还须经皇帝勾决才能执行的制度。开皇十六年（596 年）下诏："决死罪者，三奏然后行刑。"① 这样一来就将死刑的判决权进一步集中到皇帝的手中。这种死刑复奏制度被唐律继承和发展。唐太宗贞观五年（631 年）以前本已有死刑三复奏制度，但因错杀张蕴古，太宗下诏曰："凡有死刑，虽令即决，皆须五复奏。"② 从此，唐朝实行死刑五复奏制度。此外，《狱官令》对三复奏、五复奏及相关的具体问题都作了明确的规定："凡决大辟罪，在京者行决之司五复奏；在外者刑部三复奏。"具体为："在京者，决前一日二复奏，决日三复奏。在外者，初日一复奏，后日再复奏。纵临时有敕，不许复奏，亦准此复奏"，"若犯恶逆以上及部曲、奴婢杀主者，唯一复奏"③。司法官违反死刑复奏制度的，要视情节轻重给予严厉处罚。复奏制度保障皇帝对死刑案件的控制，有利于中央集权，所以以后各朝均继承这种制度，使皇帝可以在判决最后付诸执行时，按照自己意志改变判决结果。此外，清代沿袭明朝中期以后的惯例，在《大清律例》中将死罪按是否秋后处决分为绞监候、斩监候、绞立决、斩立决四种。但死刑的执行确有区别，一类是"决不待时"的斩立决与绞立决；另一类则是"监固候秋审朝审，分别情实、缓决、矜、疑，奏请定夺"④。这样一来，绞监候、斩监候的罪犯还需经过秋审，而秋审的最后一道程序是皇帝"勾决"，如果予以"免勾"，则虽是死罪仍有一线生机，体现了皇帝对死刑执行结果的集权控制。

4. 在审判后，通过录囚制度对司法审判的结果实行监督

录囚也称虑囚，主要是指皇帝和皇帝使者以平反冤狱为目的，定期和不定期地巡视监狱，讯察狱囚，平反冤狱，决遣淹滞，施行宽赦，借以标榜仁政，维护统治阶级的法律秩序⑤。录囚制度从东汉时开始。《晋书·刑法志》载："及明帝即位，常临听讼，观录洛阳

① 《资治通鉴》卷一七八。

② 《贞观政要·刑法》。

③ 《唐六典·尚书刑部》。

④ 《清史稿·刑法志》。

⑤ 参见陈光中、沈国峰：《中国古代司法制度》，群众出版社 1984 年版。

诸狱。"《后汉书·明帝纪》也载:"会帝幸廷尉录囚徒,得免归田里。"皇帝不仅亲自录囚,而且经常派使者前去录囚。如《顺帝纪》中就有"旱,遣使者录囚徒,理轻系"的记载。有汉一代,除了皇帝有权进行录囚以外,郡守、刺史也可以进行录囚。正如沈家本所言:"录囚之事,汉时郡守之常职也。"① 通过录囚制度,专制君主进一步加强了对司法审判权的控制,他们可以在审判结束以后改变判决结果,以达到对各级机关司法审判工作的监督和集权控制的目的,因而这一制度在后世得到进一步完善和发展。

(二) 行政干预司法

在中央集权政治体制之下,法律始终是为君主服务的工具之一。君主"口含天宪",集立法、行政、司法大权于一身,司法与行政如影随形,司法就变成行政的附庸,各级司法机关和行政机关的职能密不可分,行政权通过多种途径干涉司法权,体现出专制主义色彩。

1. 行政机关与司法机关合一

首先,王或者皇帝掌握着国家主权,它既是国家的最高司法长官,又是最高的行政首长,很显然是由最高行政首脑控制着司法大权。另外,虽然中央设有专门负责司法审判的机关,但是这些机关隶属于行政长官,在审理案件过程中会受到行政权的干预。在奴隶制时代,作为最高行政首长的王享有最高的司法权。除了王,中央还设有专门的司法机关,由于史料的匮乏,夏、商时代的情况并不十分清楚,据《礼记·明堂位》记载:"夏后氏官百",其中应有专门的司法机构。周代的中央司法机构以大司寇为首,但是这些司法机关都受王的控制,充分地反映了司法机关受行政权制约。进入封建社会以后,中央集权进一步加强,行政权同样干涉司法权。在君主专制制度下,皇帝成为全国最高的司法审判官,并且仍然是国家的最高行政长官,有时亲自行使审判权。由此可见行政权依然控制着司法权。当然,中央也设立专职的司法机构,如秦、汉时期的廷尉,隋、唐时期的大理寺、刑部、御史台,元、明、清时期的刑部、大理寺、都察院等。这些司法机构不仅受皇权的制约,也受其他中央国家行政机关的干预。秦、汉时期的丞相、御史大夫等行政机关均有权参与司法案件的审理,唐代的尚书、中书、门下等省也可以过问司法,明、清时期所形成的各类会审制度就是由朝廷各部门的负责官员共同来审理案件。与此相反,专职司法官吏一般无权参与行政事务,由此可以充分说明行政对司法的干预。

就地方司法机构而言,司法机关和行政机关在组织上是统一的,地方各级政府是行政司法职能合一的机构,只有地方最高级别的行政官员才有权力作出司法判决,并没有设置专门的司法组织;同时,地方的行政建制就是司法审级,司法成为行政的附属。这种情形在宋代以后出现一些变化,国家在路、省一级的大行政区设立专门司法组织,如宋朝在路

---

① (清) 沈家本撰:《历代刑法考》,中华书局 1985 年版,第 791 页。

设置提点刑狱司，其职责是"凡管内州府十日一报囚账，有疑狱未决，即驰传往视之。州县稽留不决，按谳不实，长吏则劾奏，佐吏、小吏许便宜按劾从事"①。明代省级的提刑按察使司，其职责是"掌一省刑名按劾之事"②。尽管如此，这些名为独立的司法机构仍然会受到行政机关的制约，例如宋代法律规定："在法，囚禁未服则别推，若仍旧翻异，始则提刑差官，继则转运司、提举司、安抚司或邻路监司差官，谓之五推。"③ 明朝规定："至于审刑议事，予夺轻重，皆惟巡按出言。"④ 由此可见，无论是在中央还是在地方，要么司法组织与行政组织是直接合一，要么是行政机关干预司法机关对案件的审判，充分显示出行政机关拥有很大的司法权。

2. 行政权干预司法权

第一，行政机关对司法机关监督反映司法附属于行政。

在中央集权统治下，行政机关以多种途径对司法审判活动进行监督。《左传·定公四年》中记载："武王之母弟八人，周公为太宰。"又《周礼·天官·大宰》记载："大宰之职，掌建邦之六典，以佐王治邦国：一曰治典，以经邦国，以治官府，以纪万民；二曰教典，以安邦国，以教官府，以扰万民；三曰礼典，以和邦国，以统百官，以谐万民；四曰政典，以平邦国，以正百官，以均万民；五曰刑典，以诘邦国，以刑百官，以纠万民；六曰事典，以富邦国。"可见，大宰除了掌握佐治邦国的行政职能外，还握有司法职能。《周礼·地官·大司徒》记载："大司徒之职，掌建邦之土地之图，与其人民之数，以佐王安抚邦国……以乡八刑纠万民：一曰不孝之刑，二曰不睦之刑，三曰不姻之刑，四曰不弟之刑，五曰不任之刑，六曰不恤之刑，七曰造言之刑，八曰乱民之刑。"奴隶制时代的行政长官大司徒亦有监督司法工作的职权。

进入封建社会以后，行政对司法的监督随之进一步加强。据《汉书·百官公卿表》中记载："相国、丞相皆秦官，金印紫绶，掌丞天子助理万机"；"御史大夫，秦官，位上卿，银印青绶，掌副丞相。"可见丞相是皇帝之下的最高行政长官，辅助皇帝处理政务，御史大夫则为副丞相。这些行政官员可以监督司法审判，具有一定司法权。汉代尚书曹对司法也有监督权，有权否定司法机关的判决结果。隋、唐时期，中书省和门下省是中央政府的决策机构，这些行政机构都拥有监督司法的权力，其中死刑的复决权授予中书、门下省。尚书省本是行政首脑机关，但也经常参与司法诉讼事务，其左右仆射与左右丞都有一定的司法监督权，一般性事务由左右丞处置。贞观三年（629年），唐太宗说："公为仆射，当须大开耳目，求访贤哲，此乃宰相之弘益。比闻听受词讼，目不暇给，安能为朕求

① 《宋史·刑法志》。
② 《明史·职官志》。
③ 《宋会要辑稿·职官》五之六三。
④ 《明经世文编·守令定例疏》。

贤哉！"① 太宗专门颁敕："尚书细务，属左右丞，惟大事应奏者，乃关仆射。"② 即使在封建社会后期，明、清时期的情况仍然如此，内阁等行政机构均有司法监督权。例如，洪熙元年（1425 年），大理寺奏请审决重狱大囚，"仁宗特命内阁学士会审重囚，可疑者再问"③。嘉靖年间的蓝玉一案，首辅徐阶"力陈其矫诬状。寻下刑部拷讯，皆伏法"④。

第二，宦官专权、特务横行是行政干预司法的极端表现。

宦官原本是皇帝身边的服侍人员，是皇权的附属物。早在奴隶制社会时期，就有受过宫刑的人在王宫中服役的记载。封建皇帝为防止皇权被侵夺，进一步加强中央集权，监控官僚集团，往往重用身边亲近的宦官。宦官因而参与政治，并有权审理一部分司法案件。即使是在政治比较清明的唐朝时期，宦官专权情况也是十分严重的。例如，在肃宗时期的宦官李辅国，代宗时期的宦官鱼朝恩权倾朝野，干预司法。元代设置了宦官控制的专门监狱——黄门北寺狱，他们拥有逮捕权和审判权，从而监督司法审判，其影响及于明代。明朝时期，君主专制主义极端发展，宦官专权尤为突出，宦官组织也极为庞大，有厂、卫、南北镇抚司，其中司礼监中的秉笔太监竟可以代替皇帝批红，参与司法活动。宦官可以全面地控制司法活动，不仅主导对重狱大囚的审录，而且对日常司法审判进行监督，直至干预地方司法。

在专制主义统治时代，除了宦官专权以外，更有特务横行，以维护中央集权制度。在曹魏时期就设有校事一职作为特务机构，拥有司法审判的大权，"上察宫庙，下摄众司，官无局业，职无分限，随意任情，唯心所适。法造于笔端，不依科诏；狱成于门下，不顾复讯。"⑤ 特务组织干预司法最为猖獗的时期是在明朝，其主要组织就是东厂、西厂、锦衣卫。厂卫操纵司法是明朝的特有现象。在南京国民政府时期也有"中统""军统"等特务组织，它们享有不依照法律程序任意践踏人民政治权利和人身权利的司法特权，从而干预司法。

（三）伦理主义的司法诉讼特征

中国古代法律几乎不受宗教的影响，但受伦理主义的礼制影响甚巨。奴隶社会礼制虽然崩溃了，但是封建社会地主阶级又建立封建等级制度，诸如"亲亲""尊尊"之类的礼制原则被归纳成为"三纲五常"的伦理体系，儒家学说被推崇为正统法律指导思想，并从法律适用意义上支配法律的运作。礼的许多内容被直接规定为法律，行为人的等级身份和血缘关系成为定罪量刑的必要前提，直接以礼教原则处理的案件屡见不鲜。此外，纲常名

---

① 《大唐新语·匡赞》。
② 《唐会要·左右仆射》。
③ 《明史·刑法志》。
④ 《明通鉴》卷六三。
⑤ 《三国志·魏书·程昱传》。

教极力鼓吹"无讼""息讼",导致人们对法律权利的认识不足,从而影响司法诉讼制度的社会实现。总之,古代司法诉讼制度具有浓厚的伦理主义色彩。

1. 诉讼制度的特权性

中国古代社会是一个等级森严的身份社会,各等级之间在权利义务方面存在着严重的不平等。为了维护官僚贵族阶层的利益,维护等级森严的特权制度,古代司法诉讼制度详尽地规定了官僚贵族在诉讼过程中所享有的特权。

(1) 在诉讼权利方面,禁止卑幼控诉尊长。在奴隶制时代,卑幼控告尊长被认为是一种犯罪行为。1975 年在陕西省岐山县董家村出土的《候匜》铭文中记载着这样一个案例,即两个贵族关于 5 名奴隶的争讼。小贵族牧牛是原告,他控告上级贵族侵占了自己的奴隶,但裁判官伯扬父却没有查证案件的事实情况,而是以"牧牛!……汝敢以乃师讼"的控告上司罪名,判决鞭笞其一千的处罚。关于对当事人诉讼权利限制的问题,封建法律中也有普遍规定:《唐律疏议·斗讼》"诬告反坐"条规定:"诸诬告人者,各反坐。即纠弹之官,挟私弹事不实者,亦如之。反坐致罪,准前人入罪法。"而《唐律疏议·斗讼》"诬告府主刺史县令"条则规定:"诸诬告本属府主、刺史、县令者,加所诬罪二等。"通过这两条法律条文,可以得出这样的结论,诬告上级官员的处罚要比诬告常人严重,事实上是以加重处罚结果的方式,作出对下级控告上级诉权的限制。

(2) 在审理过程中,维护贵族官员尊严。贵族官员以涉足公堂为耻,因而法律在诉讼上给予官吏以优待。在西周的司法审判过程中,有"命夫命妇不躬坐狱讼"① 的原则,即贵族及其家族成员不必亲自参加审判活动,而仅派其家臣代理出席诉讼。元朝法律也有类似规定,如"诸职官得代及休致,凡有追会,并同见任。其婚姻、田、债诸事,止令子孙、弟、侄陈讼,有辄相侵陵者究之"②。明、清时期沿袭这一规定,"凡官吏有争论婚姻、钱债、田土等事,听令家人告官对理,不许公文行移,违者笞四十"③。贵族官员在诉讼过程中也不受刑讯,自汉初以诏令方式对贵族"松系"之后,魏晋至唐代以前的法律皆有明文的规定。唐、宋时期,应议、请减者不合拷讯,据三人以上的众证定罪,如果违背该法律,故加拷讯的官吏要承担刑事责任。在判决结果上,无论罪有无出入,前种情况之下以故出入人、失出入人论罪,即使罪无出入,亦以斗杀论④。贵族官吏也不受拘系刑讯,汉孝惠帝时规定"爵五大夫、吏六百石以上及宦皇帝而知名者,有罪当盗械者皆颂系"⑤。颂系即松系,意为不受羁押。梁制也有"郡国太守、相、都尉、关中侯以上,及

① 《周礼·秋官·小司寇》。
② 《元史·刑法志》。
③ 《明律例·刑律》《清律例·刑律》。
④ 《唐律疏议·断狱律》《宋刑统·断狱律》。
⑤ 《汉书·惠帝纪》。

两千石以上非槛征者并颂系之"①。由此可见，法律对贵族官员的优待礼备周全，保证其不受狱吏的侵辱，从而有效地维护他们的尊严。

（3）贵族官员不受常刑处罚。在古代中国社会中贵贱对立极为显著，这种差别最明显的体现就是"礼不下庶人，刑不上大夫"②。这种礼制原则是当时社会立法、司法的重要依据，可以保证贵族官员在一般情况之下不受常刑的处罚。《周礼·秋官·小司寇》中有"以八辟丽邦法附刑罚"的记载，规定八种人犯罪可以享有法律赋予的特权。八辟制度可以说是我国古代特权法的最初形态。曹魏时期"八议"特权制度直接来源于此，这项制度一直延续到明、清。唐、宋时期八议犯死罪非十恶者，条录所坐及应议之状，先奏请议，由都堂集议，议定奏裁，由皇帝裁决，议者只能原情议罪，不能以律条正决③。明、清时期法律也沿用相同规定，八议犯罪除十恶之外，不问死罪、徒、流皆须经过此种议奏程序④。北魏和南陈时期还创立"官当"制度，允许官吏以官爵当刑抵罪。除此以外，还有以例减赎制度来保障贵族官员的特权。法律赋予贵族官员的种种特权形成一套严密的体系，可以使其不受常刑的处罚。法律不仅保护贵族官吏的特权，而且还同样保护他们的家属，其官爵愈高，法律所给予其家属的特权也就愈多。因此，这不仅是实体法意义上的特权，而且也表现为程序法中法律适用过程的特权。

（4）在执行判决时使贵族官员避免刑辱。在中国古人看来，受到刑罚的制裁是一件极为耻辱的事情。奴隶社会五刑之中，除了死刑以外，墨、劓、剕、宫等四种肉刑皆损毁受刑者的肢体和功能，因此，被受刑者认为是奇耻大辱，并且使其终生不齿于人。如果贵族官员受到刑罚制裁，不仅对其本人是极大的侮辱，而且也会令其所属的贵族阶层感到耻辱。所以国家法律会通过相应规定来避免使其受应有的处罚，正如贾谊所言："廉耻节礼以治君子，故有赐死而无戮辱，是以黥劓之罪不及大夫。"⑤《礼记·文王世子》里也明确指出："公族无宫刑，不翦其类也。"不适用宫刑的目的是避免使贵族绝后，不公开执行死刑则是为了使其免受耻辱。《尚书·吕刑》载："金作赎刑"，贵族官员的犯罪行为可以通过用钱收赎或放逐的方法来避免其受皮肉之苦。即使贵族官僚犯有需要剥夺其生命的严重犯罪行为，也可以通过自杀的方法来维护其尊严。贾谊认为，君子"有赐死而亡戮辱……虽或有过，刑戮之罪不加其身者……盘水加剑，造请室而请罪耳……其有中罪者闻命而自弛……其有大罪者，闻命则北面再拜，跪而自裁"⑥。北魏时期，大臣犯罪当大辟

①　《隋书·刑法志》。
②　《礼记·曲礼》。
③　《唐律疏议·名例律》《宋刑统·名例律》。
④　《明律例·名例律》《清律例·明例》。
⑤　《汉书·贾谊传》。
⑥　《汉书·贾谊传》。

者多得归第自尽①，唐朝《狱官令》也明确规定："五品以上官犯死罪皆赐死于家。"②

2. 诉讼制度的宗法性

宗法制度是一种以血缘关系为纽带的家族组织与国家制度相结合的社会政治形式，其目的是保证血缘贵族的世袭统治。自汉初开始，儒家学说将宗法制道德伦理演化为一套以家族为基础的社会政治制度。这种以家族为中心进行社会统治的理念对中国古代司法诉讼制度产生了极其深远的影响。

（1）从诉讼程序上来看，父母惩处子女，主人处罚贱民或奴隶极为简便。在宗法制度下，法律是保护父权家长制的，家长有权力惩处违反教令的子女。秦律将告发案件分为"公室告"和"非公室告"两种，"贼杀伤、盗他人为'公室告'"，"子盗父母，父母擅杀、刑、髡子及奴妾不为'公室告'"。法律规定对于"公室告"的案件必须告发，并且官府必须受理，但是对于"非公室告"的案件不能告发，官府也不得受理，甚至"而行告，告者罪"③。随着社会发展，家长对于子女的生杀权力被剥夺，这是父权的一种克减。尽管如此，这也只是将家长惩罚权移交官府代为执行而已，对父母生杀子女的意志并没有否认。如两汉法律规定，父母告子不孝欲杀者皆许之④。父母可以子孙违反教令和不孝的罪名请求官府代为惩处，只要父母提起诉讼，官府就准许处罚，而且也不要求控诉人提供相关证据。例如《大清律例》中明确规定："父母控子，即照所控办理，不必审讯。"由此可见国家机构的司法权是完全遵从父母的意志，这样就大大地简化了此类条件的诉讼程序。

此外，在奴隶社会时期，奴隶属于社会地位最低贱的阶层，其为主人的所有物，主人可以任意地虐待和杀害，而不问有罪或无罪。封建社会时期主奴之间也是如此，主人可以责骂、处罚奴婢，这是主人在法律上所享有的当然权利。即使因此而导致奴婢的死亡，只要不是故意殴死，主人就可以不承担法律上的责任。⑤ 法律所禁止的只是非刑和擅杀。虽然光武帝曾诏曰："天地之性人为贵，其杀奴婢不得减罪"⑥，后世法律也大多有如此规定，但是主人控奴，均适用简易程序，杀奴皆可告官杀之，只是主人不得擅杀而已。

（2）从诉权上看，不允许子女告父母，奴隶告主人，妻告夫。与上述情况相反，法律在一般情形之下是不允许子女告父母和奴隶告主人。因为这与宗法制度精神背道而驰，正如《国语·周语》中所云："父子将狱，是无上下也"，所以历代法律都规定严格制裁子

---

① 《魏书·李彪传》。

② 《旧唐书·刑法志》。

③ 《睡虎地秦墓竹简》，文物出版社 1978 年版，第 195~196 页。

④ 《宋书·何承天传》。

⑤ 《唐律疏议·斗讼律》《宋刑统·斗讼律》《明律例·刑律》《清律例·刑律》。

⑥ 《后汉书·光武纪》。

孙控告祖父母、父母的行为。汉代衡山王太子坐告父不孝弃市①，北魏时期则规定子孙告父母处死刑②；唐代法律将这种行为列为"不孝"之一，罪在不赦。除直系尊亲属以外，对于其他的大功以上亲属也是不能举告的，法律对此规定了相应的处罚措施：告期亲尊长及外祖父母，虽得实，原告也要受到处罚，唐、宋律徒一年，明、清律杖一百，大功、小功、缌麻则按服制依次递减。唐、宋律告大功尊亲徒一年半，小功、缌麻徒一年。明、清律告大功杖九十，小功杖八十，缌麻杖七十。如果属于诬告就要加重处罚，唐、宋律规定，诬告期亲尊长重者加所诬罪三等，诬告大功、小功、缌麻重者各加所诬罪一等。明、清律规定，期亲、大功、小功、缌麻各加所罪三等③。此外，奴隶和子孙一样也不能告家长，要以对父祖的态度来尊重主人：唐、宋律规定，部曲奴婢告主，非谋反叛逆者，处绞，被告之家长同首法，免罪。④ 明、清律规定，奴婢告家长，虽得实，杖一百徒三年，诬告者绞。⑤ 按照伦理原理，夫妻之间也同为卑幼关系，妻告夫与卑幼告尊长一样受到法律制裁。唐、宋时期的法律规定，妻告夫与告期亲尊长同罪，处徒刑二年。⑥ 明、清时期的法律制裁更为严厉，妻妾告夫与子孙告祖父母、父母同罪，杖一百徒三年，诬告者绞。⑦ 除上述法律的一般规定外，另外还有一些特殊情形。对于十恶犯罪，法律取义亲关系中"大义则去亲"的原理，强制知情卑幼举告尊长，例如《唐律疏议·名例》中记载："若告谋反、逆、叛者，各不坐。"以后各代法律基本上承袭唐律的制度精神。

第二节　中国古代司法组织

一、司法机构

（一）中央司法机构

1. 奴隶制社会时期

（1）王。在奴隶制时代，王是国家的最高统治者，享有最高的司法审判权。甲骨文中保留很多关于王行使司法权的记载。西周以后的文献资料则更为清楚。在宗法制度下，最

---

① 《史记·衡山王传》。
② 《魏书·窦瑗传》。
③ 《唐律疏议·斗讼律》《宋刑统·斗讼律》《明律例·刑律》《清律例·刑律》。
④ 《唐律疏议·斗讼律》《宋刑统·斗讼律》。
⑤ 《明律例·刑律》《清律例·刑律》。
⑥ 《唐律疏议·斗讼律》《宋刑统·斗讼律》。
⑦ 《明律例·刑律》《清律例·刑律》。

高审判权被周天子所控制。《周礼》《礼记》等文献中都有记载，如"及刑杀，告刑于王"①，"大司寇以狱之成告于王，王命三公参听之；三公以狱之成告于王，王三宥，然后制刑"②。这些史料充分说明王对司法案件拥有司法决定权。

（2）大司寇。在奴隶制社会，中央还设置大司寇辅佐王处理全国的司法事务，作为天子之下的最高司法审判机关。其职责主要是："掌建邦之三典，以佐王刑邦国，诘四方。"此外大司寇还具体负责其他工作，如："以五刑纠万民""以两造禁民讼，以两剂禁民狱""以圜土聚教罢民""以嘉石平罢民""以肺石达穷民""正月之吉，始和布教于邦国都鄙，乃县刑象之法于象魏，使万民观教象"。在审理案件过程中，大司寇根据犯罪对象不同而适用相应的法律，"凡诸侯之狱讼，以邦典定之，凡卿大夫之狱讼，以邦法断之，凡庶民之狱讼，以邦成弊之"③。

（3）小司寇。在大司寇之下设置小司寇辅佐其处理政务。小司寇的主要职责是审理具体司法案件，特别是发生在王畿范围之内的案件，即"以五刑听万民之狱讼""以五声听狱讼，求民情"。运用"五刑""五听""三刺"等原则来审理案件。同时小司寇还执掌八辟制度以维护贵族阶级的特权。小司寇还拥有对地方司法机构的直接指导权，"岁终，则令群士计狱弊讼"，就是命令地方司法机关在年终时统计已经审理的案件；"正岁帅其属而观刑象，令以木铎曰：'不用法者，国有常刑。'令群士，乃宣布于四方"④，就是命令群士向四方公告刑禁。

（4）士师。士师主要是辅助大司寇的工作，其重要的职责是："掌国之五禁之法，以左右刑罚。"就是通过实施"五禁"来防止民众犯罪，"掌官中之政令，察狱讼之辞，以诏司寇断狱弊讼，致邦令"，就是负责汇集大司寇宣布的政令，审查狱讼言辞，对司寇审理的案件，提供有关的法令以供大司寇选择适用。士师还掌理"八成之法"，"凡庶民之狱讼，以邦成断之"，这些法律主要是对庶民的八种犯罪行为在认定罪名成立时，作为依据使用，"一曰邦汋，二曰邦贼，三曰邦谍，四曰犯邦令，五曰挢邦令，六曰为邦盗，七曰为邦朋，八曰为邦诬"⑤。而认定这些犯罪成立的法律准据的内容，后世未能流传下来。

2. 封建社会时期

（1）皇帝。公元前221年，秦始皇统一六国后，建立起第一个中央集权的君主专制国家，实行封建皇权制度。秦始皇总揽全国的行政、立法、司法的各项大权，成为全国最高的司法审判官，亲自行使审判权，"躬操文墨，昼断狱，夜理书"，"天下之事无小大皆决

---

① 《周礼·秋官·掌囚》。
② 《礼记·王制》。
③ 《周礼·秋官·大司寇》。
④ 《周礼·秋官·小司寇》。
⑤ 《周礼·秋官·大司寇》。

于上"①。在整个封建帝制时代，皇帝总揽一切大权，当然也掌握着司法大权。皇帝对司法权的控制主要体现在两个方面：一方面表现为皇帝有权直接审理案件，另一方面表现为建立一套在皇帝控制之下的司法机关体系。

（2）廷尉。秦代开始，中央设九卿，其中廷尉是国家的最高司法审判机关。关于"廷尉"一词主要有两种解释：一曰："听狱必质诸朝廷，与众共之；兵狱同制，故称廷尉"；一曰："廷，平也。治狱贵平，故以为号。"② 无论哪一种解释都足以说明廷尉职责的重要性。廷尉的主要职责有二：一是负责皇帝诏令审理的案件，即所谓"诏狱"；二是审理地方的上诉案件和复审郡县所不能够决断的重大疑难案件。汉代廷尉府机构庞大，有属吏帮助行使司法权，权力地位很高。

（3）御史大夫。秦汉时期御史大夫本是监察机构，但也具有审判职能。其下属有御史中丞、史、正等职官。其职权主要是：①鞫审诏狱。汉代的御史中丞经常奉皇帝的命令审理诏狱，侍御史负责拘捕人犯，负责京城百官监察事务的司隶校尉也有类似权力，例如东汉灵帝年间，太尉段颎有罪，司史校尉阳球"就狱中诘责之"。②审核重案疑案。治书侍御史就负有"与符节郎共平廷尉奏罪，罪当轻重"③ 的职责。秦汉以后御史台是中央最高监察机关，设御史大夫和御史中丞为正副长官，遇有重大疑难案件，也参与审判或直接审理。

唐朝贞观以后，御史台开始参与审判，组织机构进一步扩大，设立台院、殿院和察院三个部门作为办事机构。台院"掌纠举百僚，推鞫狱讼"，负责纠弹中央百官，参加重大案件的审判，它是御史台的主要部门，职权较重，地位较高；殿院"掌殿廷供奉之仪式。凡冬至、元正大朝会，则具服升殿。若郊祀、巡幸，则于卤薄中纠察非违，具服从于旌门，视文物有所亏阙，则纠之。凡两京城内，则分知左右巡，各察其所巡之内有不法之事"，负责纠察宫殿的各种礼仪、主管百官上殿的序列、班次等事务和分知京城内的左右巡；察院"掌分察巡按郡县、屯田、铸钱、岭南选补、知太府、司农出纳、监决囚徒。监祭祀则阅牲牢，省器服，不敬则劾祭官。尚书省有会议，亦监其过谬。凡百官宴会、习射，亦如之"④，负责监察各级地方官吏。此院长官的品位较低，但任务最重，涉及全国。这三个部门均受御史大夫和中丞的指挥。

（4）尚书台。汉武帝以后，百官分为中朝与外朝。为了限制相权对皇权的威胁，中朝官中的尚书作为皇帝的近侍，权力迅速扩张。在汉成帝时期，开始在尚书台中设立"五

---

① 《史记·秦始皇本纪》。
② 《汉书·百官公卿表》，应劭、颜师古注。
③ 《册府元龟·刑法》。
④ 《旧唐书·职官志》。

329

曹""三公曹"主断狱事，侵夺审判职权。东汉以后，尚书的司法权力进一步扩大，是所谓"出纳王命，敷奏万机，盖政令之所由宣，选举之所由定，罪赏之所由正"①，光武帝时改由尚书台的"两千石曹"主辞讼，从此出现司法审判大权由廷尉和尚书台共同执掌的情况。

尚书的司法权主要表现在：①劾奏权，即尚书有直接举劾大臣的权力；②案验权，即尚书经常独立地承担案件的调查、取证和审判工作；③诘问权，即西汉时期，尚书可以代表皇帝诘问大臣，而东汉时期，在没有皇帝旨意的情况下，尚书也可以自主诘问大臣，甚至用刑拷打；④驳议权，即东汉时期，尚书对三公上报的惩罪结果有驳议权；⑤议罪权，即东汉时期的尚书不仅可以出席议罪会议，而且其所发表的意见往往具有举足轻重的作用②。

（5）大理寺。大理寺最初是最高司法审判机关，它是由廷尉发展而来的，北齐时正式将廷尉定名为大理寺，以后历代封建王朝基本上沿用这一名称。大理寺以卿、少卿为正、副长官，下设正、丞、主簿、司直、评事及众多属吏。隋、唐时期大理寺负责审理中央百官及京师徒刑以上的案件，但是徒、流刑案件的判决须移交刑部复核。而死刑案件的判决，除刑部等中央机关的复议，必须奏请皇帝批准才能执行。对于刑部转送的各地疑难案件以及刑部复核的死刑案件，大理寺拥有重审的权力。明代的大理寺为最高复核机构，"掌审谳平反刑狱之政令"，凡刑部、都察院审判的案件"皆移案牍，引囚徒，诣寺详谳"：如情允罪服，准予具奏，否则驳令改判，曰"照驳"；三拟不当，则纠问官，曰"参驳"；招供不清者，可移再审，曰"追驳"；屡驳不合，则请旨发落曰"制决"③。清代大理寺"掌平天下之刑名，凡重辟则率其属而会勘。大政事下九卿议者则与焉，与秋审、朝审"④。其主要职责是复审死刑案件、平反冤狱，如发现刑部定罪量刑有误，可以驳回，同时也主持热审案件。

（6）刑部。刑部是从尚书中的都官尚书发展而来的，最初是中央最高司法行政机关，以尚书、侍郎为正、副长官，其下属也有一套完整的工作机构。隋、唐时期，其在司法审判工作中的职责是：按复大理寺流刑以下及诸州、县徒刑以上的犯罪案件及应奏之事；若狱囚中有属应议、请者，皆申报刑部，由刑部召集诸司七品以上官员与尚书省集议；对于死刑的复决权，刑部也有执行之职，特别是在外诸州死刑的执行，必须申报刑部，经三复奏后，方可执行；对在狱囚徒的录囚、审复也由刑部负责；在复审中，如发现疑案、错案，凡徒刑、流刑以下的案件，驳回原审州、县重审或复审，死刑则转送大理寺重审，有

① 《通典·职官》卷二十二。
② 参见张晋藩主编：《中国法制通史》第 2 卷，法律出版社 1999 年版，第 521~523 页。
③ 《明史·职官志》。
④ 《大清会典》卷八十一。

时也可自行审理。宋、元、明、清时期其职权稍有变化：元代的刑部职权较宽，据《元史·百官志一》载，凡"大辟之按覆，系囚之详谳，孥收产没之籍，捕获功赏之式，冤讼疑狱之辨，狱具之制度，法令之拟议，悉以任之"。由此可见，原属大理寺的部分职能归于刑部，其掌司法行政与审判的职权；明代刑部"尚书掌天下刑名及徒隶、勾覆、关禁之政令，侍郎佐之"①，其审理的案件主要有两种：一是全国各地上诉的徒流案件；二是京畿地区的案件，但须经通政司收转。刑部有权处决流以下案件，但定罪后，须将罪犯连同案卷送大理寺复核，再由刑部具奏执行。洪武十五年（1382年）令"吏、户、礼、兵、工五部，凡有应问罪人，不许自理，俱付刑部鞫问"②。清朝的刑部，据《大清会典》记载，"掌天下刑罚之政令，以赞上正万民"。事实上，刑部拥有很大的司法权力，"外省刑案，统由刑部核复。不会法者，院、寺无由过问；应会法者，亦由刑部主稿。在京狱讼，无论奏咨，俱由刑部审理，而部权特重"③。其职权主要是：核拟死刑案件上报皇帝最后批准；批结全国充军流放案件；审理发生在京师的笞杖以上现审案件及中央官吏犯罪案件；主持修订律例；相关司法行政事务。

（7）审刑院。由于特殊历史原因，宋代设置审刑院这一机构。"凡狱具上奏者，先由审刑院印讫，以付大理寺、刑部断复以闻，乃下审刑院详议申覆，裁决讫，以付中书，当者即下之，其未允者，宰相复以闻，始命论决。"④ 由此可见，原来只由刑部详复的案件现在必须经过审刑院的详议，实际上就是在刑部之上又增加一级复审机构。以后又"诏大理寺所详决案牍，即以送审刑院，勿复经刑部详覆"⑤，此举使得刑部名存实亡。直到神宗元丰三年（1080年），将审刑院并入刑部，"以知院官判刑部，掌详议、详覆司事；其刑部主判官二员为同判刑部，掌详断司事；详议官为刑部详议官"⑥，这种情况才得以彻底改变。

（8）大宗正府。元代的大宗正府是唐、宋以来大理寺的改设，它既是管理蒙古贵族事务的机构，也是具有独立管辖范围的中央司法机关。大宗正府设蒙古断事官受理蒙古王公贵族案件，并掌管京师附近蒙古人和色目人的诉讼案件。据《元史·百官志》记载："凡诸王、驸马投下蒙古、色目人等，应犯一切公事，及汉人奸盗诈伪、蛊毒厌魅、诱掠逃驱、轻重罪囚，及边远出征官吏……悉掌之"；"上都大都所属蒙古人并怯薛军站色目与汉人相犯者，归宗正府处断"。

---

① 《明史·职官志》。
② 《明会典·刑部·问拟刑名》。
③ 《清史稿·刑法志》。
④ （宋）李焘：《续资治通鉴长编》卷三二，淳化二年八月乙卯。
⑤ （宋）李焘：《续资治通鉴长编》卷三四，淳化四年三月壬子。
⑥ （宋）李焘：《续资治通鉴长编》卷三零七，元丰三年八月己亥。

（二）地方司法机构

1. 奴隶制社会时期

（1）诸侯国君。从原则上来讲，各诸侯国君在其封国之内掌握着最高司法审判权，负责审理下级奴隶主之间的诉讼，决定对重大案件的判决。诸侯国之内的司法系统设置大体上与中央王朝相同，只是规模较小，职官设立较为简单而已，也有司寇、士师等官员辅助其领主处理司法事务。但是土也会干涉诸侯国之中的司法案件审判，如《周礼·秋官·讶士》就记载："讶士，掌四方之狱讼"，"凡四方之有治于士者造焉，四方有乱狱，则往而成之"。意思就是说，讶士管理四方诸侯的狱讼，当四方诸侯有疑难未决的案件、对法律有疑问而呈请士师指示时，便由讶士代为接受，并且负责传达，当四方诸侯发生君臣宣淫、上下相虐的案件时，讶士就亲自前去审判。

（2）乡士、遂士等群士。根据《周礼》的记载，地方乡村之中设有乡士、遂士等司法官员，负责审理在其所在地发生的案件。其中"乡士掌国中，各掌其乡之民数而纠戒之。听其狱讼，察其辞"①，负责国中与乡的司法案件；"遂士掌四郊，各掌其遂之民数而纠其戒令。听其狱讼，察其辞，辨其狱讼"②，负责本遂及四郊的司法案件；"县士掌野，各掌其县之民数，纠其戒令而听其狱讼，察其辞，辨其狱讼"③，就是负责郊外至五百里王畿内甸、稍、县、都之地的司法案件；"方士，掌都家，听其狱讼之辞，辨其死刑之罪而要之，三月而上狱讼于国"④，主要负责地方贵族、邦伯违法案件的审判。

2. 封建社会时期

（1）县。秦国统一后，统治集团内部对行政体制的建构有不同的观点：一种认为采用分封制，封王诸子以拱卫王室；一种认为分封是战乱的根源，应实施郡县制。秦始皇采纳廷尉李斯的意见，决定彻底废除分封制，实行郡县制，在地方分设郡县二级政权，地方政权中司法机构与行政机构合一。秦代县令负责本县重要案件的审理，下设县丞、曹等官职负责具体审理工作，但判决结果呈报县令批准后方可执行；作为基层社会组织的乡和里负责本地区的民事与轻微刑事案件的调解和审理，其结果也必须上报县令及有关县府人员。县令下设司法、典狱等佐官处理具体司法事务。县以下的基层组织有乡里，百户为里，里有里正；五里为乡，乡有乡正；两京及州县之郭内分为坊，坊有坊正；郊外为村，村有村正；其职责是"以司督察"；村、坊之下，"四家为邻，五邻为保。保有长，以相禁约"⑤。

在汉代，与县平级的行政建制还有邑、道、侯国。据《汉书·地理志下》统计，平帝

---

①　《周礼·秋官·司寇·乡士》。
②　《周礼·秋官·司寇·遂士》。
③　《周礼·秋官·司寇·县士》。
④　《周礼·秋官·司寇·方士》。
⑤　《旧唐书·职官志》。

时，汉代县级行政区划数为1587个，其中县邑为1314个，道为 32 个，侯国为 241 个。《续汉书·郡国志五》记载，东汉顺帝时，县邑、道、侯国总数减至1180个。曹魏时期，由于汉末中央集权的削弱，县的行政长官都有判决死刑的权力。例如《三国志·魏书·李通传》载："通妻伯父犯法，朗陵长赵俨收治，致之大辟。……通妻子号泣以请命。通曰：'方与曹公戮力，义不以私废公。'嘉俨执宪不阿，与为亲交。"西晋时期与汉魏同制，此外，县还设有狱小史、狱门亭长等员，负责具体事务。一般案件都可由地方自行审理，自行判决，大案、要案、疑案则由州郡上交廷尉。

关于唐代县制，据《旧唐书·职官志》记载："京畿及天下诸县令之职，皆掌导扬风化，抚字黎氓，敦四人之业，崇五土之利，养鳏寡，恤孤穷，审察冤屈，躬亲狱讼，务知百姓之疾苦。"县令也有丞、主簿、尉、司户、司法、仓督、典狱和问事等佐官。其中，司法、典狱等都是处理具体司法事务的官吏。县要受理大量的地方案件。《棠阴比事》载："部人王恭戍边，留牛六头于舅李琎家，养五年，产犊三十头"，可是当王恭向李琎讨还时，李琎谎说："牛二头已死，只还四头老牛。"于是，王恭只得到裴子云那里告状。他受理此案后，施用巧计，使李琎招出实情："三十头牛，总是外甥牛所生。"最后此案得以圆满解决，"令（李琎）尽还牛；却以五头酬（李）琎辛苦"。宋、元、明、清代大体承袭唐制。宋代知县或县令"掌字民治赋，平决狱讼之事"①。其下设县丞、主簿、县尉都负有辅助县令进行司法工作的职责。县有权对民事案件和杖刑以下的刑事案件直接做出判决；对徒以上刑事案件、命官犯罪的案件，则要将案情与预审的情况上报上级机关。元代县的最高司法长官为达鲁花赤，他与县尹（县令）共同兼理本县司法审判工作，县设专职司法官吏县丞、典史、丞史等。明代的州有两类，一类是直隶于布政司的州，另一类是府属州，地位与县相同，又称为散州。知州或知县则亲自审理案件，"凡犯罪，六十以下（即笞），各县决断；八十以下，各州决断；一百以下，各府决断；徒、流以下，申闻区处"②；清代县（厅、州）有权审决笞、杖、徒刑案件，流刑、死刑案件只可预审转呈府衙判决；《大清律例》规定："军民人等遇有冤抑之事，应先赴州县衙门具控。"按察司对府上报的刑事案件进行复审，对徒刑案件仅复核，对军流、死刑案件及人犯进行复审。如无异议，上报督抚，如发现问题，驳回重审或改发别的州县更审。

（2）郡。《睡虎地秦墓竹简·法律答问》中有："今郡守为廷不为？为也。"这说明郡守有司法审判权，郡守之下设有决曹掾为专职的司法官吏。秦代郡守拥有重要案件的审判权及对各县上报案件的批准权与上报中央的权力。汉代郡守的司法权力主要有：奏劾权，有权奏劾隶属其管理的郡县各级官员；审判权，作为地方最高审判官，具有审判案件，做

---

① 《宋会要辑稿·职官》四八之二五。
② 《大明令·刑令》。

出最后判决的权力；法律解释权，汉代法律规定："县、道官狱疑者，各谳所属二千石官，二千石官以其罪名当报之。"① 实际上，日常的司法事务基本上是由专管司法的决曹来处理的。其主事者称决曹掾，多由明习法律者担任，主要承担郡中具体的刑审事务。汉代地方司法权限较大，郡守、县令不仅掌握案件的批准权与疑难案的上报权，而且掌握死刑案件的判决权，但重大疑难案件需呈报皇帝裁决。隋代开皇初沿袭北朝魏、齐之制，也设立有郡级机构。兵部尚书杨尚希上表曰："当今郡县，倍多於古……民少官多，十羊九牧……今存要去闲，并小为大。国家则不亏粟帛，选举则易得贤才。"② 文帝因而罢诸郡，炀帝时复置，以郡领县。"郡，置太守、丞、尉、正、光初功曹、光初主簿、县正、功曹、主簿、西曹、金、户、兵、法、士等曹，市令等员。"③

（3）州。州原为地方监察御史巡部的区划，东汉灵帝以后，州变为地方最高行政机关。自秦以来一直稳定发展的郡县二级地方政体由此发生改变。州牧掌握司法权，负责郡县的上诉案件与州辖地区案件的审判。隋朝"州置刺史、长史、司马、录事参军事、功曹、户、兵等曹参军事、法、士曹等行参军、行参军、典、州都光初主簿、郡正、主簿、西曹书佐、祭酒从事、部郡从事、仓督、市令、丞等员"④。延至唐代，州设司户参军事、各都督府设户曹参军事负责民事案件，"掌剖断人之诉竞，凡男女婚姻之合，必辨其族姓，以举其违；凡井田利害之宜，必止其争讼，以从其顺"；设法曹参军事及都督府之司法参军事负责刑事案件，"掌律令格式，鞫狱定刑，督捕盗贼，纠逖奸非之事，以究其情伪，而制其文法，赦从重而罚从轻，使人知所避而迁善远罪"⑤。宋代知州在司法方面的责任是：通判"掌倅贰郡政……凡兵、民、钱谷、户口、赋役、狱讼听断之事，可否裁决，与守臣通签书施行"⑥。州院（府院）审理民事案件，后来也兼管刑事案件，司理院是专门审理刑事案件的机构，判决徒、流刑案件。元代的州设达鲁花赤，与知州共同兼理司法审判事务。各州专职司法官是州同知和州判官等，司法官吏有司史和典史等。如遇有检验尸伤、写尸账等繁杂的工作，则本州上述各官员和吏员全部投入，通力合作完成任务。⑦ 州级机关有权断决判处杖刑87以下的罪因。

（4）府。元代在"路"之下和"州"之上设立府一级的行政机构，府与上下级行政机关之间的隶属关系"大率……以路领府、府领州"⑧。各府"设司狱官，仰各常切录问

① 《汉书·刑法志》。
② 《隋书·杨尚希传》。
③ 《隋书·百官志》。
④ 《隋书·百官志》。
⑤ 《唐六典》卷三〇。
⑥ 《宋史·职官志》。
⑦ 黄时鉴辑点：《元代法律资料辑存》之《大元检尸记》，浙江古籍出版社1988年版。
⑧ 《元史·地理志》。

罪囚，若有淹延枉禁，随即申报所属"①。据中统建元诏令规定："犯刑至死者"，如果仅仅依据"府州审问狱成，便行处断，则死者不可复生，断者不可复续，案牍繁冗，须臾断决，万一差误，人命至重，悔将何及"，所以责令各府"但又死刑仰所在官司推勘得实，见事情始末及断定招款"，逐级向上申报②。又据至元十二年（1275 年）圣旨责令：各府决杖"犯罪之人"的权限，凡"八十七以下，令散府州郡决断"③。各府除有权"决杖罪囚"外，还有权设置牢房，并依据"罪囚分别轻重"的条画规定："牢房须要分别轻重异处，不得参杂。"还规定："妇人仍与男子别所，虽有已盖房舍，若窄隘不能分拣即仰别行添盖。"④ 明代的府是省以下的行政单位，对上直隶于布政司，对下又管辖州、县，地位十分重要。知府掌一府之政，其职掌为"宣风化，平狱讼，均赋役，以教养百姓"⑤。府推官负责刑狱，司狱负责狱政，但大狱重囚，知府随时都可以决定自己亲自审理。此外，明代直隶州的地位与府相同。清代的府负责复审依法上报的刑事案件及对州县判决不服而上诉的案件。薛允升指出："州县一切案件，由府审转解司（按察），直隶州一切案犯，由道审转解司（按察），此定章也，而刑律并无明文。"⑥

（5）路。宋代设立路一级大区行政机构，加强中央对地方的监督。宋代各路设提点刑狱司，是路级专门司法机构，其职责是："所至专察视囚禁，审详案牍。州郡不得迎送聚会。所部每旬具囚系犯由，讯鞫次第申报，常检举催督。在系久者，即驰往案问。出入人罪者，移牒复勘，劾官吏以闻。诸色词讼，逐州断遣不当，已经转运使批断未允者，并收接施行。官吏贪浊驰慢者，具名以闻，敢有庇匿，并当加罪。"⑦ 可见，其拥有对大辟案的复核权，对州监禁人犯及审案进行监督，甚至对州及转运使"批断未允"案件有权受理重审。此外，"掌察所部之狱讼而平其曲直，所至审问囚徒，详复案牍，凡禁系淹延而不决，盗窃捕窜而不获，皆劾以闻，及举刺官吏之事"⑧。元代的各路设推官是专掌推鞫刑狱，平反冤滞，董理州县刑名的专职官员，与下属的司狱司的司狱及狱丞共同负责处断本路有关的狱讼之事⑨。各路官吏不仅参与审判活动，还要按规定期限对重刑案件予以"结案"⑩，并有权断决判处杖刑一百七以下的罪囚。

---

① 黄时鉴辑点：《元代法律资料辑存》之《至元杂令》。
② 《秋涧先生大全文集》卷八七。
③ 黄时鉴辑点：《元代法律资料辑存》之《至元杂令》。
④ 《元典章》卷四〇之《刑部》（二）。
⑤ 《明史·职官志》。
⑥ （清）薛允升：《读例存疑》卷四九。
⑦ （宋）李焘：《续资治通鉴长编》卷六六，景德四年七月癸巳。
⑧ 《宋史·职官志七》。
⑨ 参见《历代刑法考》之《刑官考》（下）。
⑩ 《元典章》卷六之《台纲》（二）。

（6）省。忽必烈建立帝制以后，诏令"建都省以总宏纲，置行省以分庶务"①，从而确立行中书省作为中央派出机构的地位，其职掌是"掌国庶务、统郡县、镇边鄙，与都省为表里"，"凡钱粮、兵甲、屯种、漕运、军国重事，无不领之"②。因其受所统辖地域限制，实际上成为地方最高一级行政机关。其所属司法职能机构为理问所，专掌刑狱。明朝省级司法机构是提刑按察司，"掌一省刑名按劾之事"③，有权审理徒刑以下案件，徒以上案件须报送刑部，无权擅决。

清初将行省定制为省，并设有最高行政长官总督和巡抚监理军政。每个总督管辖二或三省，总督之下设巡抚，一省派遣一员。省是地方最高一级的行政单位，负责地方的行政管理，又是对中央负责的派出机关。督抚有权批复按察司复核无异议的徒刑案件，并决定执行；对军流刑案件加以复核，如无异议，咨报刑部，听候批复；对死刑案件，督抚需对人犯进行复审，并专案向皇帝奏报。其司法职责主要为：一是审结地方徒刑以上刑事案件，二是参革、审理职官犯罪案件，三是主持地方秋审大典，汇题秋审案件结果上报。

（三）特殊审判组织

1. 汉代"杂治"

在汉代，当遇有重大案件发生时，实行由丞相、御史大夫、廷尉等高级官吏及在京两千石官员共同审理案件的制度，称为"杂治"。"杂治"的采用主要视罪犯的身份和案件的性质而定，它的适用范围具有严格的限定：从对象来说，主要适用于宗室、诸侯戚属和朝廷高官；从案件来说，主要适用于谋反之类的恶性案件。遇有大案，皇帝会根据具体情况，从上述官员中派遣使者执行"杂治"任务。例如哀帝时，"廷尉梁相与丞相长史、御史中丞及五二千石杂治东平王云狱"④；也是在哀帝时期，"（夏）贺良等反道惑众，奸态当穷竟。皆下狱。光禄勋平当、光禄大夫毛莫如与御史中丞、廷尉杂治，当贺良等执左道，乱朝政，倾覆国家，诬罔主上，不道。贺良等皆伏诛"⑤。从实质上讲，所有"杂治"案件的主审人员由皇帝任命，完全贯彻皇帝的旨意。

2. 唐代"三司推事"

有唐一代，在中央或地方如发生特别重大的案件，往往由大理寺、刑部、御史台组成中央临时最高法庭加以审理。史称："有大狱，即命中丞、刑部侍郎、大理卿鞫之，谓之'大三司使'；又以刑部员外郎、御史、大理寺官为之，以决疑狱，谓之'三司使'，皆事

---

①　《元典章》卷四之《朝纲》（一）。
②　《元史·百官志》。
③　《明史·职官志》。
④　《汉书·王嘉传》。
⑤　《汉书·李寻传》。

毕日罢。"① 这种由三司组成的临时司法机构称为"三司推事"。对于涉及宰相的大案，由三司共同审理，以显示其重要性。

3. 宋代制勘院和推勘院

制勘院是发生重大案件时，由皇帝钦差官员就案件发生地的邻近州县置院推勘的临时司法组织。制勘院独立审判地方重大案件，法官由皇帝亲自指派，往返行程供驿传，给盘缠，行前事后皆向皇帝奏报，法司吏人由邻近州县抽差；推勘院是由临司、州军派官，在案件发生的临近处设置的临时审判机构，其所属官员的人选在法律中有明确规定："今后公事干连知州、通判、都监赃私罪，许转运司差官取勘外，自馀知州、通判、都监公罪，并就本州差无干碍官取勘。其统属官，长吏量公私赃罪轻重，于州院、司理院及差职员取勘。"②

4. 明清热审、朝审、大审、会官审录、秋审、九卿会审

（1）热审。明代热审是农历小满后十余日，由刑部奉旨会同都察院、锦衣卫等审理囚徒的制度。"热审始永乐二年，止决遣轻罪"，目的在于及时疏理牢狱，轻罪审决后执行，未能审决的，令出狱听候。成化年间，热审规定重罪情疑可矜者，免死，轻罪分别减等处刑，暂时去枷释放，"其在外审录，亦依此制"③。清代，小满后十日至立秋前一日，由大理寺左右二寺官员，会同各道御史及刑部承办司共同审录关押在京师各狱的笞杖罪囚，或免释，或减等，或保释。因举行于热季而称之为热审。

（2）朝审。明代对于秋后处决的死刑案件，建立朝审制度加以审核。"令每岁霜降后，三法司同公、侯、伯会审重囚，谓之朝审。"④ 朝审不仅是审核死刑，而且有宽宥之意。朝审的案件分不同情况分别作出处理：情节有矜悯或可疑的改为戍边，囚犯有翻异供词的移调官府再审，符合律令的监候听决。清代朝审与秋审基本相同，在秋审大典的前一天，对京师刑部狱中在监死囚进行复核。

（3）大审。明代自宦官干预司法后，形成一种由皇帝委派太监会同三法司官员审录囚徒的特殊会审制度。《明史·刑法志二》记载："成化十七年命司礼监一员会同三法司堂上官，于大理寺审录，谓之大审。南京则命内守备行之。自此定例，每五年辄大审。"

（4）会官审录。《明史·刑法志二》记载："会官审录之制，定于洪武三十年。"命五军都督府、六部、都察院、六科、通政司、詹事府，有时包括驸马都尉在内，共同审理案件。死罪和冤案奏闻皇帝，其余案件依律判决。《大明律·刑律·断狱》也明确规定：直

① 《唐会要》卷七八，《诸史杂录上》。
② 《宋会要辑稿》刑法三之五七。
③ 《明史·刑法志》。
④ 《明史·刑法志》。

隶京师的上报案件由刑部委员与监察御史会审，地方各省的上报案件由布政司委官与按察司官共同审决。

（5）秋审。秋审在清代是每年一度的国家大典，是对在押的死刑犯进行特别复核的制度。依《大清律例》，死刑判决有立决和监候两种，犯判决为斩监候和绞监候者，即监押等候复核。因复核例于每年秋八月中下旬举行，故曰秋审。在秋审前，各省须将入于秋审案件整理复核好。此种整理复核自下而上，由州县到省，对在押死囚一一复核，按其犯罪性质、情节，区分为情实、缓决、可矜、留养四类。在秋审时，内阁、军机、九卿、詹事、科道及各院寺司监官员齐聚于天安门前金水桥西，对各省已复核并作区分的案件进行会审。秋审以后，由刑部领衔具题奏报皇帝，由皇帝做出最后裁决。若是奉旨入于情实者，还要由刑科给事中向皇帝"复奏"，"复奏"后再要由各道御史奏请"勾到"。奉旨勾决者才下令处决。秋审列入缓决的案件，入于下一年度秋审。

（6）九卿会审。明代九卿会审也称为"圆审"，是指发生重大案件时，根据皇帝诏令，可由九卿会审，即由大理寺卿、都察院左都御史、通政使及吏、户、礼、兵、刑、工六部尚书会同审理，最后由皇帝审核批准的制度。在明代主要审理死刑翻异案，即"若亭疑谳决，而囚有翻异，则改调隔别衙门问拟。二次翻异不服，则具奏，会九卿鞫之"[1]。"圆审"无异，待原案之奏公文到大理寺后，由大理寺参详研究罪名，最后做出处理。其一，准拟，即原判合乎律条，无疑义者，以"准拟"处理。其二，照驳，原判不合律令，驳回原衙门再拟。其三，翻异，对陈冤不服辩之狱囚，大理寺另以公文发交其他衙门审理。其四，制决，对屡驳不合者，请旨发落，称"制决"[2]。清代的九卿会审主要是重审斩监候、绞监候的案件，也审理当年的死刑案件。九卿商议既定，将情实、缓决、可矜、留养承祀各犯分拟具题，恭候皇帝裁决。

二、监察机构

（一）中央监察机构

1. 御史大夫

御史大夫在司法活动中拥有监察权，其主要职责是：监督法律的实施；对违法官吏进行弹劾；监督中央司法机关对重大案件的审判活动；在全国范围内对地方司法机关进行监督。从秦代到汉初期间，设置御史中丞辅助御史大夫行使"居殿中……察举非法"[3]的职权，并且统领其属下各御史。在御史中丞之下，秦代设置侍御史、监察御史，汉代增设治

---

①　《明史·刑法志》。

②　《明史·职官志》。

③　（唐）杜佑：《通典》卷二十四。

书侍御史、秀衣直指御史、符玺御史、监军御史等分别行使御史的权力。秦汉以后御史台是中央最高监察机关，设御史大夫和御史中丞为正副长官，掌管纠察、弹劾百官违法之事，同时又负责监督大理寺和刑部的司法审判活动，遇有重大疑难案件，也参与审判或直接受理。经过三国两晋南北朝时期的发展，监察机构不断加强，并逐步从行政机关独立出来。隋和唐初，其职权仅限于揭发纠举并不参与司法审判。宋代提高监察机关地位，加强对审判工作监督。对于监察御史的任用权由皇帝亲自掌握，废除唐代宰相所握有的御史任用权；未经两任县令者不得为御史，以保证御史具有实际的施政经验，更好地行使监察权。宋初允许御史"风闻弹人"，而且明令御史每月必须奏事一次，称为"月课"，如上任后百日内无所纠弹，则罢黜作外官，或罚"辱台钱"；御史可以纠弹任何官吏，包括宰相在内。元代仍然以御史台作为中央监察机关，据《元史·刑法志一》载："诸台官职掌，饬官箴，稽吏课，内秩群祀，外察行人，与闻军国奏议，理达民庶冤辞，凡有司刑名、赋役、铨选、会计、调度、征收、营缮、鞫勘、审谳、勾稽，及庶官廉贪，厉禁张弛，编民茕独流移，强暴兼并，悉纠举之"，可见其监察司法的权力得以加强。

2. 都察院

明朝开始设立都察院作为监察机关，分左右都御史。"都御史职专纠劾百司，辨明冤枉，提督各道，为天子耳目风纪之司。……大狱重囚会鞫于外朝，偕刑部、大理寺谳平之。"① "十三道监察御史，主察纠内外百司之官邪，或露章面劾，或封章奏劾。……而巡按则代天子巡狩，所按藩服大臣、府、州、县官诸考察，举劾尤专。大事奏裁，小事立断。按临所至，必先审录罪囚，吊刷案卷，有故出入者理辩之。"明代宣德八年（1433年），六科给事中定制后为独立机构，直属于皇帝。其主要的职掌为言谏、封驳、弹劾、监察狱讼、廷推等项，司法监督是其职掌中一项重要内容，主要由刑科给事中来行使。清朝的都察院"掌司风纪，察中外百司之职，辩其治之得失与其人之邪正。率科道官而各矢其言责，以饬官常，以兼国宪。……凡重辟则会刑部、大理寺以定谳，与秋审、朝审"②。雍正元年（1723年），将六科划归都察院，即所谓"台省合一"，又称科道合一。

（二）地方监察机构

1. 监（察）御史、刺史、司隶校尉

秦及汉初，监御史在内属中丞，对外监察诸郡，以监督地方为主要任务。汉武帝为了加强中央对地方的控制，防止郡守与地方豪强勾结形成地方割据，除京师附近7郡外，把境内分为13个监察区，各设置刺史一人，每年秋分巡视州内地方官吏和强宗豪右。《汉书·百官公卿表下》："武帝元封五年，初置部刺史，掌奉诏条察州。"此"诏条"即《刺

---

① 《明史·职官志》。
② 《大清会典》卷三五。

史六条》，又称《六条问事》。汉武帝征和四年（前 89 年），又以京师附近 7 郡为司隶校尉部，设司隶校尉为主官，维护京城治安并监察京师和属郡官吏。东汉以后，凡朝廷百官，除三公外，都可由司隶校尉纠察。唐代地方上以"道"为监察区。太宗时，全国划分为十道，玄宗时，增至为十五道，每道派监察御史 1 人，后来叫"巡按使""按察史""采访史""观察史"。唐代名义上仍以汉代"六条问事"，进行弹劾，但实际上根据社会形势的变化，往往权力极大。后来，监察御史还有权"分察尚书六司，纠其过失"①。

2. 肃政廉访使、行御史台

元朝将全国分为 22 道监察区，各设肃政廉访使常驻地方，"掌饬官箴，稽吏课，内秩群祀，外察行人，与闻军国奏议，理达民庶冤辞"。对于地方官吏失职、渎职的行为，有权"纠举之"。如"赃污、欺诈、稽违罪入于刑书者"，还要"岁会其数，及其罪状上之"②。元朝也制定考核肃政廉访使的有关法律，如肃政廉访使能将新辖各区的"冤滞"情况，及时禀报中央御史台，则"著于籍"作为日后升迁的根据，政绩差者罢黜，"举劾失当"，"并坐之"。为了加强对肃政廉访使的领导，在江南和陕西两地设置御史台的派出机构——行御史台。

3. 按察司、监察御史

明朝于各道设置按察司，设按察使。按察司为明代省级监察机构，主要职掌为监察，司法监督是一项重要职守。《明史·职官志》载：按察使"掌一省刑名按劾之事。纠官邪，戢奸暴，平狱讼，雪冤抑，以振扬风纪，而澄清其吏治"。清廷仍以 15 道监察区分省区负责对地方官员的监察，稽查刑名司法事项。按照清廷制定的台规，各级官吏"骄肆慢上，贪酷不法，无礼妄行"，"旷废职掌，耽酒色，好逸乐，取民财物，夺民妇女"，以及"交相比附，倾轧党援"等，监察御史均应"大破情面，据实指参"，"勿得畏怯贵要，瞻徇容隐"③。

三、监狱制度

夏朝建立的监狱称之为"圜土"。据《竹书纪年》载："夏帝芬三十六年作圜土。"《史记·夏本纪》也有夏桀囚商汤于夏台的记载。"圜者，圆也"，"圆者仁"，即用土构筑圆形监狱以关押人犯。商代因袭夏制，仍把监狱称为"圜土"。此外，商代又有专门关押要犯的监狱，称为"囹圄"。据《说文解字》说："囹圄，所以拘罪人。"据史籍记载，西周时期的监狱因囚禁的对象不同而有多种形式。秦代已形成一套比较严密的监狱管理制度：

---

① 《唐六典·御史台》。
② 《元史·刑法志》。
③ 《钦定台纲》卷二。

对于因犯饮食、衣着的供应标准和服劳役的方法，对于是否加戴刑具以及加戴什么种类、什么规格的刑具，对于不同等级、身份、年龄和不同犯罪性质的囚徒所应享受的不同待遇，都作了相当具体的规定。到唐代，监狱系统形成完备的体系，有关监狱管理的规定也非常严密：在中央设置大理寺狱，专门羁押"诸司有罪及金吾捕者"，即关押中央机关的犯罪官吏和皇帝诏令逮捕的人犯；在京时则设置京兆狱与河南狱，关押京畿地区的罪犯，此外，"凡州县皆有狱"。唐《狱官令》规定："死罪枷、杻；妇人及流以下去杻；杖罪散禁"，如狱有病因，"主司陈牒，请给医药就疗"。《唐律疏议·断狱律》规定犯罪入狱的官吏实行优待，"更置浆饮，月一沐之；疾病给医药，重者释械，其家人一人入侍"。同时也对掌狱官吏的违法犯罪行为作了严格的规定，如"诸囚应请给衣食医药而不请给，及应听家人入视而不听，应脱去枷、锁、杻而不脱去者，杖六十；以故致死者，徒一年"；"减窃囚食，笞五十，以故致死者，绞"。

第三节　中国古代诉讼制度

一、起诉

（一）起诉方式

在奴隶制社会时期，起诉的方式从单一的"自诉"发展到"自诉"和"告诉"两种，并且根据案件性质的不同，将其区分为刑事案件和民事案件："讼"为民事诉讼，"狱"为刑事诉讼，所谓"讼，谓以财货相告者"，"狱，谓相告以罪名者"[1]。《吕氏春秋》的说法则更为简单，"争财曰讼"，"争罪曰狱"[2]。在一般情况下，起诉必须提供书面诉状，案件书面文状被称为"剂"，民事案件的书面文状被称为"傅别"，否则官府不予受理。提起诉讼必须交纳一定诉讼费用，"以两造禁民讼，入束矢于朝，然后听之"，"以两剂禁民狱，入钧金三日，然后致于朝，然后听之"，"束矢"指一百支箭，"钧金"指三十斤青铜，其寓意均为"直"，即理直。如果当事人不缴纳诉讼费用，官府就会认定其"不直自服"[3]，因而其诉讼请求不可能得到法律的应有支持。

在封建社会时期，提起诉讼的方式主要有告诉、告发、自首和纠举等四种形式。

1. 告诉

告诉是指由原告或其亲属向官府提出控告，揭露犯罪人和犯罪事实，并要求追究犯罪

---

① 《周礼·秋官·司寇》，郑玄注。

② 《吕氏春秋·决狱讼》。

③ 《周礼·秋官·大司寇》，郑玄注。

人的刑事责任的诉讼。案件类型则分为"贼盗"和"细故",其中贼盗案件要求当事人必须告诉,主管部门必须立案,否则就要承担法律责任。例如《唐律疏议·斗讼律》规定:"诸强盗及杀人贼发,被害之家及同伍即告其主司。若家人、同伍单弱,比伍为告。当告而不告,一日杖六十。主司不即言上,一日杖八十,三日杖一百。官司不即检校、捕逐及有所推避者,一日徒一年。窃盗,各减二等。"民间"细故"纠纷则采用"告诉乃论"的受理原则,非经告诉不审理。

2. 告发

告发是受害人及其亲属之外的知情人对犯罪的检举。秦国在商鞅变法时就规定:"令民为什伍,而相牧司连坐。不告奸者腰斩,告奸者与斩敌首同赏,匿奸者与降敌同罚。"① 如果能够捕告犯罪人,所得奖赏比告奸更多,例如,捕告一个处城旦刑的盗窃犯,可奖赏黄金二两②。《唐六典·刑部郎中员外郎条》规定:"凡告言人罪,非谋叛以上,皆三审之。"又宋太祖下诏曰:"诸行贿获荐者,许告讦,奴婢、邻、亲能告者赏。"③ 明代对于谋反、谋大逆,"知情故纵、隐藏者,斩","知而……不首者,杖一百、流三千里"。对于谋叛,"知情故纵、隐藏者,绞;知而不首者,杖一百、流三千里"④。

3. 自首

自首是指当事人在犯罪以后尚未被发觉的情况下,主动投案,交待犯罪事实的行为。秦代自首称之为"自告"或"自出",法律规定有:"司寇盗百一十钱,先自告,可(何)论?当耐为隶臣,或曰赀二甲。"⑤《唐律疏议·名例律》也规定:"诸犯罪未发而自首者,原其罪……若越度关及奸,并私习天文者,并不在自首之例。"明律规定:"凡犯罪未发而自首者,免其罪",但是私越度关、奸及私习天文等犯罪行为不在自首之列⑥。由此可见,尽管犯罪人自首,但依法不能免除或不能完全免除犯罪后果,诉讼程序也就因自首而开始。

4. 纠举

纠举是有关国家机关发现犯罪和犯罪人而进行的举发,包括纠弹和纠问两种情况。纠弹是指由专职的监察部门提起的诉讼。汉代法律严格规定监察官吏纠举犯罪的责任,如果官吏"见知而故不举劾,各与同罪;失不举劾,各以赎论"⑦。唐朝有法律规定,"始定受

① 《史记·商君列传》。
② 《睡虎地秦墓竹简》,文物出版社 1978 年版,第 209 页。
③ 《宋史·太祖本纪》。
④ 《大明律·刑律》。
⑤ 《睡虎地秦墓竹简》,文物出版社 1978 年版,第 154 页。
⑥ 《大明律·名例律》。
⑦ 《晋书·刑法志》。

事御史,人知一日劾状,遂题告事人名,乖自古风闻之义,至今不改"①。宋代台谏官风闻弹奏,随时有权弹劾官吏、举劾犯罪。纠问是指有关司法机关直接捉拿、纠察、讯问犯罪嫌疑人。如唐代金吾卫"掌宫中及京城昼夜巡警之法,以执御非违"②。

（二）诉权的限制

1. 伦理关系的限制

为了防止对犯罪的控告逾越伦理纲常的要求,封建法律对当事人的诉权作了一定的限制。例如,秦律中关于"公室告"和"非公室告"的区分。汉律根据儒家"父为子隐,子为父隐,直在其中矣"③ 的精神,将"亲亲得相首匿"④ 的原则规定在法律之中。汉宣帝地节四年（前66年）的诏令中记载:"父子之亲,夫妇之道,天性也。虽有患祸,犹蒙死而存之。诚爱结于心,仁厚之至也,岂能违之哉! 自今子首匿父母,妻匿夫,孙匿大父母,皆勿坐。其父母匿子,夫匿妻,大父母匿孙,罪殊死,皆上请廷尉以闻。"⑤

2. 告诉人责任限制

在"道之以政,齐之以刑,民免而无耻;道之以德,齐之以礼,有耻且格"⑥ 的儒家思想的指导下,封建法律在原则上不鼓励人们提起诉讼,而是主张息讼,因此法律对告诉人的责任作出种种规定以限制其进行诉讼。

首先,告诉人必须明确地陈诉事实,不可含糊其词。就是要求告诉人不能将可疑事情当作真实之事来进行告发,否则要承担法律责任。例如,《唐律疏议·斗讼律》中规定:"诸告人罪,皆须明注年月,指陈实事,不得称疑。违者,笞五十。"其次,禁止匿名告状。秦代的法律就严禁投递匿名文书告发犯罪,《唐律疏议·斗讼律》也规定:"诸投匿名书告人罪者,流二千里。"宋太宗太平兴国七年（982年）诏令:"禁投匿名书信告人罪,及作妖言诽谤惑众者,严捕之置于法,其书所在焚之,有告者赏以缗钱。"⑦ 再次,反拷告人。在被告经法律规定限度内拷讯,仍不承认犯罪的情况下,反拷原告之人以查明有无诬告的情节。例如《唐律疏议·断狱律》中就规定:"诸拷囚限满而不首者,反拷告人。"再次,诬告者承担反坐责任。秦简《法律答问》明确解释说:"甲告乙盗牛若贼伤人,今乙不盗牛、不伤人,问甲可（何）论? 端为,为诬人;不端,为告不审。"⑧ "端

①　《唐会要》卷六〇,《御史台》。

②　《唐六典·左右金吾位大将军条》。

③　《论语·子路》。

④　（东汉）何休:《公羊传·解诂》,闵公元年春王正月注:"论季子当从议亲之辟,犹律亲亲得相首匿。"

⑤　《汉书·宣帝纪》。

⑥　《论语·为政》。

⑦　（宋）李焘:《续资治通鉴长编》卷二三,太平兴国七年五月庚申。

⑧　《睡虎地秦墓竹简》,文物出版社1978年版,第169页。

为"就是诬告，控告者要受到惩罚。《北魏律》规定："诸告事不实，以其罪罪之。"《唐律疏议·斗讼律》也规定："诸诬告人者，各反坐。即纠弹之官，挟私弹事不实者，亦如之。"最后，关押告诉人。如果在被告所犯之罪应予逮捕的情况下，在没有查清楚事实之前，首先关押原告，查证之后才能被释放。

3. 级别管辖的限制

级别管辖是指上下级司法机关之间受理第一审案件的分工和权限。封建法律规定各级各类司法机关的权限和职责，要求诉讼当事人逐级提起诉讼，按照审级转审或者上诉。在一般情况下，法律不允许当事人越级起诉，否则就要承担越诉的刑事责任。例如，《唐律疏议·斗讼律·越诉条》说："凡诸辞诉，皆从下始。从下至上，令有明文。谓应经县而越向州、府、省之类，其越诉及官司受者，各笞四十。"宋朝乾德二年（964年）诏令："自今应有论诉人等，所在晓喻，不得蓦越陈状，违者先科以越诉之罪，却送本属州县以理区分。"①元朝法律也严格禁止越诉，"诸告人罪者，自下而上，不得越诉"②，如果发生越诉事件，"越诉告状之人，即便转发合属断罪归结"，并对"越诉者，笞五十七"③。《大明律·刑律·诉讼》中也规定："凡军民词讼，皆须自下而上陈告。若越本管官司，辄赴上司陈诉者，笞五十。"清律大体上沿袭明律的规定，当事人须先向基层审判机构控告，如果审判不公，方可向上一级司法机关呈控。

尽管法律禁止越诉，但却规定有直诉制度，即不以诉讼等级直接诉于皇帝或钦差大臣的诉讼程序。直诉据说源于西周的"路鼓"和"肺石"制度。路鼓指在王宫外设一大鼓，凡有冤屈者可以举槌击鼓，直诉于周王。肺石指设在王宫门外色赤如肺的大石，有冤屈者在肺石上站立三天，法官（士）即受理听讼。"立于肺石三日，士听其辞。"④直诉在实质上是越诉的一种，但法律对两者规定的处罚却不尽相同，越诉都予处罚，而直诉只处罚告诉不实者。清律辑注（越诉条）对此解释是："人至迎驾、击鼓申诉，必有大不得已之情，而官司不能为之断理者。故不实乃坐罪，而得实亦免罪。"

封建法律规定直诉形式主要有三种，尽管当事人有直诉的权利，但也受到一定的限制。第一，挝登闻鼓。这是指有冤者敲击朝堂外所置大鼓，以向朝廷伸冤的直诉形式。史载晋武帝设登闻鼓⑤，有司闻声录状上奏，以后历代王朝相承。唐律中就有类似规定，但"以身事自理诉，而不实者，杖八十"⑥。第二，邀车拦驾。这是指有冤者在路旁迎皇帝车

---

① 《宋会要辑稿·刑法》三之十一。
② 《元史·刑法志》。
③ 《元典章·刑部》。
④ 《周礼·秋官·大司寇》。
⑤ 《晋书·武帝纪》。
⑥ 《唐律疏议·斗讼律》。

驾进行申诉的直诉形式。但只可在路旁迎驾，不可辄入部伍，否则要被制裁，"其邀车驾诉，而入部伍者，杖六十"①。第三，上表。这是指有冤者陈述直接上奏的直诉形式。早在汉代有冤者往往"不远千里，断发刻肌，诣阙告诉"②。唐律要求上表的须有中书舍人、给事中、御史三司监守，违反规定而"入殿庭而诉，是名'越诉'"，越诉者要被笞四十③。

二、审理

（一）羁押

依据行为人的身份和所犯罪行的不同，封建法律自秦开始规定两种主要的羁押方式。第一，散禁，即不带刑具的羁押。如汉景帝后元三年（前141年）下诏："高年老长，人所尊敬也；鳏寡不属逮者，人所哀怜也。其著令：年八十以上，八岁以下，及孕者未乳，师、侏儒，当鞠系者，颂系之。"④ 对于官员的羁押也不戴刑具，后世的法律基本上继承了这一精神。如《唐六典·刑部》规定："杖、笞与公坐徒，及年八十、十岁、废疾、怀孕、侏儒之类，皆颂系以待断。"第二，械禁，即戴刑具的羁押。《旧唐书·刑法志》载："又系囚之具，有枷、杻、钳、锁，皆有长短广狭之制。"唐代的《狱官令》规定："禁囚死罪枷杻，妇人及流以下去杻。"《唐六典·刑部》也记载："官品及勋、散之阶第七以上，锁而不枷"，"勋官武骑尉及散官宣议郎并七品阶，诸应议、请、减者犯流以上，若除、免、官当者，并锁禁"。

（二）审讯

封建法律大多采取"凡有犯皆据其本状以正刑名"⑤ 的原则，即司法机构必须根据告状内容进行审理，不得审理告状之外的行为。例如，《唐律疏议·断狱律》规定："诸鞫狱者，皆须依所告状鞫之。若于告本状之外，别求他罪者，以故入人罪论。"以后各代法律均有类似规定。

尽管法律规定书证、物证、证人证言、检验结论等证据，但是当事人的口供依然是定罪和判决的最重要依据。因此司法官员在审理案件的过程中通过"五听"证据制度来判断当事人陈述的真伪。《周礼·秋官》对此有详细的记载："以五声听狱讼，求民情：一曰辞听，二曰色听，三曰气听，四曰耳听，五曰目听。"郑玄的解释是："辞听"是"观其出言，不直则烦"，"色听"是"观其颜色，不直则赧然"，"气听"是"观其气息，不直

---

① 《唐律疏议·斗讼律》。
② 《后汉书·虞诩传》。
③ 《唐律疏议·斗讼律》。
④ 《汉书·刑法志》。
⑤ 《唐六典·大理寺》。

则喘"，"耳听"是"观其听聆，不直则惑"，"目听"是"观其眸子，不直则眊然"①。司法机关在审理案件的过程中，不仅通过"五听"的方式来判断当事人口供的真伪以作为定罪量刑的依据，而且也十分重视其他证据的使用。《尚书·吕刑》中就有"有旨无简不听"的记载。在作出判决时，除了以当事人的口供作为依据以外，还需要相关的物证和书证，例如，有关土地争议的案件，应"以图证之"②，有关债务纠纷的案件，应"有判书以治"，"正之以傅别、约剂"③。当事人之间的盟誓也经常被作为重要的证据使用，如《尚书·汤誓》中就有明确地记载"尔不从誓言，予则孥戮汝"。

为了获取当事人的口供，法律规定有条件的刑讯原则。早在奴隶制社会时期，法律就有关于刑讯的规定，如"仲春之月……命有司省囹圄，去桎梏，毋肆掠，止狱讼"④。这是禁止在一定季节中肆掠的规定。秦代《封诊式》中记载："能以书从迹其言，毋笞掠而得人情为上；笞掠为下"，"更言不服，其律当笞掠者，乃笞掠"。⑤ 由此可见，尽管在当时所采取的是有条件的刑讯原则，但刑讯逼供却是合法行为。丞相李斯被诬告谋反而被榜掠千余⑥。汉承秦制，如《汉书·杜周传》中记载："会狱，吏因责如章告劾，不服，以掠笞定之。"《唐律疏议·断狱律·讯囚察辞理条》中也规定："诸应讯囚者，必先以情，审察辞理，反复参验，犹未能决，事须讯问者，立案同判，然后拷讯。"宋朝承袭唐律的讯囚制度，作了细微的修改。明朝法律中专门的《刑具图》对刑讯作了具体的限定。

司法机关在进行刑讯逼供的时候所使用的主要方式是"笞掠"，但司法官吏为了逼供会采用极其残酷的手段来折磨行为人的肉体和精神。在魏晋南北朝时期，司法官吏创造"测罚""测立"的刑讯制度。测罚的方式因人而异，对于士族而言，"断食三日，听家人进粥二升。女及老小，一百五十刻乃与粥，满千刻而止"⑦。对于成年男子而言，是在鞭杖以后，戴上枷、杻等刑具站在高处，每日测一次。测立的方法是"立测者，以土为垛，高一尺，上圆，劣容囚两足立。鞭二十，笞三十讫，著两械及杻，上垛。一上测七刻，日再上。三七日上测，七日一行鞭。凡经杖，合一百五十，得度不承者，免死"。"所以重械之下，危堕之上，无人不服，诬枉者多。"⑧ 北齐时期，"时有司折狱，又皆酷法。讯囚则用车辐狛、杖、夹指压踝、又立之烧梨耳上，或使以臂贯烧车钉。既不胜其苦，皆致诬

① 《周礼·秋官·大司寇》，郑玄注。
② 《周礼·地官·小司寇》。
③ 《周礼·秋官·朝士》。
④ 《礼记·月令》。
⑤ 《睡虎地秦墓竹简》，文物出版社 1978 年版，第 245~246 页。
⑥ 《史记·秦始皇本纪》。
⑦ 《隋书·刑法志》。
⑧ 《陈书·沈洙传》。

伏"①。唐代酷吏来俊臣"请君入瓮"的故事更是令人发指,"俊臣每鞫囚,无问轻重,多以醋灌鼻,禁地牢中,或盛之瓮中,以火圜绕炙之,并绝其粮饷,至有抽衣絮以啖之者。又令寝处粪秽,备诸苦毒。自非身死,终不得出。……囚人无贵贱,必先布枷棒于地,召囚前曰:'此是作具。'见之魂胆飞越,无不自诬矣。"② 到了南宋理宗时期,"掉柴""夹棒""脑箍""超棍"等酷刑不计其数,使得"天下之狱不胜其酷"③。据《明史·刑法志三》的记载:"田尔耕、许显纯在熹宗时……输金不中程者受全刑。全刑者曰械、曰镣、曰棍、曰拶、曰夹棍,五毒俱备……至忠贤益为大枷,又设断脊、堕指、刺心之刑。"由于刑讯在实际审理中普遍存在,故前人评价说:"桎堕之上,楚捶之下,何求而不得。"这是由口供的证据效力所决定的审理方式。

三、判决

司法机构在对案件作出判决时非常慎重,判决的确定对重大疑难案件和死刑案件更是如此。《尚书·康诰》中就记载:"要囚,服念五六日至于旬时,丕蔽要囚",就是要求对犯人供词考虑五到六天,甚至十天的时间。《礼记·王制》也曰:"成狱辞,吏以狱成告于正,正听之;正以狱成告于大司寇,大司寇听之棘木之下;大司寇以狱之成告于王,王命三公参听之;三公以狱之成告于王,王三宥,然后制刑。"由此可见,案件经过逐级审理报告王以后,王命令三公讨论,三公讨论后将处理意见再报告王,王根据"三宥"之法考虑后决定用刑。如果案情有疑,还要广泛征求公众意见才可作出判决,即所谓"疑狱,泛与众共之,众疑赦之,必察大小之比以成之"。史料也载:"以三刺断庶民狱讼之公,一曰讯群臣,二曰讯群吏,三曰讯万民。"④ 就是指凡遇到重大疑难案件要经过"三刺"程序听取臣民的意见,讨论后再决定刑杀或宽宥。这一过程主要包括三个程序。第一,狱成。司法机关通过对罪犯的审讯及对案件事实的查证,在证据确凿情况下就可判定被告有罪,这个审理结论就是狱成。《唐律疏议·断狱律》曰:"赃状露验,谓计赃者见获真赃,杀人者检得实状,赃状明白,理不可疑。"这就是所谓的狱成。第二,拟律。由于封建法律采取绝对的法定刑主义,一旦确定罪名成立,法律就规定有相应的刑罚,所以在一般情况下不存在拟律问题。只有在援引前例,决定究竟应该依照哪些成例的时候,才会产生拟律选择的问题。第三,宣判。司法机构在做出判决后须向被告宣布刑罚,即所谓"取囚服辩"。正如《唐律疏议·断狱律》所载:"诸狱结竟,徒以上,各呼囚及其家属,具告罪

---

① 《隋书·刑法志》。
② 《旧唐书·来俊臣传》。
③ 《续资治通鉴长编》卷六七,景德四年十月乙卯。
④ 《周礼·秋官·小司寇》。

名，仍取因服辩。若不服者，听其自理，更为审详。违者，笞五十；死罪，杖一百。"

四、上诉

司法机关在对案件作出判决以后，应当当众宣读判决结果，称之为"读鞫"，如果当事人对审判结果不服，可以要求司法机关重新审理，称之为"乞鞫"。依据距离远近的不同，"乞鞫"有一定的时间限制，"凡士之治有期日，国中一旬，郊二旬，野三旬，都三月，邦国期，期内之治听，期外不听"①。如果犯人不服判决，也可以提起上诉请求再审。《睡虎地秦墓竹简·法律答问》就记载："以（已）乞鞫及为人乞鞫者，狱已断乃听，且未断犹听也？狱断乃听之。"② 后世法律都有关于上诉的规定，如《史记·樊郦滕灌列传》载："（汉）狱结竟，呼囚鞫语罪状，囚若称枉欲乞鞫者，许之也。"《北魏律》规定："狱以成及决竟，经所管，而疑有奸欺，不直于法，及诉冤枉者，得摄讯覆治之。"③

五、执行

在奴隶制社会时期，统治者信仰"奉天罚罪"的法律观，因而执行刑罚要合于天道，即要求在时令上"刑以秋冬"。西周时期专门设有掌戮一职具体负责五刑的执行。据《周礼·秋官·掌戮》记载："掌戮，掌斩杀贼谍而搏之"；受刑以后者，有职务上的区分，"墨者使守门，劓者使守关，宫者使守内，刖者使守囿"。死刑一般情况是在闹市或公共场合公开执行，并且及时向王申报，即"凡杀人者，踣诸市，肆之三日，刑盗于市"④；"及刑杀，告刑于王，奉而适朝士。加明梏，以适市而刑杀之"⑤。但是各级贵族官员的死刑则由甸师氏秘密执行，如《周礼·秋官·掌囚》记载："凡有爵者，与王之同族，奉而适甸师氏，以待刑杀。"还专门设置司圜一职具体负责劳役刑的执行，据《周礼·秋官·大司寇》记载："以圜土聚教罢民。凡害人者，置之圜土而施职事焉，以明刑耻之。"

秋冬行刑是儒家"天人感应"思想在司法诉讼领域中的表现，在春秋时期就有"赏以春夏、刑以秋冬"⑥ 的主张，这些思想主张转化为法律中可以具体操作的制度。据《资治通鉴》记载："元光四年冬十二月晦论杀魏其侯于渭城"，胡省三注曰："汉法以冬月行重刑，遇春则赦若赎，故以十二月晦论杀魏其侯。"《后汉书·章帝纪》也记载："王者生杀，宜顺时气。其定律，元以十一月、十二月报囚。"除谋反大逆"决不待时"

---

① 《周礼·秋官司寇·朝士》。
② 《睡虎地秦墓竹简》，文物出版社 1978 年版，第 200 页。
③ 《魏书·刑法志》。
④ 《周礼·秋官·掌戮》。
⑤ 《周礼·秋官·掌囚》。
⑥ 《左传·襄公二十六年》。

以外，其他死刑犯的执行时间必须在秋天霜降以后至冬至以前，依此"顺天行诛"。这种行刑制度对后世影响深远，唐律中"立春后不决死刑"的规定与明清律中"热审""秋审"制度均与其一脉相承。此外，如前文所述，明清时期被判处监候的案件要经过秋审或圆审以后，最后报请皇帝裁决方可执行。宋代法律规定，每年十月一日以后至来年正月三十日以前为受理民事诉讼审判时间，称为"务限法"，以保证不误农时，元明清时期予以继承。

第四节 近现代时期司法诉讼制度

一、司法机构

(一) 清末时期司法机构

1. 领事机构

鸦片战争以后，中国逐步沦为半殖民地半封建社会，各帝国主义列强趁机攫取领事裁判权。所谓领事裁判权就是指一国通过其驻外领事等对在另一国之内的本国国民按照本国法律行使司法管辖权。《中英五口通商章程》规定，英人、华民交涉词讼，管事官不能劝息，即移请华官会同查明其事。"其英人如何科罪，由英国议定章程、法律，发给管事官照办。华民如何科罪，应治以中国之法。"① 《望厦条约》又规定："合众国民人在中国各港口，自因财产涉讼，由本国领事等官讯明办理；若合众国民人在中国与别国贸易之人因事争论者，应听两造查明各本国所立条约办理，中国官员均不得过问。"② 这一制度确认外国人在中国为刑民事被告时，有不受中国法律管辖的特权，是司法主权丧失的标志性制度。

2. 会审公廨

会审公廨是清政府在租界内设立的特殊审判机关，它与领事裁判权密切相关，实际上是领事裁判权制度的延伸。据《洋泾浜设官会审章程》规定："凡遇案件牵涉洋人必应到案者，必须领事官会同委员审问，或派洋官会审"；凡为外国人服役及洋人之延请之华民，如经涉讼，至讯案时，须由领事官或派员"来堂听讼"；华洋互控案件，如系有领事管束之洋人，须依约办理，如系无领事管束之洋人，则须邀请外国官员"陪审"。

3. 司法机构改革

清末变法，移植西方司法诉讼制度，产生了近代意义上的中国诉讼法和法院编制法。

---

① 王铁崖编：《中外旧约章汇编》（第一册），生活·读书·新知三联书店 1957 年版，第 42 页。

② 王铁崖编：《中外旧约章汇编》（第一册），生活·读书·新知三联书店 1957 年版，第 55 页。

修订法律馆于 1906 年拟定出一部《大清刑事民事诉讼法》，该诉讼法是中国历史上第一部近代意义上的诉讼法草案，共分为总则、刑事规则、民事规则、刑事民事通用规则、中外交涉事件处理规则等 5 章，260 条。在该法律草案中首次引进近代陪审制度和律师制度。其后，修订法律馆和法部等机构在修订诉讼法典的同时，为了配合官制改革和司法改革的需要，相继制定公布和初步拟定《大理院审制编制法》《法院编制法》《各级审判厅试办章程》《大清监狱律草案》等诉讼法规和法规草案。1910 年，终于拟定完成《大清刑事诉讼律草案》《大清民事诉讼律草案》。随着诉讼法律法规的修订，改革旧有司法体制、诉讼制度的措施也逐步出台。其中司法机构调整的主要内容是：第一，改刑部为法部，掌管全国司法行政事务，不再具有任何审判职能，将行政与司法分立。改省级按察使司为提法使司，负责地方司法行政及司法监督。第二，改大理寺为大理院，为全国最高审判机关，并有权解释法律、监督地方审判活动。同时，在地方分别设立高等审判厅、地方审判厅、初级审判厅等审判机构，初步建立起一套新的司法系统。第三，实行审检合一，在各级审判机关中相应地设立检察厅，其职权是对刑事案件进行侦查、提起公诉、实行审判监督，充当民事案件的诉讼当事人或公益代表人。

（二）南京临时政府司法机构

1. 司法行政机关

司法部为最高司法行政机关。根据《中华民国临时政府中央行政各部及其职权》，规定司法部长的职责是："关于民事、刑事诉讼事件、户籍、监狱、保护出狱人事务，并其他一切司法行政事务，监督法官。"

2. 审判检察机关

《中华民国临时政府组织大纲》规定："临时大总统得参议院之同意有设立中央审判所之权。"《中华民国临时约法》规定行使审判权的机构是法院，"法院以临时大总统及司法总长分别任命之法官组织之"。

（三）北洋政府司法机构

1. 审判机关

大理院是最高审判机关，另外还设置有高等审判厅、地方审判厅、初级审判厅或县知事兼理司法。

2. 检察机关

北洋政府设置总检察厅、高等检察厅、地方检察厅、初级检察厅，皆设立于各该级审判厅官署之内。

3. 军法会审机关

设置有高等军法会审、军法会审和临时军法会审三种。这些机构除了审理军人和非军人违反《陆军刑事条例》《海军刑事条例》案件外，经常干预或取代地方司法机关的审判活动。

（四）南京国民政府司法机构

1. 司法院

司法院为最高司法机关，拥有司法审判、司法行政、官员惩戒和行政审判权。后来将司法行政权交给行政院的司法行政部，司法院成为最高审判机关，设最高法院、行政法院和公务员惩戒委员会。1947 年"宪法"规定司法院设"大法官会议"，"行使解释宪法并统一解释法律命令之职权"。

2. 审判检察机关

中央设置最高法院，省设置高等法院，县市设置地方法院。由于采用"审检合署"的体制，最高法院内设立检察署，高等法院、地方法院皆设检察官数人，其中一人为首席检察官。

3. 特种刑事法庭

专门成立特种刑事法庭审理"危害国民"等所谓的特种刑事案件。依据 1948 年公布的《特种刑事法庭组织条例》，设立中央特种刑事法庭和高等特种刑事法庭。

二、诉讼审判制度

（一）清末变法时期诉讼审判制度

1. 确定司法独立原则

《大理院审判编制法》规定：自大理院以下及本院所属各级审判厅，"关于司法裁判全不受行政衙门干涉，以重国家司法独立大权而保人民身体财产"。《核订法院编制法并另拟各项暂行章程折》重申这一原则，并将其贯彻于《法院编制法》中。这是司法独立在中国立法的先声，是对传统的行政干预司法的否定。

2. 区别刑事诉讼和民事诉讼

《各级审判厅试办章程》规定："凡审判案件，分别刑事民事二项"，其区别是："凡因诉讼而审定理之曲直者属民事案件"。结束中央审判衙门以审判刑事案件为主，地方审判衙门刑、民不分的历史。《大理院审判编制法》还确定大理院及所属法院分设刑庭、民庭，分别审理刑事、民事案件。

3. 审判权、检察权分立

1906 年改革司法机构时，明确规定总检察厅专司法律监督职责，使检察权与审判权分立。《大理院审判编制法》规定："凡大理院以下审判厅局均须设有检察官。其检察局附属该衙署之内。检察官于刑事有提起公诉之责。检察官可请求用正当之法律。"《各级审判厅试办章程》《法院编制法》还明确规定检察机关以刑事诉讼律及其他法令，有搜查处分，提起公诉，实行公诉，监察判决执行等权力。以民事诉讼律及其他法令，对民事案件有为当事人或公益代表人特定事宜之权。

4. 承认辩护制度

《大清刑事民事诉讼法》首次确定辩护制度，规定："凡律师俱准在各公堂为人辩案。"《法院编制法》承认律师和律师出庭辩护的制度，规定："律师在法庭代理诉讼或辩护案件，其言语举动如有不当，审判长禁止其代理、辩护。其作律师而为诉令代理人或辩护人者，亦同。"

（二）南京临时政府诉讼制度

1. 司法独立制度

《中华民国临时约法》第51条规定："法官独立审判，不受上级官厅之干涉。"为了保证法官独立行使审判权，第52条专门规定："法官在任中不得减俸或转职，非依法律受刑罚宣告，或应免职之惩戒处分，不得解职。"

2. 公开审判制度

湖北军政府《临时上诉审判所暂行条例》也规定："诉讼之辩论及判断之宣告，均公开法庭行之。但有特别事件，可宣示理由，停止公开。"《中华民国临时约法》第50条规定："法院之审判，须公开之；但有认为妨害安定秩序者，得秘密之。"

3. 辩护制度

1912年《内务部警务局长孙润宇建议施行律师制度呈孙大总统文》强调制定律师法的重要意义。孙中山在《令法制局审核呈复律师法草案文》中指出："查律师制度与司法独立相辅为用，凤为文明各国所通行。现各处既纠纷设立律师公会，尤应呕定法律，俾资依据。"① 特将该草案法制局审核呈复，以便咨送参议院议决。

4. 上诉制度

湖北军政府为了保证人民的上诉权，专门成立临时上诉审判所，负责审理本省"各府厅州县人民上诉案件"。上海地方审判检察厅公布的《民刑诉讼章程》规定四级三审制度。无论民刑案件，凡不服初等审判厅之判决者，得申明不服之理由，依法上诉地方审判厅，至高等审判厅为终审。孙中山在《命司法部将各省审判厅暂行大纲留部参考令》中指出："四级三审之制，较为完备，不能以前清曾经采用，遂而鄙弃。该检察长拟于轻案采取二审制度，不知以案情之轻重，定察级之繁简，殊非慎重人民生命财产之道。且上诉权为人民权利之一种，关于权利存废问题，岂可率尔解决。"②

---

① 《孙中山全集》（第九卷），人民出版社2015年版，第142页。
② 《孙中山全集》（第九卷），人民出版社2015年版，第97页。

（三）北洋政府诉讼制度

1. 四级三审制

在审判管辖上，北洋政府基本上实行四级三审制。轻微案件由初等审判厅作出第一审，稍重的案件由地方审判厅作第一审。高等审判厅不受理第一审案件，大理院可以作为"内乱"及"妨碍国交""外患"等罪的第一审和终审机关。袁世凯曾裁并地方审判、检察厅以及地方初等审判、检察厅，审检归县知事兼理。两年之后，又恢复地方审判厅，增设大理院分院、高等审判厅、地方审判厅等。段祺瑞政府重新恢复审检制度。在审判机构设置上，除保留大理院、高等审判厅、地方审判厅外，在县一级设立地方审判厅或司法公署，管理当地刑、民案件，从而使四级三审制确立下来。

2. 县知事兼理司法

北洋政府时期，由于实行四级制度的审判系统，但是初等审判厅没有全面地建立起来，在没有设立初等审判厅的地方，就由县知事兼理司法。《县知事兼理司法事务暂行条例》规定，凡未设法院的地方各县之司法事务，"委托县知事处理之"。县知事行使审判权和检察权，称之为兼理司法县公署。

3. 军事审判取代普通审判

北洋政府设有高等军法会审、军法会审和临时军法会审等三种军事审判机构。按规定平日管辖军人案件，战时与戒严期间负责审理普通案件。由于北洋政府统治时期常处于战争和戒严状态之中，军事审判机关实际上经常代理普通司法审判，平民"犯法"往往按军法论处。法律和普通法院反而居于从属地位。军事审判程序又是特别程序，如不得控诉及上告，不准旁听、不准选请辩护人，一切服从军事长官的意志。

4. 广泛引用判例与解释例

北洋政府确认大理院的判例与解释例具有法律效力，可以作为审判依据，成为主要法典法规的重要补充。从1912年到1927年的15年中，从《大清律例》中就抄袭1892条。截至1927年止，大理院汇编的判例达3900条，解释例2000多条，解释例和判例汇编共6000多条。

（四）南京国民政府诉讼制度

1. 三级三审制

国民党政府建立初期，法院系统基本上沿袭北洋政府体制，实行四级三审制度。1932年《法院编制法》改四级三审制为三级三审。地方法院及其分院为审判刑、民案件的一审法院，高等法院既为地方法院的上诉审法院，又是所谓"妨害国交罪""内乱罪""外患罪"的第一审法院。最高法院虽名为第三审法院，但实只进行法律审，即只受理审判违反法律的案件。

2. 公开审判制

《法院编制法》第 54 条规定："诉讼之辩论及判断之宣告，均公开法庭行之。"《法院组织法》第 65 条也规定："诉讼之辩论及裁判之宣示，应公开进行。"但这些公开审判规定都是形式上的，实质上是秘密审判。《法院组织法》第 65 条还规定："但有妨害公共秩序或善良风俗之虞时，法院之议决不得公开之。"1948 年颁布的《特种刑事法庭审判条例》规定，违反《戡乱时期危害国家紧急治罪条例》的刑事案件，按这个条例进行秘密审判，裁判后不得上诉或抗告。

3. 自由心证制度

南京国民政府的《民事诉讼法》和《刑事诉讼法》都规定，在证据制度中采取"自由心证"的原则。在诉讼过程中，证据证明力及其是否被采用，不是由法律预先做出规定，而是由法官的内心信念，即依"心证"来自由判断和取舍。根据这一原则，法官就可以在认定和取舍事实问题上，随意地主观擅断，歪曲事实。《民事诉讼法》规定："当事人对于他造主张之事实，于言辞辩论时不争执者，视同自认。"经法官断定"自认"后对该事实不需要再调查核实，可以作为判决的依据。判例甚至主张："在民事诉讼案件中，当事人曾为不利于己之自认时，法院自可毋庸别予调查证据，即依据其自认以为裁判。"

4. 陪审与辩护制

国民党政府在 1929 年颁布的《反革命案件陪审暂行法》中规定，陪审员必须是法院所在地的年龄 25 岁以上的国民党员，并且由各该地国民党高级党部指派充任，由 6 名国民党员组成的陪审团有权评议决定被告是否有"罪"。该法把被告的上诉理由限定在法律方面，被告上诉不合规定，上级法院不予受理。判决以后，当国民党党部提出不服声明时，检察官"应即提起上诉"。在刑事诉讼法规定中，除了有特别规定以外，审判须经过"当事人之言词辩论为之"。此外，国民党政府还采用律师辩护制度。

5. 审检合署制

国民党政府取消北洋政府所设置的各级检察厅，实行审检合署制度。最高法院内设检察署，检察机关的任务是依据《法院组织法》的规定，实施侦查、提起公诉、协助自诉、指挥刑事裁判的执行，以及其他法令所定职务的执行。检察长和首席检察官有权监督下级检察官，提调其所侦查的案件并亲自处理或转移给其他检察官承办。检察机关实行垂直领导，最高法院和检察署均受司法行政部的监督。

第五节　革命根据地政权的司法诉讼制度

新民主主义革命时期，中国共产党领导人民在战争环境中探索人民民主政权的司法制度实践，通过总结实践经验，创造发展出具有人民性和革命性特点的诉讼审判原则与制度，是非常宝贵的"红色法治"制度遗产。

一、司法机构

（一）工农民主政权司法机构

1. 省港大罢工中建立的司法机构

（1）会审处。会审处是专门审理破坏罢工案件的初审机关，直属省港罢工委员会。

（2）纠察队军法处。纠察队军法处隶属罢工工人纠察队委员会，接受纠察队送来的各种人犯。纠察队员违法由军法处直接审理，非纠察队员违法则转送会审处审理。

（3）特别法庭。特别法庭由国民政府特派审判委员 3 人和罢工委员会选派陪审员 3 人组成，依据省港罢工工人代表大会制定的《会审处办案条例》审理有关破坏罢工的重要罪犯和不服会审处判决的上诉案件。

2. 农民运动中建立的审判土豪劣绅委员会

根据《湖北省审判土豪劣绅委员会暂行条例》规定，省和县均设有审判委员会，其职权是审理破坏农民运动的土豪劣绅及一切反革命罪犯。

3. 中华苏维埃共和国司法机构

（1）裁判部、临时最高法庭和最高法院。工农民主政权建立初期，各根据地各自为政，其司法机关的组织形式和名称并不统一，有裁判部、惩治反革命委员会、革命法庭等，形式多样化。

中华苏维埃共和国成立后，于 1931 年 12 月 13 日通过了《处理反革命案件和建立司法机关的暂行程序》，规定苏区各地"在未设立法院之前，得在省县区三级政府设立裁判部，为临时司法机关"。此后各级苏维埃政府相继成立裁判部，管辖除军事案件以外的所有民事、刑事案件，裁判部还可以组织巡回法庭到辖区各地流动审理案件。

1932 年 2 月 19 日，中华苏维埃共和国中央人民委员会决定组织临时最高法院，以审理重要案件，临时最高法庭成为苏区最高审判机关，领导全苏区的审判工作，审理具有重要影响性的各类案件。1932 年 6 月 9 日，中央执行委员会颁布了《裁判部的暂行组织及裁判条例》（6 章 41 条），统一规范了苏区的司法审判程序和职责权限，司法机关分为中央、省、县、区四级，实行四级二审终审制。

在苏区中央一级，临时最高法庭专管审判工作，司法人民委员会专管司法行政事务。临时最高法庭下设刑事法庭、民事法庭和军事法庭，分别审理不同性质的案件。临时最高法庭设主席一人、副主席二人，由中央执行委员会任命，凡属法庭内部的重大事项和重大案件，均由委员会会集体讨论议决。临时最高法庭的职权为：对现行法律条文进行解释，审理不服地方司法机关判决的上诉案件，审查地方司法机关的判决书等。

1934 年 2 月 17 日，临时中央政府执行委员会颁布了《中华苏维埃共和国中央苏维埃组织法》，专门在第七章规定了最高法院的职能、管辖和组织建制等，至此中华苏维埃共和国最高法院正式成立，积极开展审判工作。

（2）军事裁判所。军事裁判所负责审理军事案件，即红军军人和军事机关其他工作人员犯罪案件以及在作战地带发生的各类案件。

（3）检察机关。根据《中华苏维埃共和国中央苏维埃组织法》《中华苏维埃共和国地方苏维埃暂行组织法（草案）》《裁判部的暂行组织及裁判条例》等法律法规，工农民主政权实行"审检合一"的制度体系，不设独立的检察机构。最高法院内设检察长一人、副检察长一人、检察员若干；省裁判部设正、副检察员一人；县裁判部设检察员一人；区裁判部不设检察员。内设的检察机构检察人员主要负责预审和刑事公诉工作。此外，在鄂豫皖区和川陕省苏维埃政权的革命法庭内，设有"国家公诉处"，由公诉员提起公诉。

（4）政治保卫局。1931 年 11 月，中华苏维埃共和国中央临时政府成立，设立了国家政治保卫局作为国家政权的重要组成部门。根据《中华苏维埃共和国国家政治保卫局组织纲要》规定，该局负责一切反革命和其他重大刑事案件的侦查、逮捕、预审、提起公诉等工作，具有保卫工农群众的合法权益和保卫苏维埃政权的使命。它成为根据地最早的公安机关，其工作一直持续到 1937 年 1 月党中央迁到延安成立陕甘宁边区，为边区保安处所取代。

（5）肃反委员会。1927 年至 1930 年，在各级苏维埃政府或工农革命委员会设立了肃反委员会，其为公、检、法职能合一的临时性专政机关，具有侦查、逮捕、审讯、判决、执行等各项职权。

（二）抗日民主政权司法机构

1. 高等法院

高等法院管理全边区的审判工作和司法行政工作，受参议会和政府的领导和监督。高等法院还在各分区专员公署所在地设置高等法院分庭，代表高等法院审理辖区内的案件。

2. 边区政府审判委员会

边区政府审判委员会的职权是：解释法令，受理不服高等法院一、二审判决的上诉案件，受理死刑复核案件。

3. 地方司法机关

地方司法机关是县、市的司法处，负责审理本行政区域之内发生的第一审民、刑事诉讼案件的工作。

4. 检察机关

这一时期仍然实行"审检合一"的制度，检察机关设立于审判机关之内。高等法院设检察处，检察长和检察员独立行使检察权。

（三）人民民主政权司法机构

1. 人民法庭

在土地改革过程中，根据《中国土地法大纲》和其他相关法律的规定成立了人民法庭，专门审理土地改革中发生的案件。

2. 特别军事法庭

特别军事法庭在解放战争前期主要是审判日本战犯和汉奸叛国分子，在解放战争后期负责审判反革命犯罪案件。

3. 各级人民法院

随着土地改革的完成，解放战争的逐步胜利，开始组建经常性的各级人民法院来负责案件的审理工作。

二、诉讼审判制度

在整个新民主主义革命时期，诉讼审判制度得到充分发展，其主要的内容体现在以下几个方面。第一，司法机关依法统一行使职权的原则。《裁判部的暂行组织及裁判条例》规定：除现役军人外，一切刑、民案件皆归裁判部审理，一切反革命案件的审判权皆属国家司法机关。第二，禁止肉刑，严禁刑讯逼供的原则。中华苏维埃共和国成立后坚决主张无条件废止刑讯逼供，规定："在审讯方法上，为彻底肃清反革命组织及正确判决反革命案件，必须坚决废止肉刑，而采取搜集证据及各种有效方法。"第三，人民陪审和审判合议制度。省港罢工委员会的《会审处细则》就规定：会审处设承审员5人，必须有3人以上出席，方得开审。《裁判部的暂行组织及裁判条例》规定："法庭须由三人组织而成，裁判部长或裁判员为主审，其余二人为陪审员。"抗日战争时期，人民陪审员制度得到进一步发展，许多地方制定陪审条例。第四，公开审判制度。《裁判部的暂行组织及裁判条例》规定各级裁判部"审判案件须用公开"。《军事裁判所暂行组织条例》也规定："审判案件须用公开的形式，准许士兵及军队的工作人员旁听。但是有军事秘密的案件，可采用秘密审判方式，在宣布判决时，仍须公开。"第五，回避和辩护制度。凡与被告有亲戚关系或私人关系的人员都要回避，《裁判部的暂行组织及裁判条例》规定：司法机关在开庭审判时，除检察员出庭做原告外，凡与群众团体有关的案件，该群众团体可派代表出庭做原告。被告人为自身利益经法庭许可，可派代表出庭代为辩护。陕甘宁边区的《刑事诉讼条例草案》也规定："刑事被告于侦查完毕后，得选任有法律知识之辩护人到庭辩护。"

第六，上诉制度。《湖北省审判土豪劣绅委员会暂行条例》规定："不服县审判委员会判决者，得于五日不变期间内，向原审判委员会声请上诉，由原审判委员会录案详请省审判委员会复判之。如逾期不声请上诉者，即照判执行。"在陕甘宁边区，1941年12月17日高等法院247号训令规定："声明上诉期间，民事为15日，刑事为10日，非有特殊情况，不得变更，逾期不为声明上诉者，作为确定判决。"第七，案件复核制度。陕甘宁边区的死刑复核权原属于高等法院，《保障人权财权条例》修改为：由高等法院审核死刑判决，拟具意见，转呈边区政府，经政务会议讨论通过后，由主席、副主席签署命令，方可执行。华北人民政府《关于确定刑事复核制度的通令》规定，除死刑须经华北人民政府主席核准外，凡判有期徒刑或拘役、罚金的案件，原、被告声明不上诉或已过上诉期时，须将已确定之判决书，每月汇定成册，按刑期长短以及原审级别，分别报请省（行署）或华北人民法院复核。

人民民主政权时期最富时代特色和创新性的审判方式是马锡五审判方式。马锡五（1898—1962年）于1943年起担任陕甘宁边区陇东分区专员兼边区高等法院陇东分庭庭长，后历任陕甘宁边区高等法院院长，中华人民共和国最高人民法院副院长。马锡五同志在司法任职期间，经常携带案卷深入基层，联系和依靠群众，调查研究，查清案情，实事求是、不拘形式、公平合理地处理了一系列疑难案件，惩治违法犯罪，保护当事人的合法权益，并通过审判过程，教育了当事人和广大群众，提高了党员干部的思想水平，被边区群众称为"马青天"。1944年1月6日，边区政府对其经验进行了总结，首次提出"提倡马锡五同志的审判方式，以便教育群众"，并在各个根据地加以推广，有力推动了司法工作的民主化和群众化。

马锡五审判方式的主要特征包括：其一深入基层，注重调查研究；其二重视群众民意，尽量将边区的法律适用与群众意见相结合，使得司法审判获得人民群众的认可和拥护；其三是手续简便，不拘形式，便民诉讼。它是中国共产党的群众路线与司法工作相结合的典型，有力地消除了旧司法传统对抗日根据地的不良影响，对人民民主政权以及新中国的司法工作产生了积极深远的影响。